"十四五"普通高等教育规划教材

高等职业教育财务会计类专业重构系列教材

中国特色高水平高职学校建设成果

财务共享服务实务

FINANCIAL SHARED SERVICES PRACTICES

主　编 ◎ 王忠孝
副主编 ◎ 陈燕燕　顾元超

立信会计出版社

图书在版编目(CIP)数据

财务共享服务实务 / 王忠孝主编. —上海：立信会计出版社，2024.1
ISBN 978-7-5429-7488-4

Ⅰ. ①财… Ⅱ. ①王… Ⅲ. ①财务管理系统—教材 Ⅳ. ①F232

中国国家版本馆 CIP 数据核字(2024)第 011508 号

策划编辑　　赵新民　张巧玲
责任编辑　　张巧玲
助理编辑　　郑文婧
美术编辑　　北京任燕飞工作室

财务共享服务实务
CAIWU GONGXIANG FUWU SHIWU

出版发行	立信会计出版社
地　　址	上海市中山西路 2230 号　　邮政编码　200235
电　　话	(021)64411389　　传　真　(021)64411325
网　　址	www.lixinaph.com　　电子邮箱　lixinaph2019@126.com
网上书店	http://lixin.jd.com　　http://lxkjcbs.tmall.com
经　　销	各地新华书店
印　　刷	常熟市人民印刷有限公司
开　　本	787 毫米×1092 毫米　　1/16
印　　张	17.75
字　　数	368 千字
版　　次	2024 年 1 月第 1 版
印　　次	2024 年 1 月第 1 次
书　　号	ISBN 978-7-5429-7488-4/F
定　　价	49.00 元

如有印订差错，请与本社联系调换

前言 Preface

数字化是当今国际经济社会发展的大趋势,我国系统地谋划、统筹、推进数字中国建设,形成了日益完善的顶层设计和政策体系。党的二十大报告中明确提出要"加快发展数字经济,促进数字经济和实体经济深度融合,打造具有国际竞争力的数字产业集群"。物联网、云计算、人工智能、云计算、大数据、区块链等新技术快速发展,在推动数字产业化的同时,传统产业数字化转型也成为数字经济发展的重要组成部分。作为推动数字经济发展的重要助力,财务数字化也日益发展,其表现之一是传统财务组织形式的巨大改变,新的组织形式——财务共享服务中心日益普及。

财务共享服务中心是企业集中式管理模式在财务管理上的最新应用,其目的在于通过组织形式变化解决大型集团公司财务职能建设中的重复投入和效率低下的弊端。财务共享服务中心建设和运行通过减少财务人员数量和减少中间管理层级来降低运作成本。数据的集中处理有助于财务管理水平与效率的提高,更多财务人员从会计核算中解脱出来,集中精力在公司的核心业务上,能够更有效地支持企业集团的发展战略,甚至可以向外界提供商业化财务服务,获得更大收益。正是由于财务共享服务中心的日益普及,共享财务人才需求量日益增加,共享财务岗位成为财务人员重要的就业岗位。本书主要面向大中型企业财务共享服务中心人才需求,是培养共享财务岗位人员职业能力的实践性教材。

本书共分为两个部分:第一部分为导论;第二部分项目一至项目九为财务共享业务处理,其中,项目一为财务共享服务平台初始设置,项目二为费用共享业务,项目三为采购与应付共享业务,项目四为销售与应收共享业务,项目五为资金结算共享业务,项目六为财资管理共享业务,项目七为固定资产共享业务,项目八为档案与总账共享业务,项目九为财务共享服务中心运营管理。本书是一本理论和实际相结合的工作手册式教材,具有以下特点。

1. 以共享财务岗位为出发点,强化教材内容建设

本书内容来自岗位实际,在企业财务共享服务中心典型工作任务分析基础上,进行教学转化处理,得到教学内容,力求保持业务原貌,构建业财一体化情境;按照工作岗位内容设计费用共享、采购与

应付共享、销售与应收共享、资金结算共享、财资管理共享、固定资产共享、档案与总账共享、财务共享服务中心运营管理等内容,依据教育规律进行序化整合。

2. 深入推进课程思政,教学内容和思政内容有机融合

本书每部分有明确的知识目标、技能目标和素质目标,设计"思政园地"栏目,将思政内容贯穿始终。同时,本书是实践性较强的教材,注重培养学生的劳动意识、劳动态度、劳动技能和劳动精神。

3. 注重创新教材体例,按照工作任务处理流程展开

首先,本书在明确学习的知识、技能和素质目标基础上,给出每部分的知识认知,让学生明确具体教学内容。其次,本书结合企业实际业务内容,引导学生学习和操作,深层次理解和把握工作中要具备的职业素养和职业道德,通过任务处理,先描述业务场景,再对业务处理作出具体说明,在强化理解的基础上,给出业务处理流程,明确业务处理的总体过程。最后,本书详细给出操作说明,即具体的业务处理步骤,在讲解过程中,本书依据内容的重难点,通过"操作指导""操作提示"等栏目给出必要的提示与指导,对所学内容进行巩固和提高。

4. 选择市场占有率较高的用友 NC Cloud 平台,具有较强代表性

本书以用友 NC Cloud 平台为蓝本编写,该平台目前被行业内各企业广泛应用,与真实的财务共享服务中心处理系统完全相同,其内容从真实企业业务数据转化而来,具有较强的实用性和代表性,有利于学生学习后直接在岗位中上手应用。

5. 校企合作共同编写教材,确保教学内容的前沿性和实践性

本书是校企合作共同编写的,除了职业教育一线教师,编写团队还包括来自行业企业一线技术人员,同时本书配备了常规的教学 PPT 和相关教学资源,支撑课程课前自主预学、课中深化共学、课后拓展延学的全过程,有力支撑课堂教学改革和实践。

本书由浙江金融职业学院王忠孝担任主编,浙江金融职业学院陈燕燕、顾元超担任副主编,用友集团新道科技股份有限公司余楠楠、浙江同济科技职业技术学院张奕畅也参加了编写工作。具体分工为王忠孝编写导论、项目一,陈燕燕编写项目二、项目三,张奕畅编写项目四,顾元超编写项目五、项目六、项目七、项目九,余楠楠编写项目八。

本书是院校与企业倾力合作与集体智慧的结晶,我们在教材的特色建设上做了许多工作,但由于编写水平有限,书中可能存在疏漏之处,我们恳请教材使用院校和读者给予关注并提出改进意见,以便于进一步修订和完善。

谢谢!

编者

2024 年 1 月

操作视频

原始凭证

目录 Contents

导论	**财务共享服务认知**	001
项目一	**财务共享服务平台初始设置**	007
	任务一　企业基本情况认知	007
	任务二　财务共享服务初始配置	013
项目二	**费用共享业务**	017
	任务一　费用共享业务认知	017
	任务二　专项费用处理	025
项目三	**采购与应付共享业务**	054
	任务一　采购业务认知	054
	任务二　采购业务处理	059
项目四	**销售与应收共享业务**	097
	任务一　销售业务认知	097
	任务二　销售业务处理	101
项目五	**资金结算共享业务**	131
	任务一　资金结算共享认知	131
	任务二　资金结算业务处理	135
项目六	**财资管理共享业务**	181
	任务一　财资管理业务认知	181
	任务二　财资管理业务处理	187
项目七	**固定资产共享业务**	216
	任务一　固定资产业务认知	216
	任务二　固定资产业务处理	222

项目八　档案与总账共享业务　　239
　　任务一　电子会计档案管理　　239
　　任务二　电子会计档案应用处理　　243
　　任务三　总账业务处理　　249

项目九　财务共享服务中心运营管理　　257
　　任务一　财务共享服务中心运营管理认知　　257
　　任务二　财务共享服务中心稽核管理　　263
　　任务三　财务共享作业绩效管理　　269

导论　财务共享服务认知

学习目标

知识目标

1. 掌握财务共享服务基本概念、流程和应用场景
2. 掌握财务共享服务的模式
3. 理解财务共享服务产生的动因
4. 理解财务共享服务产生的意义

技能目标

1. 能够结合实际工作对财务共享服务模式进行选择
2. 能够结合财务共享岗位履行岗位职责

素养目标

1. 培养学生在财务共享岗位业务处理中团队协作互助的意识
2. 培养学生财务数字化意识，明确会计工作职业操守

大数据、人工智能、移动互联网和区块链等新技术的广泛应用，在影响业务变革的同时，也对很多组织的架构产生剧烈影响，催生出新的组织形式。共享服务通常指的是在多业务个体的集团化运营组织中，将原来分散在各个业务个体内、具有高度相似性的专业职能抽取出来，成立独立的职能执行机构，提供统一服务，各个业务个体以服务采购的方式共享该项职能服务。在新技术的影响下，财务共享服务作为一种新的组织形式，逐步在实务中普及。

一、财务共享服务的内涵

财务共享服务是依托于信息技术，以财务业务流程处理为基础，以优化组织结构、规范流程、提升流程效率、降低运营成本或创造价值为目的，以市场视角为内、外部客户提

供专业化现代服务的分布式管理模式。

财务共享服务中心（financial shared service center，FSSC）将集团企业分散在各个成员单位的同质化、重复性和易于标准化的财务工作剥离出来，并进行集中处理。财务共享服务中心是集团的财务服务平台，是各成员单位的会计业务处理中心、财务管理中心和相关服务中心，从财务复核、会计核算和资金支付三个方面，向子公司业务部门、子公司管理部门及集团财务部提供业财服务。在新技术的支撑下，无论是降低成本，还是实现信息共享，进而提升管理效率，集团企业财务向财务共享服务转型是趋势。共享服务的技术革新贯穿其发展历程，尤其伴随企业数字化转型，顺应企业数字化转型、精细化管理、自动智能一体化应用专业化分工的业务发展需求，进一步推动和加速财务等领域向共享服务转型。

思政园地

生活也要智慧共享

打造智能楼宇、智能停车场、智能充电桩、智能垃圾箱等公共设施，引导智能家居产品互联互通，促进家居产品与家居环境智能互动，丰富"一键控制""一声响应"的数字家庭生活应用。创新发展"云生活"服务，深化人工智能、虚拟现实、8K 高清视频等技术的融合，拓展社交、购物、娱乐、展览等领域的应用，促进生活消费品质升级。鼓励建设智慧社区和智慧服务生活圈，推动公共服务资源整合，提升专业化、市场化服务水平。支持实体消费场所建设数字化消费新场景，推广智慧导览、智能导流、虚实交互体验、非接触式服务等应用，提升场景消费体验。

——《国务院关于印发"十四五"数字经济发展规划的通知》

二、财务共享服务的模式

（一）单中心模式

单中心模式是指集团只设立一个财务共享服务中心，采用统一的一套信息系统，集团可实时访问所有业务个体的数据，并进一步实现财务报表实时合并，是财务共享服务中心的理想模式。

1. 标准模式

标准模式是集团向所有纳入财务共享服务范围的业务个体提供无差别的标准化服务，这种模式适用于业务个体没有差异化需求的企业，以及希望在小范围内进行财务共享服务试点的企业。

2. 业态模式

业态模式是集团设立一个财务共享服务中心，将纳入财务共享服务范围的业务个体按照业态进行分类，分别由财务共享服务中心内不同分中心提供与业务相关的特色化财务共享服务，这种模式适用于多业态并存且每种业态的业务个体数量众多的大型企业集团。

  3. 区域模式

区域模式是集团设立一个财务共享服务中心，将纳入财务共享服务范围的业务个体按照地理区域进行划分，分别由财务共享服务中心不同分中心提供与区域相关的本土化财务共享服务。这种模式适用于集团业务个体地域分布广泛，每个地域内的业务个体数量较多，或因语言或文化等原因本地化服务需求比较大的大型企业集团。

（二）多中心模式

多中心模式是指集团出于不同的目的或原因，设立一个以上的财务共享服务中心，每个财务共享服务中心的数据不在同一套管理系统或同一套数据内，因此集团财务部层面无法实时查看所有业务单元的汇总数据。这种模式与财务共享的理想模式有差距，造成这种现象的原因有很多，如历史遗留原因造成不同业务个体使用不同的信息系统而替代成本又比较高，或是因为业务复杂度比较高、业务量非常大而不得不采用多个财务共享服务中心。

  1. 分散模式

分散模式中多个财务共享服务中心各自使用独立的管理系统，或者共用一套管理信息系统，但相互间没有关联或协作关系。这种模式多用于子集团采取战略管控或财务管控的超大型集团，这类集团对公司的业务经营采用分权化管理，子集团的经营自主权比较高，对于母公司来说更多只是通过合并财务报表来体现投资控股关系。

  2. 联邦模式

联邦模式按业态或区域建立多个财务共享服务中心，但是共用一套管理信息系统，且日常还存在一定的业务或数据协同，集团财务部有所有财务共享服务中心的管理权限，这种模式多为考虑实际情况后所采用的过渡性财务共享服务中心建设方案，将来多个财务共享服务中心一般会合并为一个。

  3. 专业化中心模式

专业化中心模式是指按照服务的内容建立财务共享服务中心，每个服务中心提供某一个或某几个不同的专业服务，如应收共享、应付共享、资金结算共享、税务共享等，这种模式适用于某些专业服务工作量特别巨大或有独立管理需求的企业集团。

三、财务共享服务产生的动因

企业集团化经营面临的内生困境和新兴技术应用等引发的外因，使得集团财务管理面临挑战，促使集团财务管理进行转型。同时，财务工作规则性强的特点，也为财务共享服务中心建设提供了前提。

(一)集团财务管理变革的内因

随着中国经济的深入发展,中国集团化经营的企业规模及数量都在快速增长。随着"一带一路"建设的快速推进,很多中国企业在走出去的同时,也必然面临集团化经营的管理问题。传统的财务管理模式下,每一个具有独立法人地位的业务个体都要设置一个独立的财务部门,配备财务及会计人员,在集团化经营的情况下,这种传统的财务管理模式面临很多困难。

1. 企业财务成本的攀升

随着企业业务的持续发展,集团企业可能不断增加新的业务个体,有时也会关闭一些不再符合集团战略的业务个体。如果按照传统的财务管理模式,每个业务个体都需要设置独立的财务部门和财务人员,都会产生大量的财务成本,必然对公司发展产生不利影响。

2. 集团管控效率不高

传统财务管理模式下,不同地区、不同国家的业务个体的财务管理和资源配置都各自为政,没有统一的标准和规范,集团企业难以对所有业务个体实施统一管控,管理效率低下,难以做大做强,实现扩张。

3. 集团信息不能全面掌控

传统财务管理模式下,由于没有统一的标准和信息系统平台支撑,处在不同地域的多级业务个体的财务信息难以快速统一汇总。如果财务和绩效数据得不到快速、正确的反映,致使信息不能被全面掌控,投资者就无法预测投资结果,进而不愿意盲目投资,这会使企业的扩张受阻。

4. 经营和财务风险不断增加

传统财务管理模式下,企业对于整个集团的财务状况管控能力比较弱,一些经营情况不能在财务报表中反映,一旦发生危机则可能导致爆炸式的连锁灾难。另外,如果各个业务个体都自主管控资金,集团企业就无法实时掌握每一个业务个体的资金动向,一旦业务个体发生流动性风险甚至出现破产危机,对集团整体伤害会很大。

(二)集团财务管理变革的外因

1. 世界经济一体化带来的影响

随着新技术的广泛应用,世界经济一体化对中国的影响与日俱增。经济资源在全球范围内追求高效率配置,给中国企业带来了巨大的机遇,也带来了很大的挑战。集团企业往往不得不面对全球的竞争,财务人员必须尽快从维持企业价值的角色向创造企业价值的角色转变,实现标准化、集中化,提高财务核算的效率。为了使财务人员有更多的时间参与到企业经营中来,财务共享服务应运而生。

2. 企业发展的全球化

"一带一路"建设加速推进了中国企业走出去的步伐。中国企业要想在世界经济竞争格局中生存和发展,必须采取灵活的战略调整策略,迅速响应环境变化。这要求集团企业财务组织必须具备全球化运营管理专业技能,加强集团企业的管控能力。而财务共享服务中心有助于企业财务数据生产和信息管控,能够把财务人员解放出来,全力支持海外业务发展。

3. 管理思想与模式转变

从政府监管的视角和模式来看,政府监管方式发生了巨大的变化,如国家税务总局的金税四期建设、中国人民银行的电子票据系统建设和推广、电子发票和电子合同的普及应用、电子会计档案法律依据逐步建立与完善,使得企业信息系统与政府监管、服务系统之间无接触式互联网连接愈加便捷。传统意义上必须由财务人员本地完成的财务工作,也可以纳入远程财务共享服务范围内,为财务共享服务中心的建立创造了良好的外部环境。

4. 科技进步的驱动

云计算、大数据、人工智能等新技术的快速发展,正在改变企业经营与管理的各个方面,企业众多的业务场景正在向数字化转型。集团企业的业务范围分布广泛,业务与财务协同比较困难,而业务场景的数字化转变及全球互联网技术的成熟发展,使得集团企业采用财务共享服务的方式集中向全球范围内业务个体提供业财融合的财务服务成为可能。

思政园地

"一带一路"总规划

"一带一路"是"丝绸之路经济带"和"21世纪海上丝绸之路"的简称,是合作、发展的理念和倡议,旨在借用古代"丝绸之路"的历史符号,高举和平发展的旗帜,积极主动地发展与沿线国家的经济合作伙伴关系,共同打造政治互信、经济融合、文化包容的利益共同体、命运共同体和责任共同体。

古代丝绸之路起始于古代中国的长安,是连接亚洲、非洲和欧洲的古代商业贸易路线,最初的作用是运输古代中国出产的丝绸、瓷器等商品,后来成为东方与西方之间在经济、政治、文化等诸多方面进行交流的主要道路。丝绸之路从运输方式上,主要分为陆上丝绸之路和海上丝绸之路。

四、财务共享服务的意义

(一) 推进流程标准化和规范化

财务共享服务中心的建立,使分散的活动和资源得到整合,可以推动业务流程标准化,提高会计处理标准化、规范化程度及会计工作质量。建立财务共享服务中心之前,各单位的资源是分散的,业务操作方式和流程各不相同;建立财务共享服务中心之后,可将原来分散在各个单位的相同业务整合到一起,为企业内部业务流程的标准化及财务数据的整合提供了统一的平台,将分散的会计业务集中在财务共享服务中心处理,把复杂的工作简单化、标准化。

(二) 提升集团管控力

统一各业务个体的业务、财务一体化流程,并固化在共享服务信息系统中,可以显著降低业务个体的舞弊风险。业务、财务的一体化处理可以降低财务数据采集过程中的人为干涉,使财务数据更加可靠。所有的业务集中在财务共享服务中心处理,使集团管理者可随时查看和追溯各业务个体的业务和财务数据,实现线上实时监控。

(三) 推动企业财务转型

建立财务共享服务中心之前,各集团的财务职能部门和会计人员忙于日常核算等事务性、重复性工作,耗费了集团财务部门大量的人力;建立财务共享服务中心之后,把具体负责会计业务的财务人员集中在财务共享服务中心,专注于会计业务服务,集团财务部门可以更加专注于为企业价值创造提供支持,全力做好公司的生产经营预算、分析、管控、资本投资项目和资本运作效率的监控等价值管理工作,从而更好地支持企业决策,支持公司改革和发展。

(四) 降低财务运营成本

财务共享服务中心通过整合企业内部资源,精简优化业务流程,可以有效降低财务运营成本,提高工作效率。在资源和业务共享之前,虽然员工的工作量很有可能不饱和,但是仍然需要为每个业务个体设置和配备相应的职能部门、岗位和人员;而将资源和业务集中到财务共享服务中心后,一个人可以同时为多家单位提供相同业务的处理服务,实现了在业务量不变的情况下,业务人员的减少或处理后业务量增加,同时业务人员通过对业务流程和规则进行标准化处理,消除了多余及重复的非增值劳动,间接降低了成本,业务流程得到细化和优化。

(五) 满足战略发展要求

随着集团全球化、跨区域扩张发展,经营规模和业务发展不断加快,分散在各地区业务单位的财务人员数量、行为方式、行为规则不统一、业务处理不标准等问题,为集团加强管理增添了很大难度。通过财务共享服务,将会计核算职能集中到财务共享服务中心处理,有助于推动集团内部业务协调整合,有效控制机构和人员的增加。因此,财务共享服务中心可以快速支撑整个集团业务规模变化,为集团企业提供标准、成熟的专业服务,支持集团业务的壮大和发展。

项目一　财务共享服务平台初始设置

学习目标

知识目标

1. 掌握集团企业传统的财务组织设置
2. 理解组织结构图的含义
3. 熟悉企业流程分级的概念

技能目标

1. 能够在系统中维护财务共享服务中心服务组织范围的变动信息
2. 能够在系统中建立多组织体系和组织间业务委托关系

素养目标

1. 养成理论联系实际、注重实效的工作作风
2. 养成严肃认真、严谨细致的工作态度

任务一　企业基本情况认知

【工作任务概述】

本任务主要是对案例企业基本情况进行了解，为后续财务组织形式改革，建设财务共享服务中心做好准备工作。

一、案例企业背景

（一）企业简介

鸿途集团股份有限公司（以下简称鸿途集团）始创于1987年，经过三十余年的发展，

已成为集水泥、旅游、铸造为主体的多元化股份制企业。2022年,鸿途集团营业收入为160亿元。2022年鸿途集团基本信息,如表1-1所示。

表1-1 鸿途集团基本信息

名称	年营业收入(亿元)	财务人员数量(人)	财务管理人员数量(5级及以下)(人)
鸿途集团	160	300	42
水泥板块	80	140	17
旅游板块	32	50	2
铸造板块	24	45	2
煤焦化板块	22.4	40	2
集团财务部	1.6	25	19

鸿途集团水泥有限公司(以下简称鸿途水泥)是国家重点支持的三家水泥企业(集团)之一,是工业和信息化部重点支持兼并重组的五大水泥企业之一。2011年12月23日,鸿途水泥在港交所主板成功上市。截至2022年12月,鸿途水泥总产能超1.5亿吨,旗下公司覆盖河南、辽宁、山东、安徽、山西、内蒙古、新疆、天津等省(市、自治区)。鸿途集团积极适应国家及行业政策的变化,通过先进的技术装备、合理的区域布局、充足的资源储备、规范的管理及品牌优势,致力于环境保护及可持续发展,实现快速发展,维持并加强了在河南和辽宁两省的市场领导地位。

(二) 组织架构

鸿途集团在实施财务共享服务前的组织架构,如图1-1所示。鸿途集团的水泥板块以鸿途水泥为龙头,共有子公司和分公司17家。

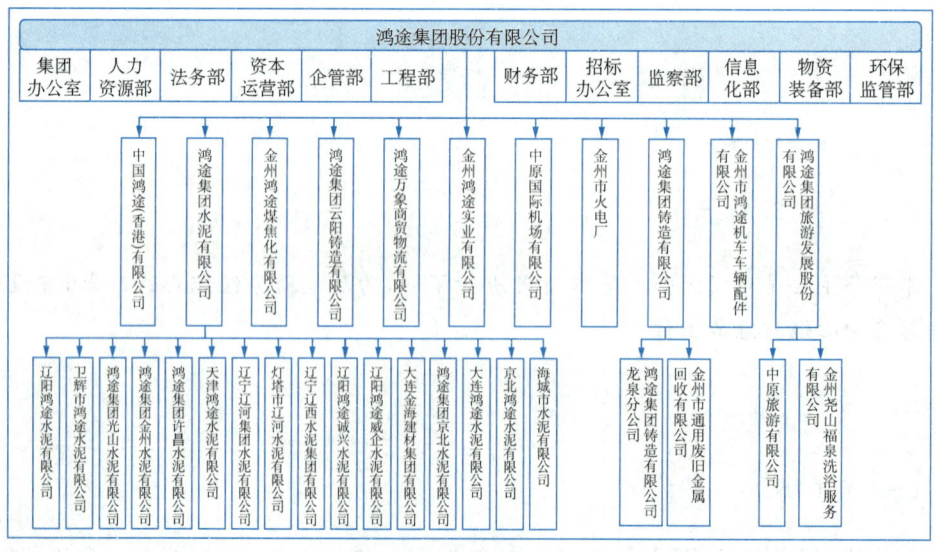

图1-1 鸿途集团在实施财务共享服务前的组织架构

(三)战略目标

鸿途集团坚持"产业多元化、产品专业化、管理现代化、市场国际化"的总体发展战略,加快转变经济发展方式,坚持走循环经济和低碳经济的发展道路,为促进经济发展、社会进步、早日实现中国梦作出新的、更大的贡献。为实现"产业转型、主业聚焦、做大做强"的发展战略目标,鸿途集团各个板块和服务职能部门均作出了落地举措。其中,集团财务部提出从"财务监督型"向"价值创造型"转变,借助现代化、信息化手段,全力打造"数字鸿途"。

二、财务管理转型需求

(一)信息化建设现状

鸿途集团重视信息化建设,2013年开始全面实施信息化,先后投入使用了多个业务系统。集团及各级子公司进行了不同程度的信息化建设,其信息化应用系统如图1-2所示。由于集团及各级子公司业务系统没有完全实现互联互通,数据标准不一致,导致信息需要通过多端口录入。

图 1-2　鸿途集团信息化应用系统

(二)财务组织架构

鸿途集团的财务组织由三级管理架构构成,如图1-3所示。

1. 集团财务

集团财务即鸿途集团财务部,直接向集团财务副总裁汇报,制定集团财税和资金管理制度,并对各业务单元的财会工作进行管理和指导。根据财务工作职能,下设预算与考核管理处、税务与资金管理处、信息化与综合处、结算审核处、会计核算处、资产管理处。

2. 板块财务

板块财务是指各行业板块的子集团或子公司设置的多个财务部,负责完成本行业板块各业务单元的财务工作。

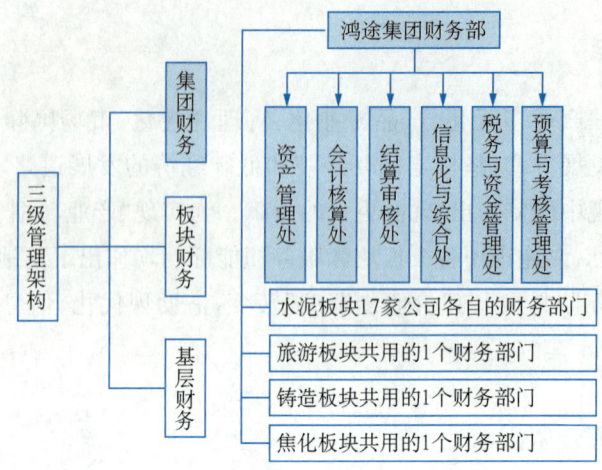

图 1-3　鸿途集团财务组织管理架构

3. 基层财务

基层财务即由各业务单元下属的分公司设置非专职财务助理人员,在板块财务人员的指导下,完成本地一些辅助性财务工作。

(三) 财务岗位分布

根据鸿途集团人力资源管理制度,所有员工都有一个明确的职级,M 表示管理或职能岗,职级数值越小,表示级别越高。鸿途集团财务部岗位职级、职责及人数统计,如表 1-2 所示。

表 1-2　鸿途集团财务部岗位职级、职责及人数统计表

序号	处室	岗位名称	人员数量	职级	职责
1	总部	财务总监	1	M6	财务战略
2	预算与考核管理处	预算与考核管理岗	6	M4、M5	预算管理业绩考核
3	税务与资金管理处	税务与资金管理岗	4	M4、M5	纳税筹划资金运作
4	信息化与综合处	信息化与综合处	7	M4、M6	信息化与财务监督
5	结算审核处	处长	1	M4	付款复核
6	结算审核处	会计	1	M6	付款审核
7	结算审核处	出纳	1	M7	资金支付
8	会计核算处	处长	1	M4	费用复核
9	会计核算处	会计	1	M6	费用核算
10	资产管理处	处长	1	M4	资产管理政策
11	资产管理处	会计	1	M6	资产核算
合计			25		

从表 1-2 可以看出，在财务岗位设置方面，鸿途集团财务管理岗位（处长、总监）占比较低，大量财务人员从事销售对账、发票业务、采购入账、结算审核等基础性工作，财务人员基础工作繁忙，对供应、生产、销售及产品检验等环节不是很熟悉，给财务管理和财务分析带来很大障碍。在集团层面和下属分公司层面，鸿途集团没有很好地按职能对财务岗位进行专业化分工，造成基础核算工作与决策支持工作无法平衡的局面。在财务分析工作方面，鸿途集团当前财务分析工作主要集中在传统分析、成本分析，对其他分析不足，导致财务人员分析建模能力较差，与生产经营的结合度不高，对风险预警、经营预测指导性不强。

（四）财务管理现状

从数字鸿途的战略发展方向看，鸿途集团财务管理系统部分处于基础应用阶段，核算向管理会计延伸、供应链向产业链延伸、信息化向智能化延伸等，都存在大幅提升空间。鸿途集团各级财务组织的定位模糊，财务人员整体聚焦基础核算工作，管理会计职能的发挥不足。

1. 财务会计基础工作

（1）会计核算标准化、入账规则统一化、业务流程标准化和自动化有待提高。

（2）业务、财务分工与职责边界有待进一步厘清。

（3）业务流程需增加监控点。

（4）成本核算需减少因成本会计能力差异造成的成本核算标准、成本分析质量差异。

2. 战略财务与决策支持能力

（1）财务管理需要从风险控制、效率提高进一步向业务支持和决策分析转变。

（2）需要培训、提升基层财务人员能力和水平，做好业务决策、财务监督、管理会计工作。

3. 财务管控体系建设

（1）从依靠人工审批控制向利用系统工具自动控制转变。

（2）从业务源头上解决下属企业普遍存在的业务处理与财务控制界限模糊、分工不清、多环节重复的问题。

思政园地

积极推动会计工作数字化转型

做好会计工作数字化转型顶层设计，将会计信息化工作规范的适用范围从企业扩展至行政事业单位，实现会计信息化对单位会计核算流程和管理的全面覆盖。加强会计数据标准体系建设，研究制定涵盖输入、处理和输出等会计核算和管理全流程、各阶段的统一的企业会计数据标准。进一步健全对企业业务全流程数据的收集、治理、分析和利用机制,推动统一的企业会计数据标准应用。探索建立跨平台、结构化的会计数据共享机制。制定、试点并逐步推广电子凭证会计数据标准,推动电子会计凭证开具、接收、入账和归档全程数字化和无纸化。

——《会计改革与发展"十四五"规划纲要》

(五)财务管理转型需求

财务管理作为企业集团管理最重要的管理活动,是影响企业战略实现的重要因素。在打造"数字鸿途"的总体信息化发展战略指引下,鸿途集团在财务管理上进行了前沿性探索,为了支撑鸿途集团发展战略目标,实现"产业转型、主业聚焦、做大做强",集团财务部提出从"财务监督型"向"价值创造型"转变,通过"管办分离,人员分层,流程优化,统一平台,集中规模化处理",建立标准、高效、专业、低成本的、以服务为导向的、关注客户满意度的财务共享服务中心,建立"战略财务、业务财务和共享财务"三位一体的财务运营管理新模式,支撑集团快速发展、战略转型、聚焦主业、做大做强,实现财务业务流程化和标准化,提高财务工作质量和效率,降低财务运营风险,降低财务运营成本,实现经济效益最大化。

按照"总体规划、分步实施、先易后难、持续改进"的原则,先试点后推广,逐步扩大财务共享服务范围,将鸿途集团境内外所有具备条件的企业和业务纳入财务共享服务范围,建成标准、集成、高效的财务共享服务中心,促进降本增效,规范运营管理,提升公司价值,支持公司发展。鸿途集团财务共享服务建设采取循序渐进的模式,分阶段实现最终建设目标。

平稳迁移阶段:2022年7月至2023年7月,通过财务共享服务试点工作,总结财务共享服务建设规律、实施方法和步骤;2023年7月至2023年12月将集团具备条件的企业及业务全部平稳迁移到财务共享服务中心。

优化提升阶段:1~2年优化提升,形成规范高效的业务流程,实现总部集中管控、内部市场化运营、规范化、低成本的财务共享服务运营模式。

价值创造阶段:2~3年卓越运营,通过不断统一优化业务流程、深化共享财务大数据的分析应用,力争达到能为成员企业提供增值服务、国际一流水平、高效率的财务共享服务中心,实现向价值创造中心提升的目标。

任务二 财务共享服务初始配置

【工作任务概述】

本任务主要是在案例企业财务现状及转型需求的基础上,完成企业财务共享服务平台初始设置,完成创建财务共享服务中心、设置委托关系、配置作业组工作、配置作业组用户、配置提取规则等工作,学生扮演不同角色,完成案例企业财务共享服务基础配置内容。

【工作指导手册】

财务共享服务中心作业平台基础设置流程,如图 1-4 所示。

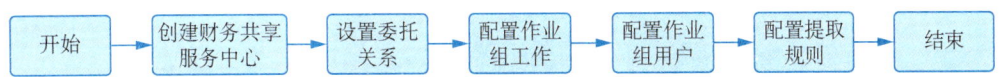

图 1-4 财务共享服务中心作业平台基础设置流程

【操作指导】

1. 角色分配

角色分配工作由组长完成,将岗位清单中"系统管理员"岗位角色分配给其中一个小组成员,系统管理员单击"任务上岗"后即可选择对应的岗位上岗。

2. 创建共享中心

系统管理员角色进入 NC Cloud 平台,选择"共享中心委托关系"—"创建共享中心"进行相关设置,如图 1-5 所示。单击"新增",输入业务编码,选择业务单元"1003",输入共享中心名称等相关信息并保存。

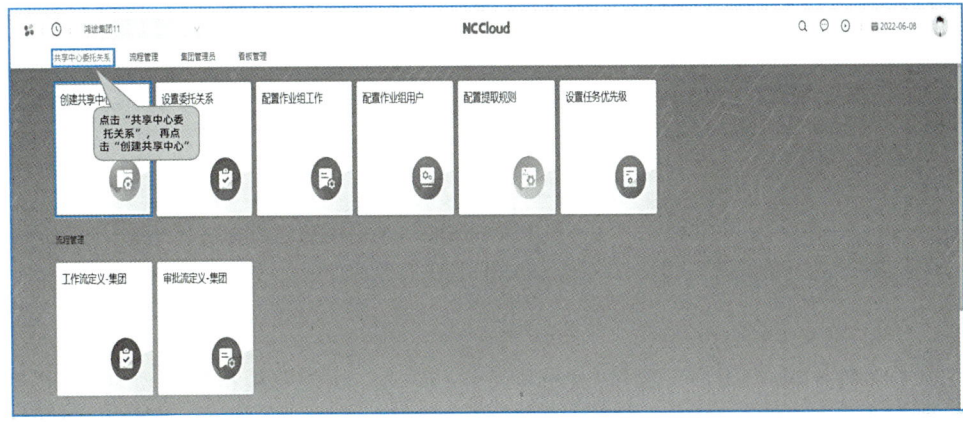

图 1-5 创建共享中心界面

3. 设置委托关系

选择"共享中心委托关系"—"设置委托关系"进行相关设置。选择"共享中心",单击"新增",业务单元勾选"包含下级""2001AK",勾选除"销售管理""采购管理"的全部业务,并进行保存,如图1-6所示。

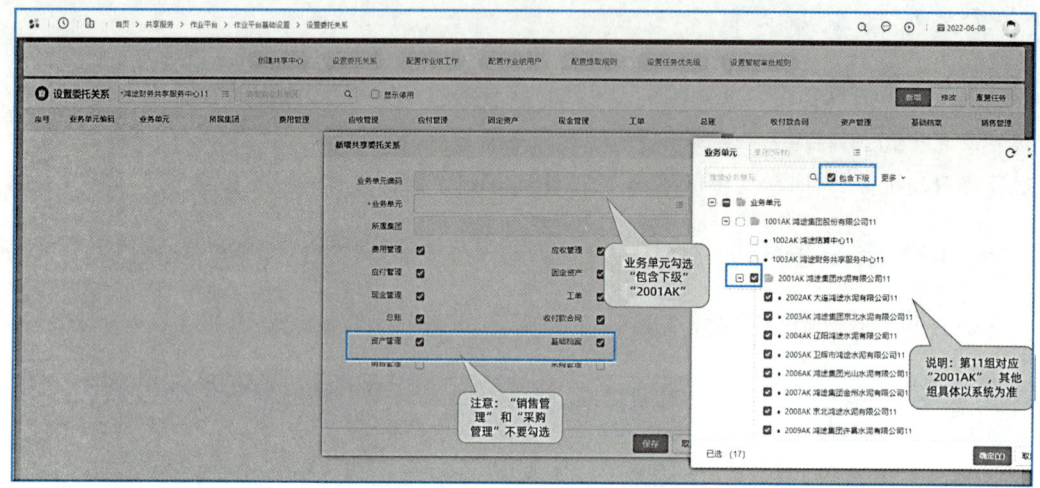

图1-6 设置委托关系界面

4. 配置作业组工作

单击"配置作业组工作",选择"共享中心",增加"应付组""应收组""费用组""档案综合组""资产组",并对各作业组进行规则设置,如图1-7所示。以增加应付组的规则为例,选中"应付组"后点击"新增",规则名称填写"应付审核",共享环节选择"共享审核",单据类型选择"应付单""付款单""主付款结算单",交易类型、单位范围等选择默认即可,最后点击"保存",如图1-8所示。

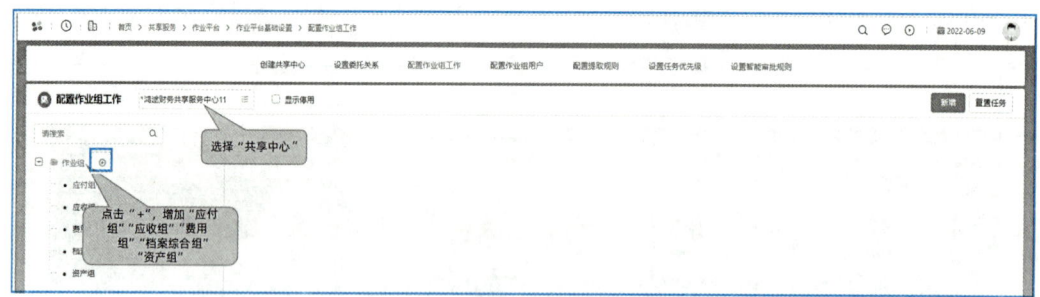

图1-7 新增作业组工作界面

5. 配置作业组用户

单击"配置作业组用户",选择"共享中心",点击"+组长",根据任务资料中的"系统预置角色——职责列表",共享中心作业组长为李玉,角色职责列表截图如图1-9所示。

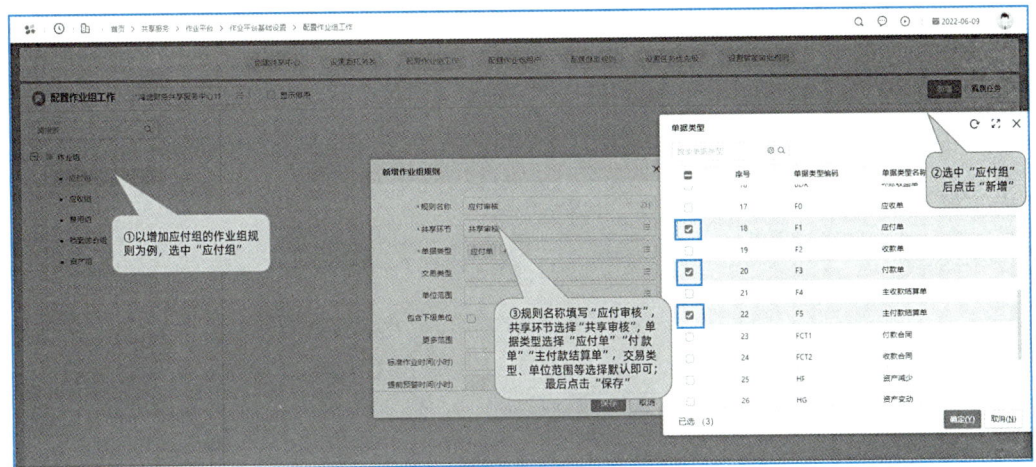

图 1-8 配置作业组工作界面

z0**043	曲宁	鸿途集团公司	结算中心	资金结算岗角色	负责成员单位资金归集、拨付指令等
z0**044	李玉	鸿途集团公司	总账成本处	共享中心作业组长	作业效率管理
z0**045	张强	鸿途集团公司	运营管理处	共享中心运营管理角色	质量管理

图 1-9 角色职责列表截图

搜索"李玉",勾选搜索结果前的复选框,单击"确定",对每个作业组的组长进行设置,如图 1-10 所示。用相同的方法查询各作业组组员,并进行设置。

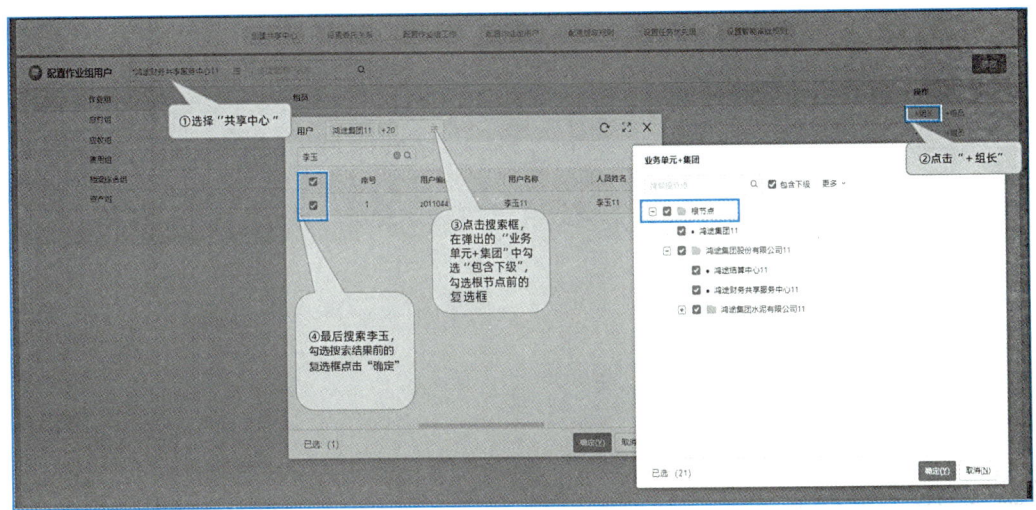

图 1-10 配置作业组用户

6. 配置提取规则

单击"配置提取规则",选择"共享中心",点击"新增",各小组根据自己的组号填写编码,与共享中心编码一致(如第 11 组,编码是 011);名称需要在原来共享中心名称基础上加上"提取规则";提取方式选择"处理完毕后提取",每次提取数量是"1",其他的如任务阈值、管理层级、任务提取规则明细选择默认即可,检查无误后点击"保存",如图 1-11 所示。

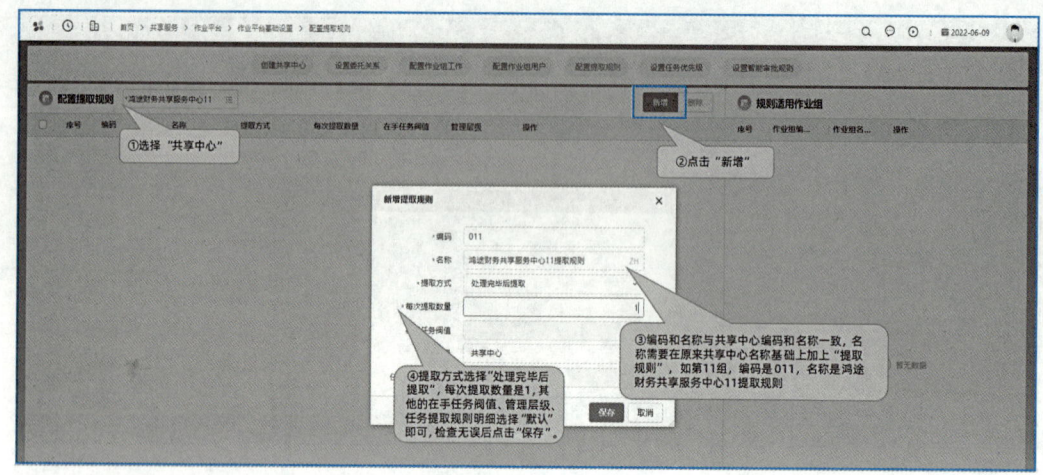

图1-11 配置提取规则界面

项目小结

本项目主要讲述案例企业（鸿途集团）的基本情况，通过对企业信息化建设现状、财务岗位分布、财务管理现状等方面进行介绍，得出企业的转型需求及建立财务共享服务中心的必要性。

学生模拟扮演不同角色，在NC Cloud平台中为案例企业完成创建财务共享服务中心、设置委托关系、配置作业组工作、配置作业组用户、配置提取规则等财务共享服务基础配置工作，为后续各项业务的开展做好准备。

思维导图

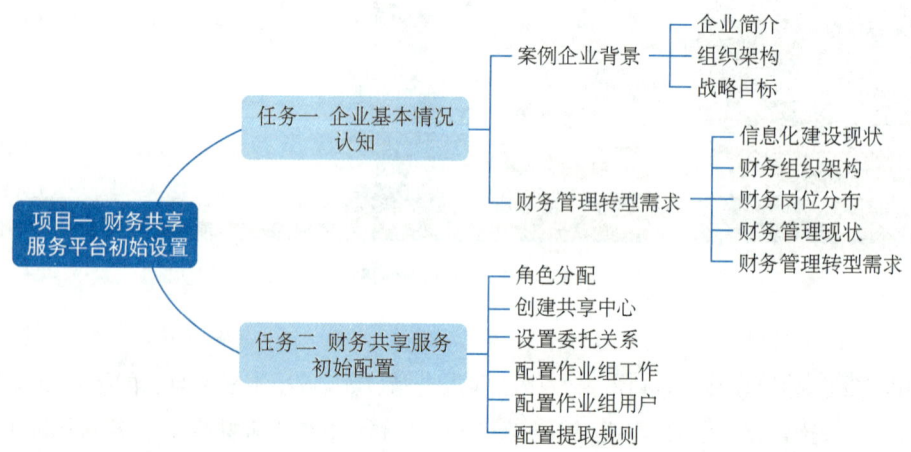

项目二 费用共享业务

学习目标

知识目标

1. 熟悉费用报销的基本概念、流程和应用场景
2. 理解智能商旅的概念和智能商旅对企业的价值

技能目标

1. 能够处理员工先垫资后报销及先申请后报销的业务并生成记账凭证
2. 能够对记账凭证进行审核
3. 能够使用 Microsoft Visio 工具绘制企业实施财务共享模式后的费用报销流程图
4. 能够初步在财务共享信息系统中配置共享后的费用报销流程

素养目标

1. 树立在工作中遵守会计准则、法律法规及企业规章的意识,培养学生团队协作互助的意识
2. 遵守企业费用管理制度及会计监管

任务一 费用共享业务认知

【工作任务概述】

本任务要求学生能够对案例企业费用共享业务进行熟练处理,能够掌握费用采购类业务从申请、财务核算到费用支付结算的端到端业务流程处理。

费用报销可由任意员工发起,总体过程如图 2-1 所示。其中,业务部门和业务人员称作"业务前台",财务部门和财务人员称作"财务后台"。

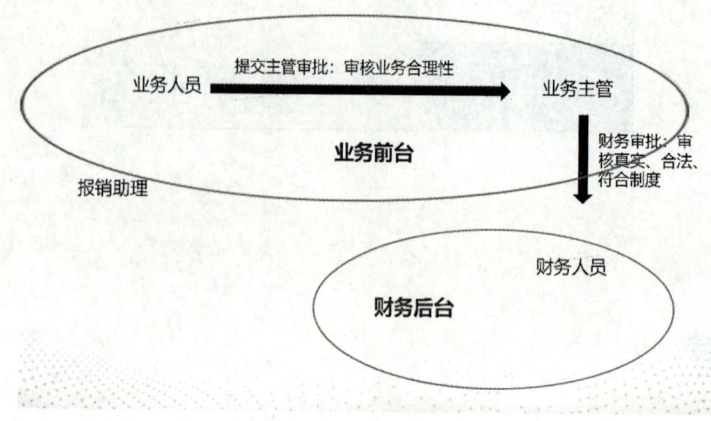

图 2-1　费用报销总体过程

一、差旅费用报销业务认知

（一）差旅费用报销场景

传统的差旅费用报销有员工直接报销、员工借款报销、跨组织报销、先申请再报销四个主要的业务场景。

1. 员工直接报销

当费用发生时，员工先垫资；费用发生后，员工登录网上报销系统、录入报销单据；报销完成后，企业将报销款支付给员工。

2. 员工借款报销

费用发生前，员工申请从企业借款；费用发生时，员工付款；费用发生后，员工登录网上报销系统，在录入单据时选择是否冲借款；报销完成后，如果选择了冲借款则先用报销款来冲借款，再将报销款余额（若有的话）支付给员工。员工借款报销场景下的典型报销流程，如图 2-2 所示。

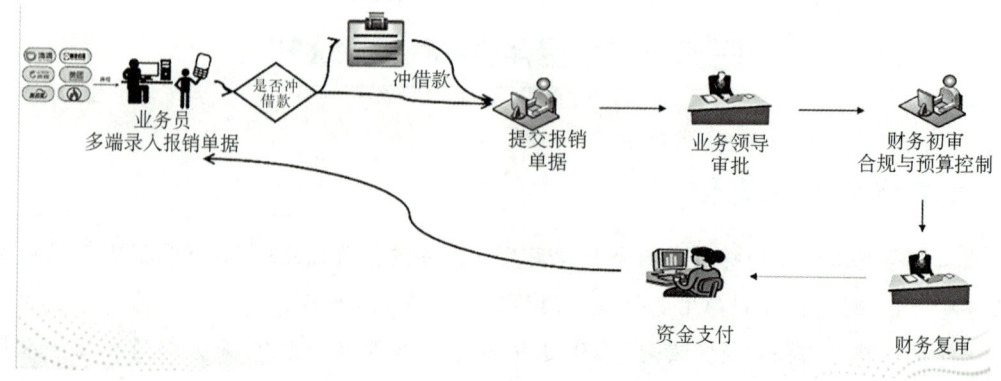

图 2-2　员工借款报销场景下的典型报销流程

3. 跨组织报销

跨组织报销是报销人单位与费用承担单位不同的情况下的一种报销业务,如员工在 A 单位报销,由 A 单位向其支付报销款项,但费用却由 B 单位来承担。在跨组织报销的场景下,也可能存在先借款、后报销(即跨组织借款)的情况。报销的流程与员工直接报销或员工借款报销类似,但是往往会增加一些费用承担单位业务主管的审批环节。跨组织报销场景中有一种多组织分摊的情形,即需要多个组织来承担(分摊)同一笔费用。

【例 2-1】至美家居集团是国内著名的家具和家居用品生产及销售集团,生产及销售由不同的法人公司来承担,且在国内主要的省区都成立了独立的销售子公司。假设上海至美销售公司市场部和浙江至美销售公司市场部联合在上海举办了一场家具展销会,展销会由上海至美销售公司市场部的员工张三负责并发生了会议费 30 000 元,但按照分摊协议,上海至美销售公司市场部和浙江至美销售公司市场部要按照 2∶1 的比例分摊该费用。事后张三报销会议费 30 000 元,上海至美销售公司市场部和浙江至美销售公司市场部将分别承担 20 000 元和 10 000 元。费用分摊的跨组织报销示例,如图 2-3 所示。

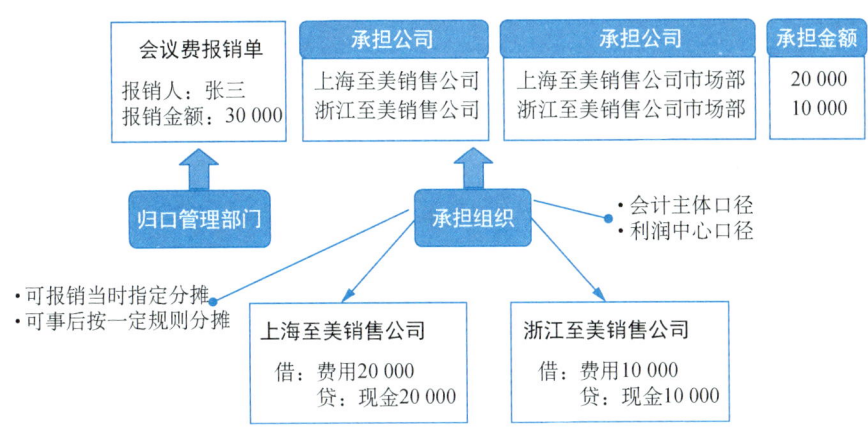

图 2-3 费用分摊的跨组织报销示例

4. 先申请再报销

企业为了达到费用事前控制的目的,要求在某些费用项目上必须先申请、后办理业务,若未经申请就进行了费用支出则企业将不予报销。这种场景可能用于以下费用预算情形:

(1)企业在年初只做大的费用预算,在业务发生时再申请明细的费用额度。

(2)企业费用预算中未包括的费用项目,在业务发生时需另申请费用额度。

先申请再报销的流程,如图 2-4 所示。

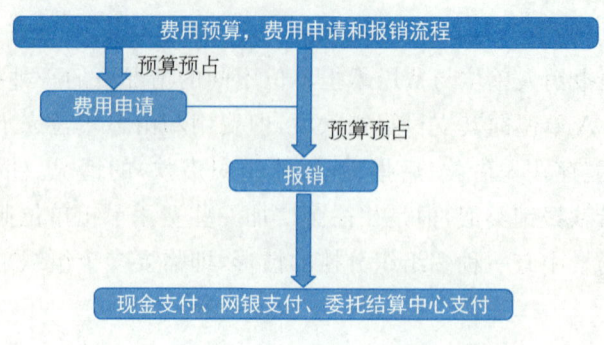

图 2-4　先申请再报销的流程

（二）差旅费用报销的内控要点

差旅费用报销的内部控制主要依靠财务报销制度来明确。内部控制的要点，可从报销制度说明、业务规则、报销流程、报销标准、权限几个方面考虑。

1. 报销制度说明

报销制度是否配备了制度解释文件和报销操作手册，以帮助员工理解和掌握财务报销制度、流程与违反制度的处罚等，如报销制度修订说明、部门与预算项目对照表、企业网络报销系统操作手册等。

【例 2-2】靓佳生化用品有限公司（以下简称靓佳公司）财务部每年的 3 月份开始启动新年度的财务报销工作（俗称开账），开账前财务部会公布新年度财务报销制度，同时提供一套报销手册供员工事先学习及在实际报销过程中进行参考。

2. 业务规则

业务规则具体规定允许报销的业务内容或业务内容组合，各个部门可以报销的业务或费用项目。

【例 2-3】靓佳公司规定：差旅费报销时，出差地的餐饮发票必须单独报销，且要与差旅费报销单一同提交；除了研发中心，一律不得进行"研发费用"项目的报销。

3. 报销流程

报销流程具体规定业务审批和财务审批都要到哪一级，系统是否需要根据费用承担部门、费用项目的不同而自动采用不同的审批流程。

【例 2-4】靓佳公司规定：凡是跨组织报销业务，均先由报销人本部门的业务主管审核，然后再自动流转到费用承担部门的业务主管审核；如果报销人本人是部门业务主管则审核自动上升一级，即由报销人的上级领导进行业务审批。

4. 报销标准

报销的内容与金额是否符合报销人员职级所预先规定的报销标准。

【例2-5】靓佳公司规定:普通员工出差时只有当列车最快到达时间超过5小时的情况才能购买经济舱机票;一次出差往返工作所在地机场车站的出租车票(含商务用车)只能报销单程;北上广深一线城市的每晚住宿标准不超过350元。

5. 权限

权限是指明确什么人可以做什么、不可以做什么。

【例2-6】靓佳公司规定:费用报销时,一级部门总经理的审批权限是5 000元,主管副总裁的审批权限是10 000元,公司总裁的审批权限是30 000元,超过30 000元的费用报销需要由董事长审批。

(三) 差旅费用的管理目标

差派费用的管理目标有以下层级。

1. 优化报销过程

优化报销过程的目标是提高财务报销工作效率,提高员工满意度。这是见效最快的管理层级,管理程度浅。

2. 强化费用管理

强化费用预算管控,支持按受益对象进行费用分摊,从而可以满足企业内部管理和考核的需要。这个层级的目标是提升管理水平。

3. 实现费用共享服务

实现费用共享服务的目标是提高集团整体运行效率与服务水平,降低集团整体运营成本。这是最高的管理层级,也是管理程度最深的层级,仅适用于集团管控力度大、专业化的大型集团企业。

> **思政园地**
>
> 推行全面数字化的电子发票的意义
>
> 差旅费报销涉及最多的凭证就是发票。目前,全国在推行全面数字化的电子发票,它是与纸质发票具有同等法律效力的全新发票,不以纸质形式存在、不用介质支撑、无须申请领用、发票验旧及申请增版增量。纸质发票的票面信息全面数字化后,多个票种集成归并为电子发票单一票种,全国统一赋码、开具金额总额度管理、自动流转交付。
>
> 全面数字化的电子发票使领票流程更简化,开票用票更便捷,加强了各税费数据联动,有利于提升财务管理的效率,降低企业纸质发票领购和存储等运营成本。

(四) 差旅费用的报销现状

1. 共享前典型痛点

差旅费用报销业务在企业集团实施财务共享服务前普遍存在如下一些问题,纳入财务共享服务时必须先解决这些痛点：

（1）各公司报销标准不统一。

（2）整个业务审批与财务处理信息共享性差。

（3）手工处理核算量大，差错频出，耗用大量精力，核算质量有待提升。

（4）核算由人工进行处理，自动化程度低，核算标准化有待加强。

（5）同一业务不同人员、不同时间，可能出现处理方式的不一致。

2. 共享前差旅费用报销流程

共享前差旅费用报销流程，如图2-5所示。

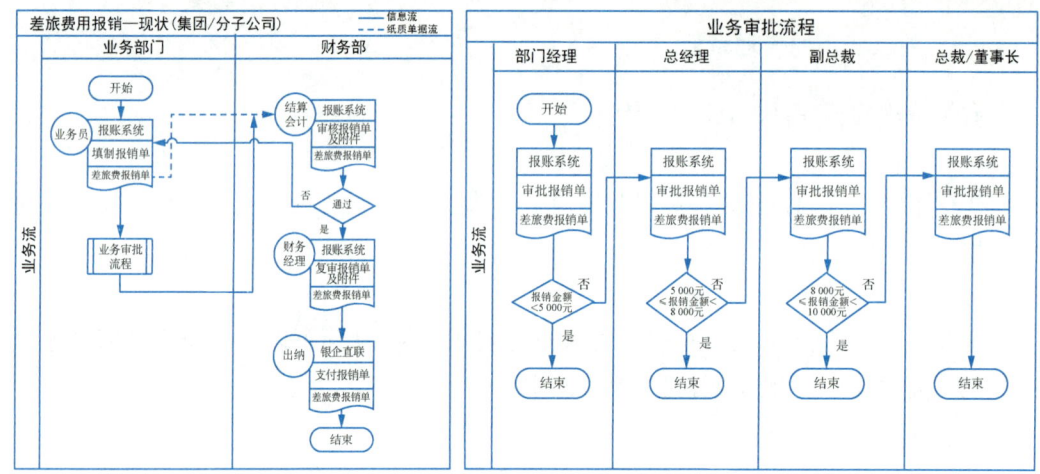

图2-5 共享前差旅费用报销流程

二、智能商旅服务业务认知

（一）商旅费控管理的现状

1. 费用报销慢，效率和服务水平低

（1）填报不规范，报销不及时。由于根据实际消费的各种原始凭证人工填制报销单，在企业实务中报销工作往往耗费报销人大量时间。而普通员工又很难具备专业的财务和税务知识，费用项目选择、交易类型选择、长途交通票据增值税计算抵扣等，都是普通员工在填制报销单时的难点，容易造成报销单因填报不规范而被驳回，需要重新填写，进一步降低了费用报销的流程效率。

（2）审批环节多，审批周期长，审批责任不明确。从业务单元的多级业务审批、财务审批到财务共享服务中心的审核，审批周期较长，不同审批环节的审批要点和职责区分不明确。

（3）报销单据需要人工校验。传统费控虽然有事前申请，但报销单所附原始凭证大多还是实报实销,即事后根据实际发生并取得的物理原始凭证进行报销单填报。物理原始凭证的合法性、合理性都需要各审批环节人工审核,审核效率低,还容易出现人为差错。

2. 费用管控落后,管理力弱

(1) 费用管控依靠人工。由于没有信息系统的支持,业务负责人事前审批费用申请时无法准确掌握费用预算及预算执行结果的数据,只能由人来主观控制。业务负责人通常注重出差事项的审核,忽略费用预算及费用标准的管控。

(2) 预算无法实现事前管控。商旅预订大部分由员工自主完成,除了事前商旅出差申请审批,商旅过程中费用的发生不受企业控制,企业只有在员工事后报销时才能知道费用发生的项目和金额,对差旅预订过程无法管控,造成超预算、超标准的商旅费用现象。

3. 数据信息不对称,风险高

(1) 业务数据真实性难以验证,增加财务风险。费用报销流程中的审核人员仅能审核原始凭证,对于原始凭证的业务发生和金额真实性无法验证,企业会面临员工虚假报销的风险。

(2) 报表数据不及时、不准确,增加管理风险。手工报销的数据滞后,无法在费用发生后及时进行数据分类汇总、发现风险并恰当应对,企业费用管理风险增加。

(二) 智能商旅服务的模式

1. 商旅服务的概念

商旅服务,又称商旅管理,是指由第三方服务平台为众多企业因公差旅和出行活动提供服务,这类第三方服务平台又称商旅服务公司(travel management company,TMC)。商旅成本已成为企业运营管理中仅次于人力成本的第二大可控成本。如何智能化改变商旅,让出行更高效,让服务更便捷,则是企业商旅及报账服务的新趋势。

2. 智能商旅服务的模式

(1) 个人预订报销模式。员工自行选择 TMC 平台(如携程、去哪儿旅行等)进行商旅预订并垫资,事后进行费用报销。

(2) TMC 线下模式。由企业选定单一 TMC,企业员工通过线下(如电话)进行商旅预订,由企业定期与 TMC 结算(即商旅服务商垫资)。

(3) TMC 线上模式。由企业选定单一 TMC,企业员工通过线上(如 TMC 提供的 App)进行商旅预订,由企业定期与 TMC 结算。

(4) 自建商旅平台模式。自建、外购第三方平台,整合多方资源,同时与内部管理系统打通,实现全流程商旅管理与服务。

(三) 智能商旅特征及价值分析

1. 智能商旅服务建设特征

(1) 应用全员化。让全体员工都参与进来,同时为员工提供智能简易的应用,提高员工满意度。

(2) 接入多端化。支持手机、平板电脑、PC等设备随时随地接入。

(3) 管控智能化。通过OCR技术自动获取报账信息,且发票能自动验伪查重。

(4) 链接社会化。企业内部信息系统与各类商旅交易平台实现连接、协同、共享,使商旅服务便利、可控;企业同时能够获取和积累大量准确与及时的商旅交易数据,能够利用数据分析创造价值。

智能商旅采用前和采用后,对企业及不同层级雇员的影响,如表2-1所示。

表2-1 采用智能商旅对企业及不同层级雇员的影响

层级	采用前	采用后
企业	企业差旅费用居高不下,费用管控力度弱;企业的差旅报销制度不能很好落实;企业的报销流程繁琐,员工满意度低	移动互联网时代的智能商旅及报账服务连接社会化服务资源,企业可以自行设置差旅规则,对差旅费申请、审批、预订、支付和报销等差旅全流程进行自动化管理
普通员工	报销差旅费用时,每次都要填写厚厚一沓的报销单据;完成一次费用报销,需要拿着单据逐个找领导审批,但是审批领导经常出差、开会,个人垫付资金,报销不及时	员工管理个人商务旅行,随时随地进行出差申请、商旅及出行预订、差旅费用报销等,全部使用线上应用,提高工作效率;员工免除垫付资金,不需要贴票报销,商旅报账方便快捷,提高员工满意度
部门经理	不能及时了解费用预算执行情况及剩余额度;审核财务费用时,不能及时获得合法数据或相关材料的支持	及时审批员工差旅申请,实时掌握费用预算达成情况;提升管理水平,提高部门管理满意度,实现管理升级
财务人员	员工单据填写不规范;报销审核工作占用大量时间,票据审核困难;无法掌控各项目、各部门及异地分公司的费用发生情况;企业财务制度难以落实,员工出差商旅预订五花八门,缺少费用报销制度的监管	简化财务核算,极大提升财务效率;有效管理员工差旅行为和差旅费用;帮助企业优化差旅管理规范和流程,将差旅管理规范化、信息化,提高企业的专业形象;提高差旅透明度和合规性,更好地进行预算规划、费用管控
企业领导层	不清楚公司的费用支出是否合理,是否带来相匹配的效益;费用管理中存在疏漏,费用居高不下,成本难以降低;不能按照企业内部管理的要求获取准确的费用分析数据	有效地了解员工差旅行为、企业费用支出情况,为企业优化差旅制度、预算规划、员工行为管理、费用控制等提供决策依据

2. 智能商旅服务价值分析

智能商旅服务解决了传统费控管理模式下的痛点和难点,具体价值如下:

(1) 数据看得透,企业管得到。审批有依据,业务的真实性可以得到验证;费用报表数据实时有效,且可追溯;费用成本信息透明,风险管控有抓手;商旅实现集中采购,企业议价能力得到提升。

(2)报销周期短,员工满意度高。员工报销单填制容易、审批快速、报销款到账快;员工可以少垫付、少跑腿、少贴票;员工进行费用报销不受时间和地点限制。

任务二 专项费用处理

一、差旅费用报销业务处理

【工作任务概述】

本任务主要是在需求假设的基础上,完成差旅费用报销共享后的流程设计,使用 Microsoft Visio 工具绘制出企业实施财务共享模式后的费用报销流程图,在 NC Cloud 平台进行工作流配置,学生扮演不同角色,对流程进行协同测试,测试工作流是否能执行,并完成案例企业差旅费用报销。

【工作指导手册】

(一)共享后差旅费用报销流程设计

【业务内容】

鸿途集团建立财务共享服务中心后,业务单元只保留财务经理岗和业务财务岗。集团在共享前的差旅费用报销流程,如图 2-5 所示;共享后由财务共享服务中心处理的业务单据,如表 2-2 所示。要求:设计并使用 Microsoft Visio 绘制共享后的鸿途集团差旅费用报销流程。

表 2-2 共享流程的业务单据

序号	名称	是否进 FSSC	是否属于作业组工作	流程设计工具
1	主报销单(差旅费报销单)	Y	Y	工作流

【操作提示】

表 2-2 中各列的含义如下:

(1)是否进 FSSC:表示该业务单据的处理过程是否需要财务共享服务中心参与。Y 表示需要、N 表示不需要。

(2)是否属于作业组工作:表示是否需要分配到某个 FSC 作业组、由该组成员从作业平台上提取进行处理。Y表示属于、N表示不属于。NC Cloud平台的财务共享服务功能中需要FSSC处理,但又无法配置到FSSC作业组的单据表示为"N",只有进FSSC的业务单据才有这个问题。

(3)流程设计工具:表示选择用NC Cloud平台中的哪一个流程平台来对该业务单据进行流程建模。NC Cloud平台中有"业务流""工作流""审批流"三种流程建模平台。

【操作指导】

1. 构建差旅费用报销共享需求假设

(1)建立财务共享服务中心后,尽量保持现状业务流程的稳定性:①根据传递到财务共享服务中心的业务单据,确定流程中业务单位与财务共享服务中心的边界,该业务单据都需要经过财务共享服务中心的审核或初审。②财务共享服务中心接收业务单据所随附的原始凭证,均由制单人在制单后立即扫描上传;此后需要审核该业务单据的环节,均同时审核该业务单据的原始单据影像。③保留业务单位的工作、流程和职责不变,但原业务单位财务部的工作除财务经理职责外均由业务财务承担。

(2)案例企业鸿途集团的所有收付款,均以网银(银企直联)方式完成。

(3)案例企业鸿途集团最终选择的是单共享中心模式。

2. 明确共享后流程设计依据

在差旅费用报销现状流程的基础上,结合共享需求假设,根据企业财务职责和部门的调整情况及财务共享服务中心费用类岗位的初始配置情况,设计共享后的差旅费用报销流程,共享后差旅费用报销流程设计依据,如表2-3所示。

表2-3 共享后差旅费用报销流程设计依据

序号	共享前	共享后	设计依据
1	财务部结算会计审核	财务共享服务中心费用会计审核	业务单元结算会计职责被剥离,转移至财务共享服务中心费用会计
2	财务经理在结算会计后审核	财务经理在财务共享服务中心费用会计前审核	从费用会计开始,流程从业务单元进入财务共享服务中心环节,正常情况不再转回业务单元
3	业务单元出纳通过企业网银支付	中心出纳通过银企直连支付	资金结算实现财务共享服务中心共享,同步建设了银企直连
4	无总账审核环节	新增总账会计环节	集团实现了总账共享,总账会计不再隶属于业务单元

【参考设计结果】

共享后的差旅费用报销流程如图2-6所示,可能有多种设计结果,只要符合财务共享服务中心的岗位职责设计及共享需求即可。

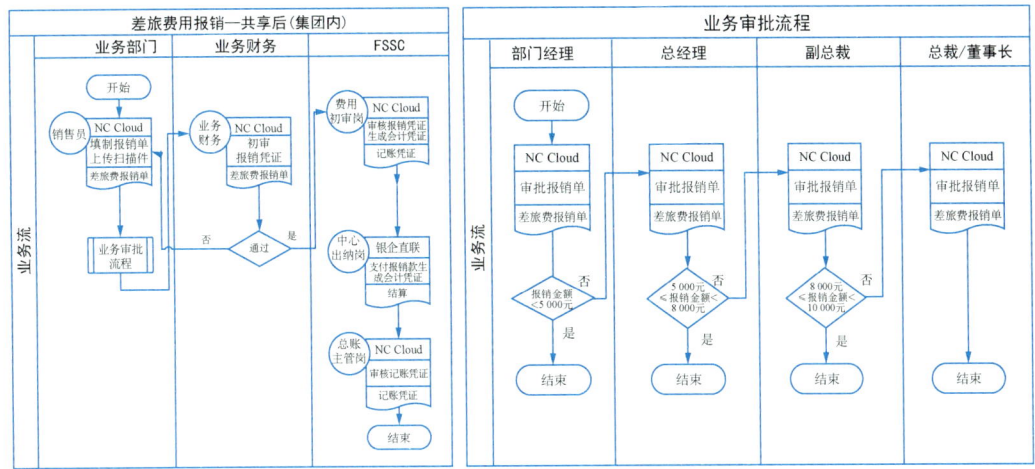

图 2-6　共享后差旅费用报销流程

(二) 差旅费用报销流程配置

【业务内容】

鸿途集团销售服务办公室的销售员李军 2023 年 3 月 8 日、9 日,从郑州出差北京,事前已报备,出差回来后,3 月 10 日报销差旅费,在 NC Cloud 平台进行差旅费报销流程配置。

【操作指导】

1. 新增差旅费报销单流程

在动态建模平台的流程管理中单击"工作流定义-集团",点击"新增"—"手工新增"新增差旅费报销单流程,如图 2-7、图 2-8 所示。

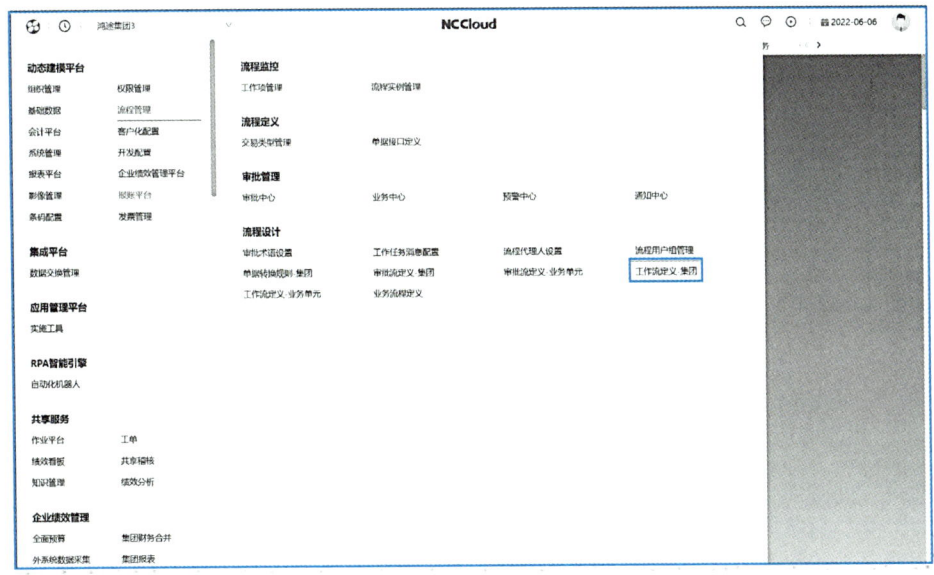

图 2-7　工作流定义界面

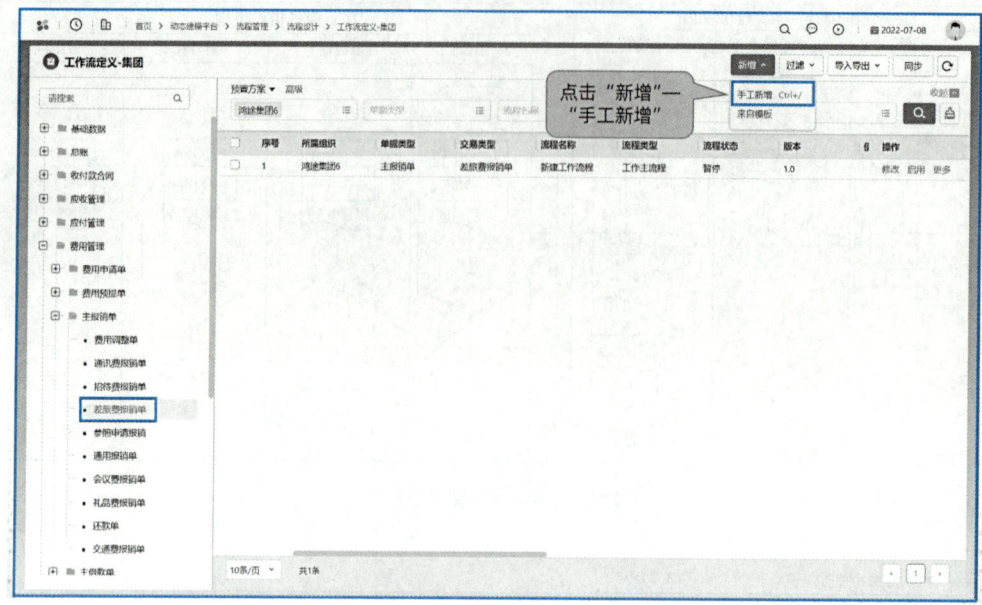

图 2-8　新增工作流界面

2. 配置角色

（1）配置制单人角色：左侧工具栏单击"人工活动"，在流程编辑区进行"制单人"编辑，参与者类型选择"虚拟角色"，人工活动配置选择"制单人"，如图 2-9 所示。流程组件选择"SSC 制单"，单击业务参数，在工作流相关数据定义框中单击"增加"，选择"查看影像权限：0 可以影像查看；1 可以影像评价"，初始值为"0"，如图 2-10 所示。

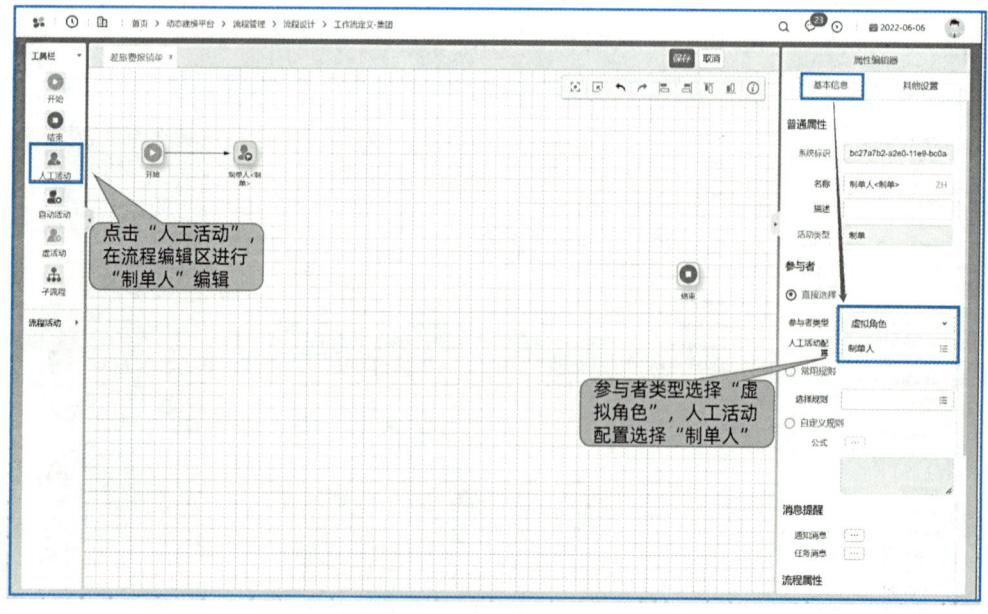

图 2-9　新增制单人活动界面

项目二 费用共享业务 | 029

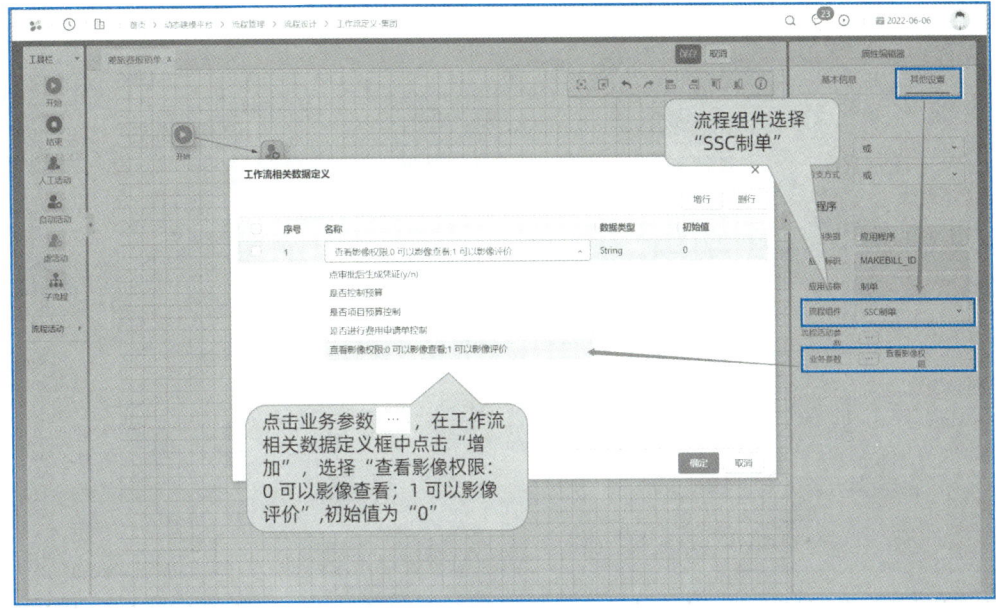

图 2-10 设定制单人参数界面

（2）配置销售经理角色：左侧工具栏单击"人工活动"，在流程编辑区进行"销售经理角色"编辑，在右侧属性编辑器中选择基本信息中的参与者类型为"角色"，人工活动配置选择"销售经理角色"，抢占模式选择"抢占"，如图 2-11 所示。流程组件选择"SSC 会计初审"，单击业务参数，在工作流相关数据定义框中单击"增加"，选择"查看影像权限：0 可以影像查看；1 可以影像评价"，初始值为"0"，如图 2-12 所示。

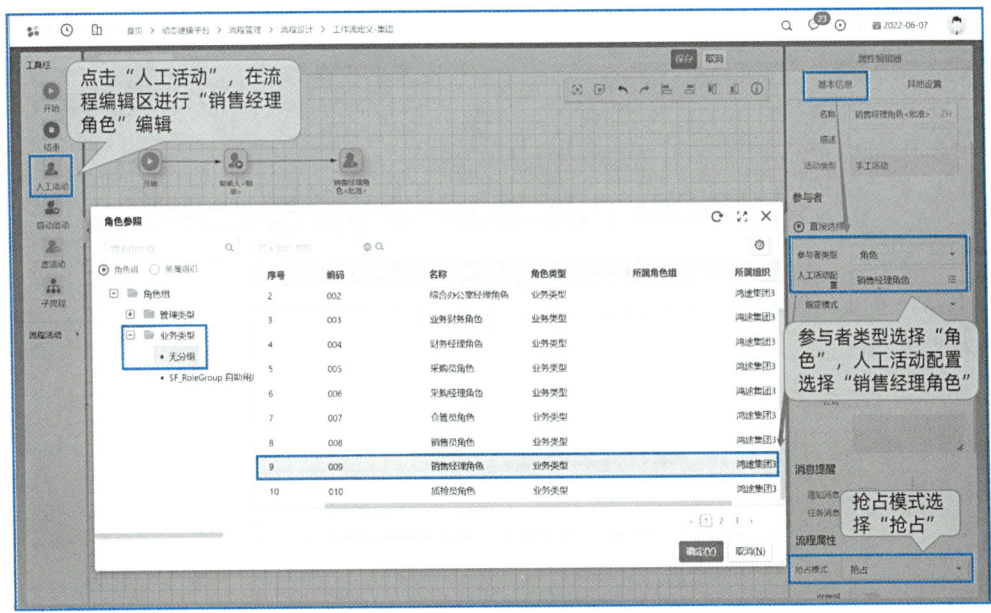

图 2-11 新增销售经理活动界面

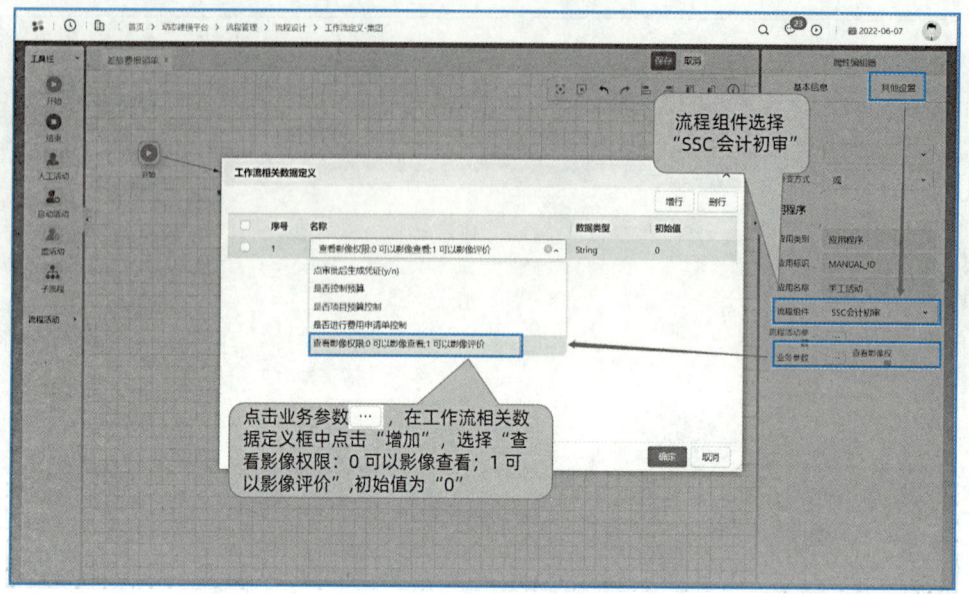

图 2-12　设定销售经理参数界面

（3）配置业务财务角色：左侧工具栏单击"人工活动"，在流程编辑区进行"业务财务角色"编辑；右侧属性编辑器基本信息参与者类型选择"角色"，人工活动配置选择"业务财务角色"，抢占模式选择"抢占"。

（4）增加判断条件：在右侧属性编辑器的"基本信息"中，类型选择"条件"，单击表达式，在"元数据"页签双击"合计金额"，表达式条件为合计金额小于 5 000 元业务财务审批，如图 2-13 所示。

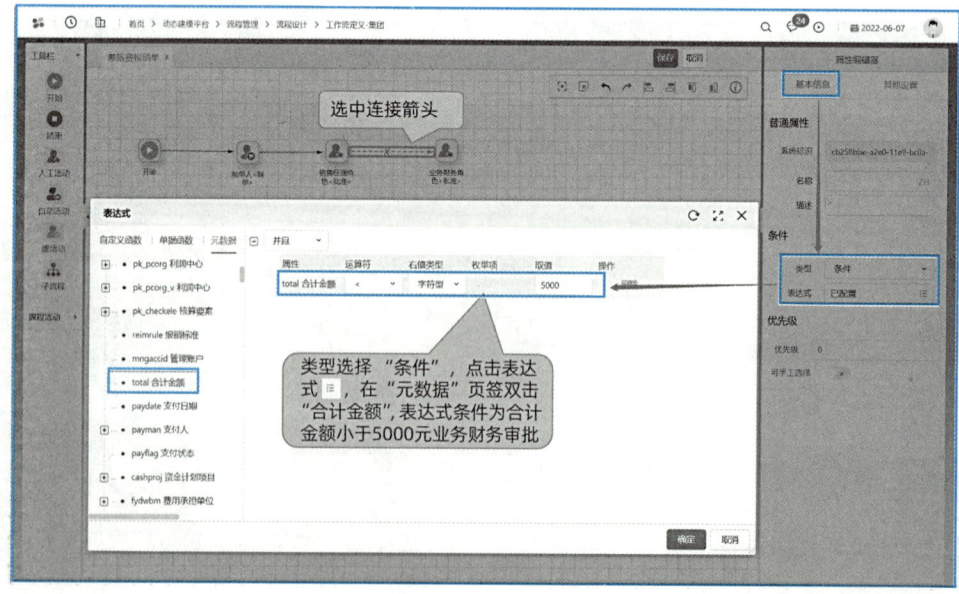

图 2-13　增加判断条件

（5）配置总经理角色：左侧工具栏单击"人工活动"，在流程编辑区进行"总经理角色"编辑；右侧属性编辑器基本信息中参与者类型选择"角色"，人工活动配置选择"总经理角色"，抢占模式选择"抢占"。单击业务参数，在工作流相关数据定义框中单击"增加"，选择"查看影像权限：0 可以影像查看；1 可以影像评价"，初始值为"0"，流程组件选择"SSC会计初审"。

（6）增加判断条件：条件类型选择"条件"，单击表达式，在"元数据"页签双击"合计金额"，表达式条件为合计金额大于等于 5 000 元总经理审批。

（7）配置共享服务中心审核：单击"人工活动"，在流程编辑区进行"共享服务中心审核"编辑；参与者类型选择"共享服务中心"，人工活动配置选择"共享服务用户"；抢占模式选择"抢占"，如图 2-14 所示。流程组件选择"SSC 会计初审"，在工作流相关数据定义框中单击"增加"，选择"查看影像权限：0 可以影像查看；1 可以影像评价"，初始值为"0"，如图 2-15 所示。

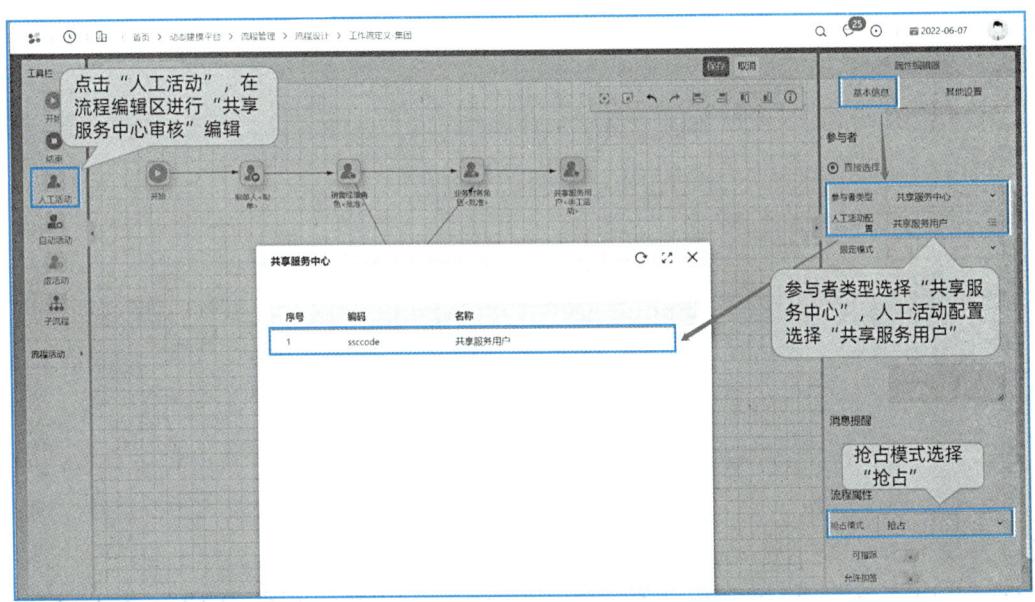

图 2-14　新增共享服务中心初审活动界面

（8）配置共享服务中心复核：单击"人工活动"，在流程编辑区进行"共享服务中心复核"编辑；参与者类型选择"共享服务中心"，人工活动配置选择"共享服务用户"；抢占模式选择"抢占"，如图 2-16 所示。流程组件选择"SSC 复核"，单击业务参数，在工作流相关数据定义框中单击"增加"，选择"查看影像权限：0 可以影像查看；1 可以影像评价"，初始值为"1"；选择"点审批后生成凭证(y/n)"，初始值为"y"，如图 2-17 所示。

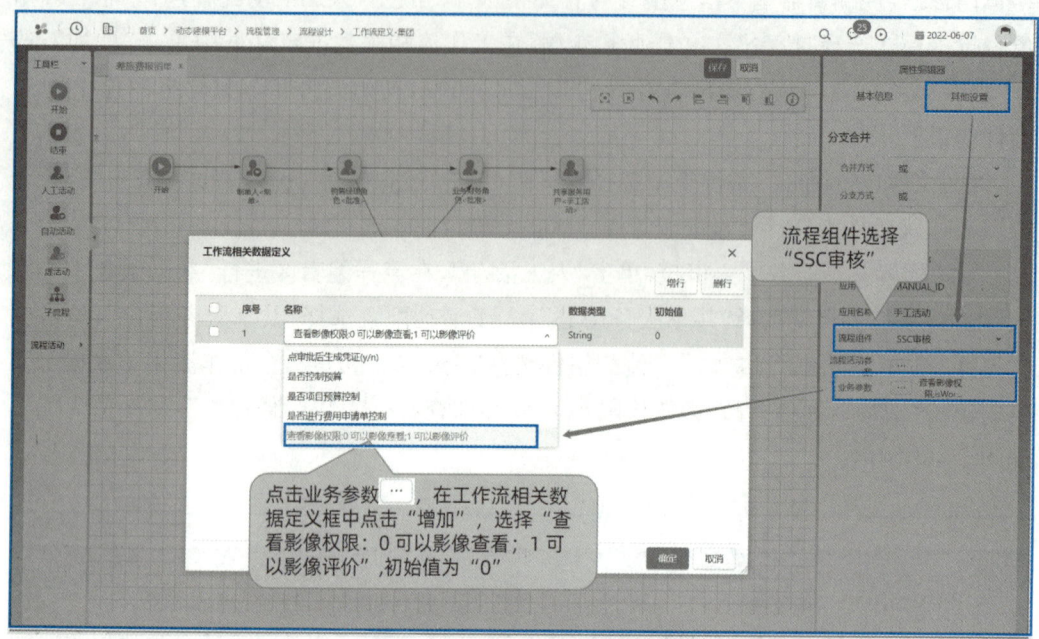

图 2-15 设定共享中心初审参数界面

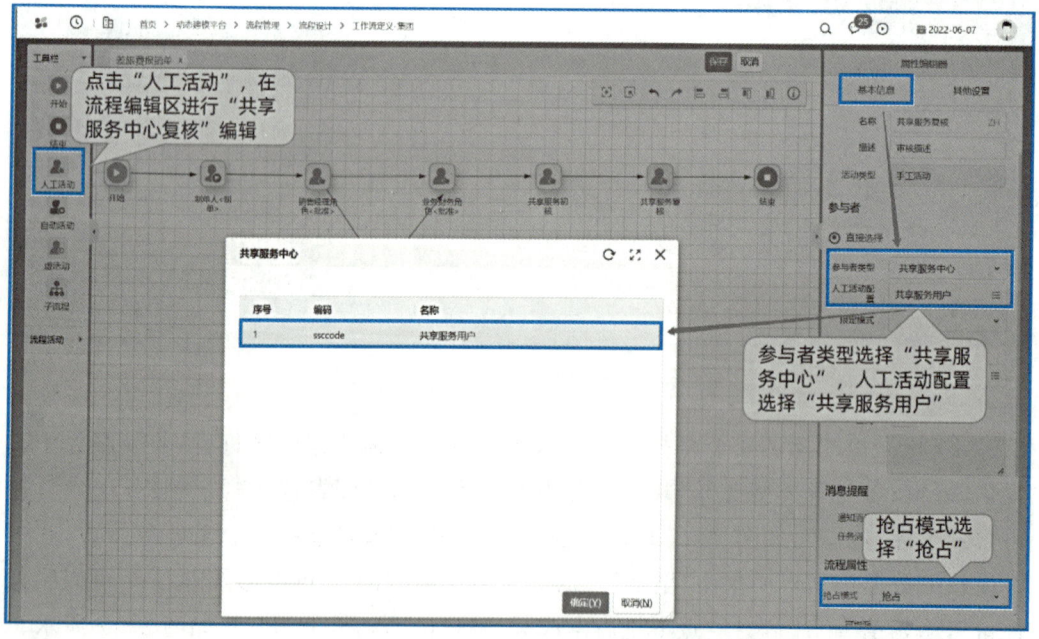

图 2-16 新增共享服务中心复核活动界面

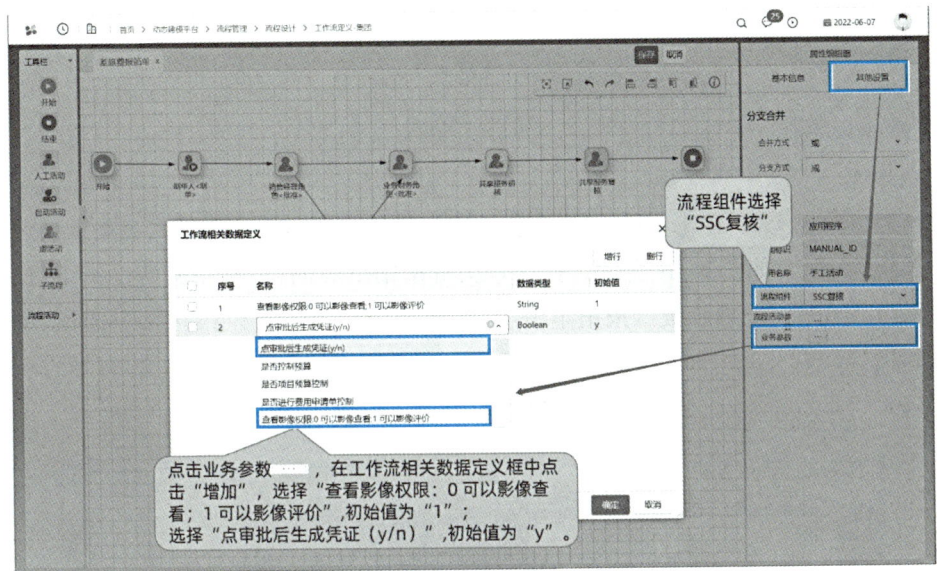

图 2-17 设定共享中心复核参数界面

(三) 差旅费用报销系统操作

【业务内容】

鸿途集团销售服务办公室的销售员李军 2023 年 3 月 8 日、9 日,从郑州出差北京,花费如表 2-4 所示,事前已报备,出差回来后,3 月 10 日报销差旅费。结算方式为网银,单位银行账号选择账号编码较大的账号(支出户)。

表 2-4 出差花费详情

项目	花费(元)
去程火车票 G1564(不含税额:283.49 元;税额:25.51 元;税率:9%)	309
返程火车票 G505(不含税额:283.49 元;税额:25.51 元;税率:9%)	309
目的地交通	36+42=78
北京住宿费 北京铂涛酒店,增值税专用发票税率 6%(不含税额:259.43 元;税额 15.57 元)	275×1=275

【差旅费用报销流程】

差旅费用报销流程,如图 2-18 所示。

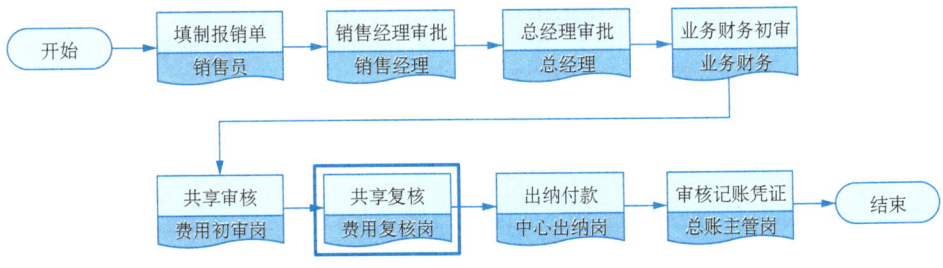

图 2-18 差旅费用报销流程

操作视频

【操作提示】

如规划设计中没有涉及共享复核,可忽略此环节。

【操作指导】

1. 销售员填制报销单

销售员角色上岗,单击"开始任务"进入 NC Cloud 平台,将右上角系统登录日期修改为"2023-03-10",如图 2-19 所示。打开差旅费报销单界面,填制差旅费报销单,选择收支项目为"销售费用-差旅费",报销事由填写"差旅费报销",单位银行账户选择"中国工商银行""3703239319189278310",结算方式选择"网银",个人银行账户选择"1703100923803467892849",如图 2-20 所示。

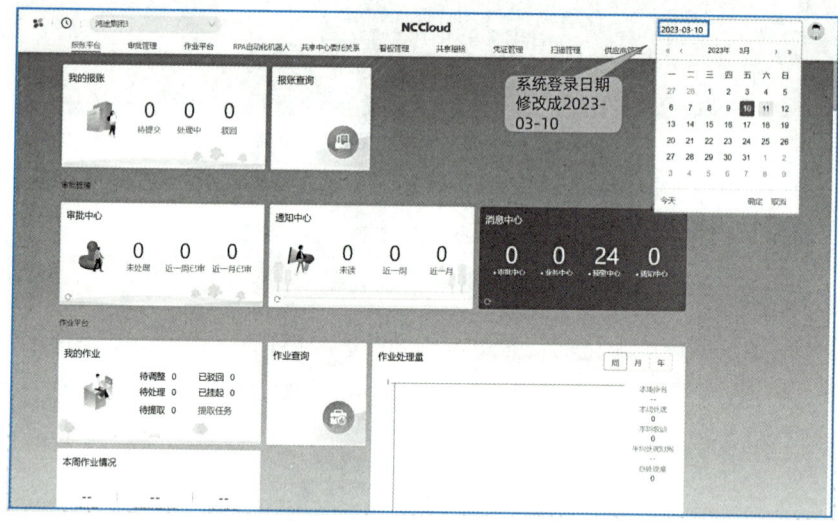

图 2-19 日期修改界面

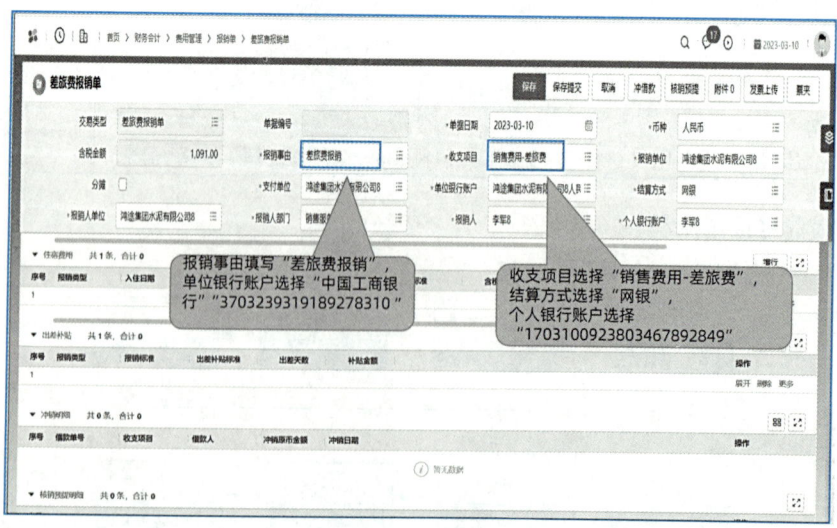

图 2-20 差旅费报销单填制界面

根据票据信息填写郑州、北京往返车票及出差地的出租车票信息，根据住宿票据发票填写住宿费用，出差补助标准"60"，出差天数"2"，补贴金额自动计算，如图2-21所示。全部项目填制完毕后，单击"保存"。单击"影像扫描"连接影像系统，进入影像管理系统之后如果需要用高拍仪进行扫描则需单击"扫描"，如果通过本地上传则单击"导入"，将对应的纸质原始单据用高拍仪进行扫描，扫描后单击"扫描"，全部扫描完成之后单击"上传"，影像扫描完成后单击"保存"，如图2-22所示。

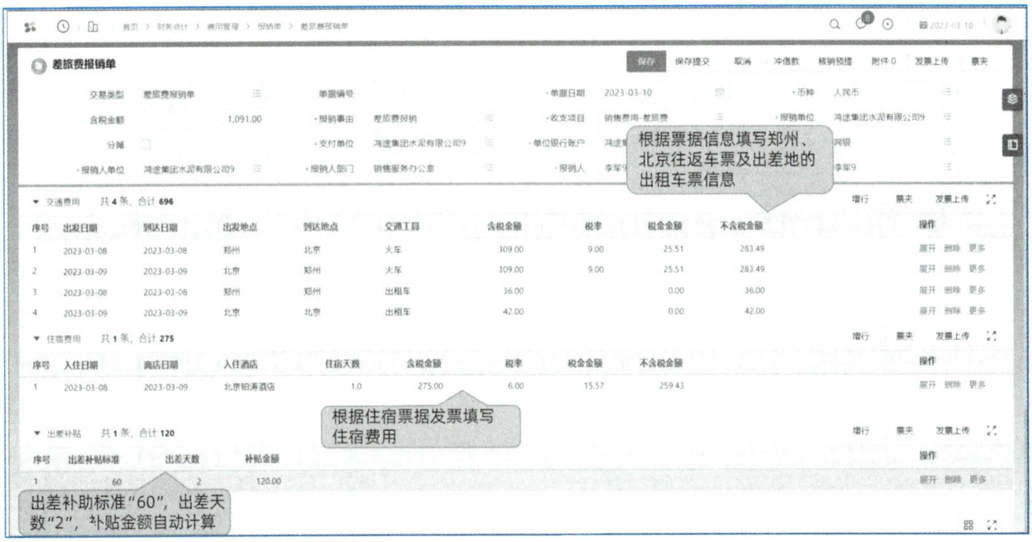

图 2-21　差旅费报销单填制界面

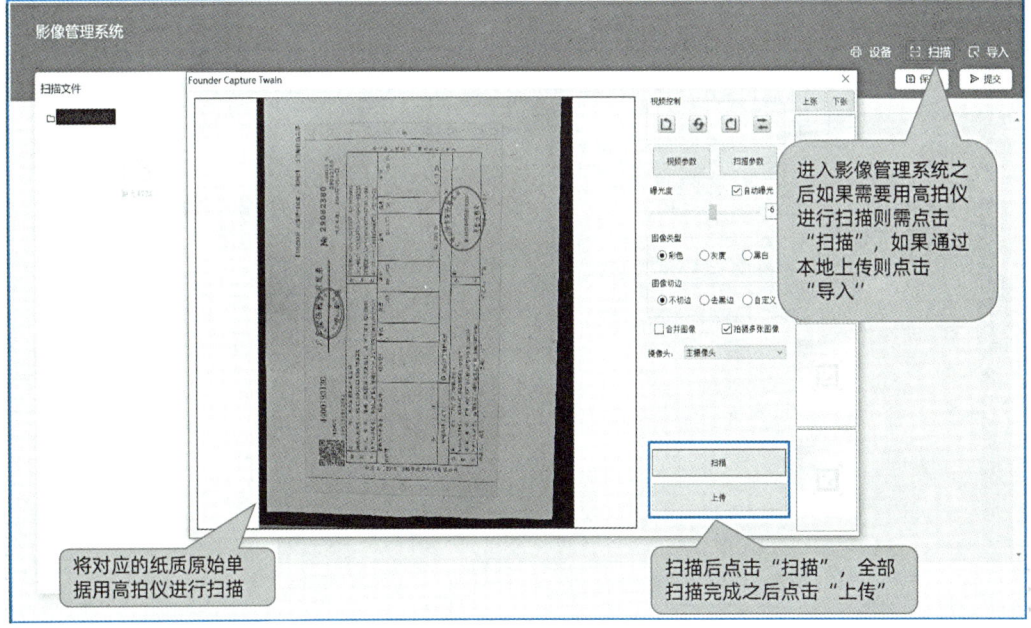

图 2-22　影像扫描

2. 销售经理审批

操作视频

销售经理角色上岗,单击"开始任务"进入 NC Cloud 平台,将右上角系统登录日期修改为"2023-03-10",单击"审批中心",进入"审批中心"界面,点击"未处理"查询需要审批的单据,如图 2-23 所示。处理状态单击"未审"查看未审批的单据,单击单据号进入单据详情界面查看单据信息及影像是否正确,如正确,单击"销售经理角色＜批准＞",审批完成,如图 2-24、图 2-25、图 2-26 所示。

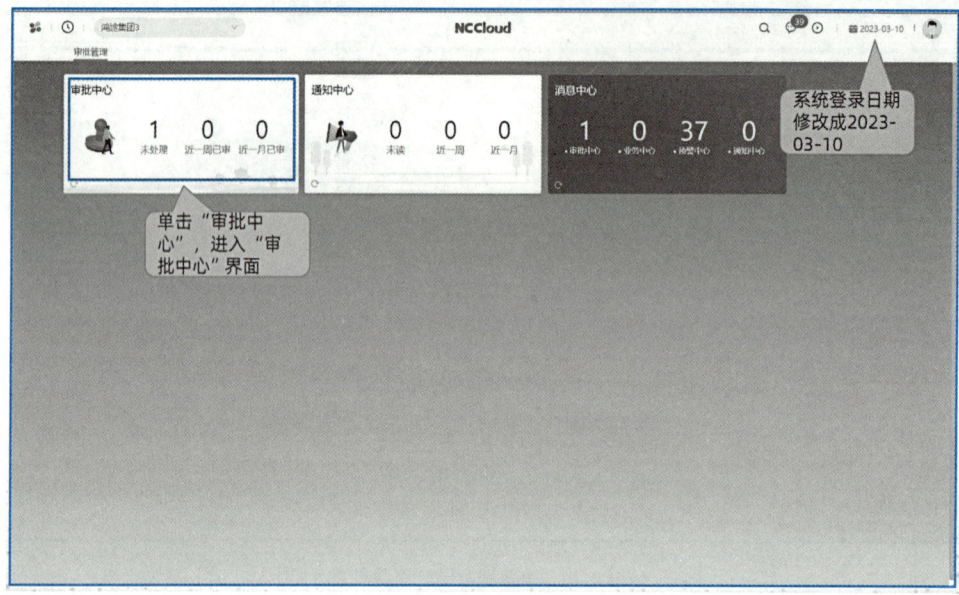

图 2-23　修改日期界面

图 2-24　查看未审单据界面

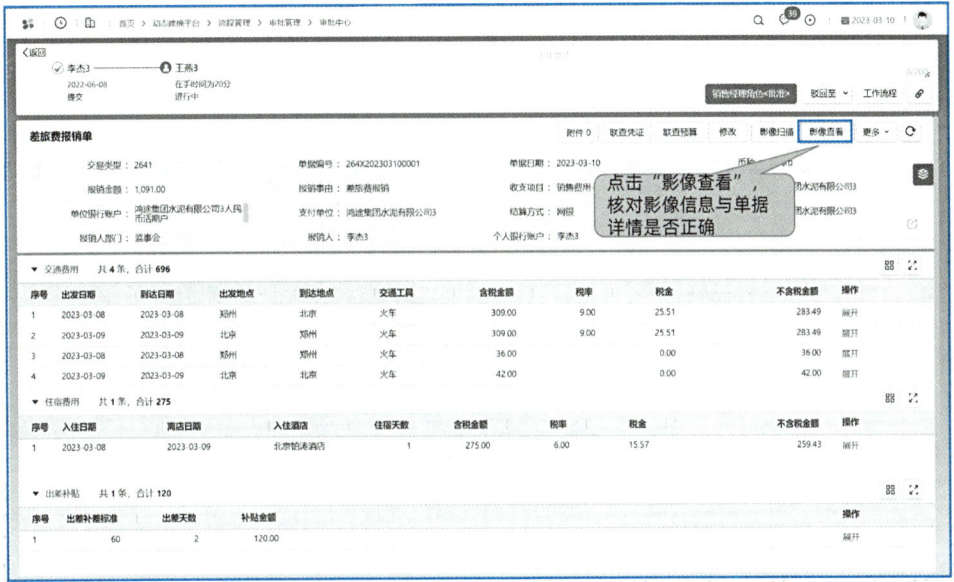

图 2-25　影像查看界面

图 2-26　销售经理角色＜批准＞界面

3. 业务财务初审

业务财务角色上岗，单击"开始任务"进入 NC Cloud 平台，将右上角系统登录日期修改为"2023-03-10"，单击"审批中心"的"未处理"进入"审批中心"界面查询需要审批的单据。处理状态单击"未审"查看未审批的单据，单击单据号进入单据详情界面，点击"影像查看"，查看单据信息及影像是否正确，如正确单击"业务财务角色＜批准＞"，审批完成，如图 2-27、图 2-28、图 2-29 所示。

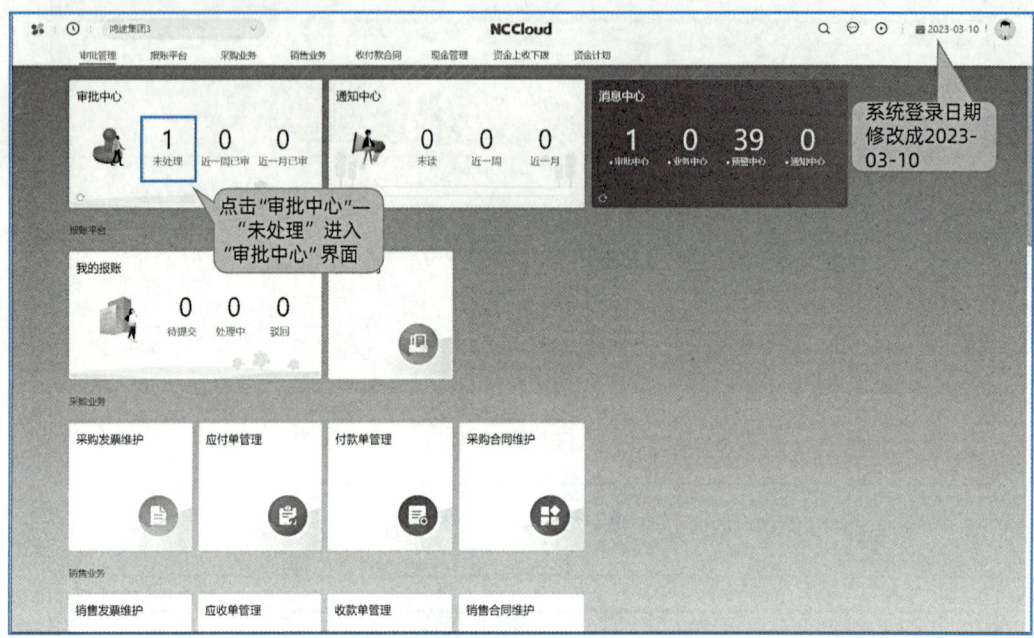

图 2-27　修改日期界面

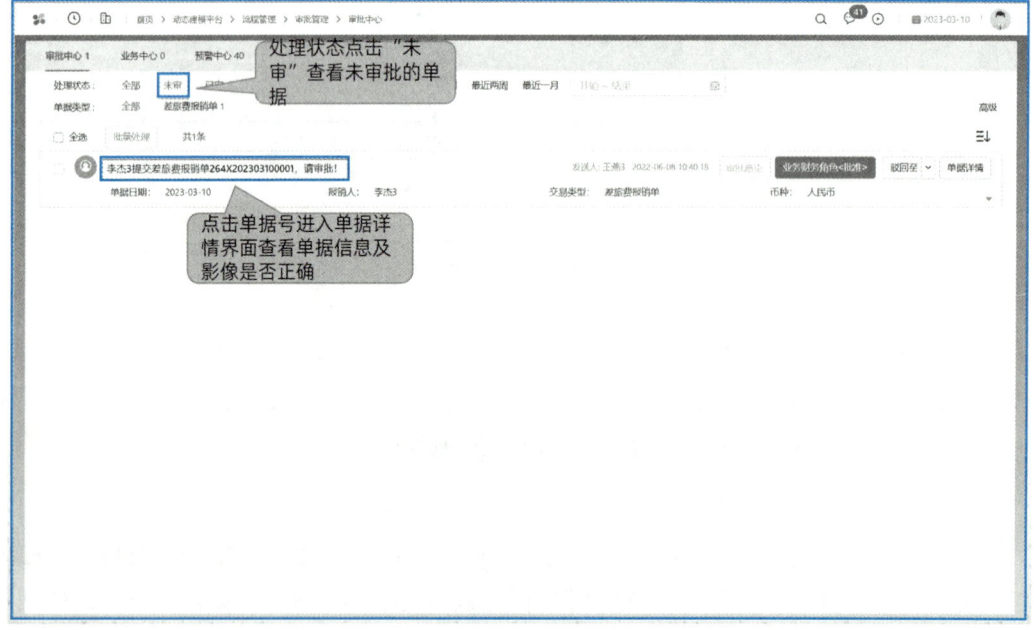

图 2-28　查看未审单据界面

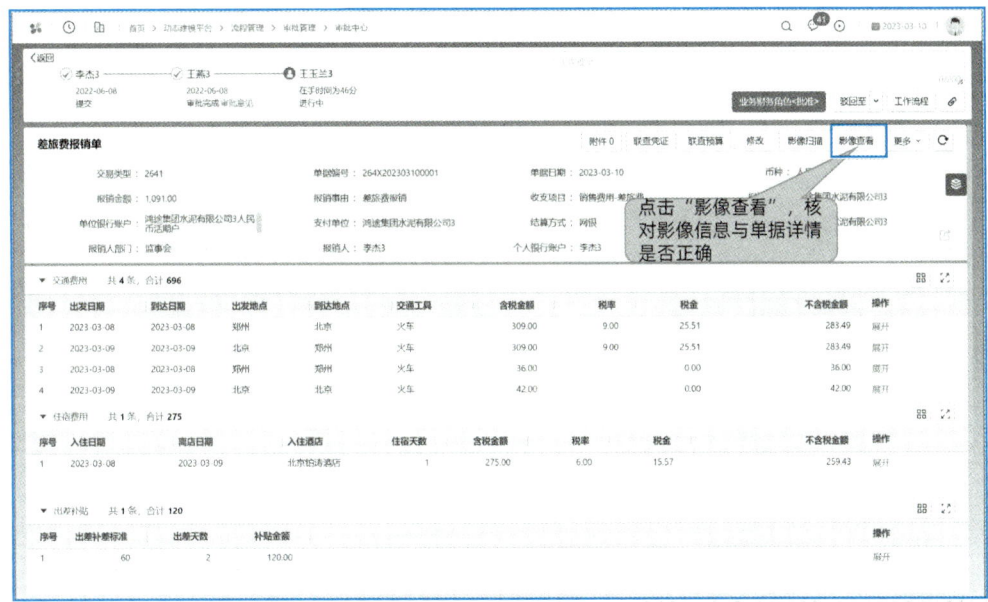

图 2-29 影像查看界面

4. 费用初审岗共享审核

费用初审岗角色上岗,单击"开始任务"进入 NC Cloud 平台,将右上角系统登录日期修改为"2023-03-10",单击"待提取"进入"我的作业"界面详情,如图 2-30 所示。单击"任务提取",页面显示已提取的报销单据,单击此单据编号进入单据详情,点击"影像查看",查看单据信息及影像是否正确,如正确单击"批准",如图 2-31 所示。

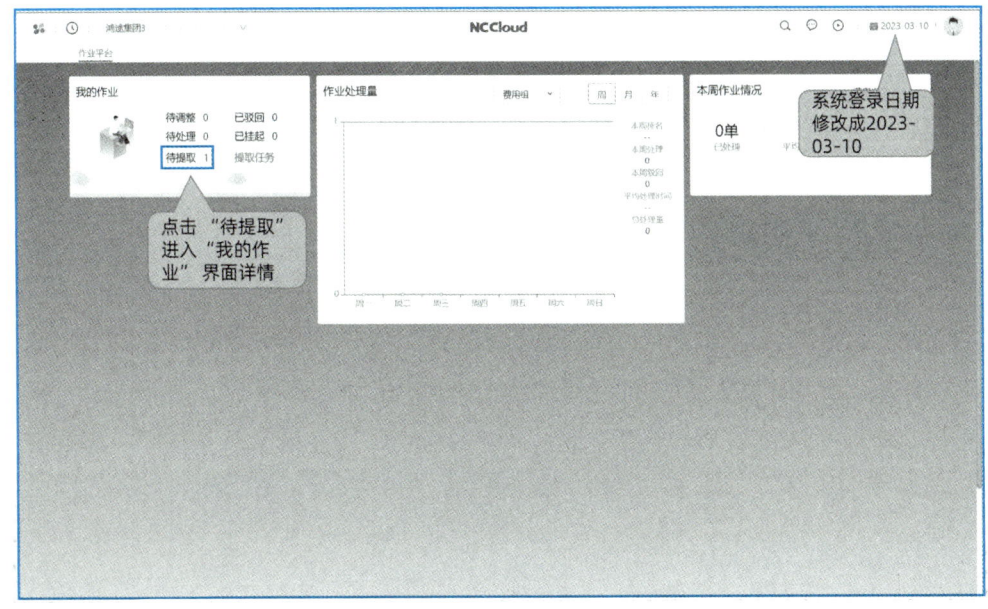

图 2-30 提取任务界面

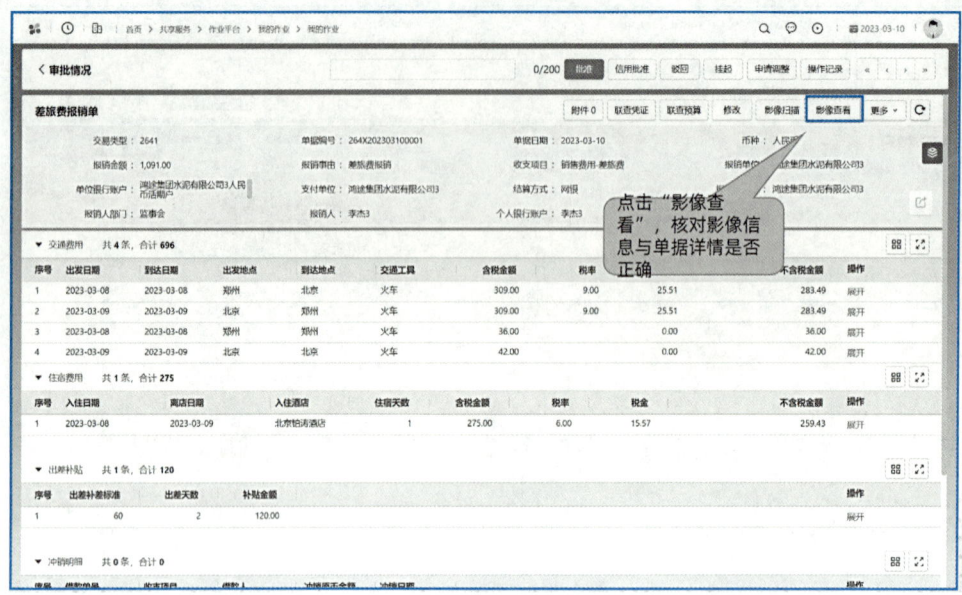

图 2-31　查看单据及影像界面

5. 中心出纳岗出纳付款

操作视频

中心出纳角色上岗,单击"开始任务"进入 NC Cloud 平台,将右上角系统登录日期修改为"2023-03-10",单击"结算"进入"结算"界面,如图 2-32 所示。设置查询条件:选择财务组织为"鸿途集团水泥有限公司",日期选择"2023-03-01~2023-03-31",单击"查询"。在"待结算"界面中单击"业务单据编号"进入结算详细信息界面,勾选待结算的凭证信息,单击"支付"—"网上转账",如图 2-33、图 2-34、图 2-35 所示。

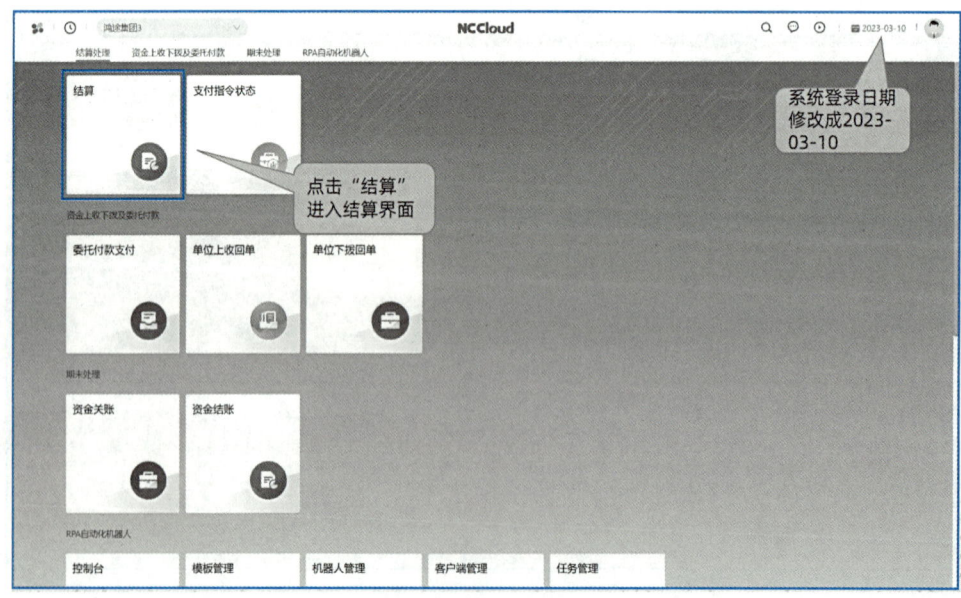

图 2-32　修改日期界面

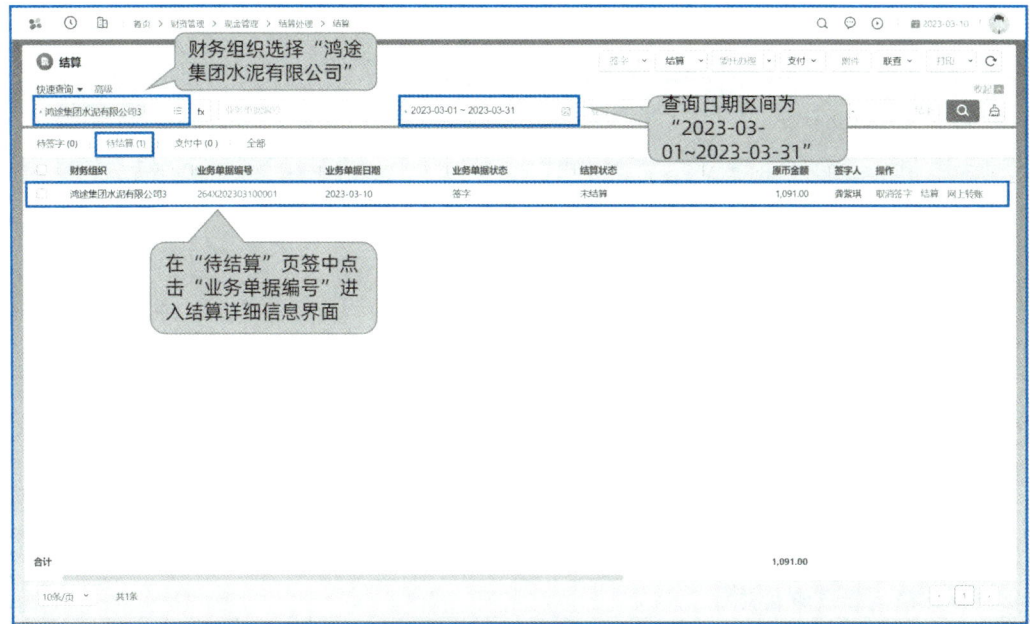

图 2-33　查询业务界面

图 2-34　结算详情界面

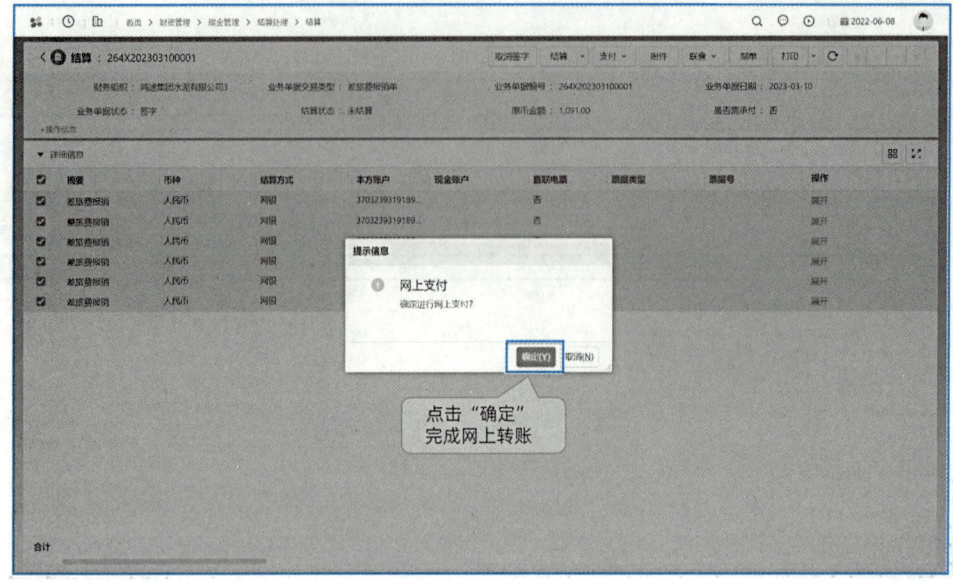

图 2-35 网上支付界面

6. 总账主管岗审核记账凭证

总账主管角色上岗,单击"开始任务"进入 NC Colud 平台,将右上角系统登录日期修改为"2023-03-10",单击"凭证审核"进入"凭证审核"界面,如图 2-36 所示。设置查询条件:选择财务组织为"鸿途集团水泥有限公司",日期选择"2023-03-01~2023-03-31",选择审核状态为"待审核",单击"查询",显示已查询的凭证,双击凭证进入凭证详情界面,如图 2-37 所示。检查凭证,单击"审核",审核该凭证,如图 2-38 所示。

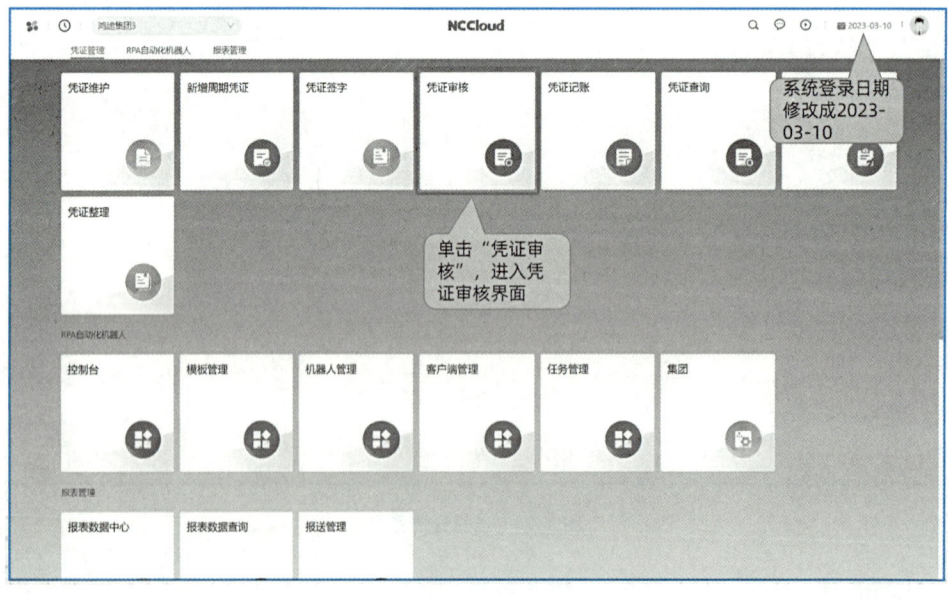

图 2-36 凭证查询界面

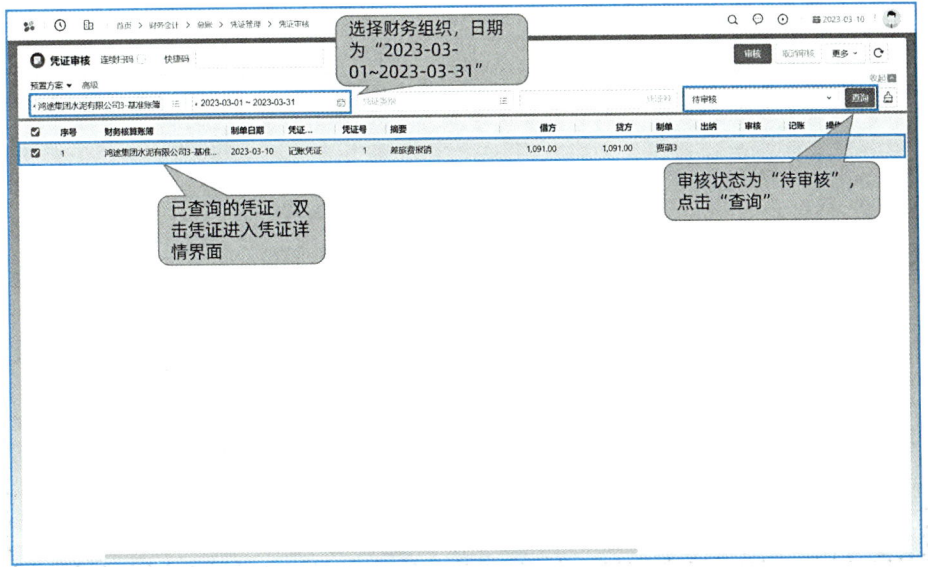

图 2-37　凭证查看界面

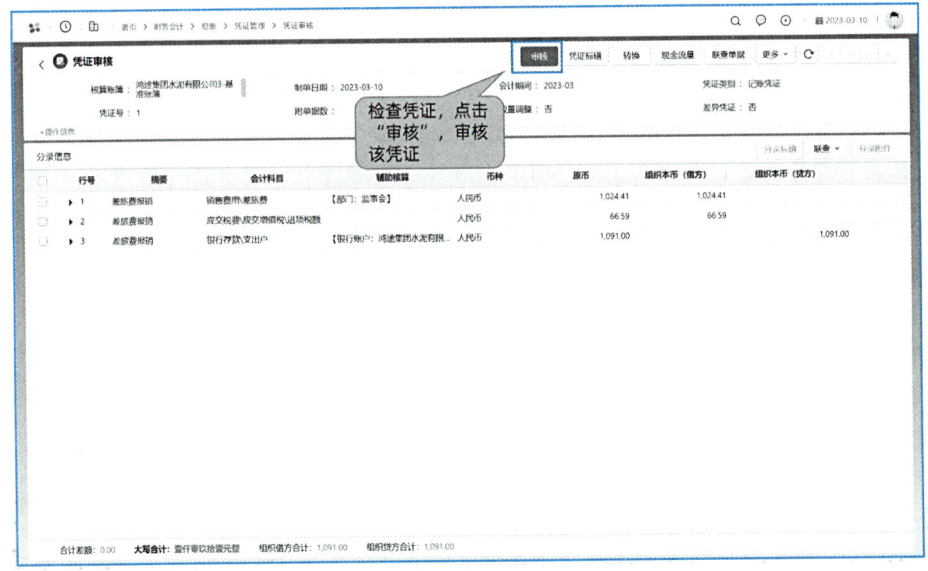

图 2-38　凭证审核界面

二、智能商旅服务业务处理

【工作任务概述】

本任务主要通过智能商旅服务平台,完成案例企业智能商旅平台订票和报销。

操作视频

【工作指导手册】

（一）智能商旅平台订票

【业务内容】

鸿途集团销售服务办公室的销售员李军，2023年3月11日、12日，从郑州出差到三亚，11日下午1点与客户洽谈，12日支持当地水泥市场推介活动，活动5点结束。根据《费用管理制度》，只能选用经济舱，住宿酒店标准300元/日/人。鸿途水泥使用的商旅预订均为对公结算，9日李军通过商旅平台完成机票、酒店预订服务，入住酒店为三亚凤凰岛酒店，酒店有免费接送机服务；同时通过滴滴完成住所（联合花园北门）到郑州新郑国际机场的往返交通出行。出差人信息，如表2-5所示。

表2-5　出差人信息表

姓名	身份证号	手机号
李军	1504291981120102X	13401987665

【业务说明】

智能商旅订票平台中的机票金额随时变动，具体票价以3月11日搜索的票价为准。

【操作指导】

（1）销售员单击"订购机票"进入查询界面，按照业务内容信息，填写出发地为"郑州"，目的地为"三亚"，去程日期为"2023-03-11"，单击"搜索"，如图2-39所示。

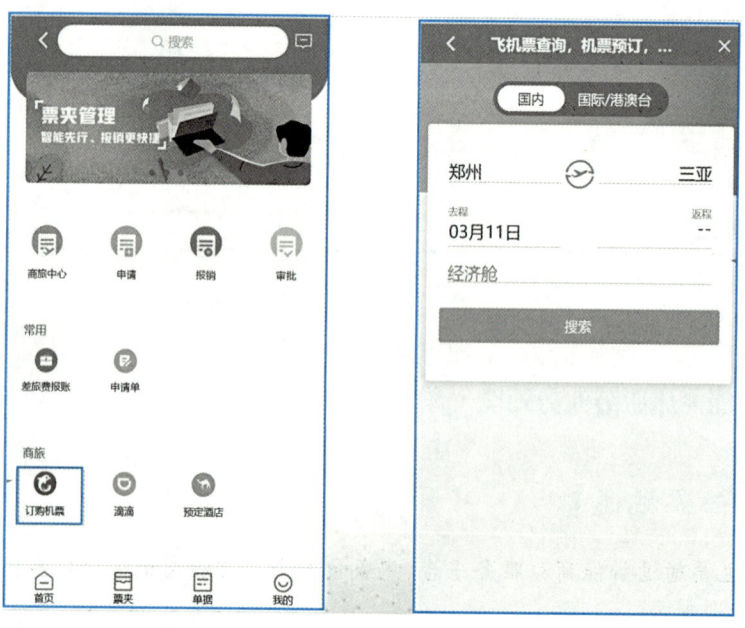

图2-39　机票查询界面

（2）查询出结果后，选择 3 月 11 日晚间到达三亚的航班进行订票，如单击"北方航空 波音 787-9(大型)"进入订票界面。查看机票信息，单击"下一步"，如图 2-40 所示。

图 2-40　机票信息

【操作提示】

商旅平台订票时机票金额随时变动，图片仅作参考，具体金额以 3 月 11 日查询出来的金额为准。

（3）新增乘机人信息：姓名、身份证、联系电话，单击"确定"。选择乘机人、填写订单联系人手机，单击"去支付"，如图 2-41 所示。

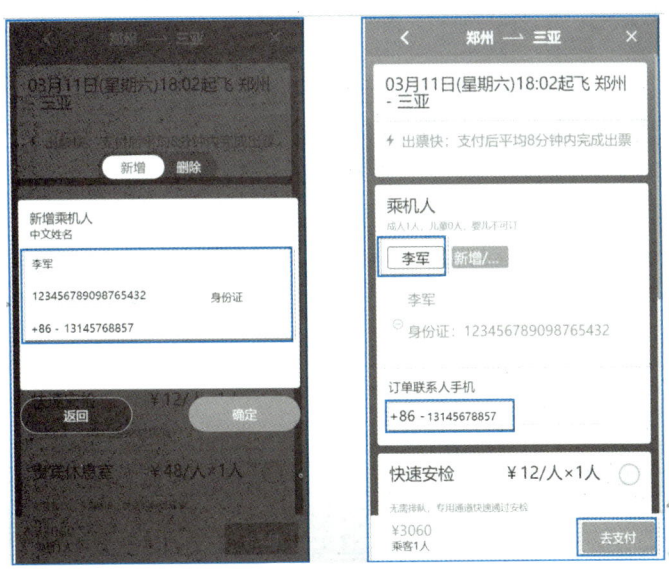

图 2-41　订购机票界面

（4）单击"企业支付"进行购票付款，支付成功界面，如图2-42所示。

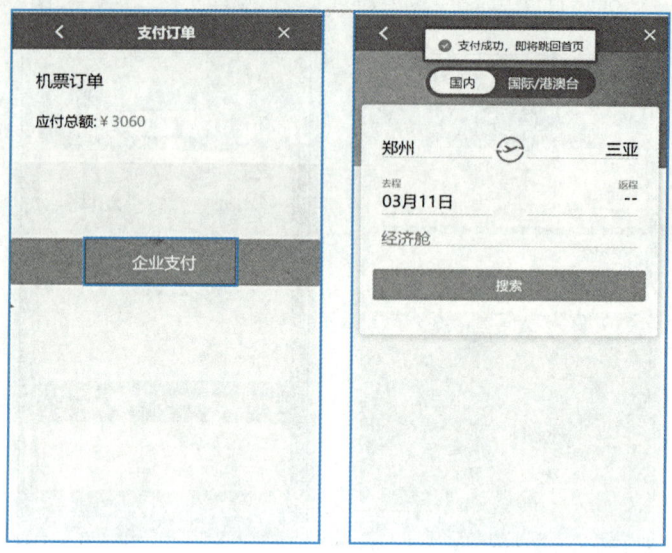

图2-42 机票支付界面

【操作提示】

三亚返回郑州机票操作步骤与郑州至三亚相同。

（5）回到首页，单击"预订酒店"进入预订界面，入住日期为"2023-03-11"，离店日期为"2023-03-12"，单击"开始搜索"，选择"三亚凤凰岛酒店"进行预订。填写入住人信息、联系方式，单击"去支付"；确认订房信息，单击"企业支付"进行订购，如图2-43所示。

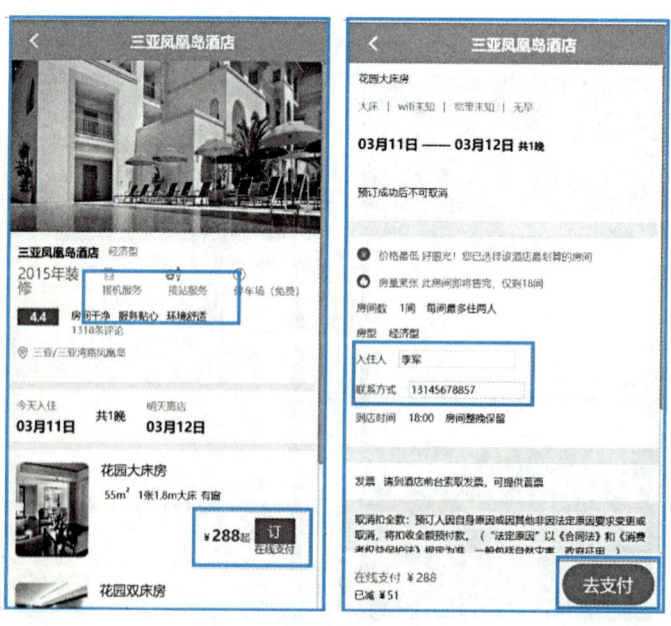

图2-43 酒店预订界面

(6)回到首页,单击"滴滴"进入预订界面,起始选择"联合花园北门",目的地选择"郑州新郑国际机场",单击"确认呼叫"。

【操作提示】

郑州新郑国际机场至联合花园北门的操作步骤与联合花园北门至郑州新郑国际机场步骤相同。

(二)智能商旅报账与审批

【业务内容】

接上个业务内容,2023年3月13日,销售员李军出差结束,通过商旅平台完成报销。

【业务说明】

(1)鸿途水泥使用的商旅平台为公对公结算,通过商旅平台报销时无须外部原始凭证(机票行程单、滴滴打车票、住宿费发票等)。

(2)根据《鸿途集团费用管理制度》规定出差期间每人差旅补贴60元/天,补贴天数按实际出差天数计算。

【智能商旅报账流程】

智能商旅报账流程,如图2-44所示。

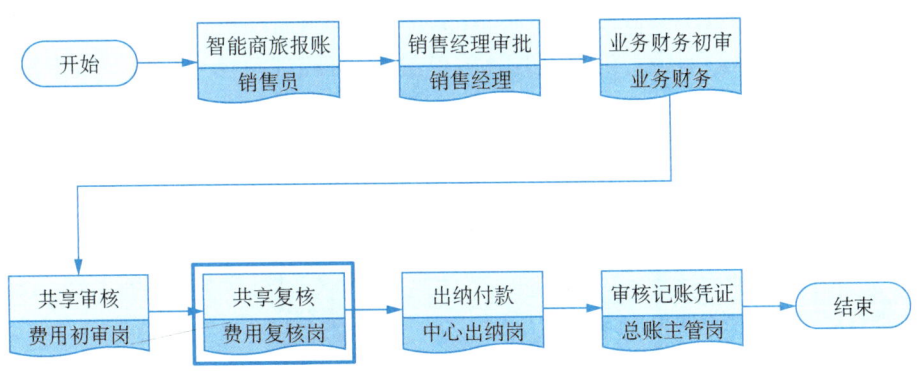

图2-44 智能商旅报账流程

【操作提示】

如果规划设计中没有涉及共享复核,可忽略此环节。

【操作指导】

(1)销售员报账。销售员角色上岗,单击"差旅费报账"进入报账填制界面,报销日期填写"2023-03-13",事由填写"差旅费用报销",单击"添加报销明细",添加需报销项;勾选需报销的信息,单击"确定"进行报销;核对报销明细无误后,单击"提交"完成差旅费用报销,如图2-45所示。

(2)销售经理审批。销售经理角色上岗,单击"开始任务"进入NC Cloud平台,将右

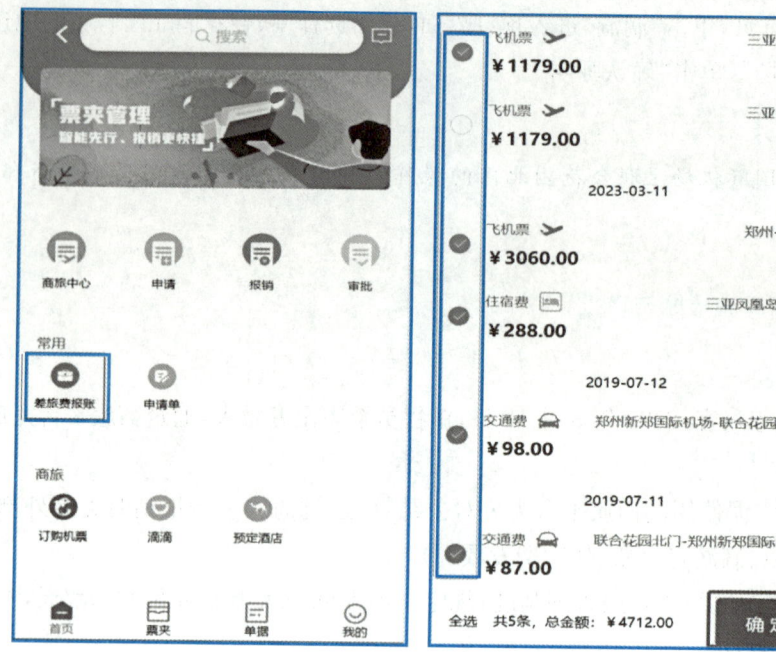

图 2-45　报账界面

上角系统登录日期修改为"2023-03-14",单击"审批中心"的"未处理"查询需要审批的单据,如图 2-46 所示。处理状态单击"未审"查看未审批的单据,单击单据号进入单据详情界面查看单据信息及影像是否正确,如正确,单击"销售经理角色＜批准＞",审批完成,如图 2-47 所示。

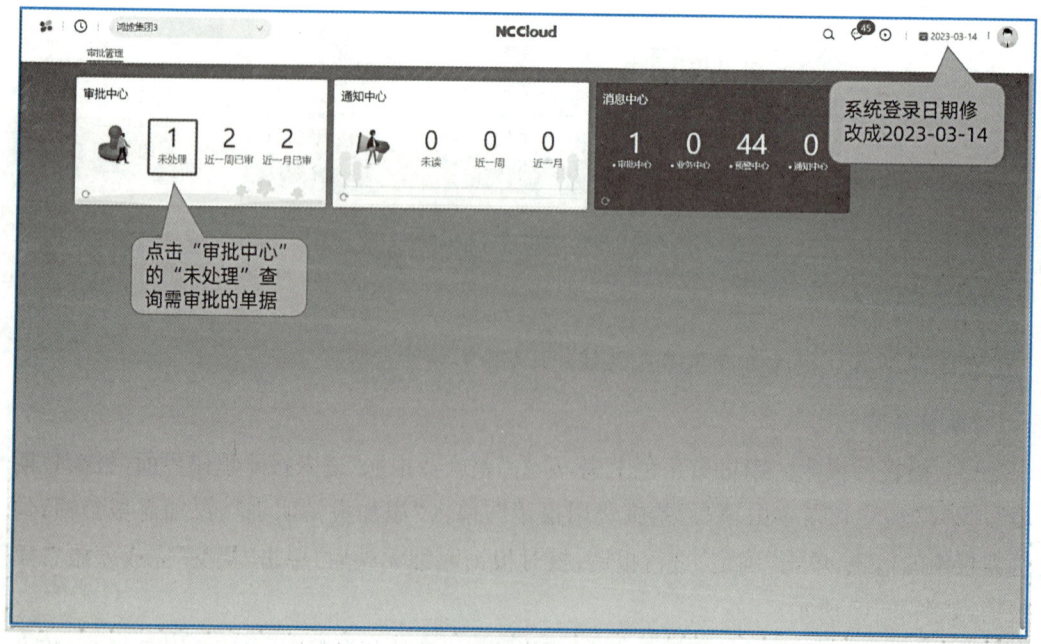

图 2-46　单据查询界面

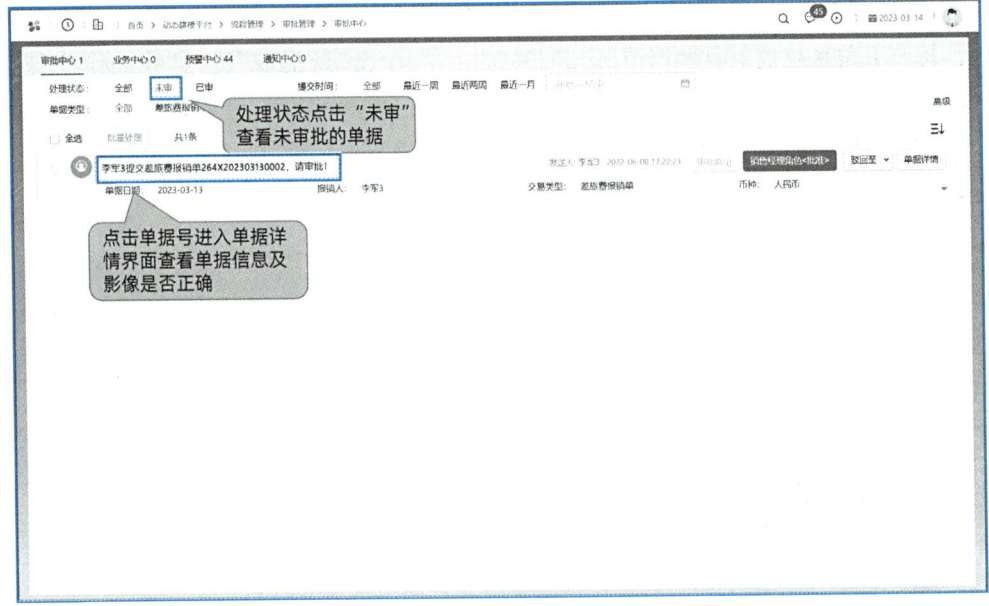

图 2-47 单据及影像查看界面

（3）业务财务初审。业务财务角色上岗，单击"开始任务"进入 NC Could 平台，将右上角系统登录日期修改为"2023-03-14"，单击"审批中心"的"未处理"查询需要审批的单据。处理状态单击"未审"查看未审批的单据，单击单据号进入单据详情界面查看单据信息及影像是否正确，如正确，单击"业务财务角色＜批准＞"，审批完成，如图 2-48 所示。

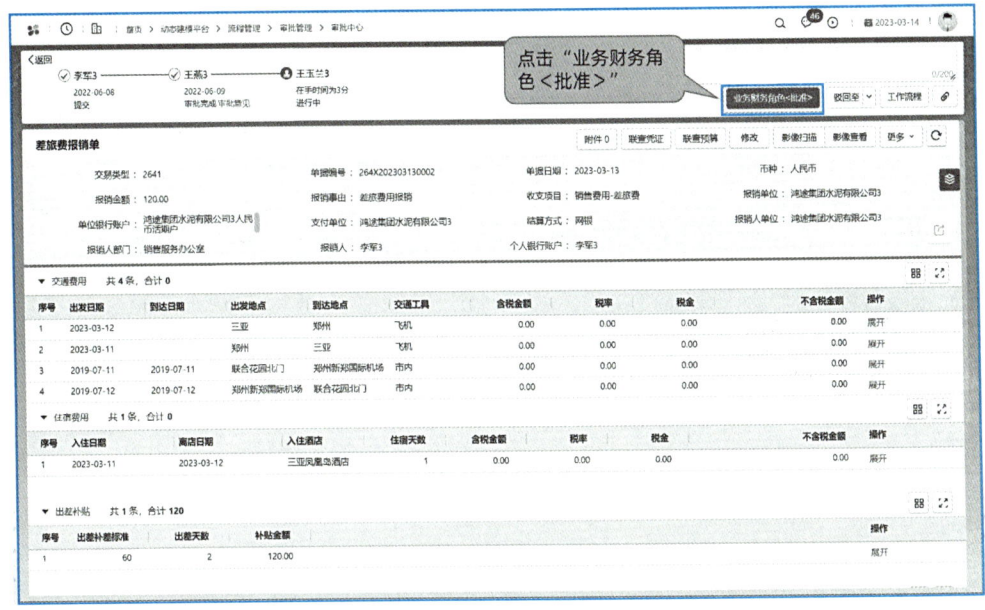

图 2-48 单据查看及审批界面

（4）费用初审岗共享审核。费用初审岗角色上岗，单击"开始任务"进入 NC Could 平台，将右上角系统登录日期修改为"2023-03-14"，单击"待提取"进入"我的作业"界面详情，如图 2-49 所示。单击"任务提取"，页面显示已提取的报销单据，单击此单据编号进入单据详情界面，查看单据信息及影像是否正确，如正确，单击"批准"，如图 2-50 所示。

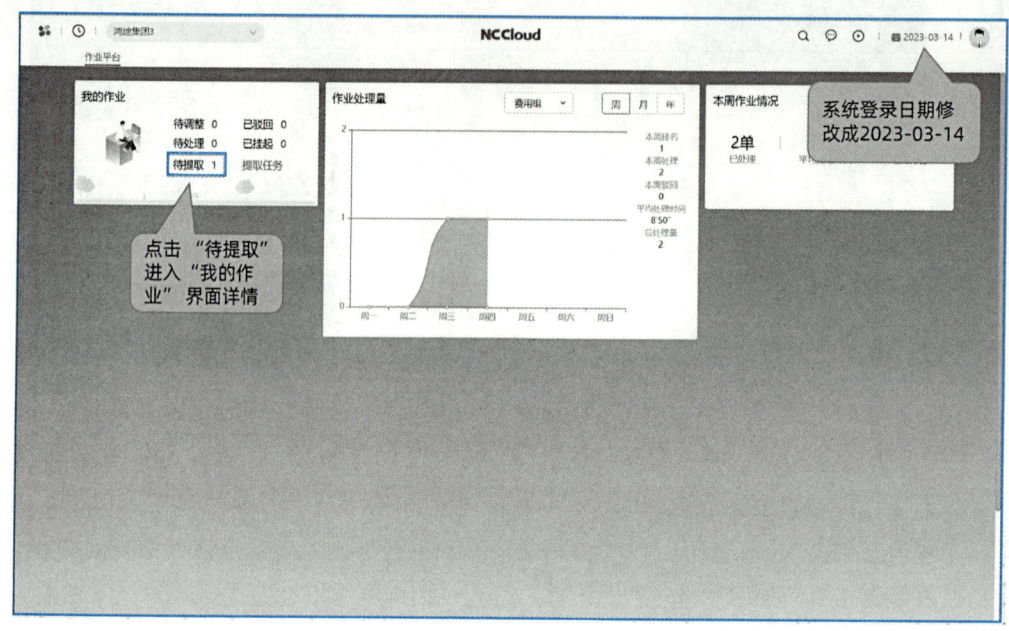

图 2-49　任务提取界面

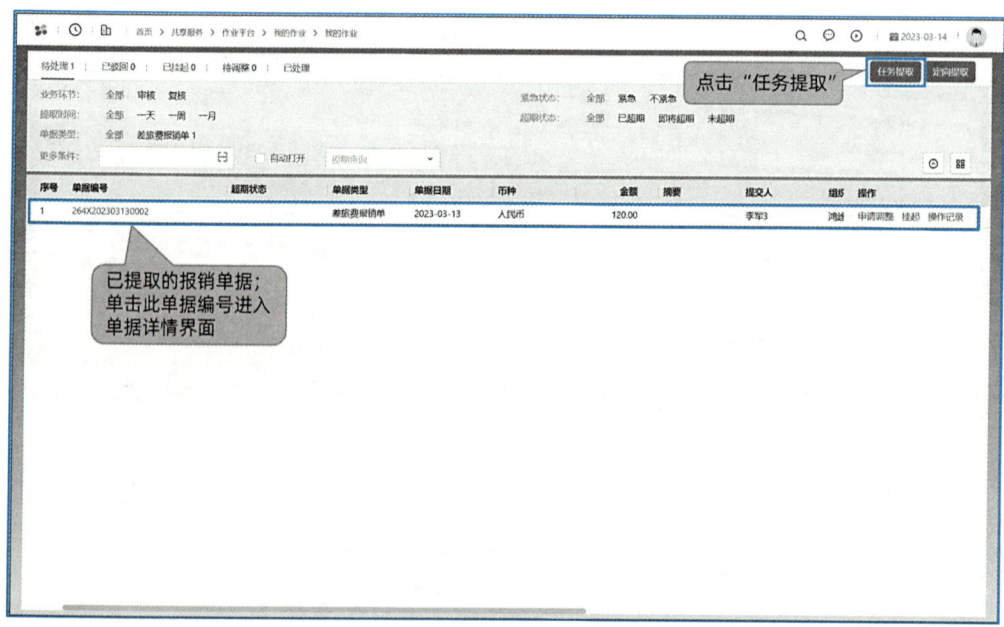

图 2-50　单据查看界面

(5)中心出纳岗出纳付款。中心出纳角色上岗,单击"开始任务"进入 NC Could 平台,将右上角系统登录日期修改为"2023-03-14",单击"结算"进入"结算"界面。设置查询条件:选择财务组织为"鸿途集团水泥有限公司",日期选择"2023-03-01~2023-03-31",单击"查询",如图 2-51 所示。在"待结算"界面中单击"业务单据编号"进入结算详细信息界面,勾选待结算的凭证信息,单击"支付"—"网上转账",如图 2-52 所示。

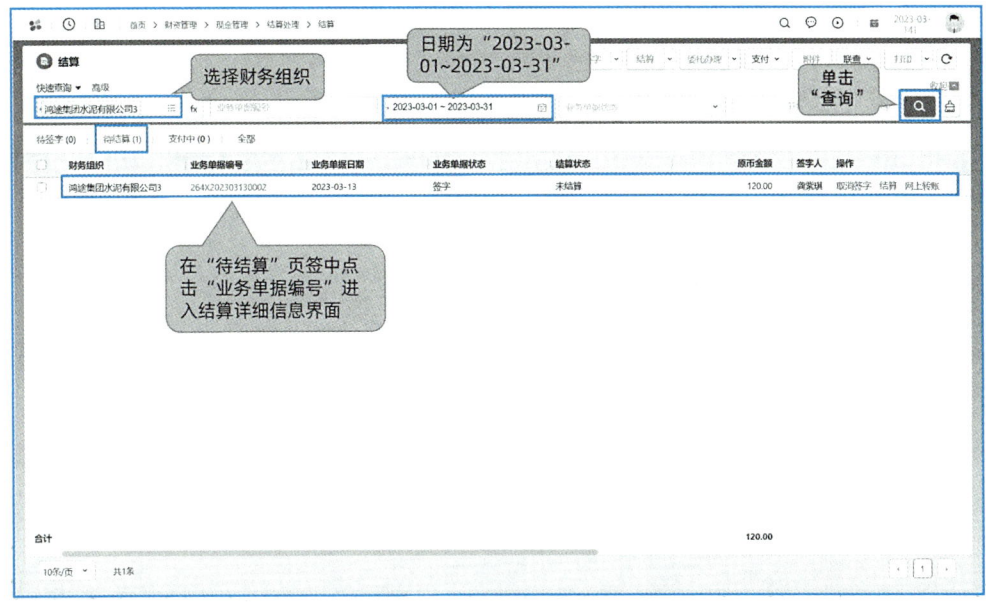

图 2-51 单据查询界面

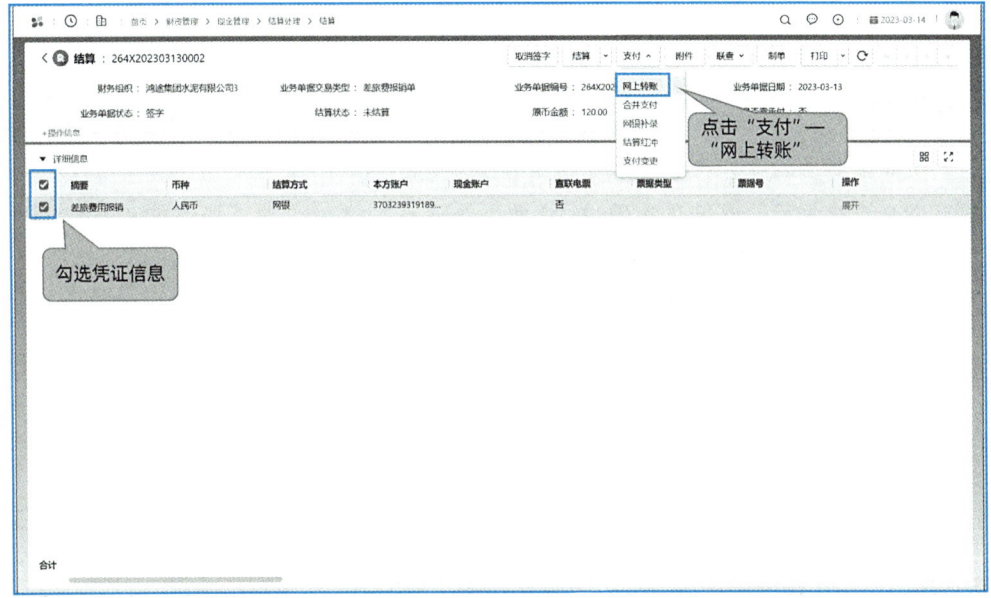

图 2-52 网上支付界面

（6）总账主管岗审核记账凭证。总账主管角色上岗，单击"开始任务"进入 NC Could 平台，将右上角系统登录日期修改为"2023-03-14"，单击"凭证审核"，进入"凭证审核"界面。设置查询条件：选择财务组织为"鸿途集团水泥有限公司"，日期选择"2023-03-01～2023-03-31"，选择审核状态为"待审核"，单击"查询"，显示查询到的凭证，双击凭证进入凭证详情界面，检查凭证，单击"审核"，审核该凭证，如图 2-53 所示。

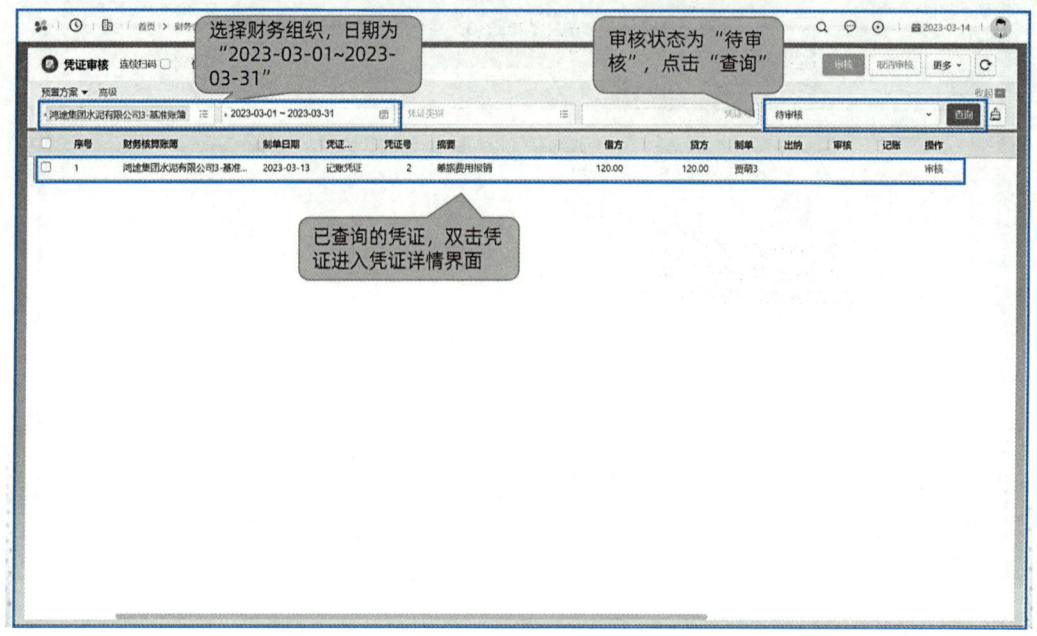

图 2-53　单据审核界面

项目小结

本项目主要在认知和理解差旅费用报销流程、报销场景、管理目标的基础上，基于当前案例企业差旅费用管理现状和困境，帮助企业通过建立财务共享服务中心，重新设计共享后的报销流程，在 NC Cloud 平台中进行工作流配置，对流程进行协同测试，学生分角色完成报销单填制、审核、记账等案例企业差旅费用报销工作。

理解智能商旅服务特征及智能商旅服务为企业带来的价值，通过智能商旅服务平台，完成案例企业智能商旅平台订票和报销。

思维导图

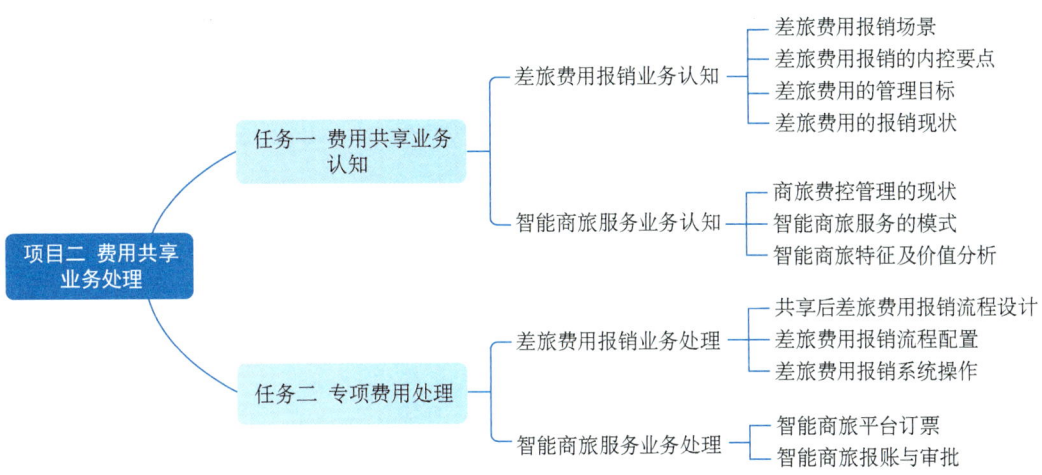

项目三 采购与应付共享业务

学习目标

知识目标

1. 掌握采购的基本概念
2. 熟悉采购到付款业务的一般概念和典型流程
3. 理解生产制造业的不同采购场景

技能目标

1. 能够在财务共享信息系统中完成采购发票信息登记工作
2. 能够在财务共享信息系统中完成采购到付款流程中的业务单据审核工作并生成记账凭证
3. 能够绘制企业实施财务共享模式后的采购到付款业务流程图

素质目标

1. 具备热爱会计工作、忠于职守的敬业精神
2. 养成严肃认真、严谨细致的工作作风
3. 遵守企业采购管理制度及会计监管

任务一 采购业务认知

采购是指企业购买物资(或接受劳务)及支付款项等相关活动。其中,物资主要包括企业的原材料、商品、工程物资、固定资产等。采购是企业生产经营的起点,既是企业的"实物流"的重要组成部分,又与"资金流"密切关联。众所周知,采购物资的质量和价格、供应商的选择、采购合同的订立、物资的运输、验收等供应链状况,在很大程度上决定了企业的生存与可持续发展。采购流程的环节虽不是很复杂,但蕴藏的风险却是巨大的。

企业对采购物资会进行分类管理。不同物资类别其业务特征不同,采购业务控制关

键点也将有所不同。工业企业的采购物资,一般分为主要生产原材料、辅材、资产设备、备品备件与工具、办公劳保等低值易耗品。

对于集团型企业来说,其往往采用集团统管(集中)采购与子公司自主(分散)采购相结合的方式。一般来说,重要的物资及大宗物资(即采购数量或金额很大的物资),往往纳入集团统管采购的范围;而一般物资或小额零星物资,则可纳入子公司自主采购的范围。

一、备品备件采购业务认知

(一) 备品备件采购业务环节

备品备件一般由子公司自主采购。对于工业企业,通用的备品备件采购业务环节包括确定供应商、签订购销合同、下达采购订单、采购到货、验收入库、收到发票并确认应付账款、付款结算与核销等。

1. 确定供应商

工业企业执行供应商管理制度,在招标的过程中对供应商的资质进行审查,审查标准参照准入规则和管理办法,对供应商的考核指标包括价格、质量、信誉度、售后服务、交货能力。

2. 签订采购合同

对于工业企业来说,采购物资的质量至关重要,且采购物资所占的生产成本比例也较高,因此往往由工业企业采购部门及其他多个部门一起,一次性与供应商签订长期(如一年)的购销合同,需要补货时再分批次视需要量向供应商下达采购订单。

思政园地

契约精神既是道德原则,也是现代法治精神的要求

契约精神是指存在于商品经济社会,并由此派生的契约关系与内在原则,是一种自由、平等、守信的精神,它要求社会中的每个人都要信守约定。市场经济是契约精神产生与存在的社会基础,社会主义市场经济制度是以契约的形式来体现和反映经济活动的,建立以经济契约为基本运行机制的市场体制,可以改变市场主体缺乏自律意识,从规则和管理漏洞中去谋取利益的状况。以契约精神为基础,按照其内在的经济规律正常运行,并得到持续的发展,才能充分彰显社会主义市场经济制度的优越性。契约精神也源于道德的力量,道德虽不是法律,不具有强制性,但道德却以自律和情感的方式调节人们的自我行为,是人们订立和执行契约作出决策的底线。

3. 下达采购订单

工业企业往往根据备品备件的订货模型,确定再订货点和订货数量。当到达再订货点时,工业企业的采购部门向供应商下达订货订单。采购订单是企业与供应商之间结算的重要依据。

4. 采购到货

工业企业采购部门跟踪采购订单的执行,当采购物资到达指定的仓库时,采购部门根据采购订单核对货物,并通知仓库、质检等部门。

5. 验收入库

质检部门进行质量检验后,仓库办理采购物资入库。

6. 收到发票并确认应收账款

采购部门接收供应商开具的发票,核对无误发起结算付款请求,并将采购物资的入库单与发票移交财务部门。财务部门进行三单(订单、入库单、发票)匹配,匹配成功后确认对供应商的应付账款。

7. 付款结算与核销

财务部门根据采购部门发起的付款请求,结合购销合同中的付款条件,对供应商进行付款。付款成功(如收到银行回单)后,核销供应商的应付账款。

(二) 备品备件采购现状

1. 共享前典型痛点

在集团企业实现共享前,备品备件采购典型的痛点有:

(1) 总部与分、子公司之间无法实现采购数据、供应商、采购价格的共享。

(2) 采购数量的控制比较严格,需依据采购计划采购,一般不按照经济批量来采购。

(3) 采购计划的跟踪欠缺,只关注库存数量,不关注采购计划执行后是否适用。

(4) 采购计划分配到多个部门,流程繁琐、效率不高。

2. 共享前备品备件采购流程

共享前备品备件采购流程,如图 3-1 所示。

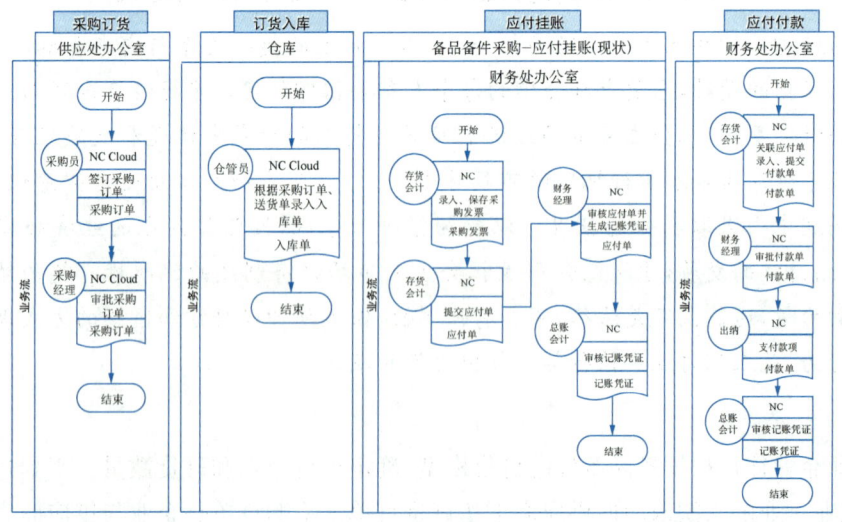

图 3-1 共享前备品备件采购流程

二、原燃料采购业务认知

(一)原燃料采购业务环节

大宗原燃料对于水泥行业生产的稳定性影响很大,因此水泥生产企业往往采取集中采购管理的模式。集团集中采购物资,一般要经过供应商准入、供应商集中招投标、采购协议审批、采购到货与付款等环节。

1. 供应商准入

集团统管采购物资的供应商,应统一供应商的遴选标准。各业务单元可以寻找或推荐备选供应商,但要经过集团统一审批,审批后纳入集团层级的供应商档案,供全集团共享。集团企业在建立财务共享服务中心前,供应商准入的牵头单位可能是集团采购部门;建立财务共享服务中心后,可以由财务共享服务中心来实施供应商准入的审批。

2. 供应商集中招投标

为了确保集团集中采购的可靠性和经济性,集团往往会定期或不定期收集、汇总各业务单元的采购需求,并进行公开采购招标。

3. 采购协议审批

当招标结束后,集团、各业务单元将与中标供应商签订框架性合作协议或合同。

4. 采购到货与付款

业务单元根据经营需要发起统管物资的采购需求,集团汇总需求并向签约供应商下达采购订单。假设采用分散收货模式,即汇总采购订单上标明多家不同子公司的采购数量和收货仓库地点,货物到达指定地点后,各子公司进行收货、检验入库、应付立账,然后子公司根据合同付款条件发起付款申请、审批、支付结算流程。

(二)原燃料采购现状

1. 共享前典型痛点

实现业务共享之前,水泥行业企业原燃料采购业务存在的典型痛点有:

(1)采购入库实收数量的计量难度大。

(2)采购付款周期较长,影响了供应商供货积极性。任何采购付款都需要有采购发票、合同、到货验收单,三者缺一不可;结算前还要根据供应商应付账款余额,由采购部门核定本月付款金额、通知供应商开具发票,并由公司领导签批付款。

(3)付款结算情况复杂。如果合同约定有预付款、质保金的情形,还要扣除预付款、质保金后入账,并核销相应的付款单。

(4)与合同价对比价格上浮时的处理复杂。如果订单价格比合同价格高,就需要调价审批表。

2. 共享前原燃料采购流程

共享前原燃料采购流程，如图 3-2 所示。

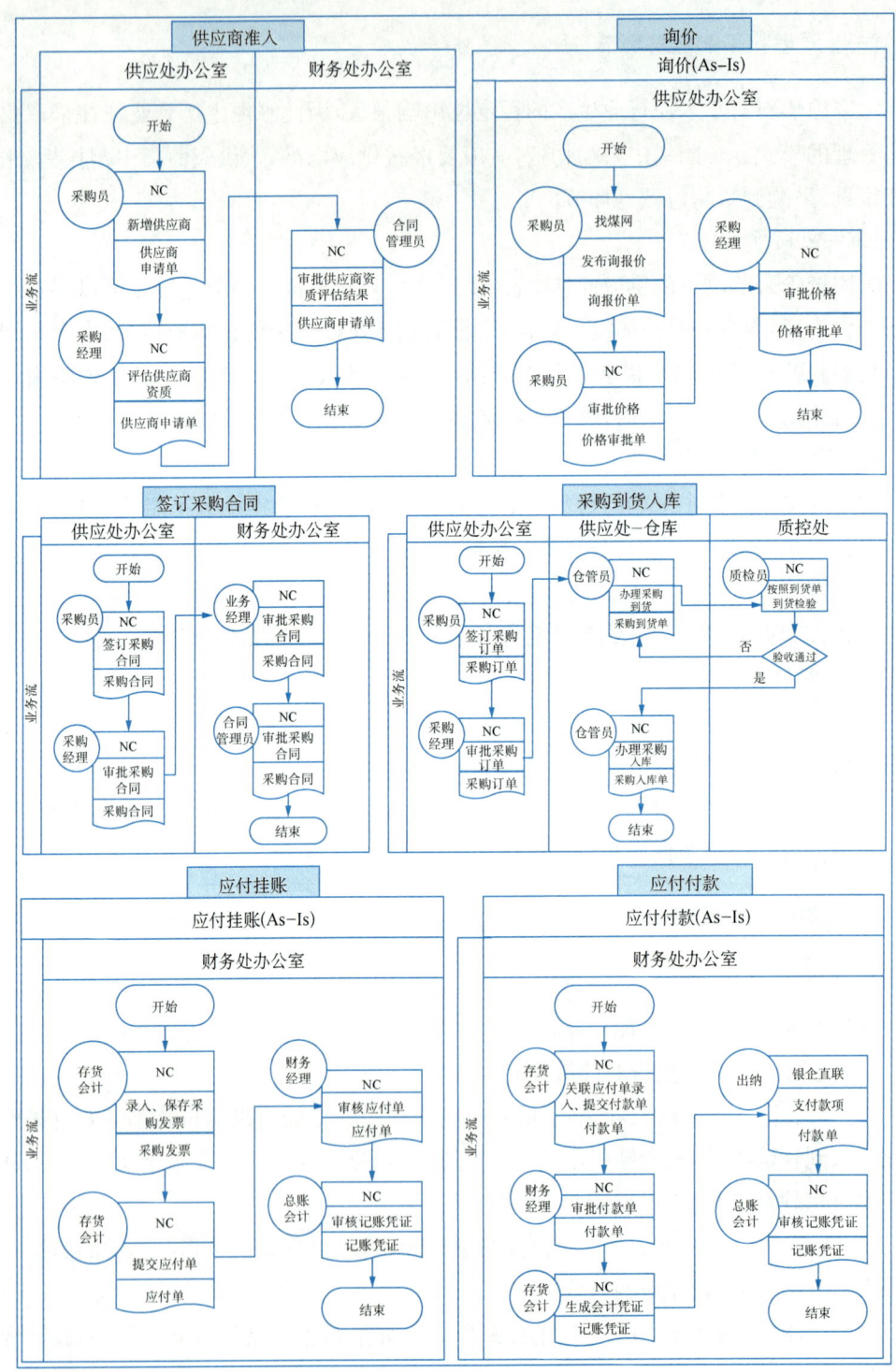

图 3-2 共享前原燃料采购流程

任务二　采购业务处理

一、备品备件采购业务处理

【工作任务概述】

本任务主要是在需求假设的基础上，完成共享后备品备件采购流程设计，使用 Microsoft Visio 工具绘制案例企业实施财务共享模式后的采购流程图，在 NC Cloud 平台进行工作流配置，学生扮演不同角色，对流程进行协同测试，测试工作流是否能执行，并进行案例企业备品备件采购共享作业处理。

【工作指导手册】

（一）共享后备品备件采购流程设计

【业务内容】

在鸿途集团备品备件采购业务现状流程（图 3-1）的基础上，结合企业的财务共享需求，根据企业财务职责和部门的调整情况及财务共享服务中心应付类岗位的初始设置情况，设计并使用 Microsoft Visio 绘制共享后的鸿途集团备品备件采购流程。

【操作指导】

1. 构建备品备件采购共享需求假设

（1）建立财务共享服务中心后，尽量保持现状业务流程的稳定性。①根据传递到财务共享服务中心的业务单据，确定流程中业务单位与财务共享服务中心的边界，该业务单据都需要经过财务共享服务中心的审核或初审。②财务共享服务中心接收业务单据所随附的原始凭证，均由制单人在制单后立即扫描上传；此后需要审核该业务单据的环节，均同时审核该业务单据的原始单据影像。③保留在业务单位的工作，流程和职责不变，但原业务单位财务部的工作除财务经理职责外均由业务财务承担。

（2）案例企业鸿途集团的所有收付款，均以网银（银企直联）方式完成。

（3）案例企业鸿途集团选择的是单共享中心模式。

2. 明确共享后流程设计依据

在备品备件采购现状流程的基础上，结合共享需求假设，根据企业财务职责和部门的调整情况以及财务共享服务中心费用类岗位的初始配置情况，设计共享后的备品备件采购流程，共享后备品备件采购流程设计依据，如表 3-1 所示；共享流程的业务单据，如

表 3-2 所示。

表 3-1　共享后备品备件采购流程设计依据

序号	共享前	共享后	设计依据
1	财务处存货会计录入、保存采购发票,提交应付单	业务单元业务财务完成录入、保存采购发票,提交应付单	业务单元只保留业务财务岗和财务经理岗
2	无	业务单元业务财务扫描上传影像	财务共享服务中心与业务单元和原始凭证不在一起,要基于影像进行共享审核
3	无	应付初审岗审核应付单及付款单	从应付初审岗开始,应付挂账和应付账款付款流程从业务单元进入财务共享服务中心
4	财务处出纳通过企业网银建支付	中心出纳通过银企直连支付	资金结算实现财务共享服务中心共享,同步建设了银企直连
5	财务处总账会计审核记账凭证	财务共享服务中心总账主管岗审核记账凭证	集团实现了总账共享,总账会计不再隶属于业务单元

表 3-2　共享流程的业务单据

序号	名称	是否进 FSSC	是否属于作业组工作	流程设计工具
1	采购订单(备品备件采购)	N	—	审批流
2	入库单	N	—	—
3	采购发票	N	—	—
4	应付单	Y	Y	工作流
5	付款单	Y	Y	工作流

【参考设计结果】

采购订货、订货入库流程不涉及职责调整到财务共享服务中心的情况,不用重新设计。应付挂账、应付付款共享后的流程如图 3-3 所示,可能有多种设计结果,只要能够符合财务共享服务中心的岗位职责设计及共享需求即可。

(二)备品备件采购系统流程配置

【业务内容】

2023 年 3 月 1 日,鸿途集团提出物资(备品备件)采购需求;2023 年 3 月 10 日,"公制深沟球轴承"到货并检验入库,采购发票随货同到;2023 年 3 月 15 日,完成该笔款项支付。在 NC Cloud 平台进行备品备件采购流程配置。

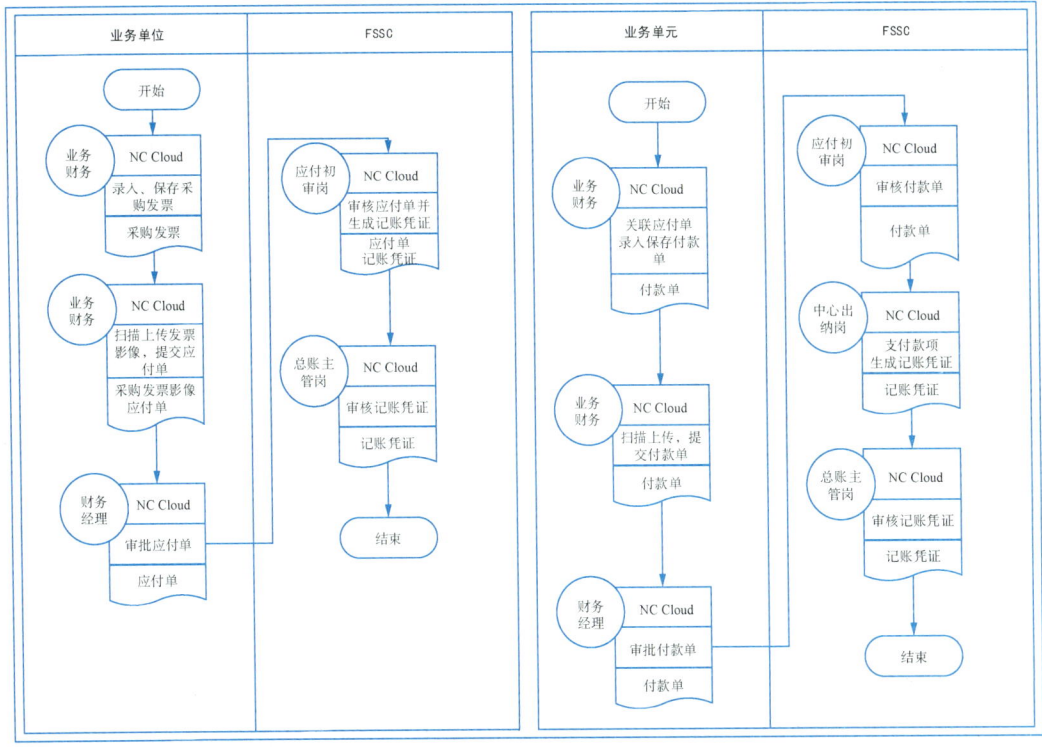

图 3-3 共享后备品备件采购流程

【操作指导】

1. 采购订单流程配置

系统管理员角色上岗,单击"开始任务"进入 NC Cloud 平台,单击"审批流定义-集团",如图 3-4 所示。选择"采购管理"—"采购订单"—"备品备件采购",启用查询到的备品备件采购订单,如图 3-5 所示。

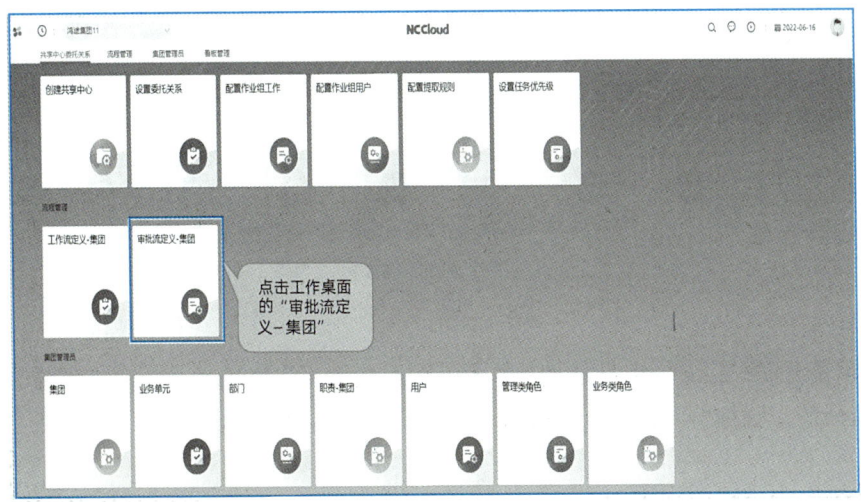

图 3-4 "共享中心委托关系"主界面

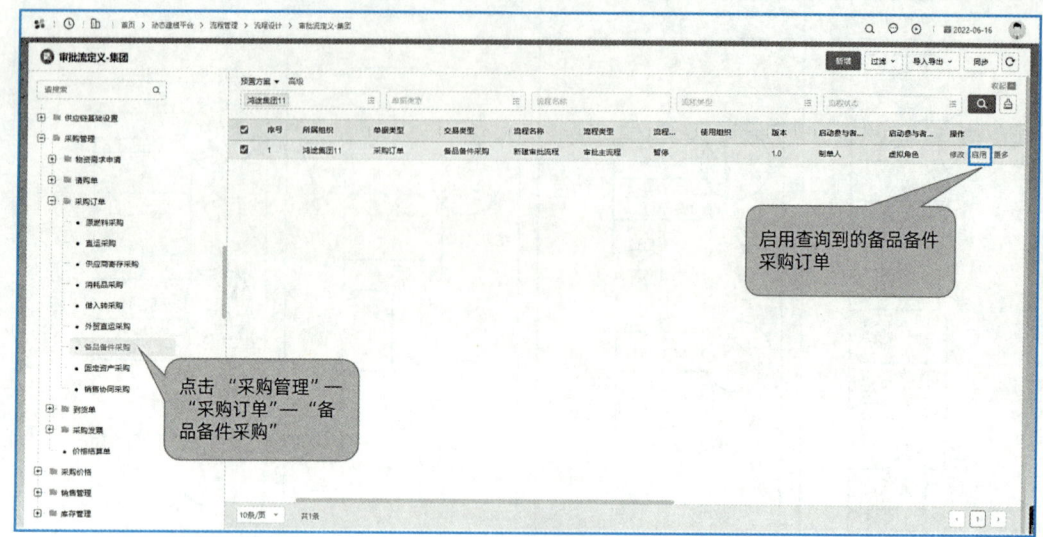

图 3-5 采购订单启用界面

2. 应付单流程配置

系统管理员返回"共享中心委托关系"主界面,单击"工作流定义-集团",如图 3-6 所示。选择"应付管理"—"应付单",将查询到的应付单启用,如图 3-7 所示。

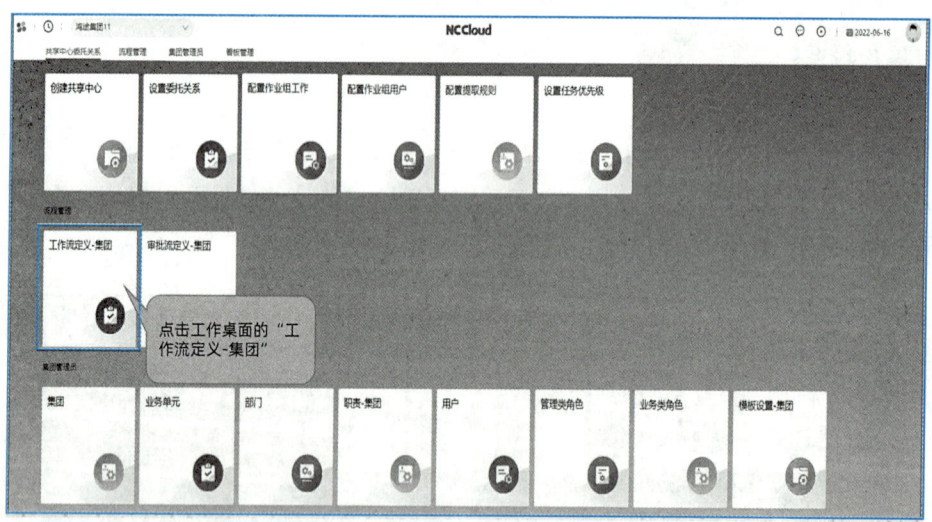

图 3-6 "共享中心委托关系"主界面

3. 付款单流程配置

启用工作流,系统管理员返回"共享中心委托关系"主界面,单击"工作流定义-集团",选择"应付管理"—"付款单",启用查询到付款单,如图 3-8 所示。

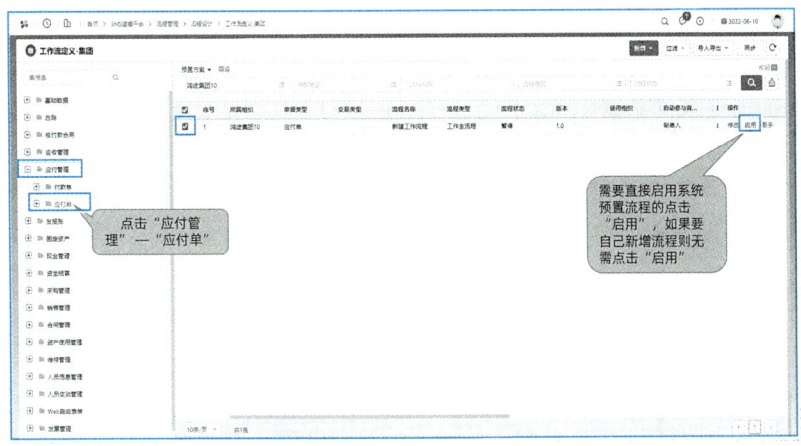

图 3-7　应付单启用界面

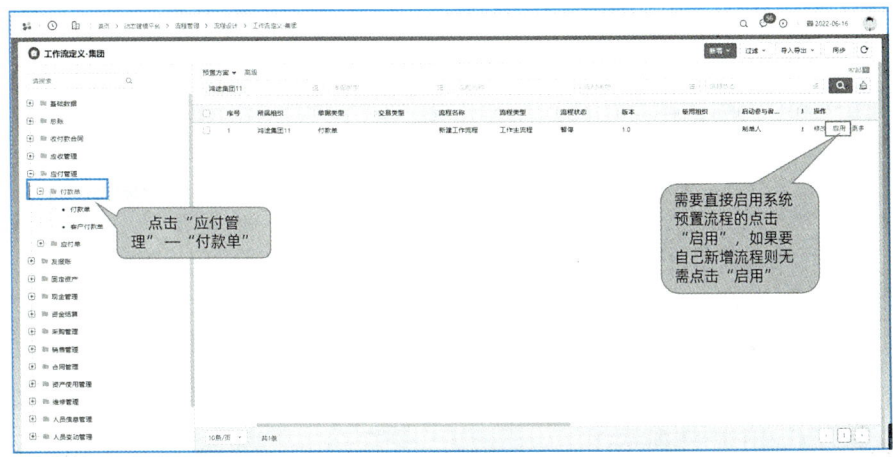

图 3-8　付款单启用界面

(三) 采购挂账系统操作

【业务内容】

2023 年 3 月 1 日鸿途集团提出物资采购需求,采购信息如表 3-3 所示(其中单价含有 13% 的增值税);2023 年 3 月 10 日,"公制深沟球轴承"到货并检验入库,采购发票随货同到,货款未支付。

表 3-3　鸿途集团采购信息

物料名称	需求数量	单价	供应商
公制深沟球轴承	100 个	1 130 元	东莞市大朗昌顺五金加工厂

发票中的销售方全称:东莞市大朗昌顺五金加工厂;纳税人识别号:645679792819382084;地址电话:东莞市大朗镇美景中路 65 号 0769-22620821;开户行及

账号：中国工商银行东莞大朗支行 345509021300934560。

【采购挂账流程】

备品备件采购挂账流程，如图 3-9 所示。

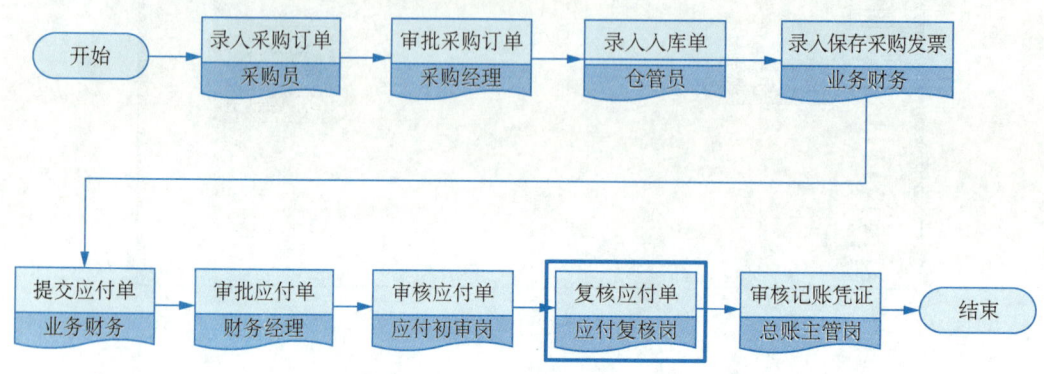

图 3-9　备品备件采购挂账流程

【操作提示】

如果规划设计中没有涉及共享复核，可忽略此环节。

操作视频

【操作指导】

1. 采购员录入采购订单

采购员角色上岗，单击"开始任务"进入 NC Cloud 平台，将右上角系统登录日期修改为"2023-03-01"，单击"采购订单维护"，如图 3-10 所示。选择"新增"—"自制"，按照测试用例要求录入采购订单信息，选择供应商、物料编码，填写含税单价及数量，完成后单击"保存提交"，如图 3-11 所示。

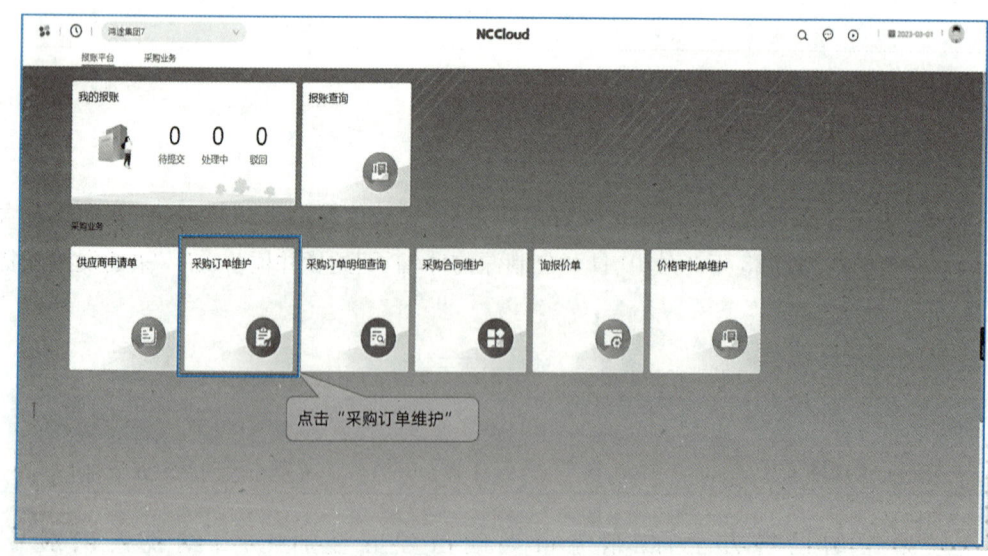

图 3-10　"报账平台"主界面

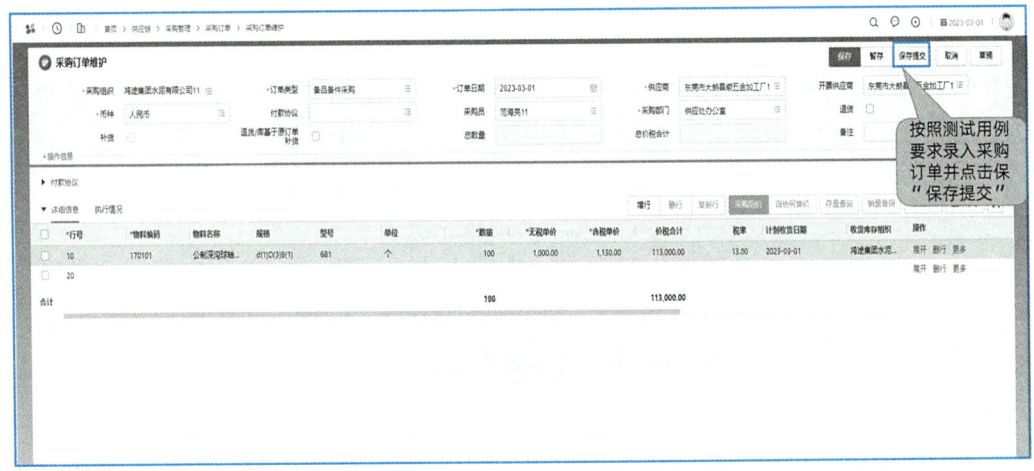

图 3-11　采购订单录入界面

2. 采购经理审批采购订单

采购经理角色上岗,单击"开始任务"进入 NC Cloud 平台,将右上角系统登录日期修改为"2023-03-01";单击"审批中心"—"未处理",查看采购订单详细信息,检查供应商等信息是否无误,检查无误后单击"批准",如图 3-12 所示。

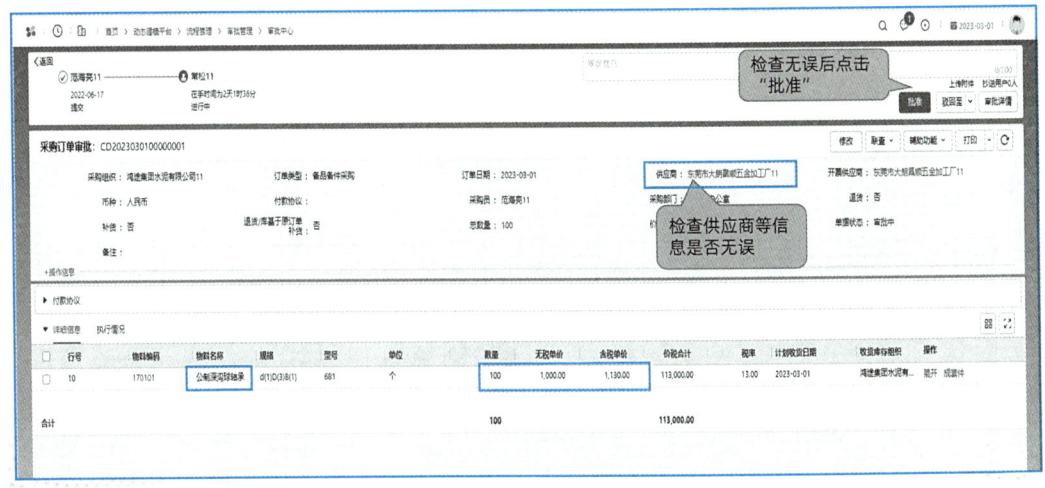

图 3-12　采购审批界面

3. 仓管员录入入库单

仓管员角色上岗,单击"开始任务"进入 NC Cloud 平台,修改右上角日期,单击"采购入库",单击"新增"—"采购业务入库",如图 3-13 所示。输入查询条件(收货库存组织、时间日期),查询出来后选择对应的采购订单,单击"生成入库单",如图 3-14 所示。选择仓库为"备品备件库",单击"自动取数",自动填写实收数量和入库日期,最后单击"保存",保存后单击"签字",如图 3-15 所示。

操作视频

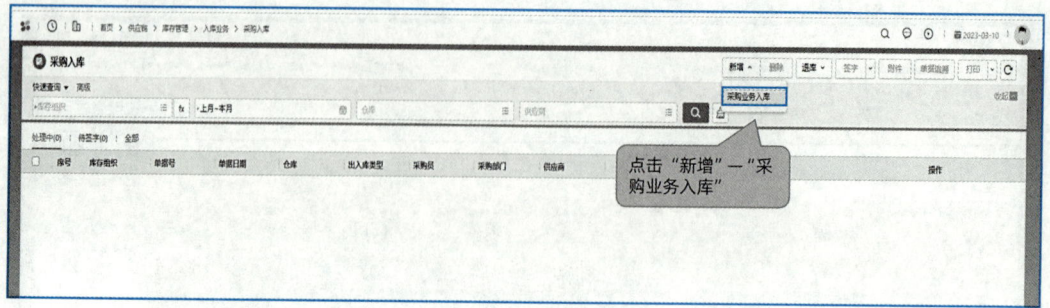

图 3-13 新增采购业务入库界面

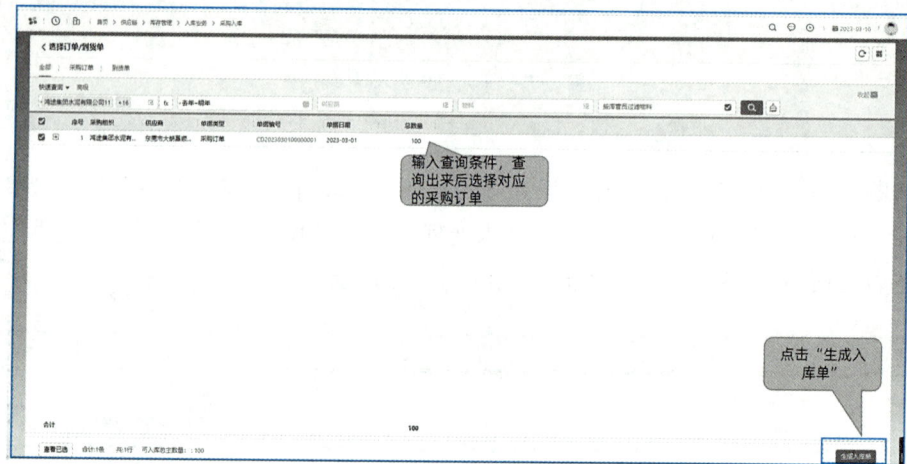

图 3-14 生成入库单界面

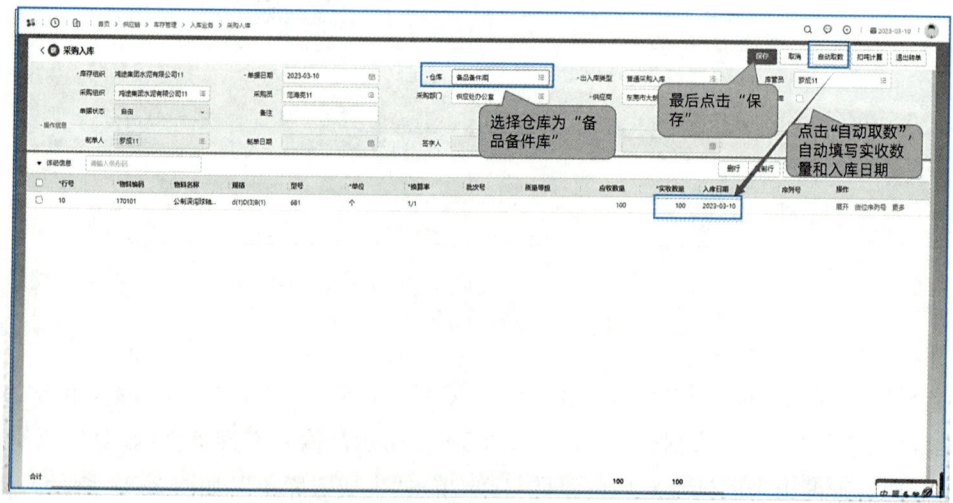

图 3-15 保存入库信息

4. 业务财务录入保存采购发票

业务财务角色上岗，单击"开始任务"进入 NC Cloud 平台，修改右上角日期，单击"采购发票维护"，如图 3-16 所示。修改右上角日期，单击"新增"—"采购发票"，输入查询条件（选择财务组织、时间日期），选择对应的采购入库单，单击"生成发票"，如图 3-17 所示。检查无误后单击"保存提交"。

操作视频

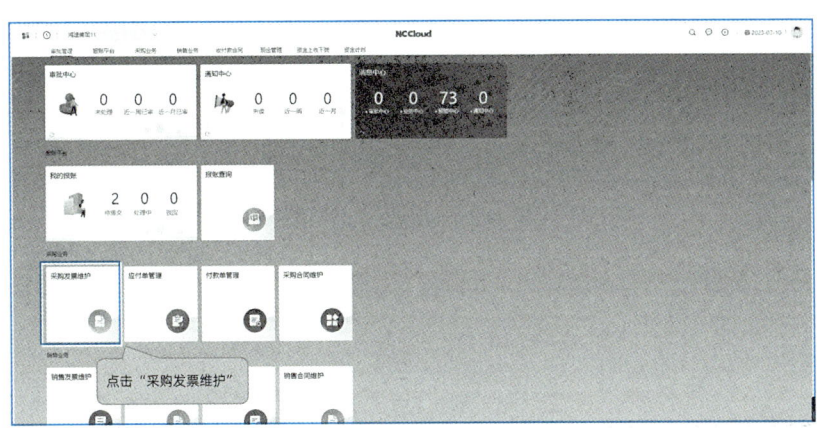

图 3-16　审批管理主界面

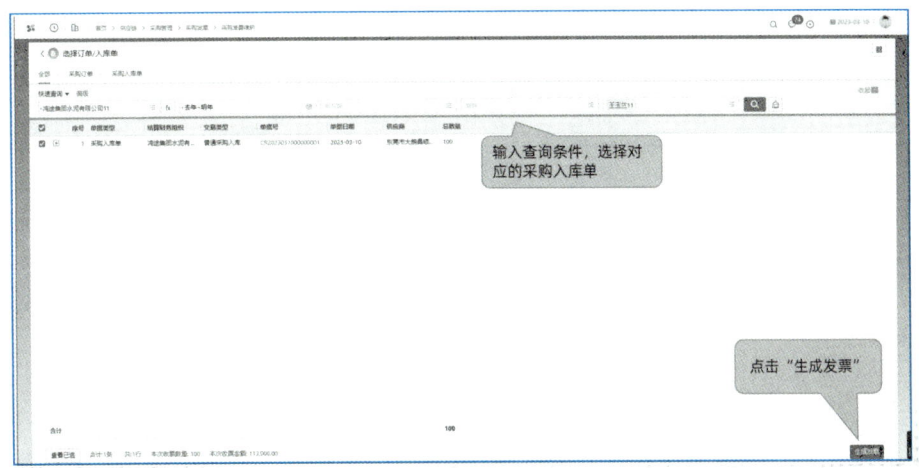

图 3-17　生成发票界面

5. 业务财务提交应付单

业务财务角色返回"审批管理"主界面，修改右上角时间日期，单击"我的报账"，如图 3-18 所示；单击需要提交的应付单，如图 3-19 所示；单击"更多"—"影像扫描"，进入影像管理系统之后如果需要用高拍仪进行扫描则需单击"扫描"，如果通过本地上传则单击"导入"，全部扫描完成之后单击"上传"，如图 3-20 所示。影像扫描完成后单击"保存"，单击"提交"。

图 3-18　审批管理主界面

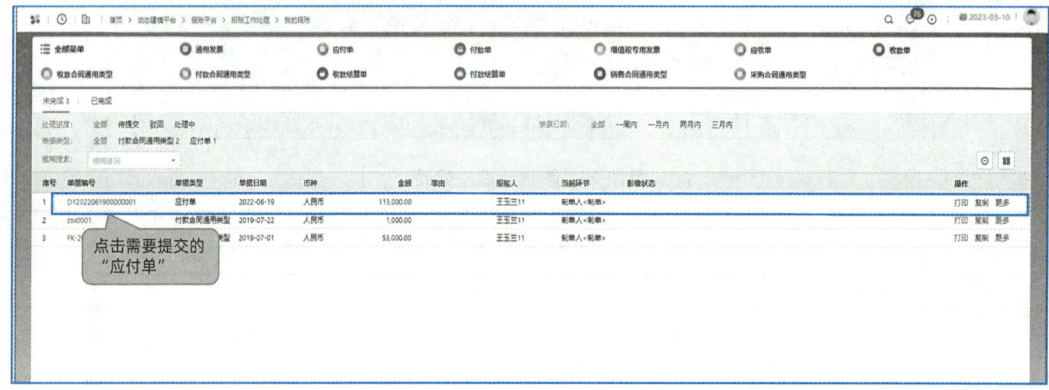

图 3-19　应付单提交界面

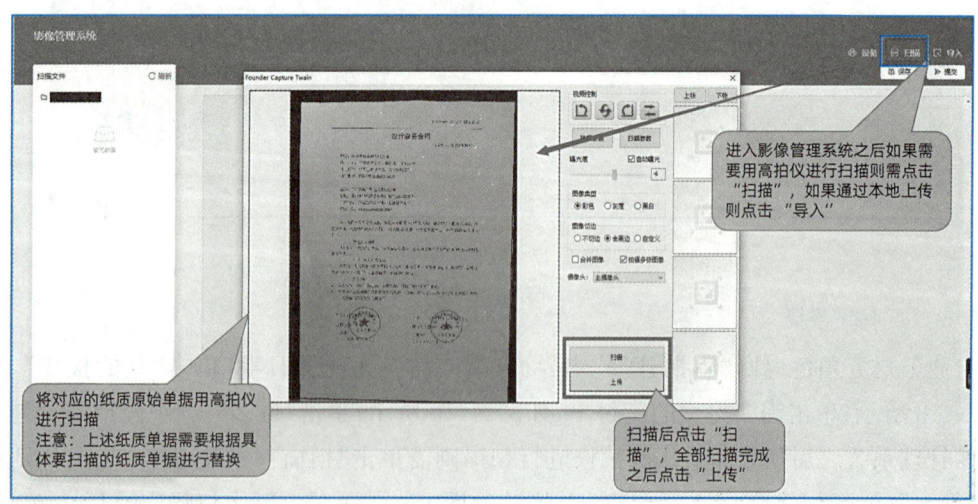

图 3-20　影像扫描界面

6. 财务经理审批应付单

财务经理角色上岗,单击"开始任务"进入 NC Cloud 平台,修改右上角时间日期,单击"审批中心"—"未处理",如图 3-21 所示,打开应付单,查看单据,审核无误后,单击"批准"。

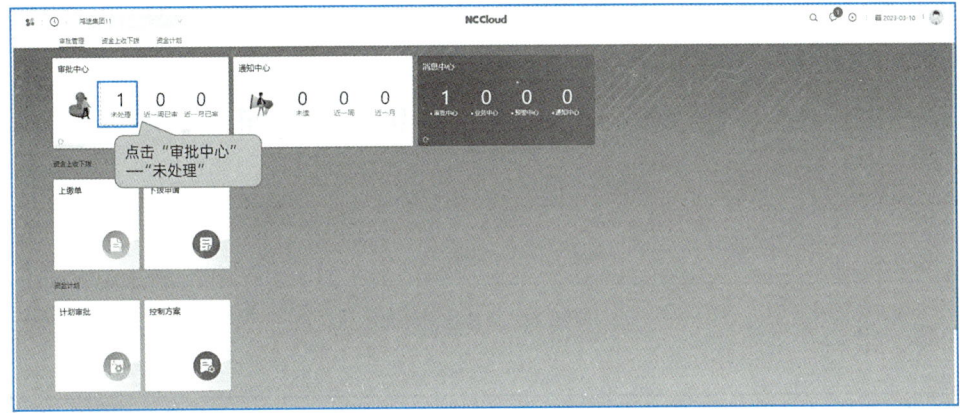

图 3-21 "审批管理"主界面

7. 应付初审岗审核应付单

应付初审岗角色上岗,单击"开始任务"进入 NC Cloud 平台,修改右上角日期,单击"我的作业"—"待提取",如图 3-22 所示。单击"任务提取",选择单据查看信息是否正确,单击"更多"—"影像查看",查看单据是否正确,检查无误后单击"批准",如图 3-23 所示。

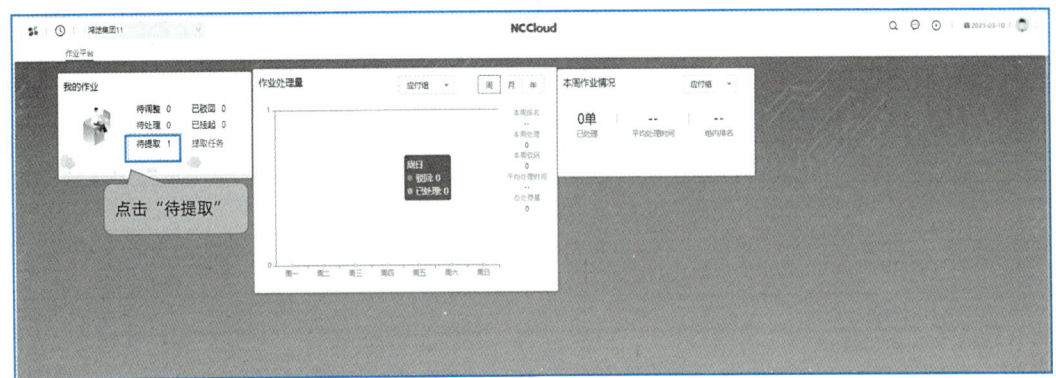

图 3-22 作业提取界面

8. 总账主管岗审核记账凭证

总账主管岗角色上岗,单击"开始任务"进入 NC Cloud 平台,修改右上角日期,单击"凭证审核",如图 3-24 所示;输入查询条件(选择"基准账簿",选择时间日期)查找需要审核的记账凭证,如图 3-25 所示;检查凭证是否无误,如果检查无误单击"审核",如图 3-26 所示。

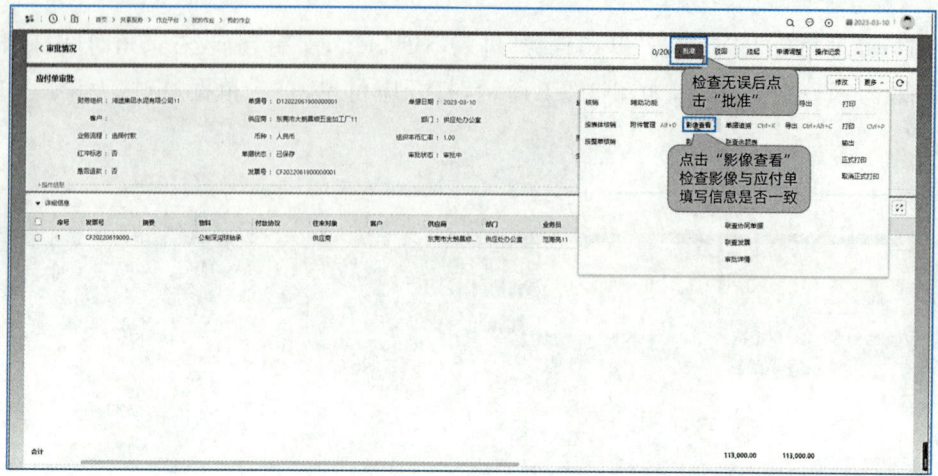

图 3-23　审核批准界面

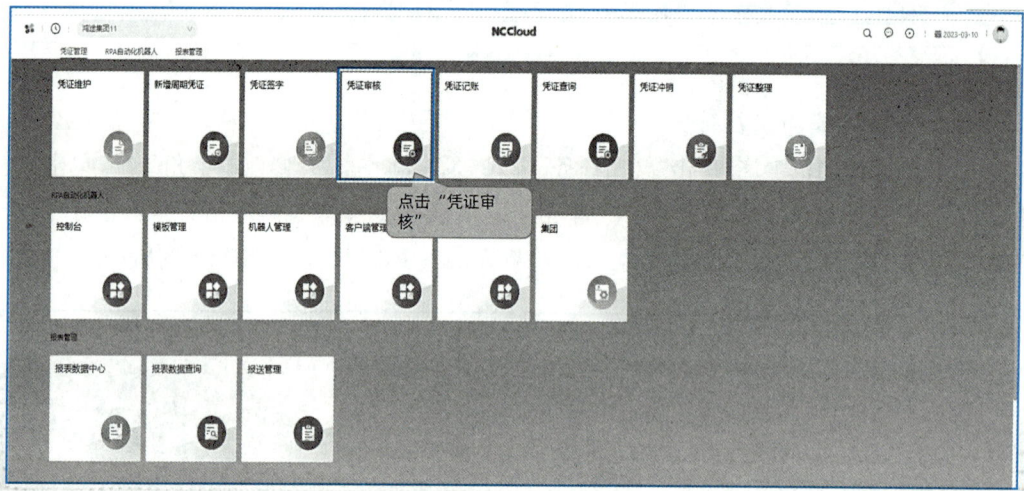

图 3-24　"凭证管理"主界面

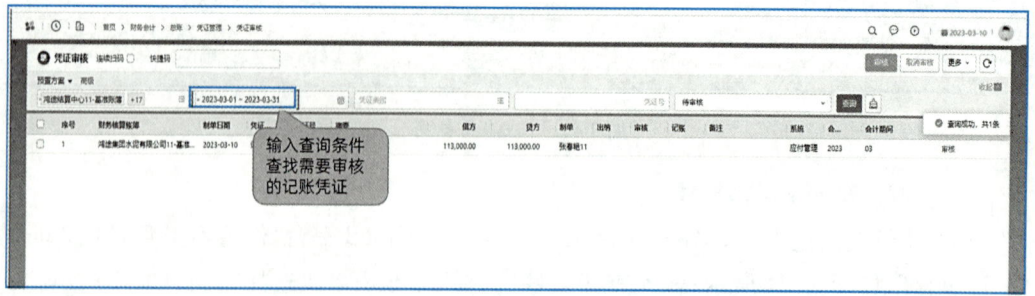

图 3-25　凭证查询

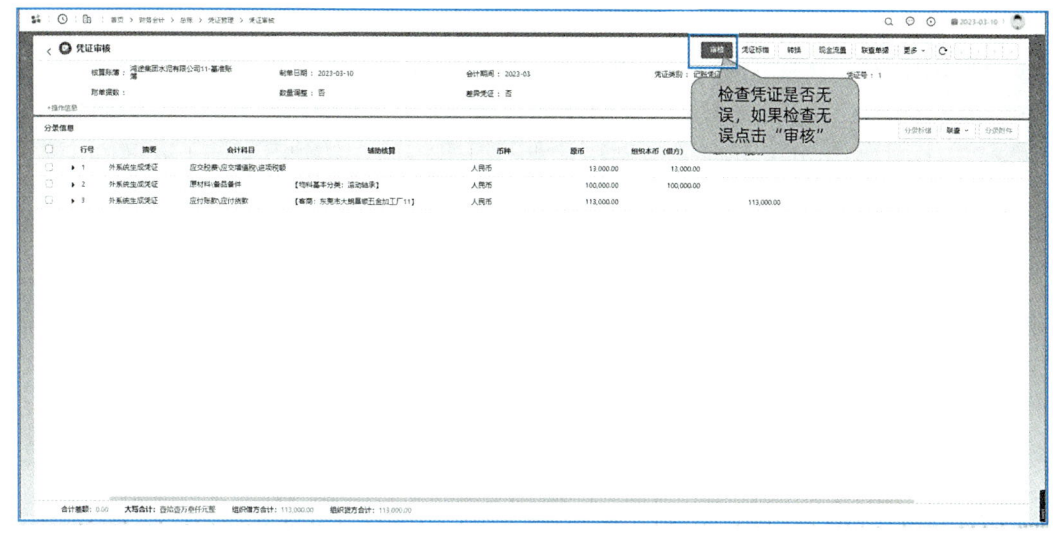

图 3-26 凭证审核

(四) 应付付款系统操作

【业务内容】

承接上述业务,2023 年 3 月 10 日"公制深沟球轴承"的购货款在 2023 年 3 月 15 日完成支付。

【应付付款流程】

应付付款流程,如图 3-27 所示。

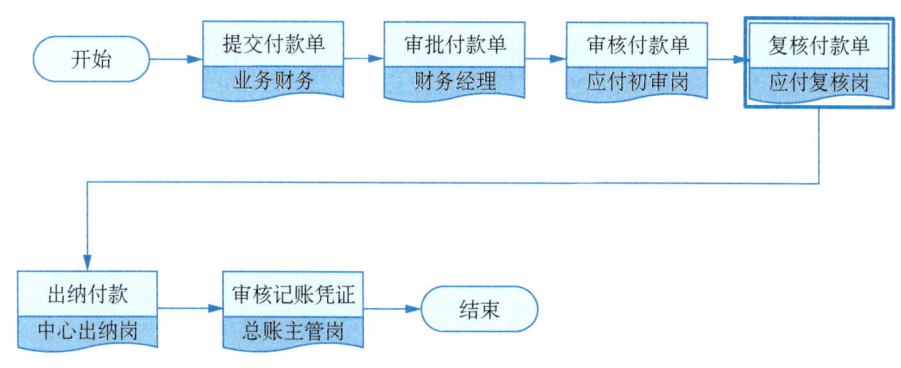

图 3-27 应付付款流程

【操作提示】

如果规划设计中没有涉及共享复核,可忽略此环节。

【操作指导】

1. 业务财务提交付款单

业务财务角色上岗,单击"开始任务"进入 NC Cloud 平台,将右上角系统登录日期修改为"2023-03-15",单击"付款单管理",如图 3-28 所示;单击"新增"—"应付单",输入查询条件(选择财务组织、日期),选择对应的应付单,单击"生成下游单据",如图 3-29 所示;选择结算方式"网银",选择银行账号尾号是"8310"的付款银行账户,检查无误后单击"保存"—"提交",如图 3-30 所示。

图 3-28 "审核管理"主界面

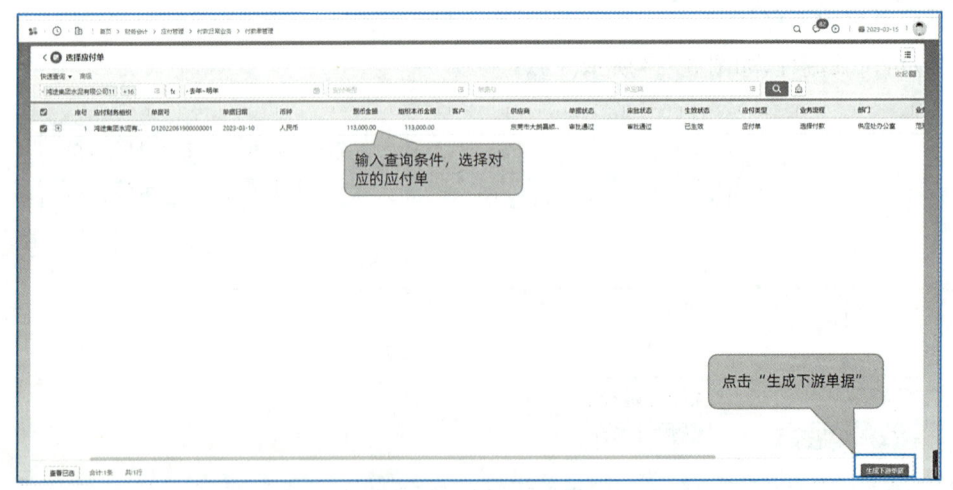

图 3-29 查询应付单

操作视频

2. 财务经理审批付款单

财务经理角色上岗,单击"开始任务"进入 NC Cloud 平台,将右上角系统登录日期修改为"2023-03-15",单击"审批中心"—"未处理",如图 3-31 所示。打开单据,检查填写的付款单是否无误,如果无问题,单击"财务经理角色＜批准＞",如图 3-32 所示。

项目三 采购与应付共享业务 073

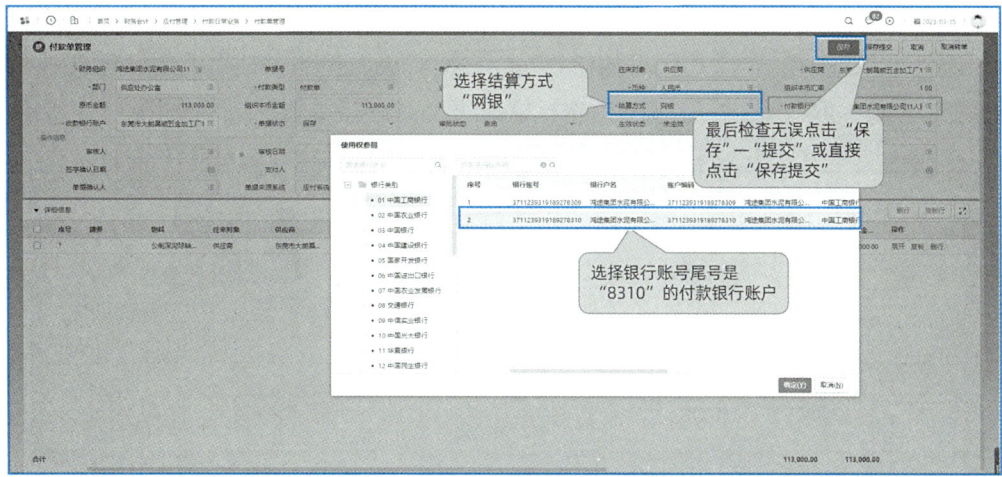

图 3-30 提交付款单

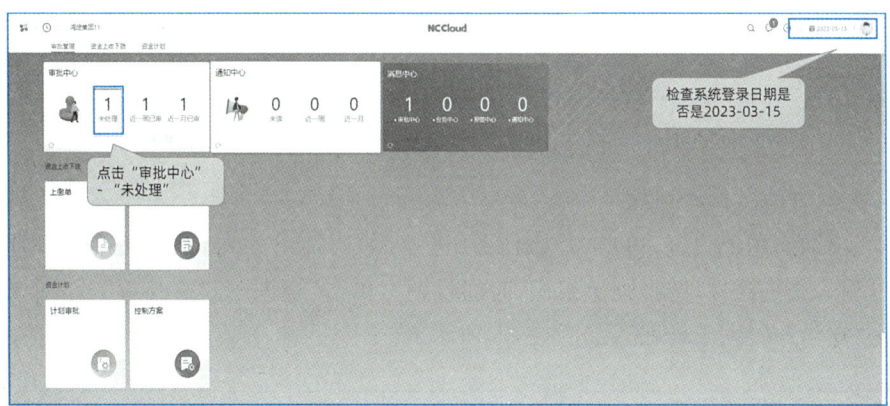

图 3-31 "审核管理"主界面

图 3-32 批准付款单

3. 应付初审岗审核付款单

应付初审岗角色上岗,单击"开始任务"进入 NC Cloud 平台,修改右上角日期,单击"我的作业"—"待提取",单击"任务提取",选择单据,检查无误后单击"批准",如图 3-33 所示。

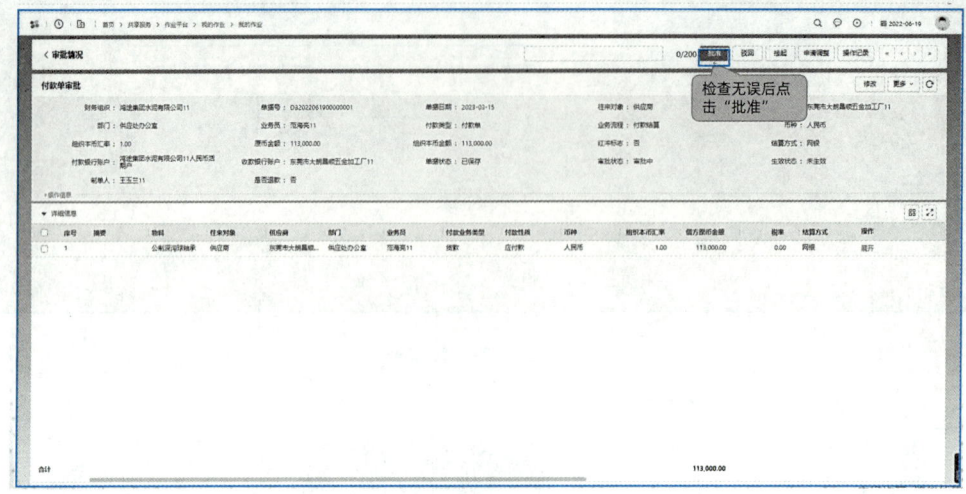

图 3-33 审核付款单

4. 中心出纳岗出纳付款

中心出纳岗角色上岗,单击"开始任务"进入 NC Cloud 平台,修改右上角日期,单击"结算",输入查询条件(选择财务组织、时间日期),单击"查询"—"待结算",如图 3-34 所示;单击"支付"—"网上转账",如图 3-35 所示。

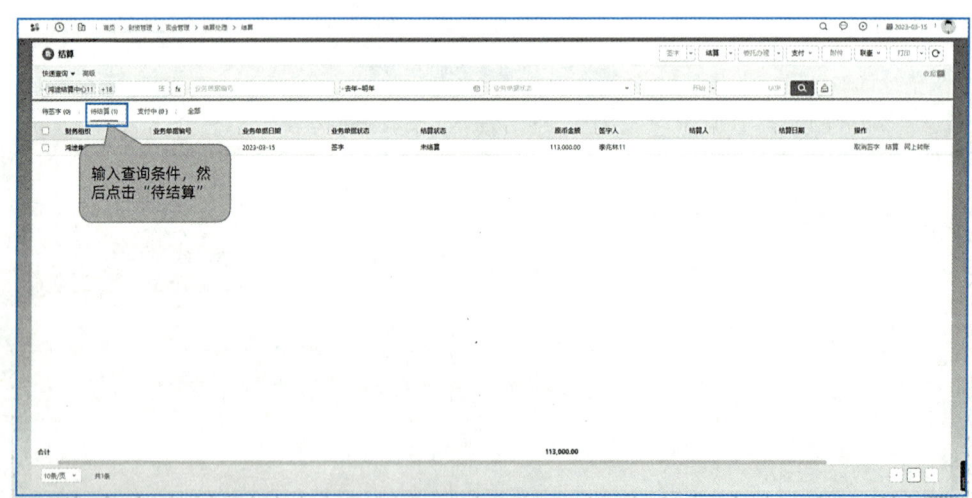

图 3-34 查询付款单

5. 总账主管岗审核记账凭证

总账主管岗角色上岗,单击"开始任务"进入 NC Cloud 平台,修改右上角日期,单击

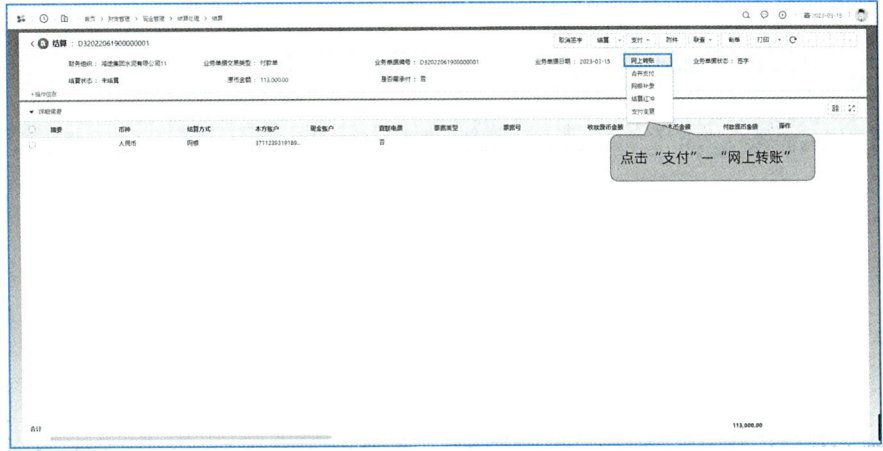

图 3-35　网上支付

"凭证审核",输入查询条件查找需要审核的记账凭证,如图 3-36 所示;检查凭证是否无误,如果无问题单击"审核",如图 3-37 所示。

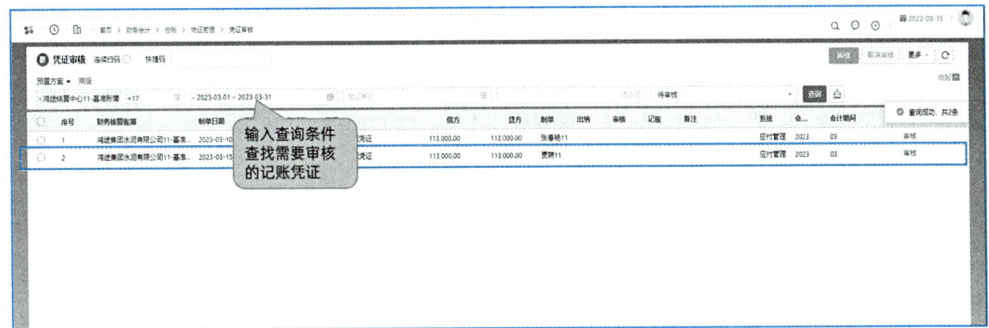

图 3-36　查询凭证

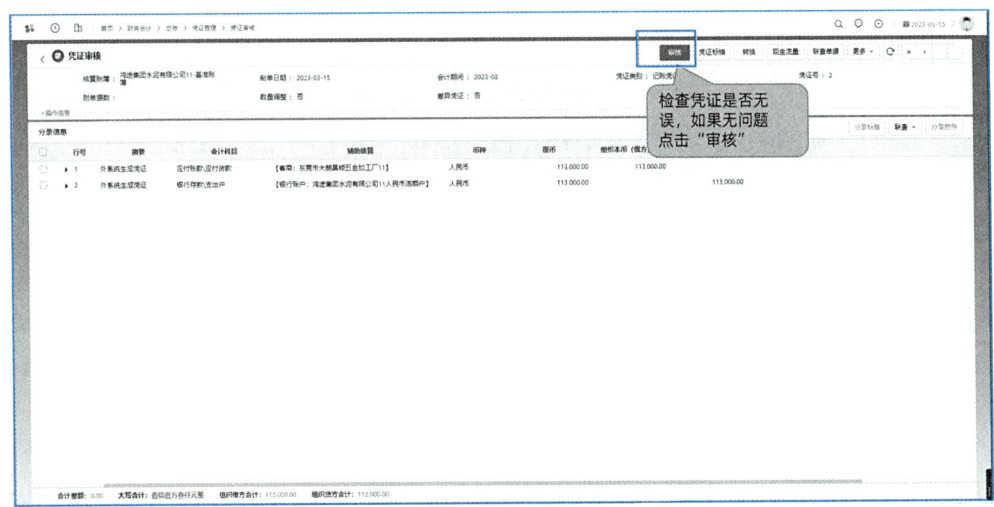

图 3-37　审核凭证

二、原燃料采购业务处理

【工作任务概述】

本任务主要是在需求假设的基础上,完成共享后原燃料采购流程设计,使用 Microsoft Visio 工具绘制案例企业实施财务共享模式后的采购流程图,在 NC Cloud 平台进行工作流配置,学生扮演不同角色,对流程进行协同测试,测试工作流是否能执行,并进行案例企业原燃料采购共享作业处理。

【工作指导手册】

(一)共享后原燃料采购流程设计

【业务内容】

在鸿途集团原燃料采购业务现状流程(图 3-1)的基础上,结合企业的财务共享需求,根据企业财务职责和部门的调整情况及财务共享服务中心应付类岗位的初始设置情况如表 3-1 所示,设计并使用 Microsoft Visio 绘制共享后的鸿途集团原燃料采购流程。

【操作指导】

1. 构建原燃料采购共享需求假设

(1)建立财务共享服务中心后,尽量保持现状业务流程的稳定性。①根据传递到财务共享服务中心的业务单据,确定流程中业务单位与财务共享服务中心的边界,该业务单据都需要经过财务共享服务中心的审核或初审。②财务共享服务中心接收业务单据所随附的原始凭证,均由制单人在制单后立即扫描上传;此后需要审核该业务单据的环节,均同时审核该业务单据的原始单据影像。③保留在业务单位的工作,流程和职责不变,但原业务单位财务部的工作除财务经理职责外均由业务财务承担。

(2)案例企业鸿途集团的所有收付款,均以网银(银企直联)方式完成。

(3)案例企业鸿途集团选择的是单共享中心模式。

2. 明确共享后流程设计依据

在备品备件采购现状流程的基础上,结合共享需求假设,根据企业财务职责和部门的调整情况以及财务共享服务中心费用类岗位的初始配置情况,设计共享后的备品备件采购流程,共享后原燃料采购流程设计依据,如表 3-4 所示;共享流程的业务单据,如表 3-5 所示。

表 3-4　共享后原燃料采购流程设计依据

序号	共享前	共享后	设计依据
1	财务处合同管理员审批供应商申请单	财务共享服务中心档案综合岗审批供应商申请单	供应商准入的审核职责转移给财务共享服务中心
2	无	业务单元采购员扫描上传影像	财务共享服务中心与业务单元和原始凭证不在一起,要基于影像进行共享审核
3	财务经理审批采购合同	业务财务审批采购合同	供应商申请单、采购合同的审批,共享前由财务经理审批,共享后改由业务财务审批

表 3-5　共享流程的业务单据

序号	名称	是否进 FSSC	是否属于作业组工作	流程设计工具
1	供应商申请单	Y	Y	工作流
2	价格审批单	N	—	审批流
3	采购合同	Y	N	审批流
4	采购订单(备品备件采购)	N	—	审批流
5	应付单	Y	Y	工作流
6	付款单	Y	Y	工作流

【参考设计结果】

询价、采购到货入库流程因不涉及职责调整到财务共享服务中心的情况,不用重新设计。供应商准入、签订采购合同、应付挂账、应付付款共享后的流程,如图 3-38 所示,可能有多种设计结果,只要能够符合财务共享服务中心的岗位职责设计及共享需求即可。

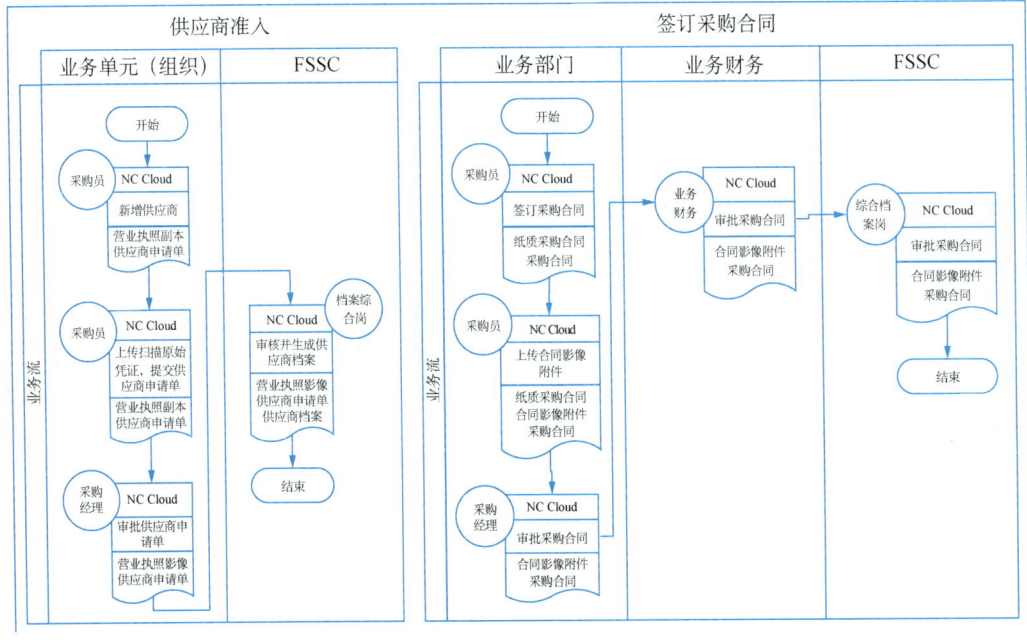

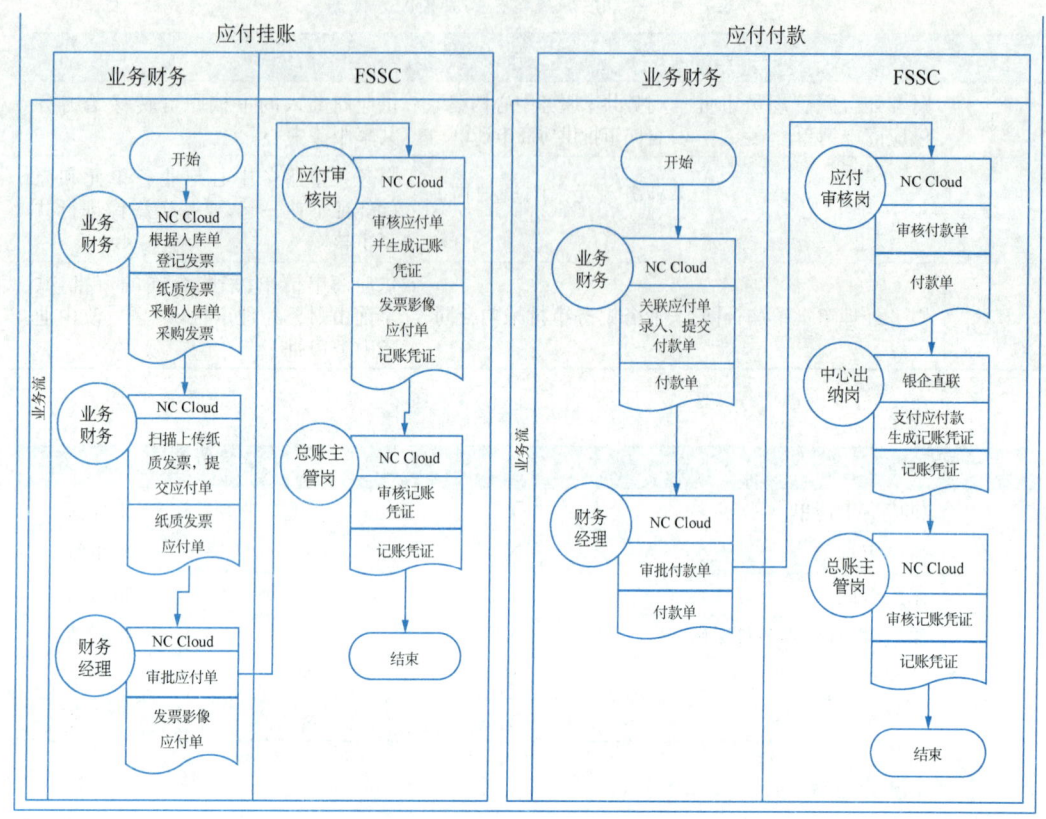

图 3-38　共享后原燃料采购流程

（二）原燃料采购系统流程配置

【业务内容】

2023 年 3 月 3 日，鸿途集团根据业务需要，申请新增一家原煤供应商；2023 年 3 月 5 日，通过网上询价，确定中煤集团为原煤供应商，并与之签订合同；2023 年 3 月 15 日，提出原煤采购需求，3 月 21 日采购到货入库，3 月 29 日确认应付账款，3 月 31 日完成付款。在 NC Cloud 平台进行原燃料采购流程配置。

【操作指导】

1. 供应商申请单流程配置

系统管理员角色上岗，单击"开始任务"进入 NC Cloud 平台，单击"审批流定义-集团"，如图 3-39 所示；选择"基础数据"—"供应商申请单"，将查询到的供应商申请单工作流启用，如图 3-40 所示。

2. 价格审批单流程配置

系统管理员角色返回"共享中心委托关系"主界面，单击"审批流定义-集团"，如图 3-41 所示；单击"采购价格"—"价格审批单"，将查询到的价格审批单启用，如图 3-42 所示。

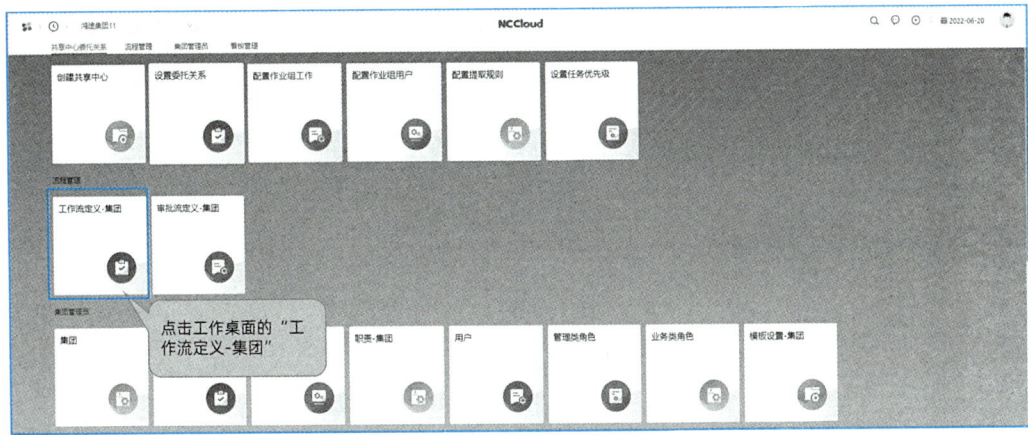

图 3-39 "共享中心委托关系"主界面

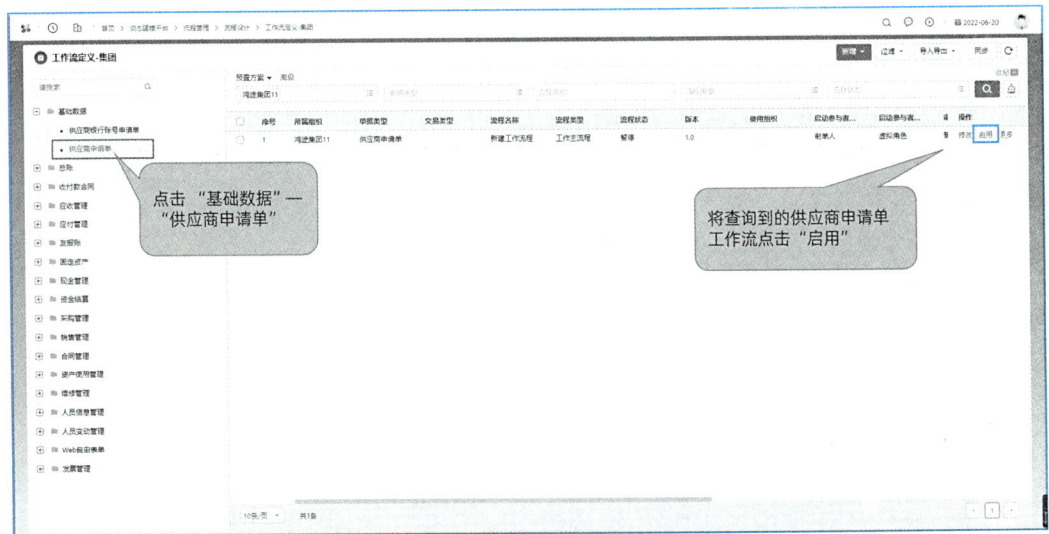

图 3-40 启用供应商申请单工作流

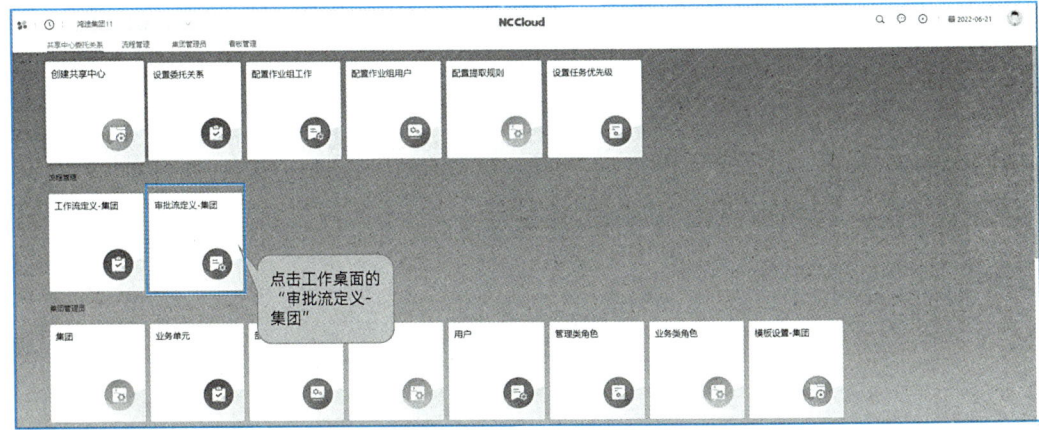

图 3-41 "共享中心委托关系"主界面

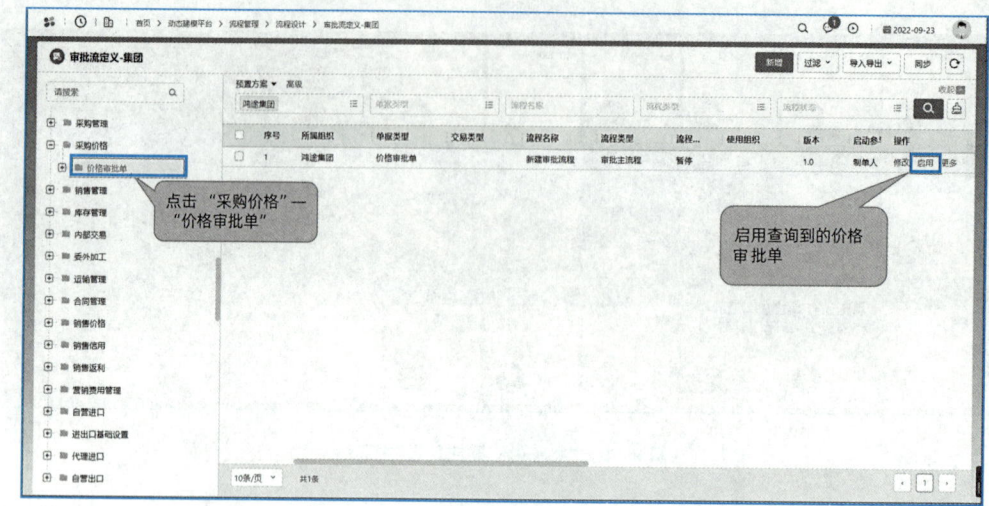

图 3-42　启用价格审批单

3. 采购合同流程配置

操作视频

系统管理员角色单击"合同管理"—"采购合同",将查询到的原燃料采购的采购合同启用,如图 3-43 所示。

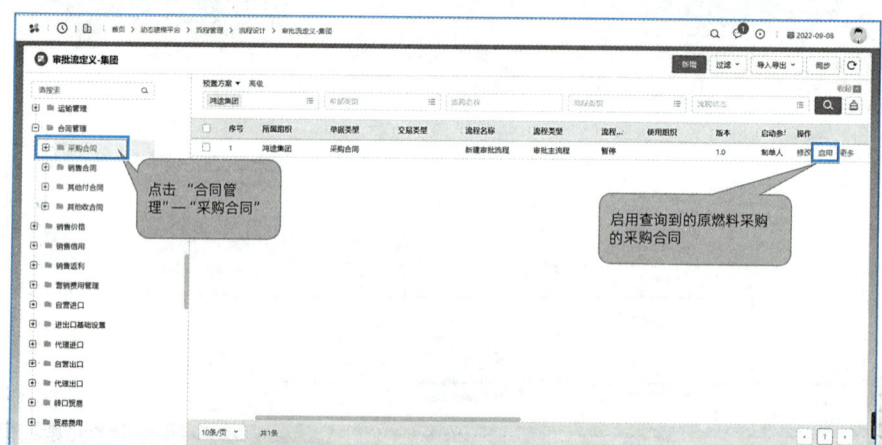

图 3-43　启用采购合同审批流

4. 采购订单流程配置

系统管理员角色单击"采购管理"—"采购订单"—"原燃料采购",启用查询到的原燃料采购的采购订单,如图 3-44 所示。

5. 应付单流程配置

原燃料应付单流程启用方法与备品备件应付单流程启用方法类似,如图 3-7 所示。

6. 付款单流程配置

原燃料付款单流程启用方法与备品备件付款单流程启用方法类似,如图 3-8 所示。

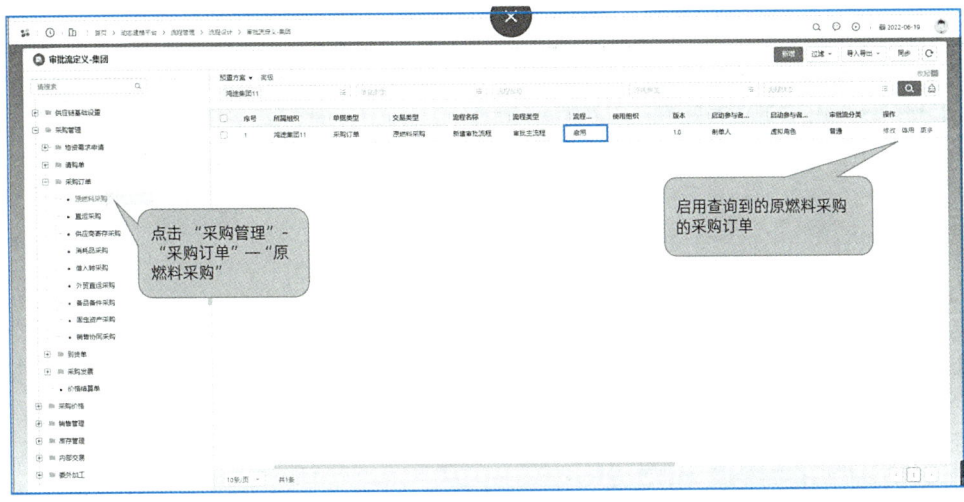

图 3-44 启用采购订单审批流

(三) 原燃料供应商准入系统操作

【业务内容】

2023年3月3日,鸿途集团根据业务需要,申请新增一家原煤供应商:郑州瑞龙有限公司(联系人:刘捷;职位:销售代表;手机联系方式:18255674432)。连带此供应商的营业执照副本(复印件)提交审批。经过审定,决定将此供应商纳入公司正式供应商名录(供应商准入目的组织为集团、供应商编码:G300550,有效期截至2023年3月31日)。

【操作指导】

1. 新增供应商申请单

采购员角色上岗,修改右上角时间日期,单击"我的报账"—"供应商申请单",单击"新增",按照测试用例要求填写供应商申请单,检查无误后单击"保存",供应商申请单保存之后单击"影像扫描"上传影像,供应商申请单影像上传完之后单击"保存"—"提交",如图3-45、图3-46所示。

操作视频

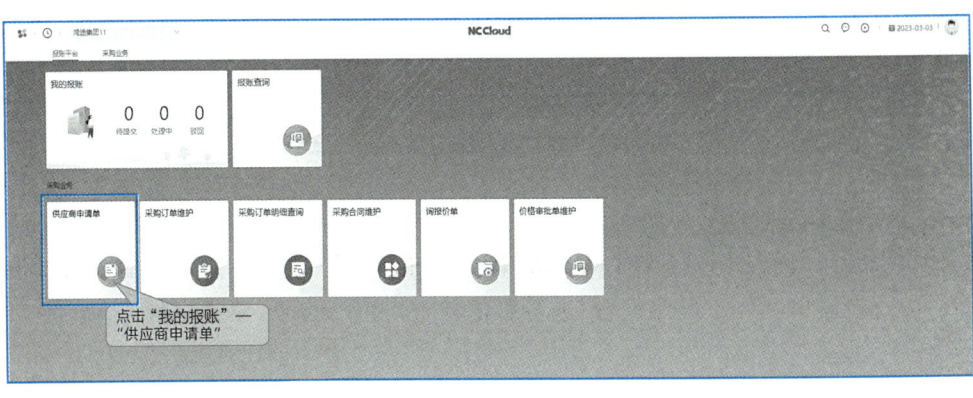

图 3-45 "报账平台"主界面

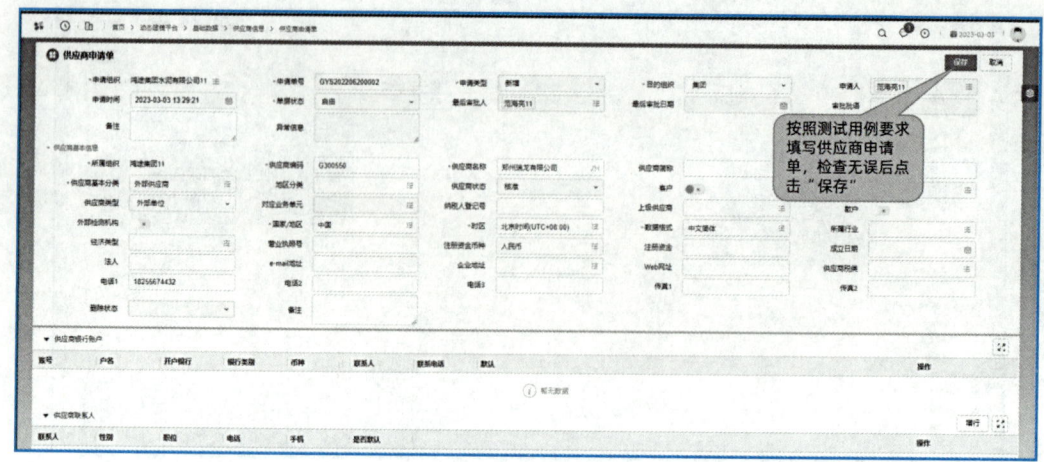

图 3-46 填写保存供应商申请单

2. 审批供应商申请单

采购经理角色上岗,修改时间日期,单击"审批中心"—"未处理",打开单据,检查供应商申请单,检查无误后单击"采购经理角色＜批准＞",如图 3-47 所示。

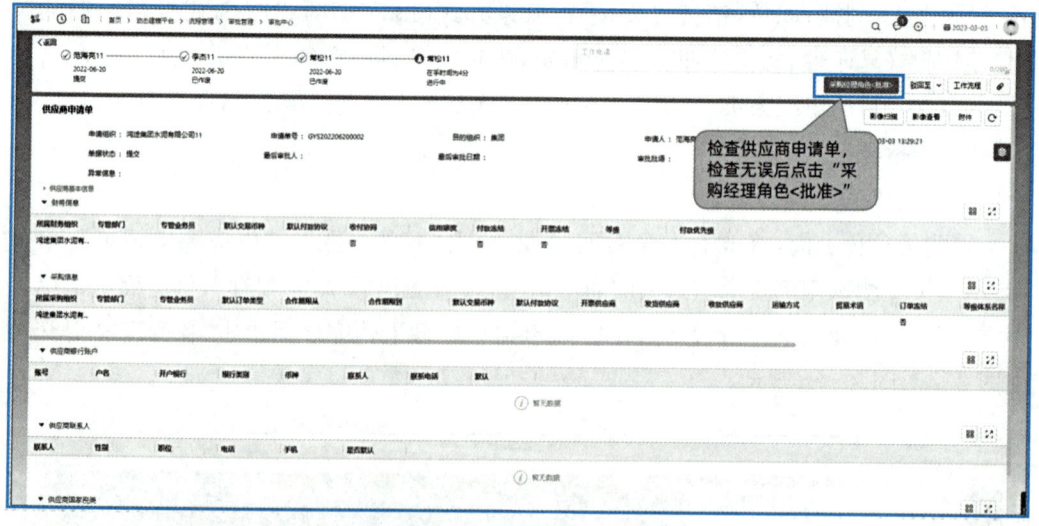

图 3-47 审批供应商申请单

3. 供应商档案归档

档案综合岗角色上岗,修改时间日期,单击"我的作业"—"待提取",单击"任务提取",查看供应商申请单,单击"影像查看"进行影像检查,检查无误后单击"批准",如图 3-48 所示。

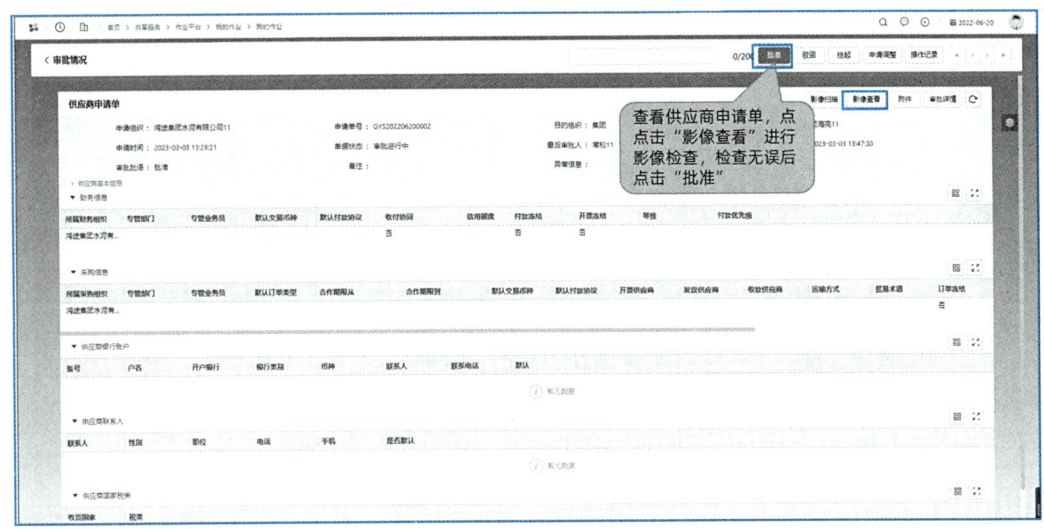

图 3-48　供应商档案归档

(四) 询价系统操作

【业务内容】

2023年3月5日,鸿途集团进行下半年原煤价格评估,下半年计划采购量6 000吨,并在找煤网上进行询价,有三家供应商发来价格信息,如表3-6所示。

表 3-6　供应商价格信息

供应商	含税单价(元/吨)
陕西黑龙沟矿业有限责任公司	553.70
中煤集团有限公司	565.00
神华乌海能源有限公司	621.50

经过综合评估,鸿途集团将下半年的原煤价格确定为565元/吨(含税单价,税率13%),原煤由中煤集团有限公司负责供应,签订原煤供应合同。

【操作指导】

1. 采购员填写询报价单

采购员角色上岗,修改时间日期,在"报账平台"主界面单击"询报价单",如图3-49所示。单击"新增"—"自制",按照测试用例要求填写"询报价单",检查无误后单击"保存",如图3-50所示。

2. 采购员录入价格审批单

采购员角色在"报账平台"主界面单击"价格审批单维护",单击"新增"—"询报价单",输入查询条件,选择对应的询报价单,单击"生成价格审批单",如图3-51所示。单击"展开",勾选"订货",将订货数量改为"1000",如图3-52所示;检查无误后单击"保存提交"。

操作视频

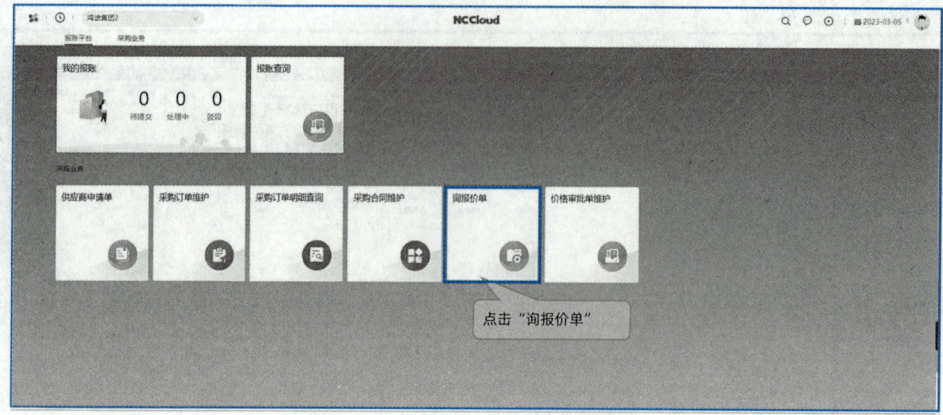

图3-49 "报账平台"主界面

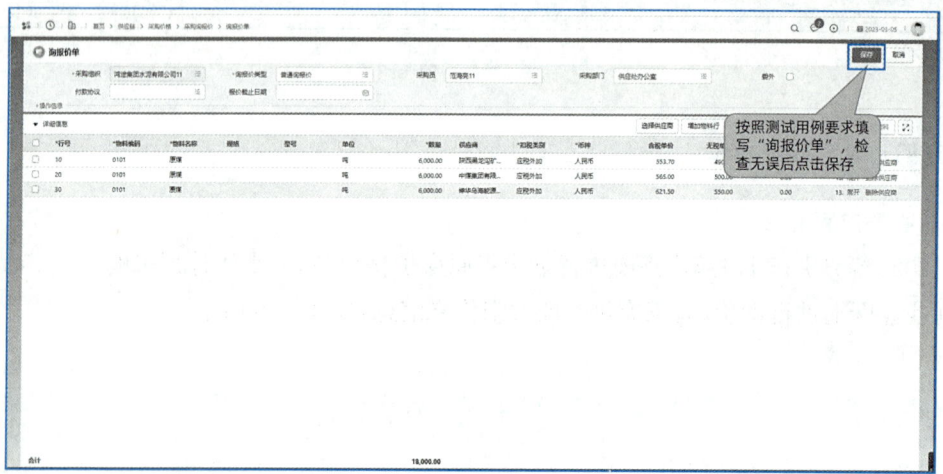

图3-50 填写保存询报价单

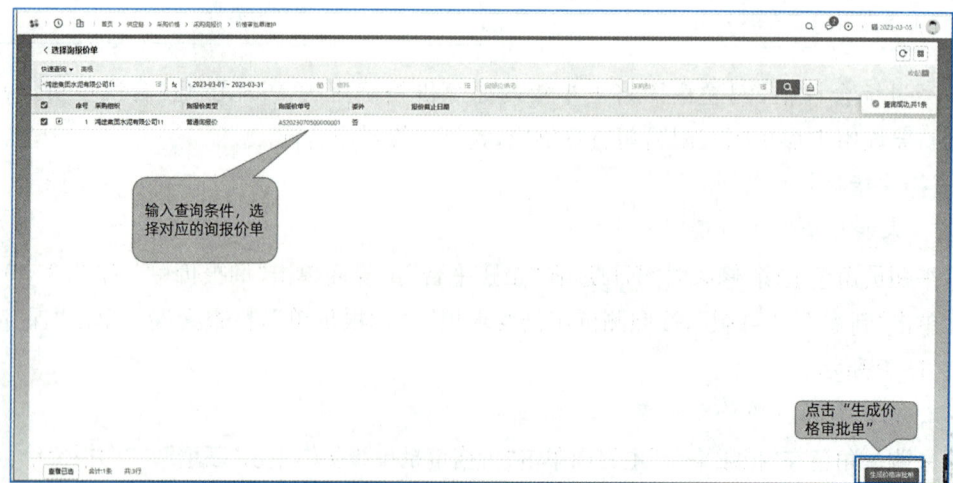

图3-51 查询报价单

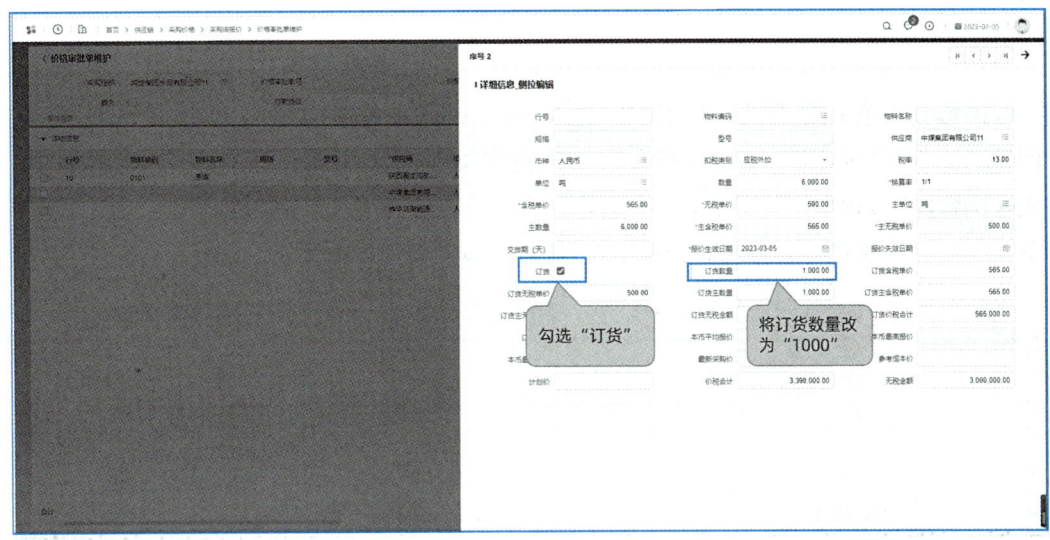

图 3-52 修改订货数量

3. 采购经理审批价格审批单

采购经理角色上岗,修改时间日期,单击"审批中心"—"未处理",打开价格审批单,检查无误后单击"批准",如图 3-53 所示。

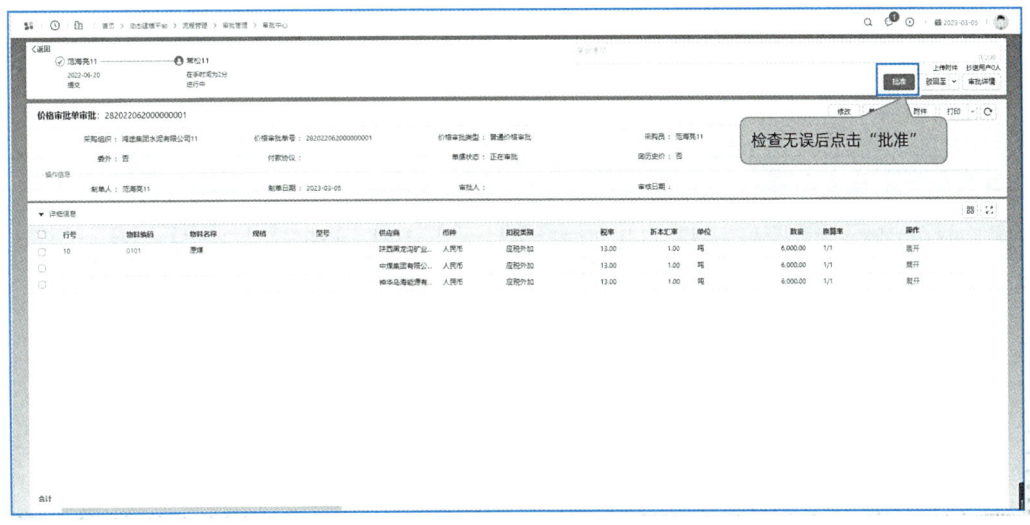

图 3-53 审批价格审批单

(五)签订采购合同系统操作

【业务内容】

2023 年 3 月 10 日,鸿途集团与中煤集团有限公司签署采购合同(合同编码:PC20230100),签约信息详见纸质合同。

【操作指导】

1. 采购员录入采购合同

采购员角色上岗,单击"开始任务"进入 NC Cloud 平台,修改业务日期,单击"采购合同维护",单击"新增"—"价格审批单",输入查询条件,选择对应的价格审批单,单击"生成采购合同",如图 3-54 所示;按测试用例录入采购合同相关信息,然后单击"保存",如图 3-55 所示;单击"影像扫描"扫描上传影像,影像上传完成后单击"提交"。

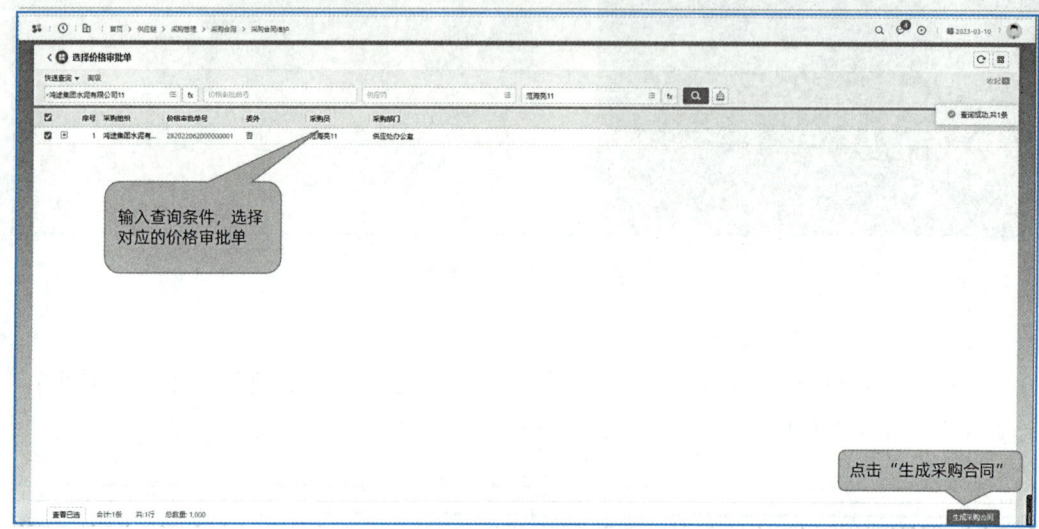

图 3-54 生成采购合同

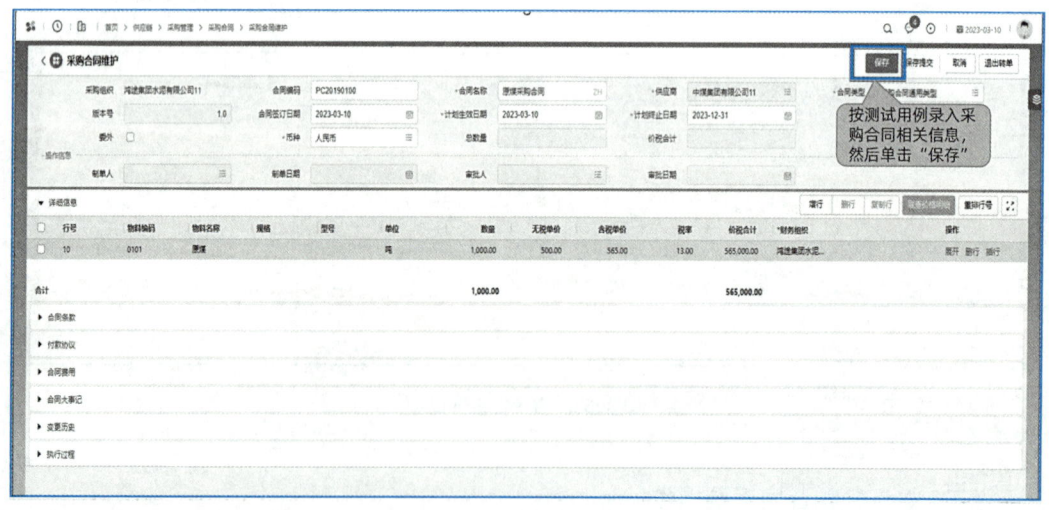

图 3-55 录入和保存采购合同

2. 采购经理审批采购合同

采购员角色上岗,单击"开始任务"进入 NC Cloud 平台,修改业务日期,单击"审批中心"—"未处理",检查采购合同和影像,无误后单击"批准"。

3. 业务财务审批采购合同

业务财务角色上岗,单击"开始任务"进入 NC Cloud 平台,修改业务日期,单击"审批中心"—"未处理",检查采购合同和影像,无误后单击"批准"。

4. 档案综合岗审批采购合同

档案综合岗角色上岗,单击"开始任务"进入 NC Cloud 平台,修改业务日期,单击"审批中心",选择单据,检查采购合同,检查无误后单击"批准"。从首页打开"采购合同维护"界面,将制单人设置为空,输入查询条件,选择对应的采购合同,单击"生效",如图 3-56 所示。

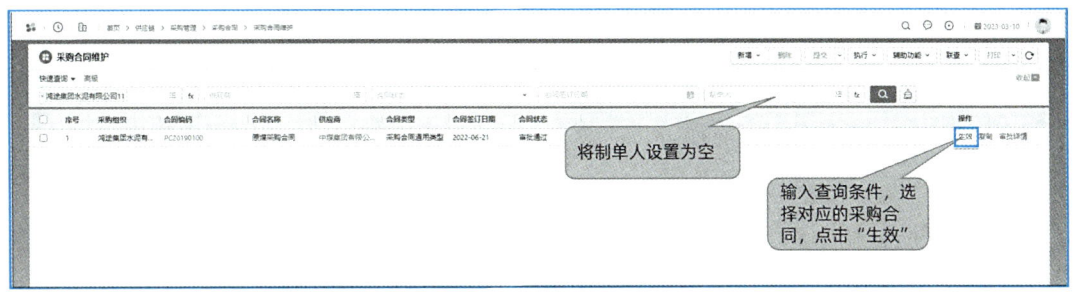

图 3-56 合同审批

(六)采购到货入库挂账系统操作

【业务内容】

2023 年 3 月 15 日鸿途集团提出物资采购需求,请购信息如表 3-7 所示。

表 3-7 采购物资信息

项目名称	需求数量	供应商
原煤	1 000 吨	中煤集团有限公司

2023 年 3 月 21 日原煤到货并检验入库,发票随货同到。到货物资信息,如表 3-8 所示。

表 3-8 到货物资信息   金额单位:元

项目名称	需求数量	含税单价	价税合计	税率	税额	供应商
原煤	1 000 吨	565.00	565 000.00	13%	65 000.00	中煤集团有限公司

【操作指导】

1. 采购员签订采购订单

采购员角色上岗,单击"开始任务"进入 NC Cloud 平台,修改业务日期,单击"采购订单维护",单击"新增"—"采购合同生成订单",输入查询条件,选择对应的采购合同,单击"生成采购订单",如图 3-57 所示;如果采购部门没有自动带出,则需要补录,选择"06 供应处-0601 供应处办公室",检查无误后单击"保存提交",如图 3-58 所示。

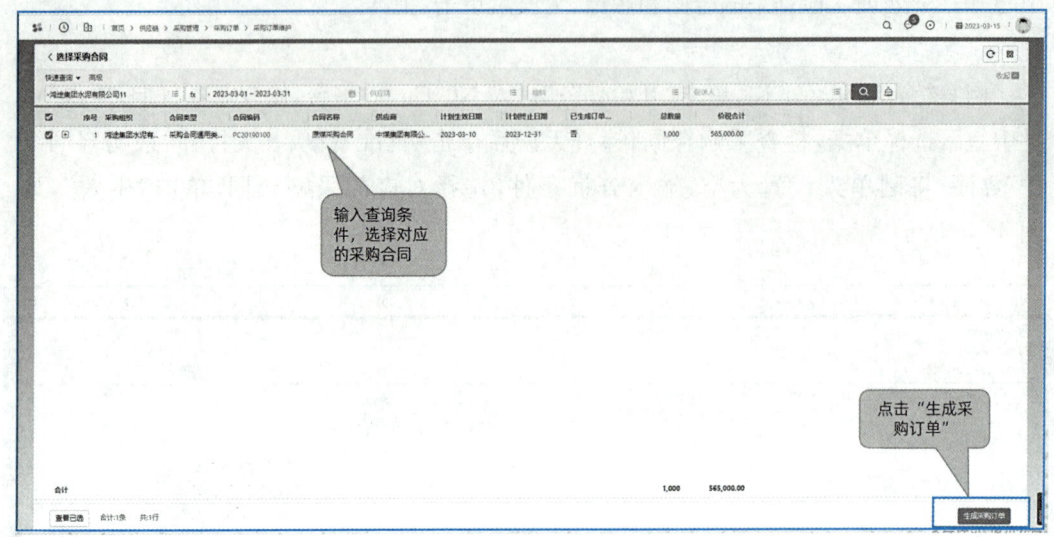

图 3-57　生成采购订单

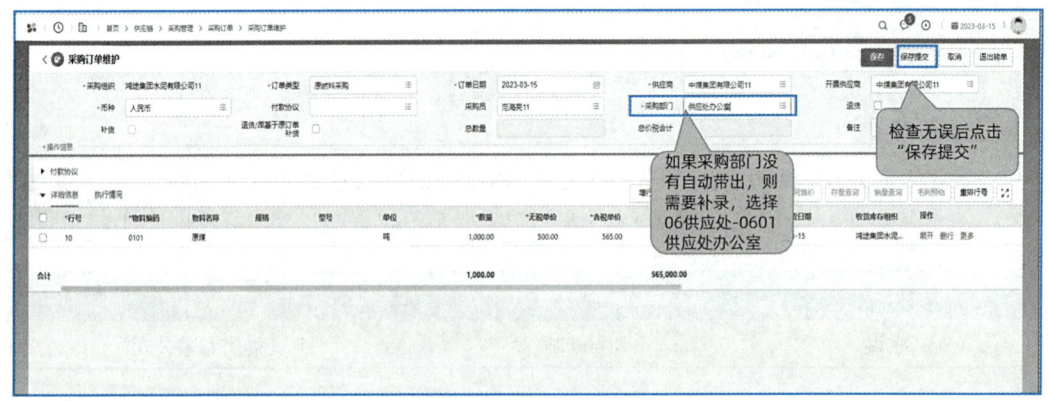

图 3-58　提交采购订单

2. 采购经理审批采购订单

采购经理角色上岗,单击"开始任务"进入 NC Cloud 平台,修改业务日期,单击"审批中心"—"未处理",检查采购订单是否无误,如果检查无误单击"批准",如图 3-59 所示。

3. 仓管员办理采购到货

仓管员角色上岗,单击"开始任务"进入 NC Cloud 平台,修改业务日期,单击"到货单维护",单击"收货",输入查询条件,查询出来后选择对应的采购订单,单击"生成到货单",如图 3-60 所示;选择收货仓库为"原燃料库",最后单击"保存提交",如图 3-61 所示。

项目三 采购与应付共享业务 089

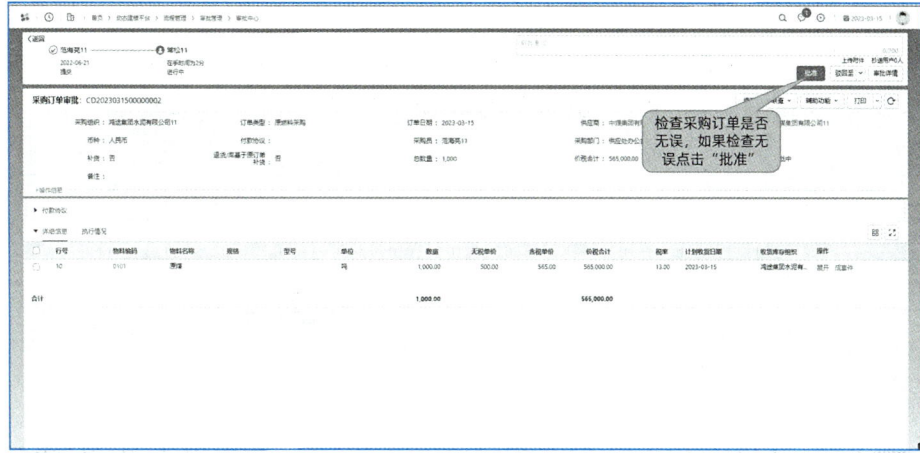

图 3-59 审批采购订单

图 3-60 生成到货单

图 3-61 保存提交到货单

4. 质检员按照到货单到货检验

质检员角色上岗,单击"开始任务"进入 NC Cloud 平台,修改业务日期,单击"到货单检验",输入查询条件,选择对应的到货单,然后单击"检验",如图 3-62 所示。

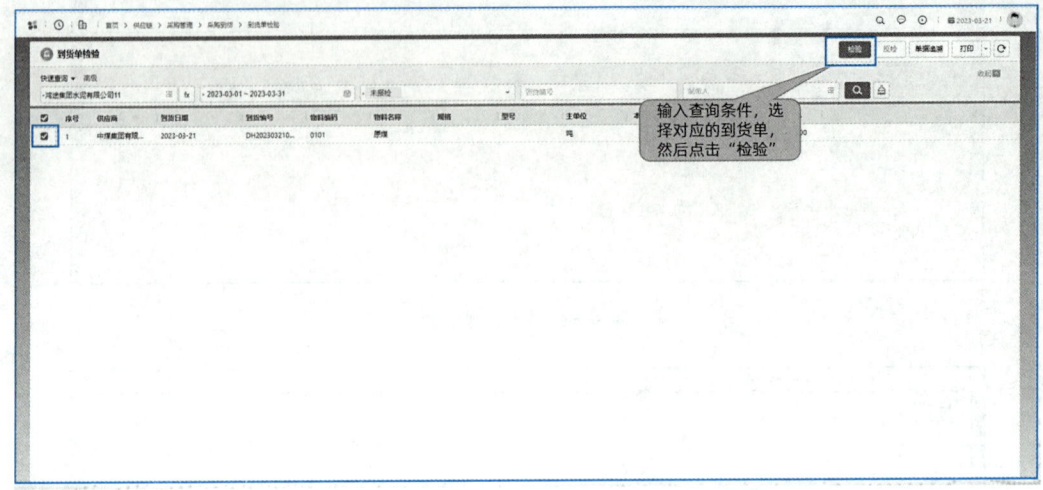

图 3-62　到货单检验

5. 仓管员办理采购入库

仓管员角色上岗,单击"开始任务"进入 NC Cloud 平台,修改业务日期,单击"采购入库",输入查询条件,查询出来后选择对应的到货单,单击"生成入库单",如图 3-63 所示;查看信息,单击"自动取数",检查无误后单击"保存",单击"签字",如图 3-64 所示。

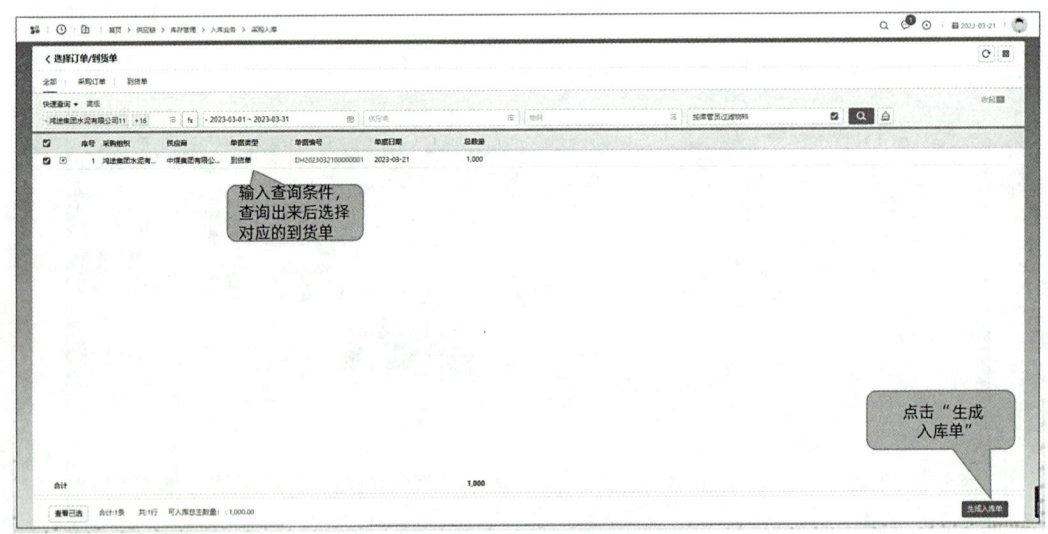

图 3-63　生成入库单

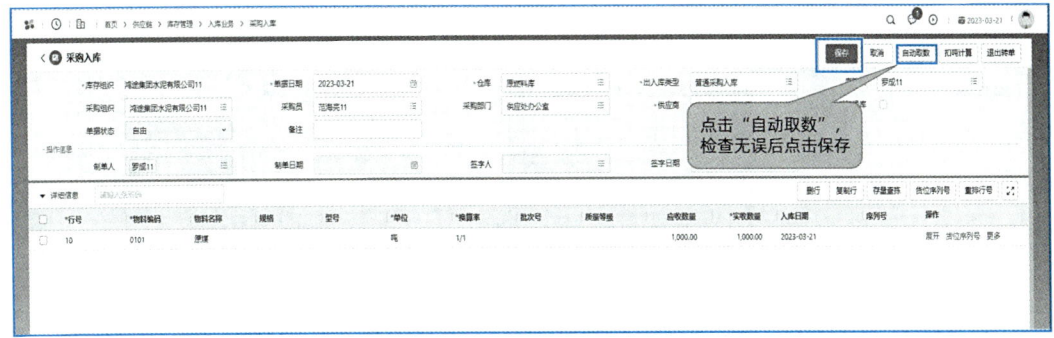

图 3-64　保存提交入库单

6. 业务财务登记发票

业务财务角色上岗，单击"开始任务"进入 NC Cloud 平台，修改业务日期，单击"采购发票维护"，单击"新增"—"采购收票"，输入查询条件，查询出来后选择对应的采购入库单，单击"生成发票"，如图 3-65 所示；检查无误后单击"保存提交"。

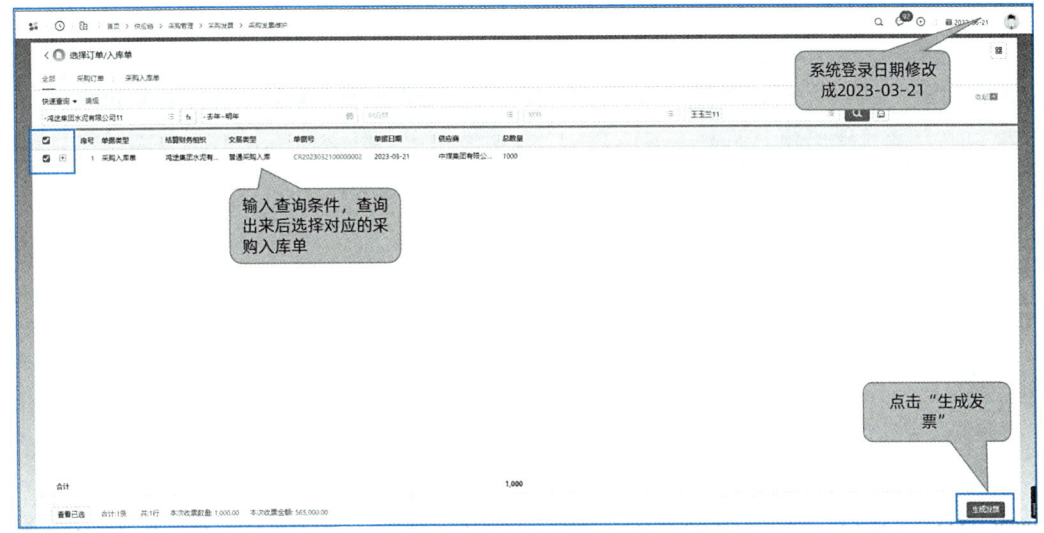

图 3-65　生成发票

7. 业务财务提交应付单

业务财务角色返回首页，修改业务日期，单击"我的报账"—"待提交"，检查应付单填写是否无误，单击"影像扫描"上传影像，扫描后单击"扫描"，全部扫描完成之后单击"上传"，如图 3-66 所示；影像扫描完成后单击"保存"—"提交"。

8. 财务经理审批应付单

财务经理角色上岗，单击"开始任务"进入 NC Cloud 平台，修改业务日期，单击"审批中心"—"未处理"，检查填写的应付单和扫描的影像是否无误，如果无问题单击"财务经理角色＜批准＞"。

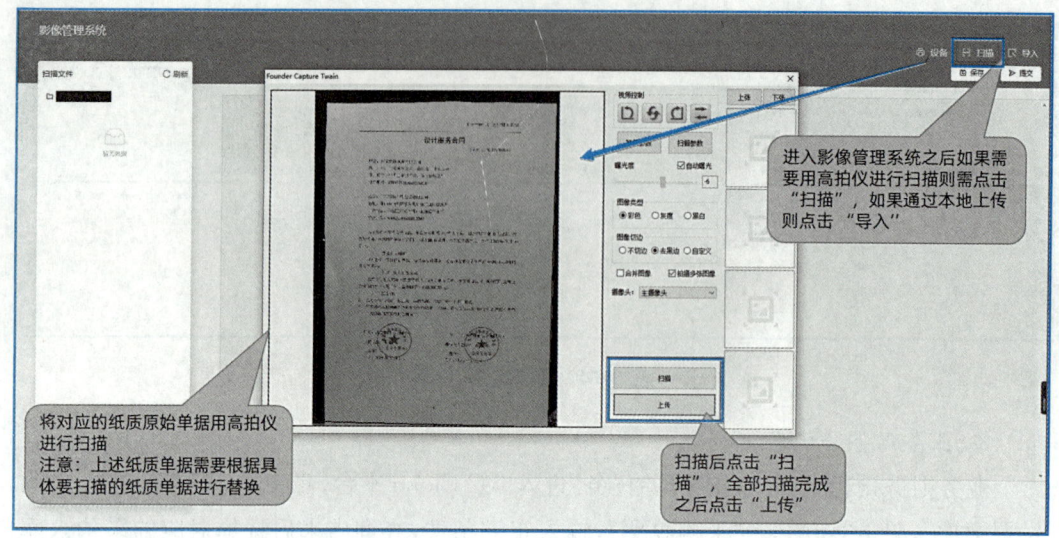

图 3-66　扫描上传影像

9. 应付初审岗审核应付单

应付初审岗角色上岗,单击"开始任务"进入 NC Cloud 平台,修改业务日期,单击"待提取",单击"影像查看"检查影像与应付单填写信息是否一致,检查无误后单击"批准"。

10. 总账主管岗审核记账凭证

总账主管岗角色上岗,单击"开始任务"进入 NC Cloud 平台,修改业务日期,单击"凭证审核",输入查询条件查找需要审核的记账凭证,如图 3-67 所示;检查凭证是否无误,如果检查无问题单击"审核"。

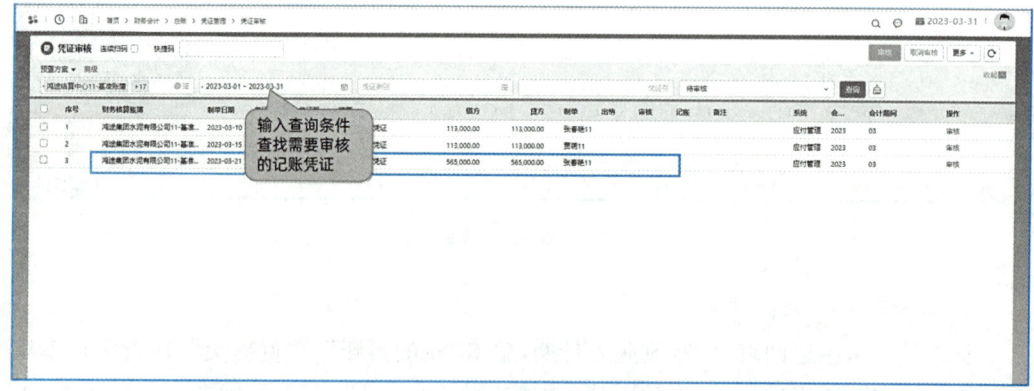

图 3-67　查询记账凭证

(七) 应付付款系统操作

【业务内容】

承接上述业务,2023 年 3 月 29 日,鸿途集团确认应付账款,3 月 31 日完成付款。付款信息如表 3-9 所示。

表 3-9　付款信息

供应商名称	付款金额(元)	收款账户
中煤集团有限公司	565 000.00	中国工商银行股份有限公司东城支行

【操作指导】

1. 业务财务提交付款单

业务财务角色上岗，单击"开始任务"进入 NC Cloud 平台，修改业务日期，单击"付款单管理"，单击"新增"—"应付单"，输入查询条件，选择对应的应付单，单击"生成下游单据"，如图 3-68 所示；选择结算方式"网银"，选择银行账号尾号是"8310"的付款银行账户，最后检查无误单击"保存"—"提交"或直接单击"保存提交"，如图 3-69 所示。

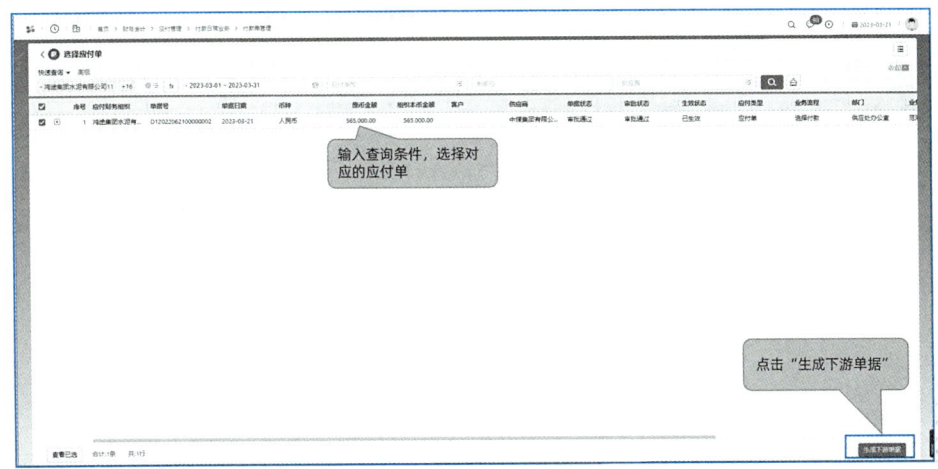

图 3-68　查询应付单

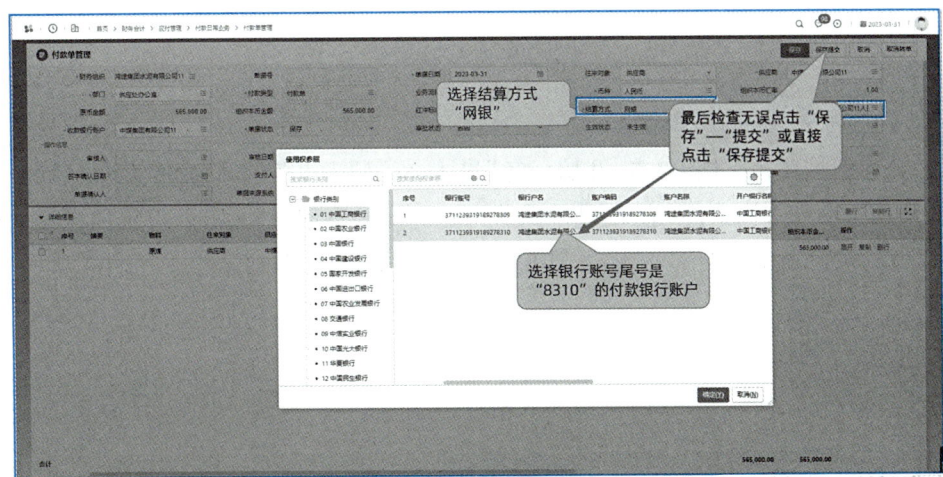

图 3-69　提交付款单

2. 财务经理审批付款单

财务经理角色上岗,单击"开始任务"进入 NC Cloud 平台,修改业务日期,单击"审批中心"—"未处理",检查填写的付款单是否无误,如果无误单击"财务经理角色<批准>"。

3. 应付初审岗审核付款单

应付初审岗角色上岗,单击"开始任务"进入 NC Cloud 平台,修改业务日期,单击单击"我的作业"—"待提取",单击"任务提取",检查无误后单击"批准"。

4. 中心出纳岗出纳付款

中心出纳岗位角色上岗,单击"开始任务"进入 NC Cloud 平台,修改右上角日期,单击"结算",输入查询条件(选择财务组织、时间日期);单击"查询"—"待结算",单击"支付"—"网上转账",如图 3-70 所示。

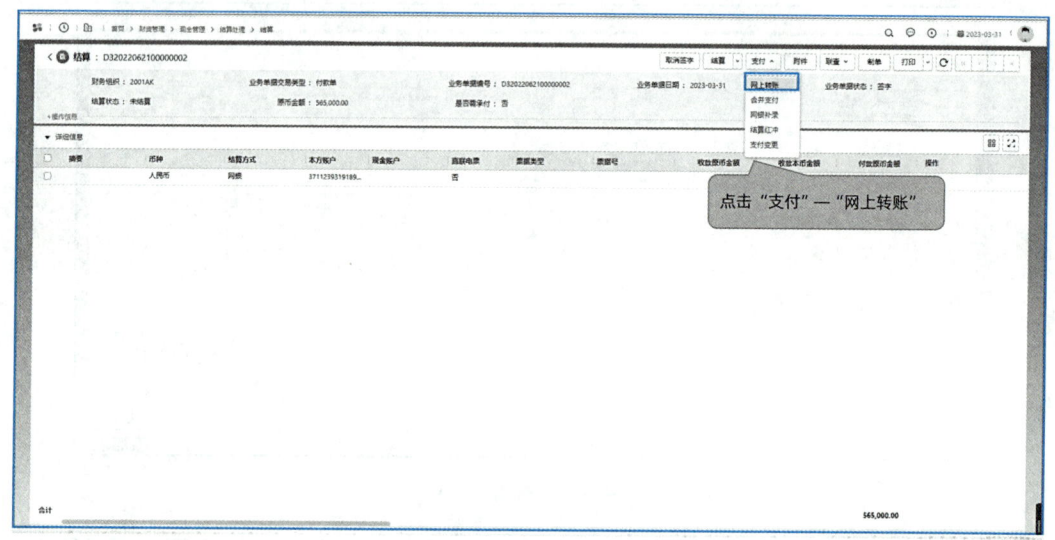

图 3-70 网上转账支付

5. 总账主管岗审核记账凭证

总账主管岗角色上岗,单击"开始任务"进入 NC Cloud 平台,修改右上角日期,单击"凭证审核";输入查询条件(选择"基准账簿",选择时间日期)查找需要审核的记账凭证,如图 3-71 所示;检查凭证是否无误,如果检查无问题单击"审核"。

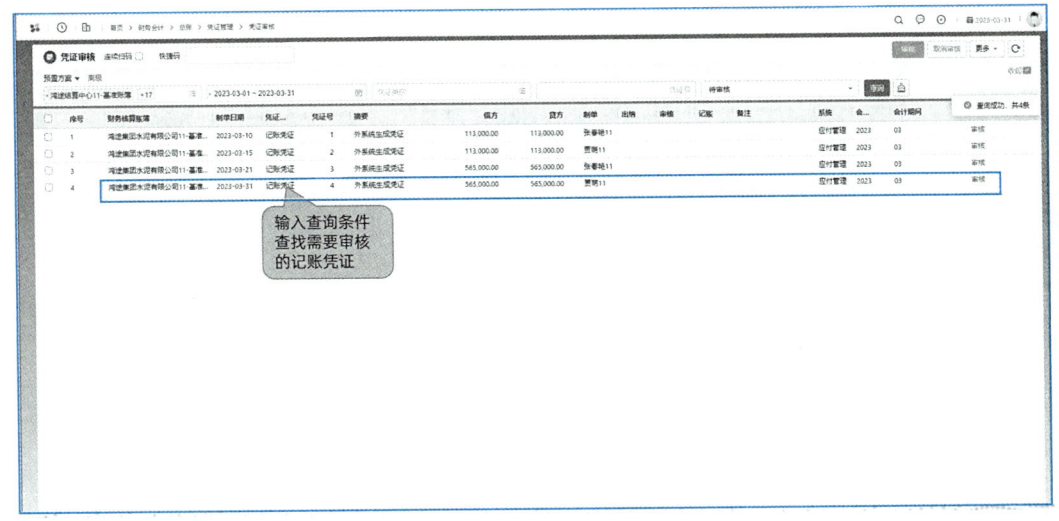

图 3-71　审核记账凭证

思政园地

归还 23 年前的货款是一场信任与诚信的对话

23 年前，夏超前在浙江海宁进货时欠了货款，此后与售货方孙国新失去联系。23 年后，夏超前通过海宁当地媒体找到债权人还清了当年的货款 20 万元。不用说在 23 年前，即便是在当下，20 万元也不是一个小数目。作为生意上的合作伙伴，孙国新愿意赊欠 20 万元货款给夏超前，不仅是考虑到当时的夏超前在资金周转问题上遇到了麻烦，还是出于人与人之间的信任，而这种信任正是支撑夏超前在两人失去联系后不断打听对方下落，争取早日还款的动力。从这个有关时间与货款的故事中，我们不仅感受到了人世间的美好与温情，也看到了诚信的价值和信任的力量。

——中工网"归还 23 年前的货款是一场信任与诚信的对话"

项目小结

本项目主要在理解采购概念、采购到付款业务流程、采购物资分类管理等内容的基础上，基于目前案例企业采购管理现状和困境，帮助企业通过建立财务共享服务中心，重新设计采购付款流程，在 NC Cloud 平台进行工作流配置，对流程进行协同测试，学生分角色完成采购订单维护、订货入库、应付挂账、应付付款等案例企业采购付款工作。

在对案例企业进行采购付款流程设计和运行过程中应注意集团统管采购（原燃料采购）与子公司自主采购（备品备件采购）的区别。

思维导图

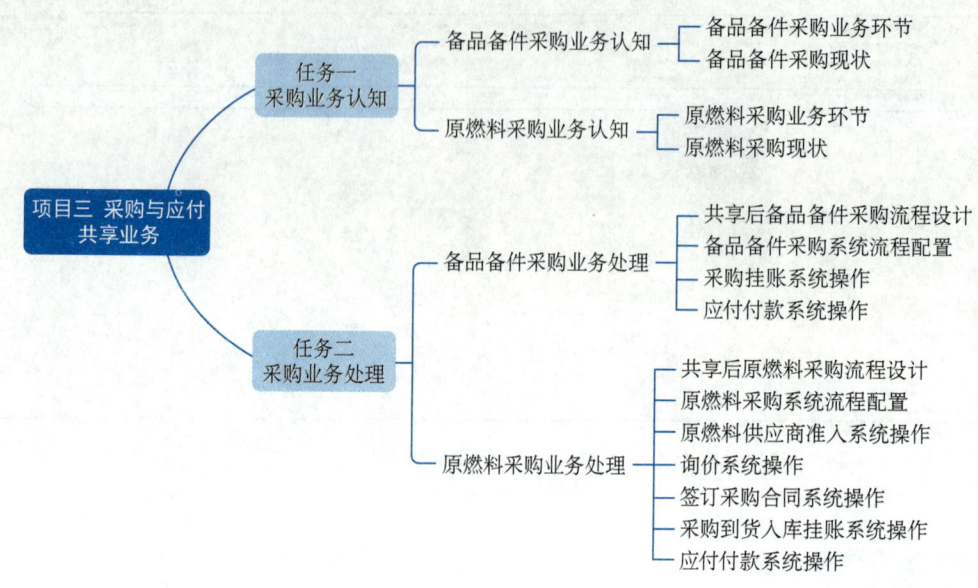

项目四 销售与应收共享业务

学习目标

知识目标

1. 掌握生产制造企业产成品销售到收款业务的典型流程
2. 熟悉电子发票的概念
3. 理解销售到收款业务的概念和各种业务场景

技能目标

1. 能够在财务共享信息系统中完成销售发票信息登记工作
2. 能够在财务共享信息系统中完成销售到收款流程中业务单据的审核工作并生成记账凭证
3. 能够绘制企业实施财务共享模式后的销售到收款业务流程图
4. 能够初步在财务共享信息系统中配置共享后的销售到收款流程

素质目标

1. 树立爱岗敬业、忠于职守的敬业精神
2. 遵守财税法规及会计监督管理制度
3. 遵守企业销售业务流程、财务主动服务业务的职业操守

任务一 销售业务认知

销售业务是指企业出售商品（或提供劳务）及收取款项等相关活动。企业生存、发展、壮大的过程，在相当程度上就是不断加大销售力度、拓宽销售渠道、扩大市场占有的过程。生产企业的产品或流通企业的商品如不能实现销售的稳定增长，售出的货款如不能足额收回或不能及时收回，必将导致企业持续经营受阻、难以为继。

从企业销售的标的物形态，可以分为有形标的物（产品）销售和无形标的物（劳务或

服务)销售。本书的案例企业是生产制造企业,销售标的物是有形的产品。

一、产成品销售业务认知

(一)产成品销售业务环节

工业企业典型的产成品销售业务环节,包括签订销售合同、销售订单、制订生产计划、发货、销售出库、销售开票、应收记账、应收账款收款、应收账款核销等。

(1)签订销售合同。如果工业企业是其客户的重要供应商,或者所销售的产品数量多、价值高等,双方可能需要签订购销合同。

(2)下达销售订单。客户企业往往根据自身所采用的订货模型,确定不同的再订货点和订货数量。当到达再订货点时,由客户企业的采购部门向工业企业下达订货订单(从工业企业的角度看属于销售订单)。销售订单是工业企业与其客户之间结算的重要依据。

(3)制订生产计划。如果工业企业的库存不足,还需要安排生产计划进行产品生产。

(4)发货。工业企业备足存货后,销售部门会根据销售订单的要求按时、按质、按量下达发货指令。

(5)销售出库。产品仓库根据销售部门的发货指令,办理销售出库。

(6)销售开票。当满足销售合同或销售订单所约定的收款条件后,工业企业销售部门会通知财务部门开具销售发票并交付给客户企业的采购人员。

(7)应收记账。工业企业财务部门开具销售发票后,根据发票信息进行应收挂账、确认应收账款。

(8)应收账款收款。财务部门收到客户企业支付的销售货款(如收到银行入账通知单或网银回单)后,进行应收账款收款记账。

(9)应收账款核销。财务部门根据应收账款收款记录,核销对应客户的应收账款记录。

(二)产成品销售现状

1. 共享前典型痛点

产成品销售到收款业务,往往是企业的核心业务。在集团企业实现产成品销售到收款端到端流程共享前,典型的痛点有:

(1)不同的业务单元,产成品销售业务流程虽基本一致,但业务关键控制点会有不同。

(2)客户档案和销售业务未在集团层面统一管理,不同业务单元的销售价格多样化,对不同类型的客户,甚至是同一家客户,不同的业务单元在产成品销售及客户信用管理的审批、执行及监管方面不能便捷、集中管理。

(3)产成品销售到收款流程中手工工作量大,较易出现错误(如客户信用余额计算、客户返利计算等)。

(4)各业务单元的工厂布局、生产硬件不同,销售发货流程无固定形式,流程中所涉及的业务单据格式不同、流转过程不统一,不便于标准化和精细化管理。

(5)销售统计报表以手工统计为主,工作量大,且报表的及时性较差。

思政园地

以需求为导向,华为智能手机在老挝的改变

华为智能手机在老挝的在售品牌主要细分为 Mate 系列、P 系列、Gold 系列、Youth 系列,每个系列都是面向不同消费档次的消费用户。华为根据不同客户的需求进行产品的定位,从而以多样化产品实现市场的抢占。例如,华为公司推出的 Mate 系列、P 系列产品主要针对中高端客户群体,Gold 系列、Youth 系列则主要针对中低端客户群体,通过全面化的产品覆盖来抢占智能手机市场。由于老挝地处热带,且国内经济较为落后,对拍照光线及信号等有强烈需求,华为智能手机均有针对性地作出调整,在老挝投放的产品均满足以上需求。

2. 共享前产成品销售流程

共享前产成品销售流程,如图 4-1 所示。

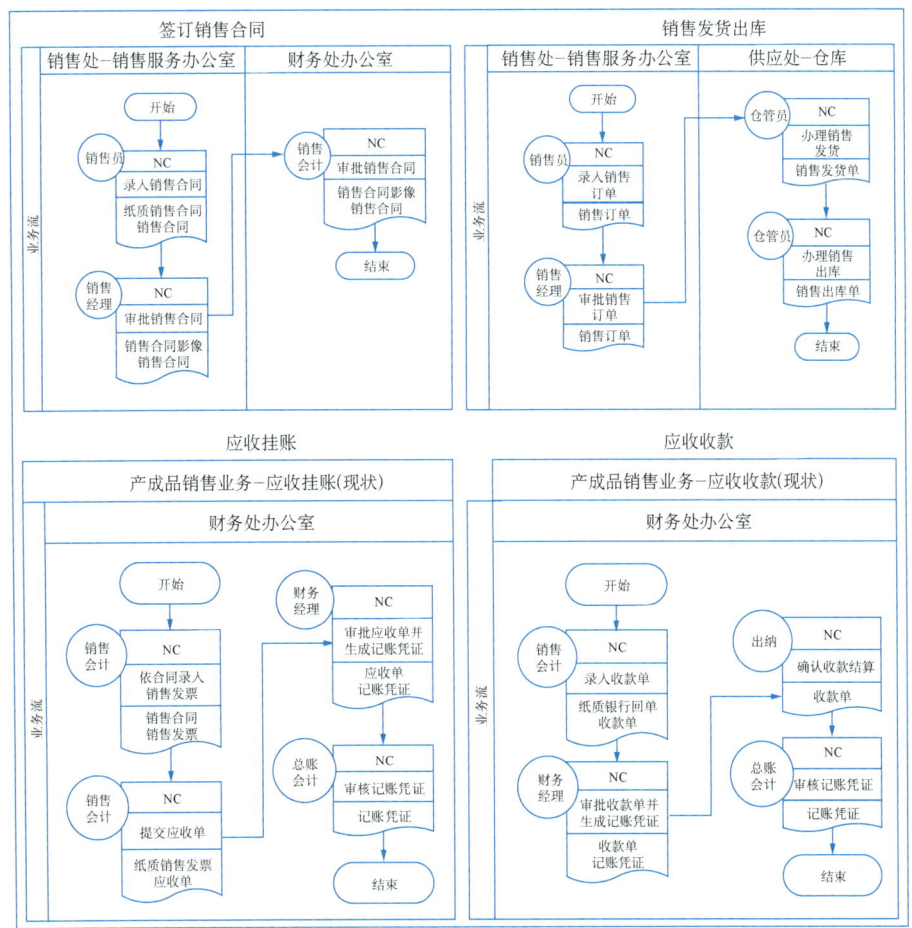

图 4-1 共享前产成品销售流程

二、其他商品销售业务认知

(一)其他商品销售业务环节

其他商品,是指企业除了产成品的商品,如原材料等。其他商品销售业务在共享前需要经过以下七个步骤,如图4-2所示。

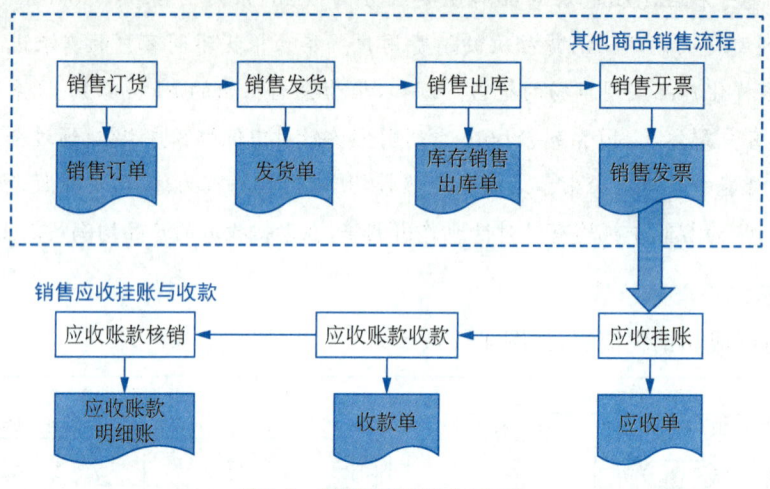

图4-2 其他商品销售业务环节

(1)销售订货。客户发出采购订货请求、企业在系统中录入采购并审批订单。

(2)销售发货。销售部门会根据销售订单的要求按时、按质、按量向仓库发出发货指令。

(3)销售出库。仓库根据销售部门的发货指令,办理销售出库。

(4)销售开票。满足收款条件后,销售部门通知财务部门开具销售发票并交付给客户企业的采购人员。

(5)应收挂账。依据双方商定的收款条件,销售部门向财务部门申请开具销售发票财务部门确认对客户的应收账款。

(6)应收账款收款。收到客户的款项后,在信息系统中确认收款记录。

(7)应收账款核销。匹配收款记录和应收账款记录,进行应收账款核销。

(二)其他商品销售现状

1. 共享前典型痛点

(1)销售业务流程基本一致,业务关键控制点略有不同。

(2)销售价格多样化,审批、执行及监管不便捷。

(3)手工工作量大,较易出现错误(如客户账户余额计算、返利计算等)。

(4)工厂布局、硬件不同,发货流程无固定形式、单据格式不同、流转不统一,不便于统一化和精细化管理。

（5）统计报表以手工为主，工作量大，及时性较差。

2. 共享前其他商品销售流程

共享前其他商品销售流程，如图4-3所示。

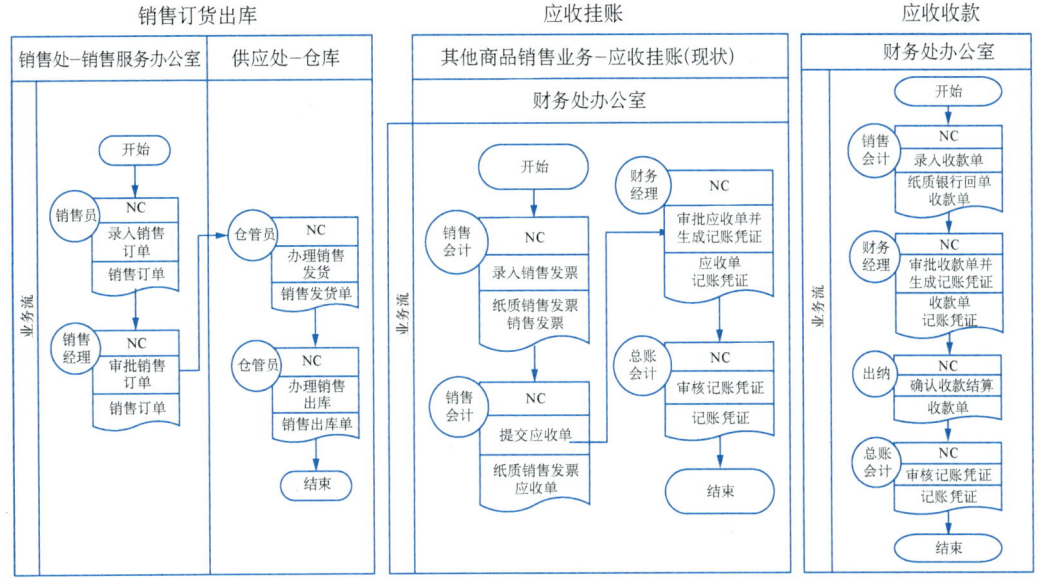

图4-3 共享前其他商品销售流程

任务二 销售业务处理

一、产成品销售业务处理

【工作任务概述】

本任务主要是在需求假设的基础上，完成产成品销售共享后的流程设计，使用Microsoft Visio工具绘制案例企业实施财务共享模式后的产成品销售流程图，在NC Cloud平台中进行工作流配置，学生扮演不同角色，对流程进行协同测试，测试工作流是否能执行，并完成案例企业产成品销售业务处理。

【工作指导手册】

(一) 共享后产成品销售流程设计

【业务内容】

鸿途集团建立财务共享服务中心后,业务单元只保留财务经理岗和业务财务岗。集团共享前的产成品销售流程如图4-3所示,共享后由财务共享服务中心处理的业务单据如表4-1所示。要求:设计并使用Microsoft Visio绘制共享后的鸿途集团产成品销售流程。

【操作指导】

1. 构建产成品销售共享需求假设

(1) 建立财务共享服务中心后,尽量保持现状业务流程的稳定性:①根据传递到财务共享服务中心的业务单据,确定流程中业务单位与财务共享服务中心的边界,该业务单据都需要经过财务共享服务中心的审核或初审。②财务共享服务中心接收业务单据所随附的原始凭证,均由制单人在制单后立即扫描上传;此后需要审核该业务单据的环节,均同时审核该业务单据的原始单据影像。③保留在业务单位的工作,流程和职责不变,但原业务单位财务部的工作除财务经理职责外均由业务财务承担。

(2) 案例企业鸿途集团尚未实现银企直联,以普通企业网银方式查询收款情况。

(3) 案例企业鸿途集团最终选择的是单共享中心模式。

2. 明确共享后流程设计依据

鸿途集团建立财务共享服务中心后,基本核算工作从原业务单元财务部的工作中剥离,业务单元一般只保留财务经理岗和业务财务岗。销售合同的审批,由财务共享服务中心的档案综合岗负责;共享前属于普通财务人员审核的职责,若共享后划归财务共享服务中心,则业务单元财务人员无须再审核;共享前属于财务经理审核的职责,共享后改由业务单元业务财务审核,但业务财务发起的流程仍需财务经理审批。产成品销售业务共享的业务单据,如表4-1所示。

表4-1 产成品销售业务共享的业务单据

序号	名称	是否进FSSC	是否属于作业组工作	流程设计工具
1	销售合同	Y	N	审批流
2	销售订单	Y	N	审批流
3	应收单	Y	Y	工作流
4	收款单	Y	Y	工作流

【参考设计结果】

签订销售合同、销售发货出库、应收挂账、应收收款共享后的流程,如图4-4所示,可能有多种设计结果,只要能够符合财务共享服务中心的岗位职责设计及共享需求即可。

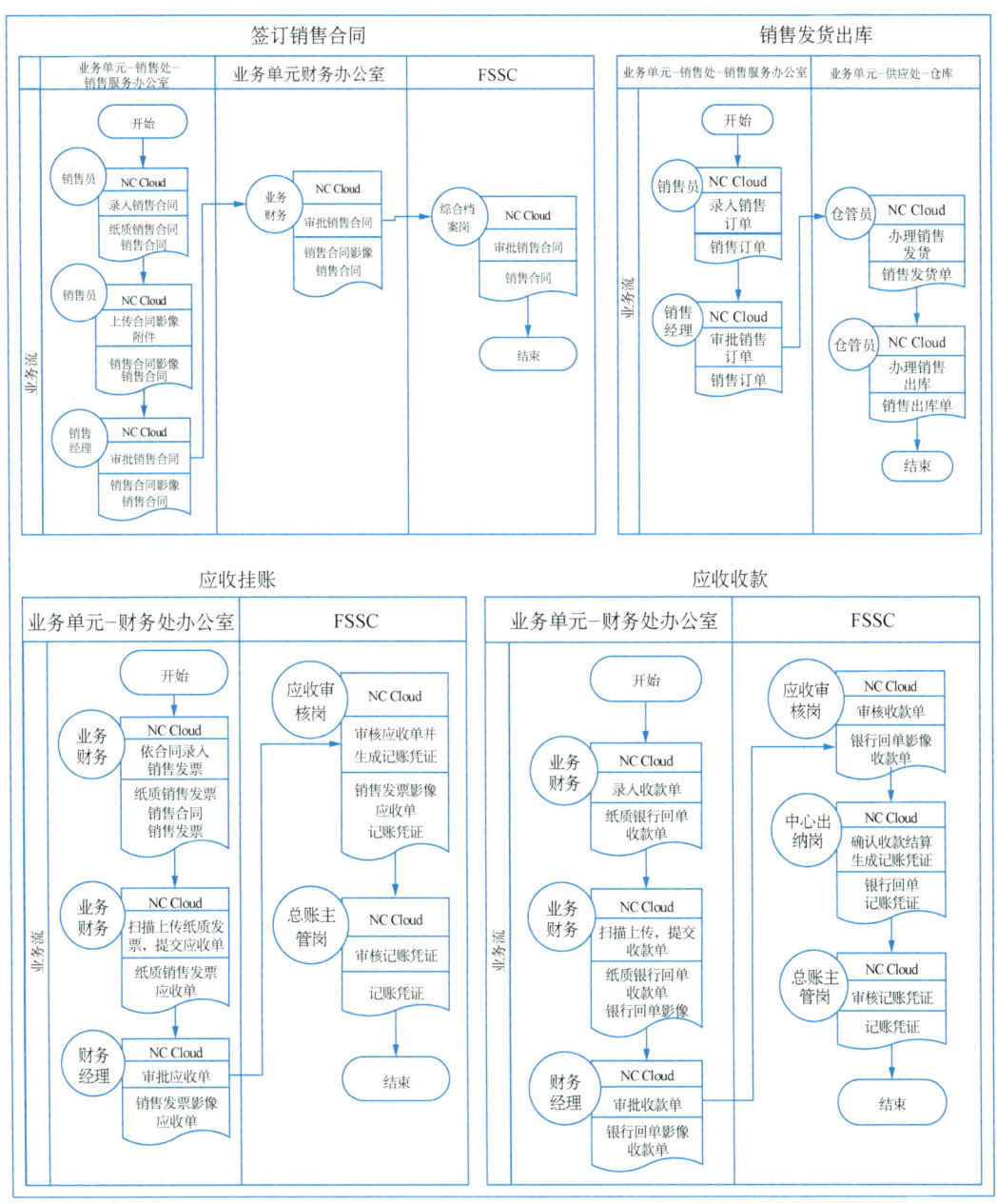

图 4-4 共享后产成品销售流程

(二)产成品销售流程配置

【业务内容】

2023年3月1日,鸿途水泥与天海集团总公司签署了销售合同,合同有效期为1年。2023年3月5日,鸿途水泥与天海集团总公司签订一笔销售订单并录入系统,销售订单审批通过后,办理出库;3月6日开具发票,完成应收挂账流程;3月31日,收到客户打款30万元。

【操作指导】

1. 销售合同流程配置

系统管理员角色上岗，单击"开始任务"进入 NC Cloud 平台，修改时间日期，单击"审批流定义-集团"，如图 4-5 所示；点击"合同管理"—"销售合同"，点击"启用"启用查询到的销售合同审批流，如图 4-6 所示。

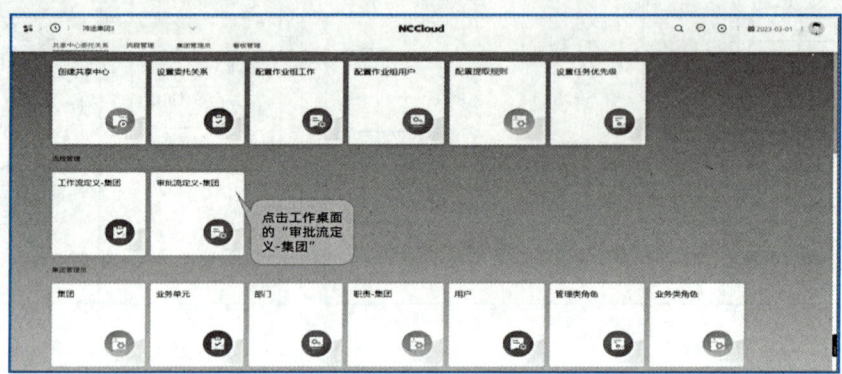

图 4-5 "共享中心委托关系"主界面

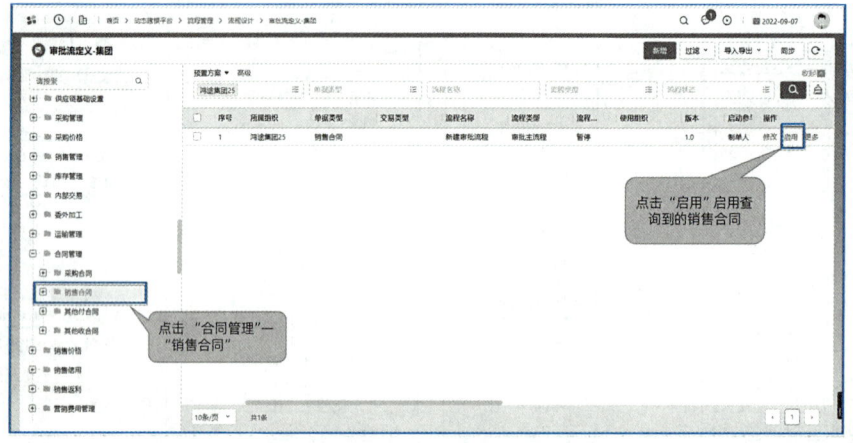

图 4-6 启用销售合同审批流

2. 销售订单流程配置

系统管理员角色单击"销售管理"—"销售订单"，选中查询到的销售订单，单击"启用"，如图 4-7 所示。

3. 应收单流程配置

系统管理员角色返回"共享中心委托关系"主界面，单击"工作流定义-集团"—"应收管理"—"应收单"，选中查询到的应收单，单击"启用"，如图 4-8 所示。

4. 收款单流程配置

系统管理员角色单击"应收管理"—"收款单"，选中查询到的收款单，单击"启用"，如图 4-9 所示。

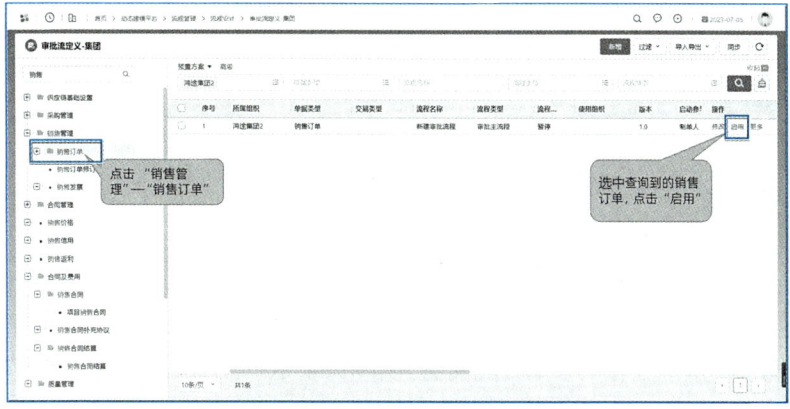

图 4-7　启用销售订单审批流

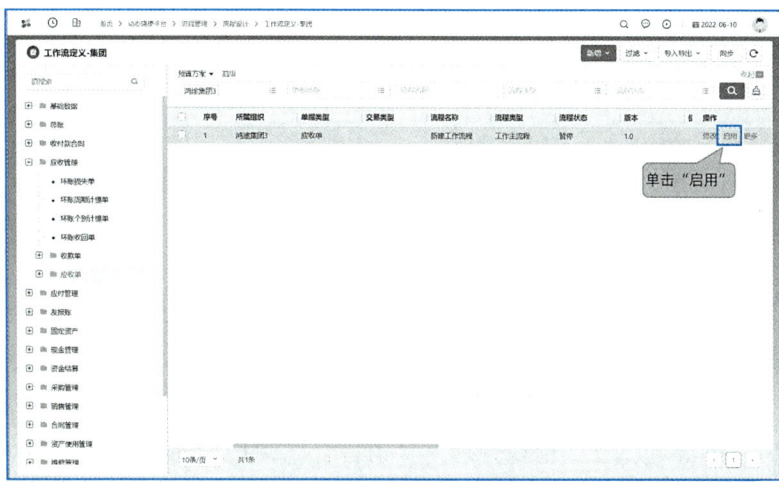

图 4-8　启用应收单工作流

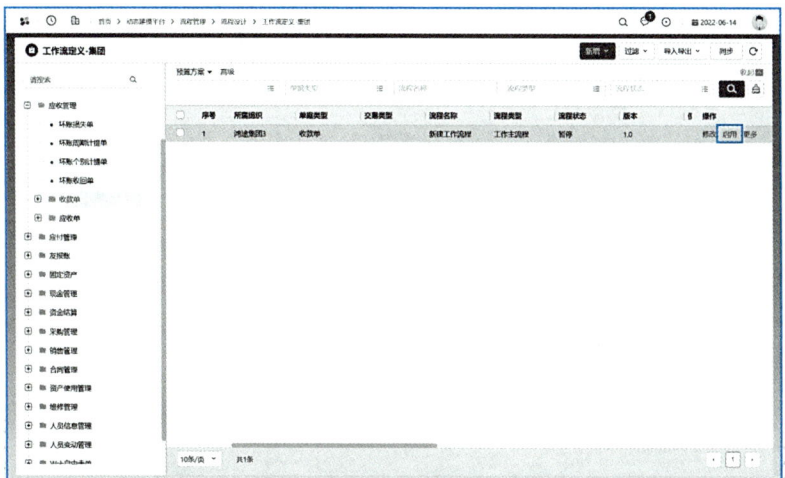

图 4-9　启用收款单工作流

(三)签订销售合同系统操作

【业务内容】

2023年3月1日,鸿途水泥与天海集团总公司签署销售合同(合同编码:SC20230182),签约信息如下(详细信息参见纸质合同):

合同甲方:天海集团总公司

合同乙方:鸿途集团水泥有限公司

乙方为甲方提供通用水泥产品,供应天海集团的袋装 PC 42.5 水泥价格为300元/吨(含增值税),月供应数量为1 000吨左右,实际数量依据每月的要货申请。

发票随货,并于当月底完成收款结算。

此合同有效期2023年3月1日至2023年12月31日。

【签订销售合同流程】

签订销售合同流程,如图4-10所示。

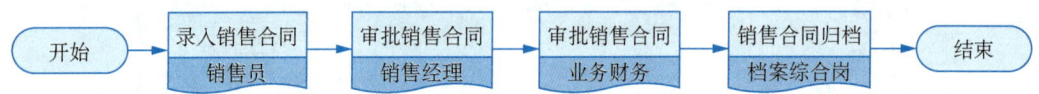

图4-10 签订销售合同流程

操作视频

【操作指导】

1. 销售员录入销售合同

销售员角色上岗,单击"开始任务"进入 NC Cloud 平台,修改右上角业务日期为"2023-03-01",单击"供应链-销售管理"—"销售合同维护",如图4-11所示。单击"新增"—"自制",填写"销售组织""合同编码""销售合同""合同类型""计划生效日期""计划终止日期""客户"等信息,表体行填写相关"物料编码""数量""含税单价"等信息,检查录入信息,单击"保存",如图4-12所示。单击"影像扫描",上传影像附件,将对应的纸质原始单据用高拍仪进行扫描,扫描后单击"扫描",全部扫描完成之后单击"上传",如

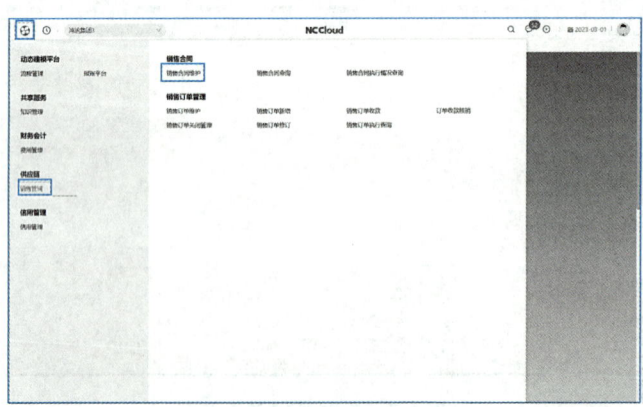

图4-11 销售合同维护

图 4-13 所示。影像扫描完成后单击"保存",单击"提交"提交单据。

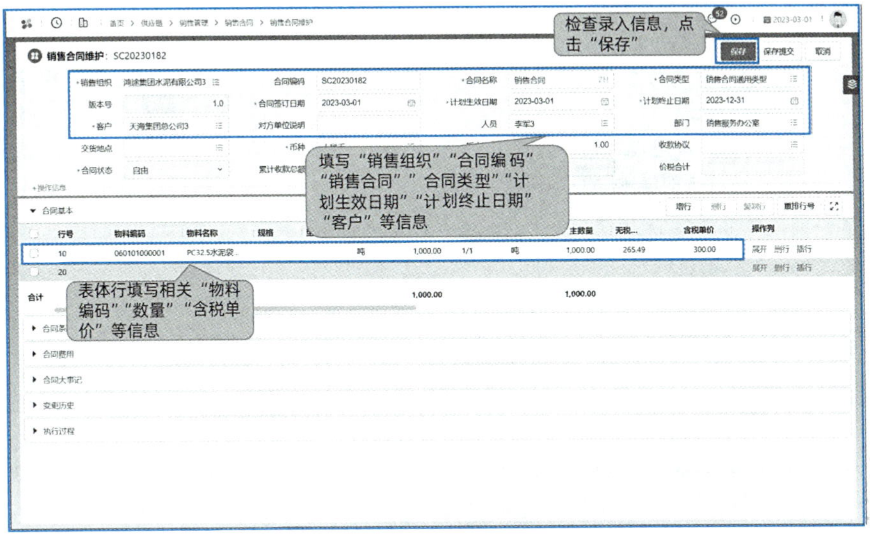

图 4-12 合同信息录入

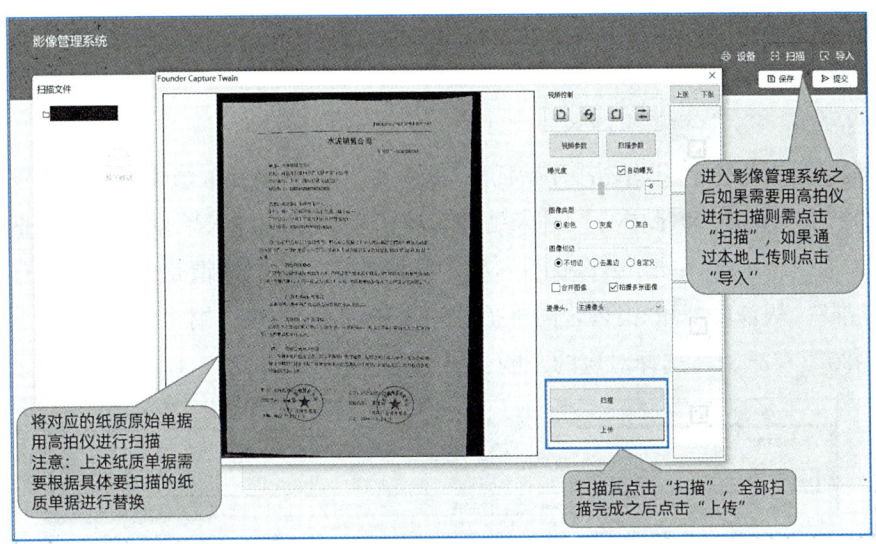

图 4-13 影像扫描

2. 销售经理审批销售合同

销售经理角色上岗,单击"开始任务"进入 NC Cloud 平台,修改右上角业务日期为"2023-03-01",单击"审批中心"—"未处理",单击单据信息进入单据详情界面查看单据信息及影像是否正确,如图 4-14 所示;单击"影像查看",核对影像信息与单据详情是否正确,检查无误后单击"批准"。

3. 业务财务审批销售合同

业务财务角色上岗,单击"开始任务"进入 NC Cloud 平台,修改右上角业务日期为

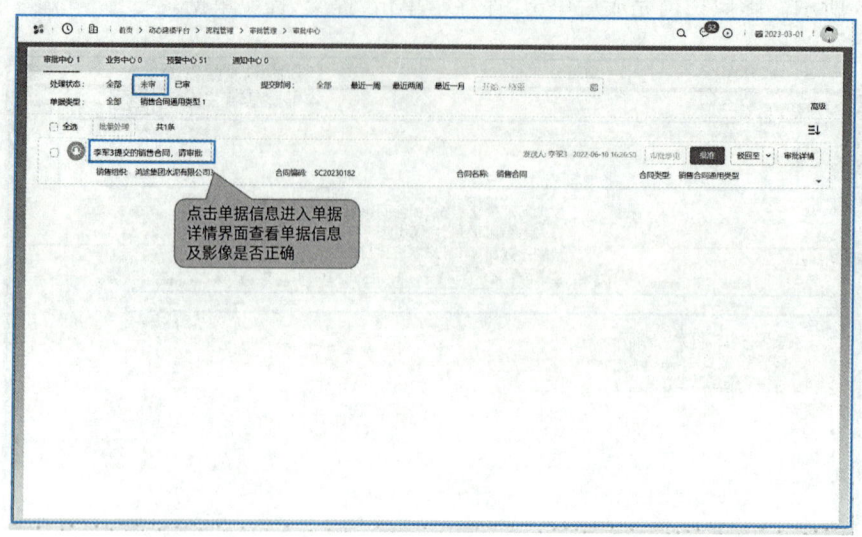

图 4-14 审批销售合同

"2023-03-01",单击"审批中心"—"未处理",单击单据信息进入单据详情界面查看单据信息及影像是否正确,单击"影像查看",核对影像信息与单据详情是否正确,检查无误后单击"批准"。

4. 档案综合岗销售合同归档

档案综合岗角色上岗,单击"开始任务"进入 NC Cloud 平台,修改右上角业务日期为"2023-03-01",单击"审批中心"—"未处理",单击单据信息进入单据详情界面查看单据信息及影像是否正确,单击"影像查看",核对影像信息与单据详情是否正确,检查无误后单击"批准"。从首页打开"销售合同维护",输入查询条件,选择财务组织,日期为"2023-03-01~2023-03-31",选择对应的采购合同,单击"生效",如图 4-15 所示。

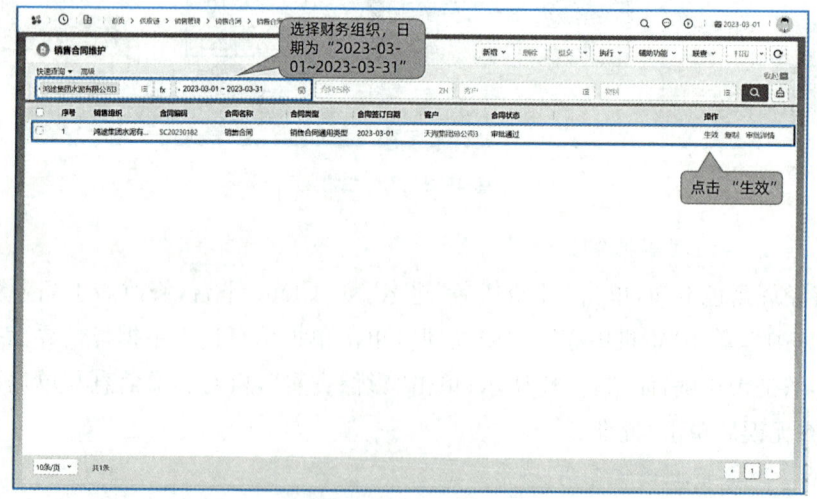

图 4-15 合同归档

(四) 销售发货出库系统操作

【业务内容】

承接上述业务,2023年3月5日,鸿途水泥与天海集团总公司签订一笔销售订单并录入系统。相关信息,如表4-2所示。

表4-2 销售订单信息

项目名称	需求数量	单价	客户
PC 42.5 水泥	1 000 吨	300 元	天海集团总公司

销售订单审批通过后,2023年3月6日,办理"PC 42.5水泥"出库,并通过公路运输发货。

【销售发货出库流程】

销售发货出库流程,如图4-16所示。

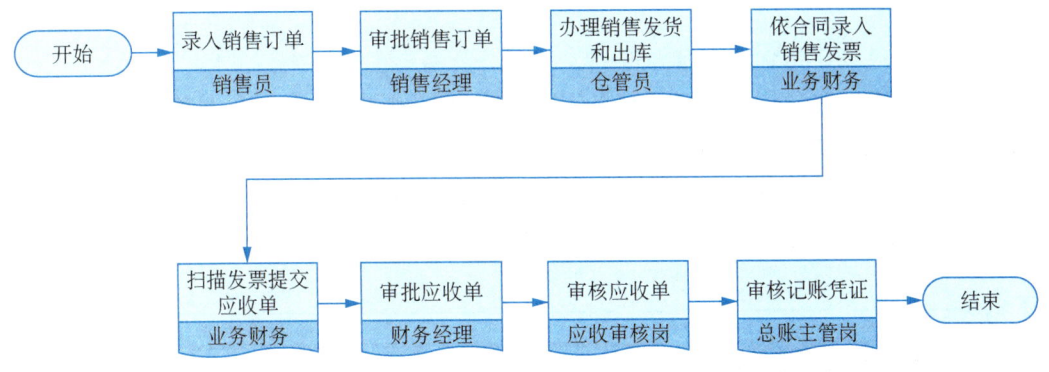

图 4-16 销售发货出库流程

【操作指导】

1. 销售员录入销售订单

销售员角色上岗,单击"开始任务"进入NC Cloud平台,修改右上角业务日期为"2023-03-05",单击"销售订单维护"—"新增"—"销售合同生成订单",搜索查询销售合同,选择"财务组织",日期为"2023-03-01~2023-03-31",选择查询到的销售合同,单击"生成销售订单",如图4-17所示,单击"保存提交"。

2. 销售经理审批销售订单

销售经理角色上岗,单击"开始任务"进入NC Cloud平台,修改右上角业务日期为"2023-03-05",单击"审批中心"—"未处理",单击单据信息进入单据详情界面查看单据信息及影像是否正确,单击"影像查看",核对影像信息与单据详情是否正确,检查无误后单击"批准"。

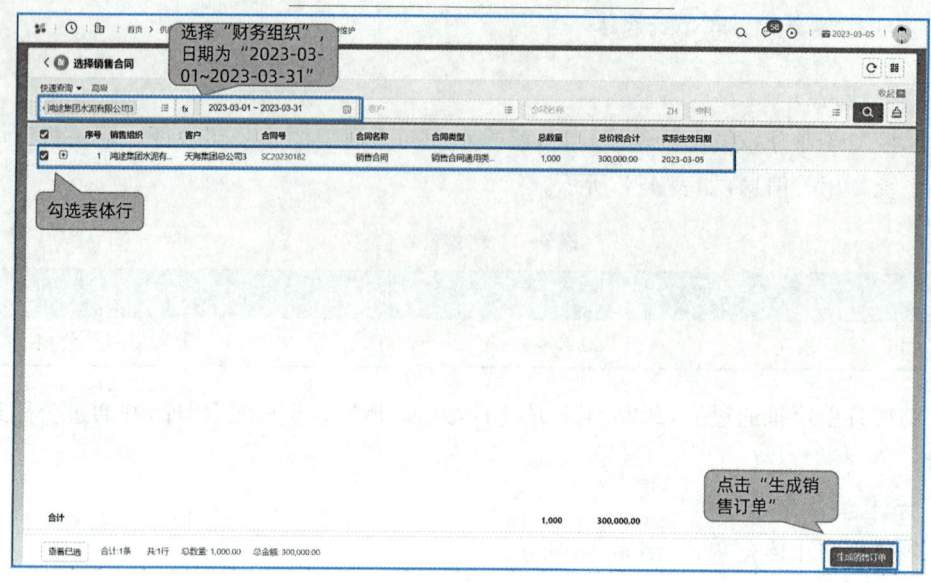

图 4-17 生成销售订单

操作视频

3. 仓管员办理销售发货和出库

仓管员角色上岗,单击"开始任务"进入 NC Cloud 平台,修改右上角业务日期,单击"发货订单维护",单击"发货",查询需发货的单据信息,搜索查询销售订单,选择财务组织,日期为"2023-03-01~2023-03-31",勾选相应销售订单,单击"生成发货单",如图 4-18 所示。运输方式选择"公路运输",单击"保存提交",如图 4-19 所示。

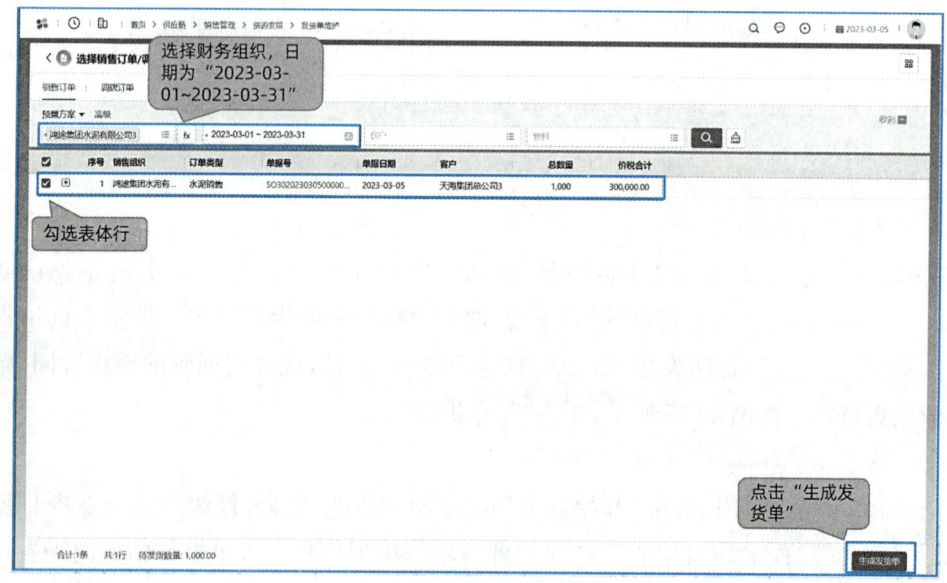

图 4-18 生成发货单

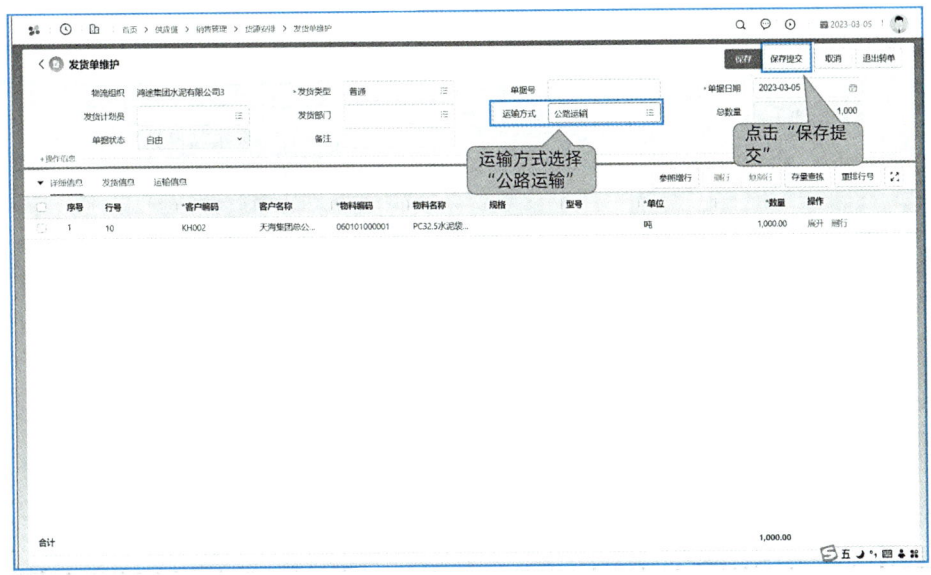

图 4-19　保存发货单

返回首页,选择"销售出库",单击"新增"—"销售业务出库",搜索查询发货单选择财务组织,日期为"2023-03-01~2023-03-31",选中相应发货单,单击"生成出库单",如图 4-20 所示。仓库选择"产成品库",出入库类型选择"普通销售出库",单击"自动取数","实发数量"与"出库日期"系统自动计算,单击"展开"可查看详细信息,单击"保存",单击"签字",如图 4-21 所示。

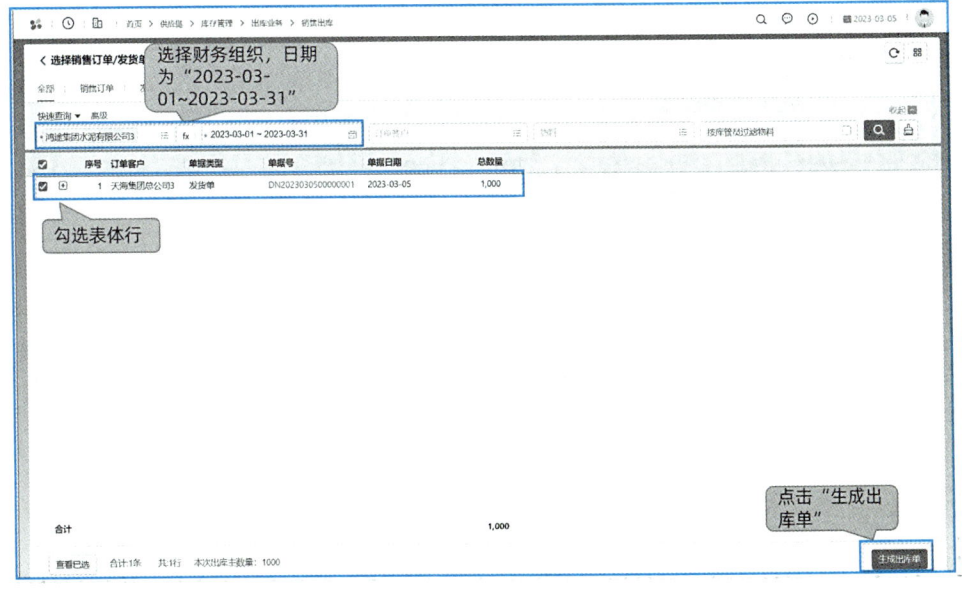

图 4-20　生成出库单

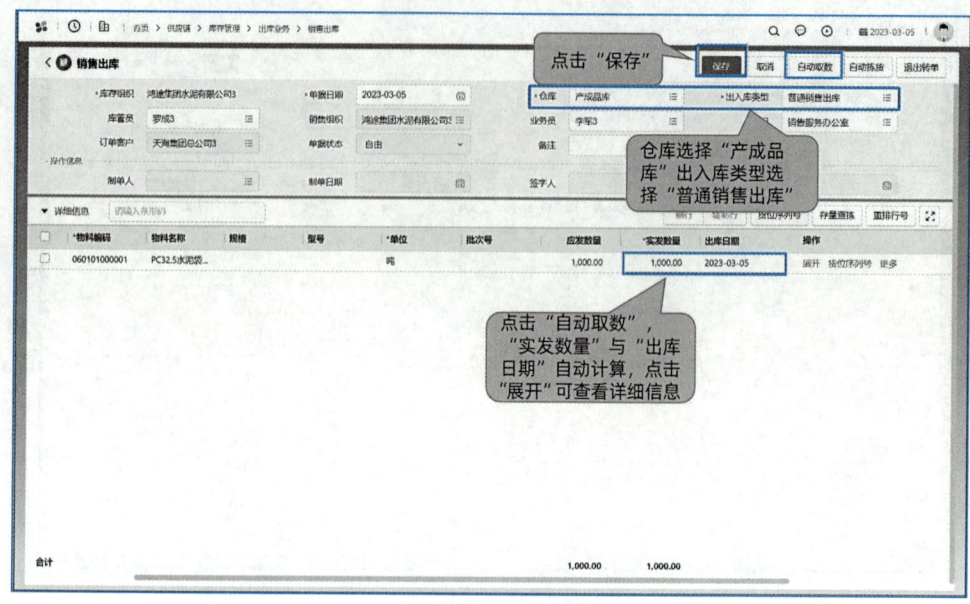

图 4-21 保存出库单

4. 业务财务依合同录入销售发票

业务财务角色上岗,单击"开始任务"进入 NC Cloud 平台,修改右上角业务日期为"2023-03-06",单击"销售发票维护",单击"销售开票",搜索查询出库单,选择财务组织,日期为"2023-03-01~2023-03-31",选中相应出库单,单击"生成销售发票",如图 4-22 所示。发票类型选择"增值税专用发票",单击"保存提交"。

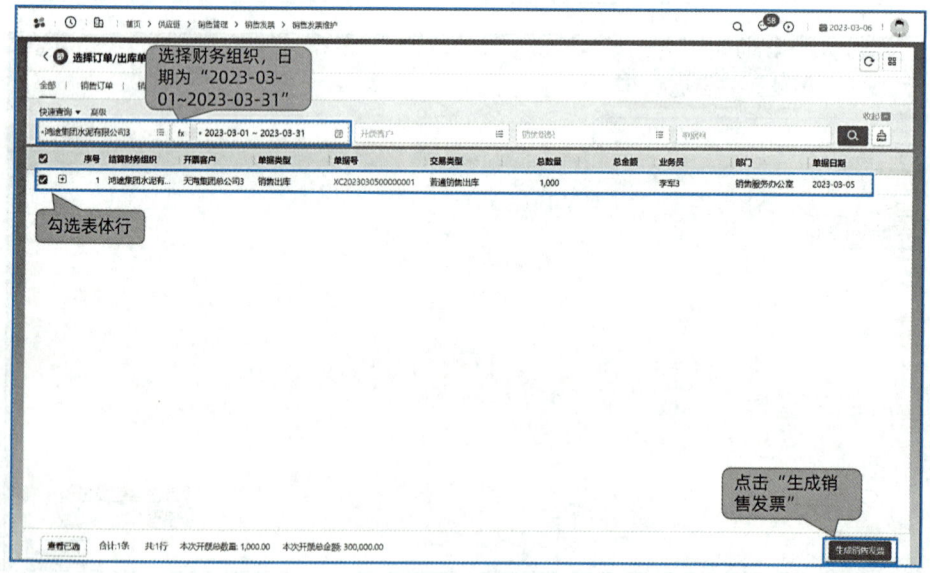

图 4-22 生成销售发票

5. 业务财务扫描发票提交应收单

业务财务角色返回首页，单击"应收单管理"，选择财务组织，日期为"2023-03-01～2023-03-31"，单击单据号进入单据界面详情，单击"更多"—"影像扫描"上传销售发票，如图 4-23 所示。将对应的纸质原始单据用高拍仪进行扫描，扫描后单击"扫描"，全部扫描完成之后单击"上传"，影像上传完毕后单击"保存"，单击"提交"提交应收单。

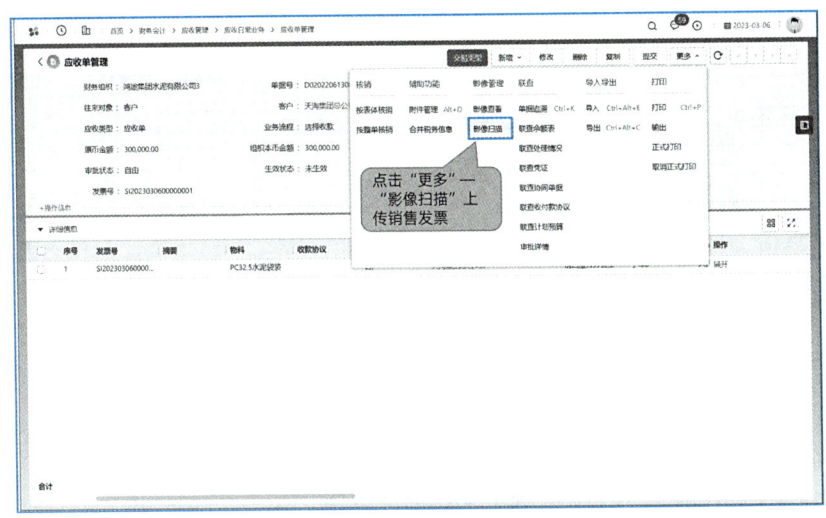

图 4-23　扫描销售发票

6. 财务经理审批应收单

财务经理角色上岗，单击"开始任务"进入 NC Cloud 平台，修改右上角业务日期，单击"审批中心"—"未处理"，单击应收单进入单据界面，如图 4-24 所示。单击"更多"—"影像查看"查看应收单发票信息，检查无误后，单击"财务经理角色＜批准＞"。

图 4-24　审批应收单

7. 应收审核岗审核应收单

应收审核岗角色上岗,单击"开始任务"进入 NC Cloud 平台,修改右上角业务日期,单击"我的作业"—"待提取",单击"任务提取",单击单据编号查看单据详情,如图 4-25 所示。单击"更多"—"影像扫描",检查无误后,单击"批准"。

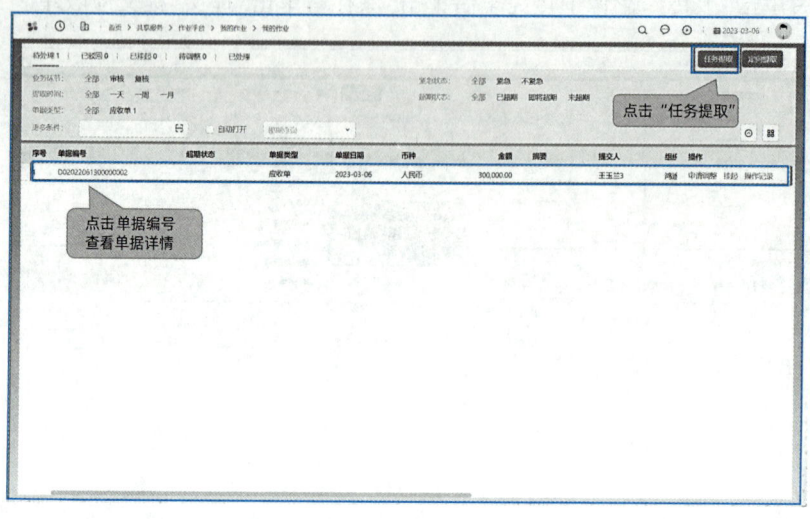

图 4-25　查看单据详情

8. 总账主管岗审核记账凭证

总账主管岗角色上岗,单击"开始任务"进入 NC Cloud 平台,修改右上角业务日期,单击"凭证管理"—"凭证审核",选择财务组织,日期为"2023-03-01～2023-03-31",选择"待审核",单击"查询",双击待审核凭证进入凭证详情界面,检查凭证无误后单击"审核"审核凭证,如图 4-26 所示。

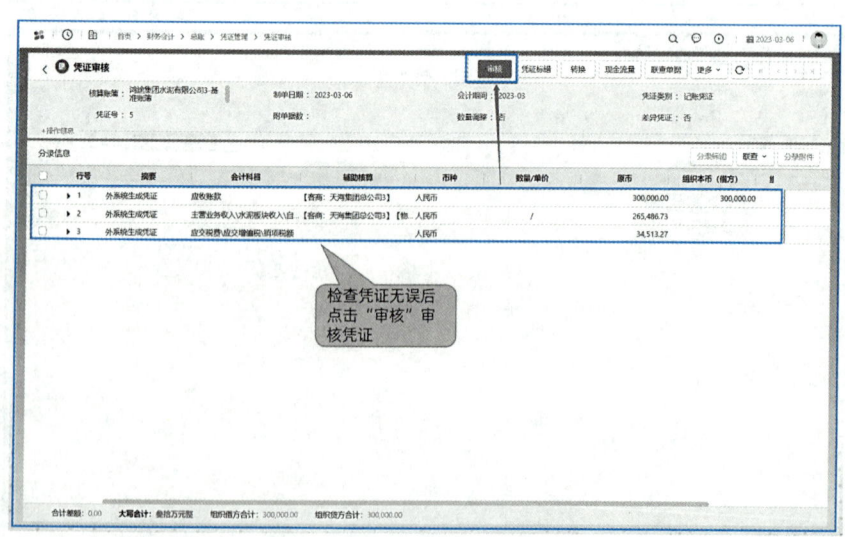

图 4-26　审核记账凭证

（五）应收收款系统操作

【业务内容】

承接上述业务，2023年3月31日，客户打款30万元。

操作视频

【操作指导】

1. 业务财务录入提交收款单

业务财务角色上岗，单击"开始任务"进入 NC Cloud 平台，系统登录日期修改为"2023-03-31"，单击"收款单管理"，单击"新增"—"应收单"，选择财务组织，日期为"2023-03-01～2023-03-31"，单击"查询"，勾选已查询的应收单，单击"生成下游单据"，如图4-27所示。

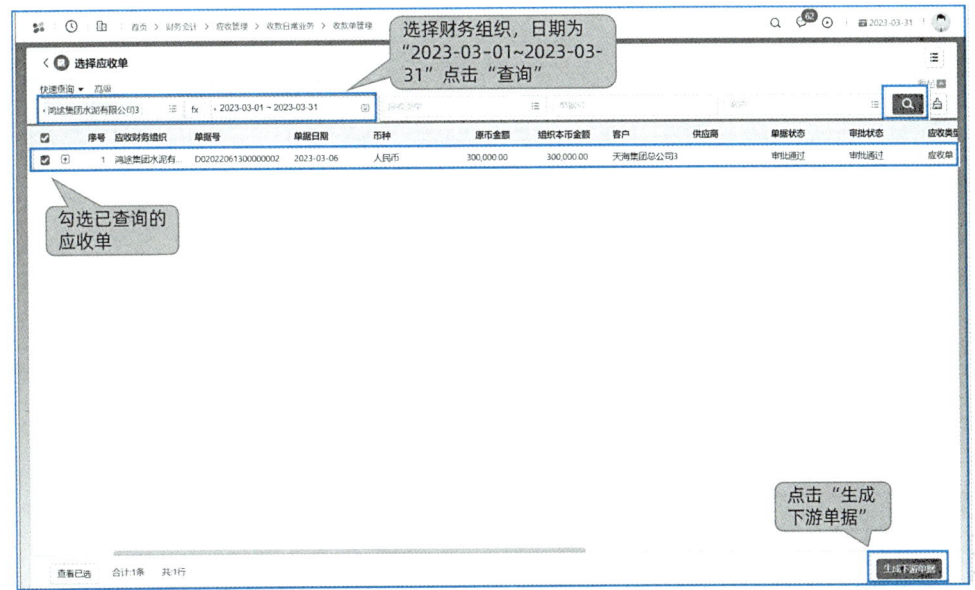

图4-27 生成收款单

补充结算方式、收款银行账户、付款银行账户信息，单击"保存"。单击"影像扫描"上传相关附件，将对应的纸质原始单据用高拍仪进行扫描，全部扫描完成之后单击"上传"，影像扫描完成后单击"保存"—"提交"，如图4-28所示。

2. 财务经理审批收款单

财务经理角色上岗，单击"开始任务"进入 NC Cloud 平台，修改右上角日期，单击"审批中心"—"未处理"，单击收款单进入单据界面详情，单击"影像查看"查看影像信息，检查无误后，单击"财务经理角色＜批准＞"。

3. 应收审核岗审核收款单

应收审核岗角色上岗，修改右上角日期，单击"我的作业"—"待提取"，单击"任务提取"，单击"单据编号"进入单据详情界面，单击"影像查看"查看影像信息，单据和影像检

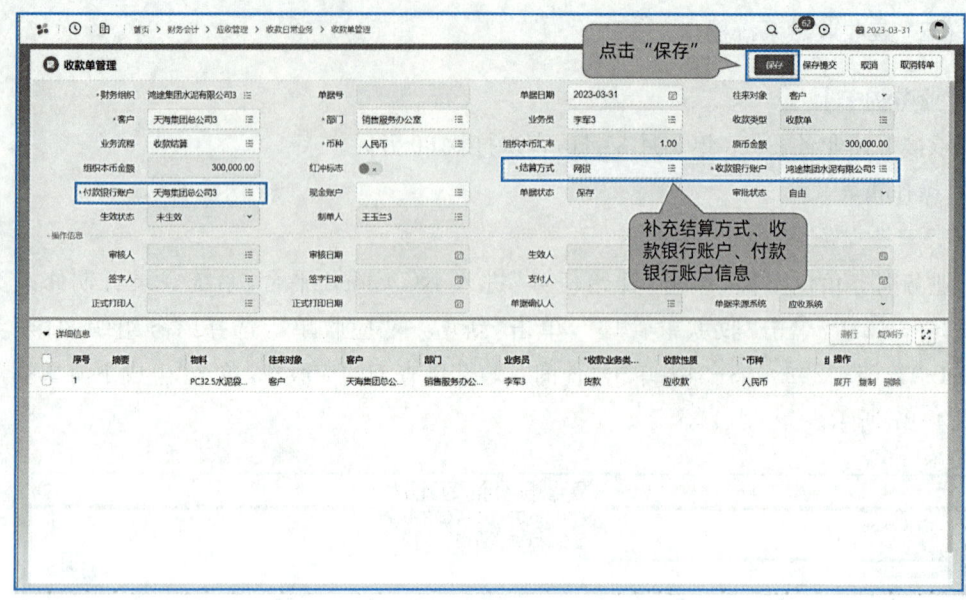

图 4-28 保存提交收款单

查无误后,单击"批准"。

4. 中心出纳岗确认收款结算

中心出纳岗角色上岗,单击"开始任务"进入 NC Cloud 平台,修改右上角日期,单击"结算处理"—"结算",选择财务组织和日期,搜索查询单据,单击业务单据编号进入单据界面,检查无误,单击"结算",如图 4-29 所示。

操作视频

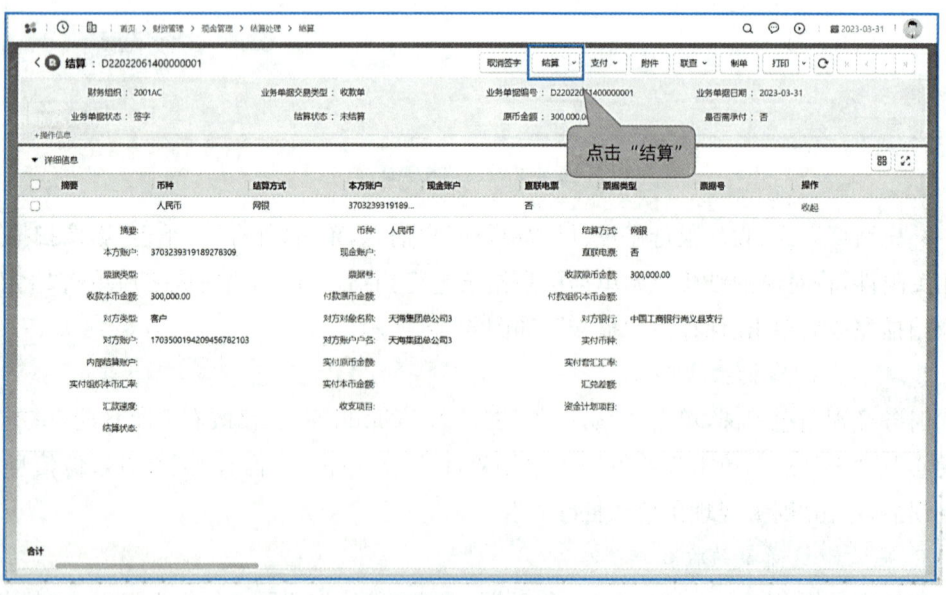

图 4-29 结算界面

5. 总账主管岗审核记账凭证

总账主管岗角色上岗,单击"开始任务"进入 NC Cloud 平台,修改右上角日期,单击"凭证审核",输入查询条件查找需要审核的记账凭证,检查凭证是否正确,如无误则单击"审核",如图 4-30 所示。

操作视频

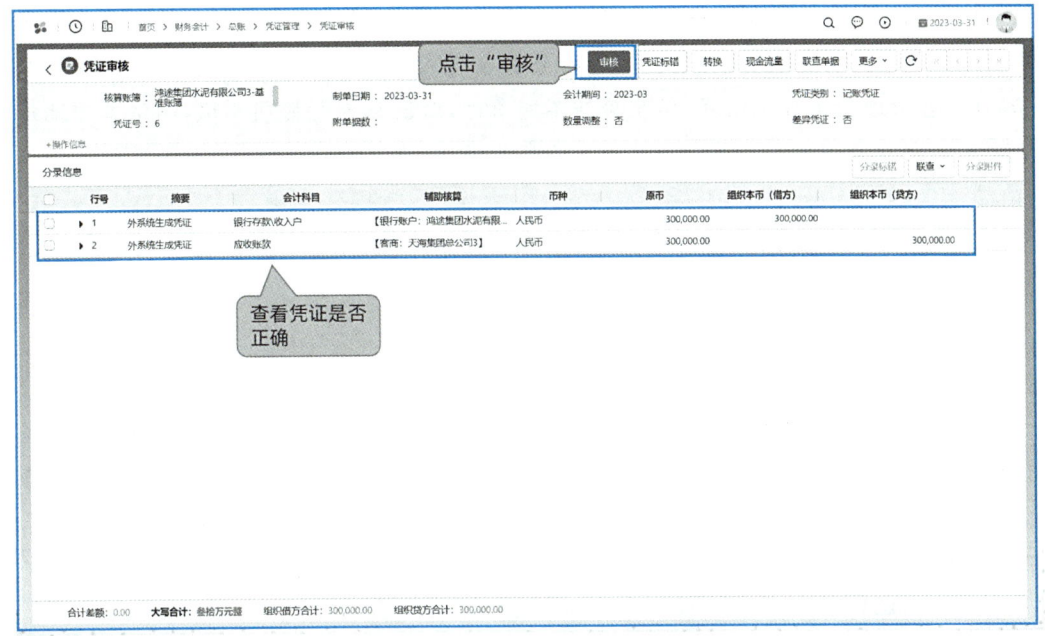

图 4-30 凭证审核界面

思政园地

诚信缺失,给四川长虹带来的巨额损失

上市公司四川长虹是 1988 年 6 月由国营长虹机器厂独家发起并控股成立的股份制试点企业,曾为中国彩电大王,是全国驰名商标企业。2001 年 7 月,四川长虹开始将彩电出口到美国 Apex 公司,截至 2003 年年底应收账款的期末余额高达 50.84 亿元,其中美国 Apex 公司拖欠金额为 38.29 亿元。2004 年 12 月,四川长虹发布了年度预亏提示性公告,承认受应收账款计提等影响,预计 2004 年度将出现较大亏损。2005 年 4 月,四川长虹披露的年报报出上市以来的首次亏损,其中,2004 年全年实现主营业务收入 115.38 亿元,同比下降 18.36%,全年亏损 36.81 亿元。2004 年 12 月,四川长虹向美国加利福尼亚州洛杉矶高等法院申请临时禁止令,要求禁止美国 Apex 公司转移资产及修改账目,美国 Apex 公司共欠四川长虹 4.72 亿美元货款,四川长虹自此开始了漫长的追讨历程。

二、其他商品销售业务处理

【工作任务概述】

本任务主要是在需求假设的基础上,完成其他商品销售共享后的流程设计,使用 Microsoft Visio 工具绘制案例企业实施财务共享模式后的其他商品销售流程图,在 NC Cloud 平台中进行工作流配置,学生扮演不同角色,对流程进行协同测试,测试工作流是否能执行,并完成案例企业其他商品销售业务处理。

【工作指导手册】

(一)共享后其他商品销售流程设计

【业务内容】

鸿途集团建立财务共享服务中心后,业务单元只保留财务经理岗和业务财务岗。集团在共享前的其他商品销售流程如图 4-3 所示,共享后由财务共享服务中心处理的业务单据如表 4-3 所示。要求:设计并使用 Microsoft Visio 绘制共享后的鸿途集团其他商品销售流程。

【操作指导】

1. 构建其他商品销售共享需求假设

(1)建立财务共享服务中心后,尽量保持现状业务流程的稳定性:①共享前属于普通财务人员审核的职责,若共享后划归财务共享服务中心,则业务单元财务人员无须再审核;共享前属于财务经理审核的职责,共享后改由业务单元业务财务审核,但业务财务发起的流程仍需财务经理审核。②财务共享服务中心接收业务单据随附的原始凭证,均由制单人在制单后立即扫描上传;此后需要审核该业务单据的环节,均同时审核该业务单据的原始单据影像。

(2)案例企业鸿途集团尚未实现银企直联,以普通企业网银方式查询收款情况。

(3)案例企业鸿途集团最终选择的是单共享中心模式。

2. 明确共享后流程设计依据

销售订货出库这个流程因为不涉及职责调整到财务共享服务中心的情况,不用重新设计。共享后其他商品销售应收账款收款的流程与产成品销售应收账款收款的流程完全相同(图 4-4);共享后其他商品销售流程中没有签订销售合同的环节,因此应收挂账流程与产成品销售流程中的应收挂账流程有差别,无法使用销售合同生成销售发票。其他商品销售业务共享的业务单据,如表 4-3 所示。

表 4-3 其他商品销售业务共享的业务单据

序号	名称	是否进 FSSC	是否属于作业组工作	流程设计工具
1	销售订单	Y	N	审批流
2	应收单	Y	Y	工作流
3	收款单	Y	Y	工作流

【参考设计结果】

其他商品应收挂账、应收收款共享后的流程,如图 4-31 所示,可能有多种设计结果,只要能够符合财务共享服务中心的岗位职责设计及共享需求即可。

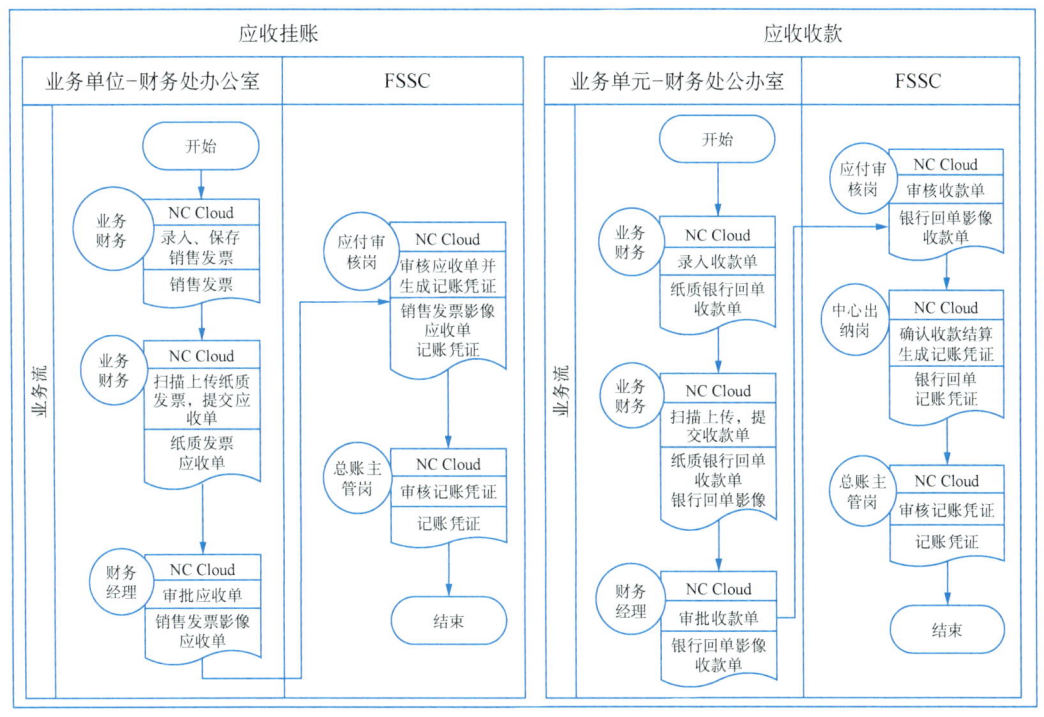

图 4-31 共享后其他商品销售流程

(二) 销售订货出库系统操作

【业务内容】

鸿途集团对天海中天精细化工有限公司基本情况、履约能力、合同管理、信用记录四个方面进行综合评估后由集团统一授信,授信额度为 100 万元,有效期 2023 年 3 月 1 日至 2023 年 12 月 31 日。2023 年 3 月 5 日,鸿途集团与天海中天精细化工有限公司签订一笔材料销售订单,信息如下:发货时间为 3 月 11 日,价格为 226 元/吨(含增值税),并生成销售发货单,出库时间是 3 月 11 日,从销售发票审核日期开始算起账期 10 天。发货信息,如表 4-4 所示。

表 4-4　发货信息

项目名称	需求数量	客户
天然石膏	1 000 吨	天海中天精细化工有限公司

2023 年 3 月 11 日,"天然石膏"发货出库。

【操作指导】

1. 销售员签订销售订单

销售员角色上岗,单击"开始任务"进入 NC Cloud 平台,修改系统登录日期为"2023-03-05",单击"销售订单维护",单击"新增"—"自制",根据具体业务填写表头的销售组织、订单类型、客户等信息,根据具体业务填写表体的物料名称、数量、含税单价等信息,单击"保存提交",如图 4-32 所示。

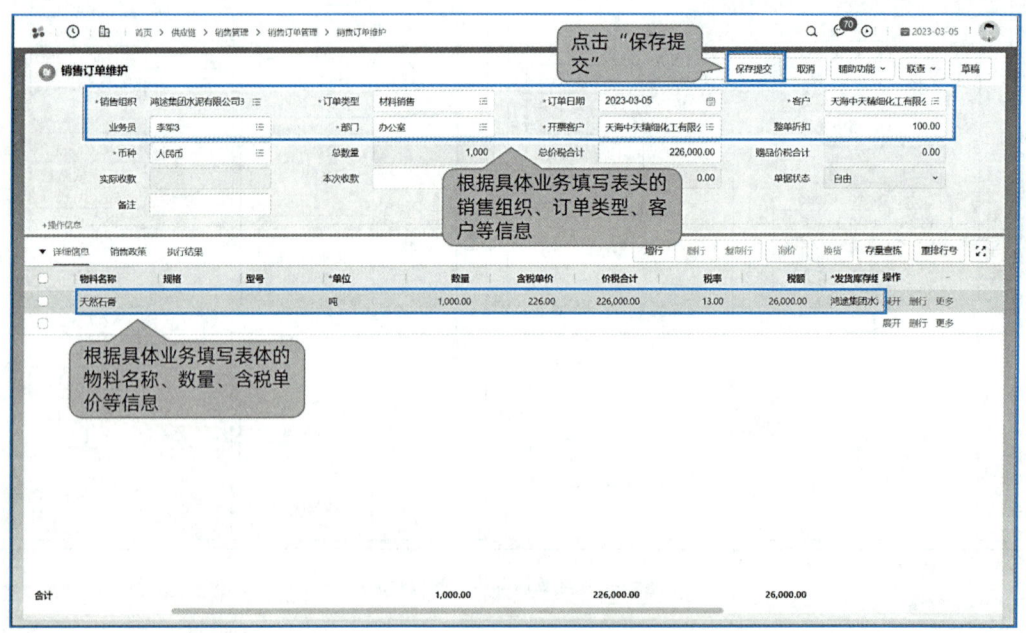

图 4-32　填写提交销售订单

2. 销售经理审批销售订单

销售经理角色上岗,单击"开始任务"进入 NC Cloud 平台,修改系统登录日期,单击"审批中心"—"未处理",单击待审批的销售订单进入单据详情界面,如图 4-33 所示;检查单据内容是否与业务相符,单击"批准"。

图 4-33　审批销售订单

3. 仓管员办理销售发货和出库

仓管员角色上岗，单击"开始任务"进入 NC Cloud 平台，修改系统登录日期，单击"发货单维护"，单击"发货"，搜索查询销售订单，选择财务组织，日期为"2023-03-01~2023-03-31"，勾选对应的销售订单，单击"生成发货单"，单击"保存提交"，如图 4-34 所示。

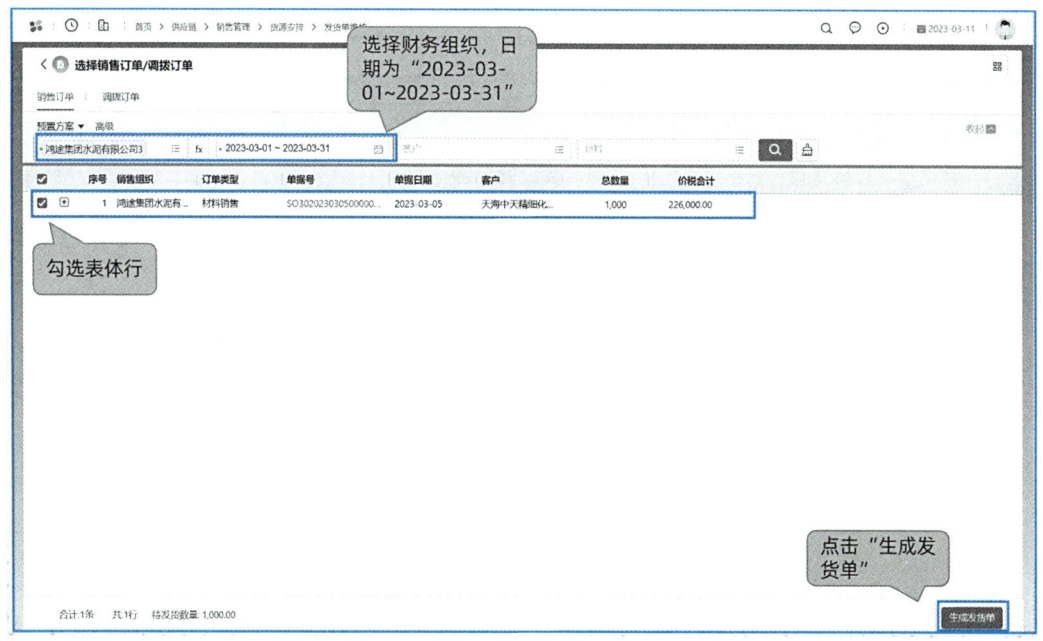

图 4-34　生成发货单

返回首页，选择"销售出库"，单击"新增"—"销售业务出库"，搜索查询发货单，选择财务组织，日期为"2023-03-01～2023-03-31"，选中相应发货单，单击"生成出库单"，如图4-35所示；补充仓库、出入库类型等信息，单击"自动取数"，"实发数量"与"出库日期"自动计算，单击"展开"可查看详细信息，如图4-36所示；单击"保存"，单击"签字"。

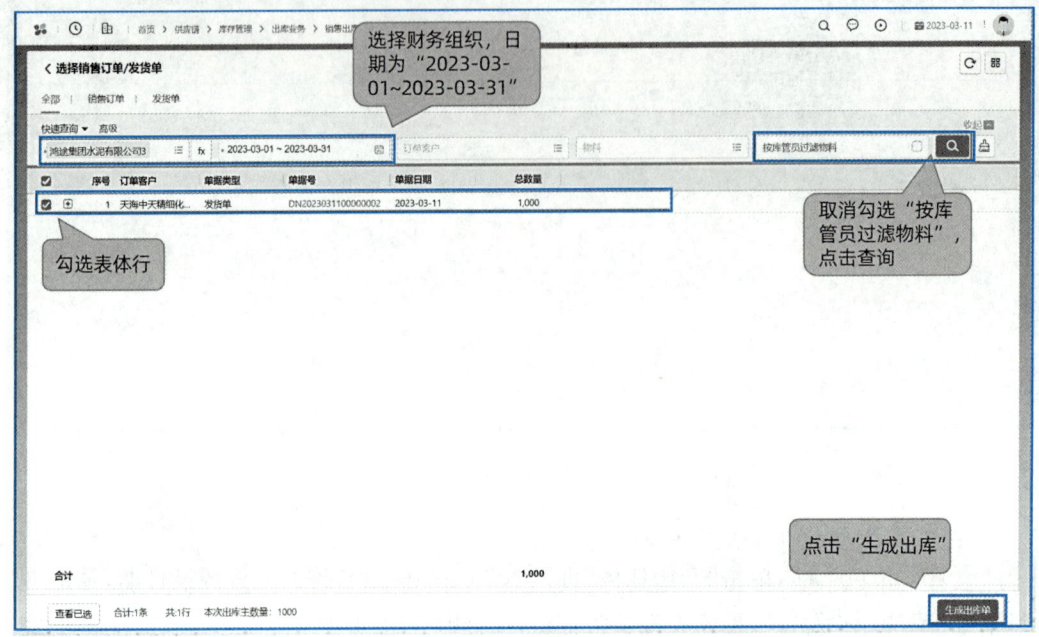

图4-35　生成出库单

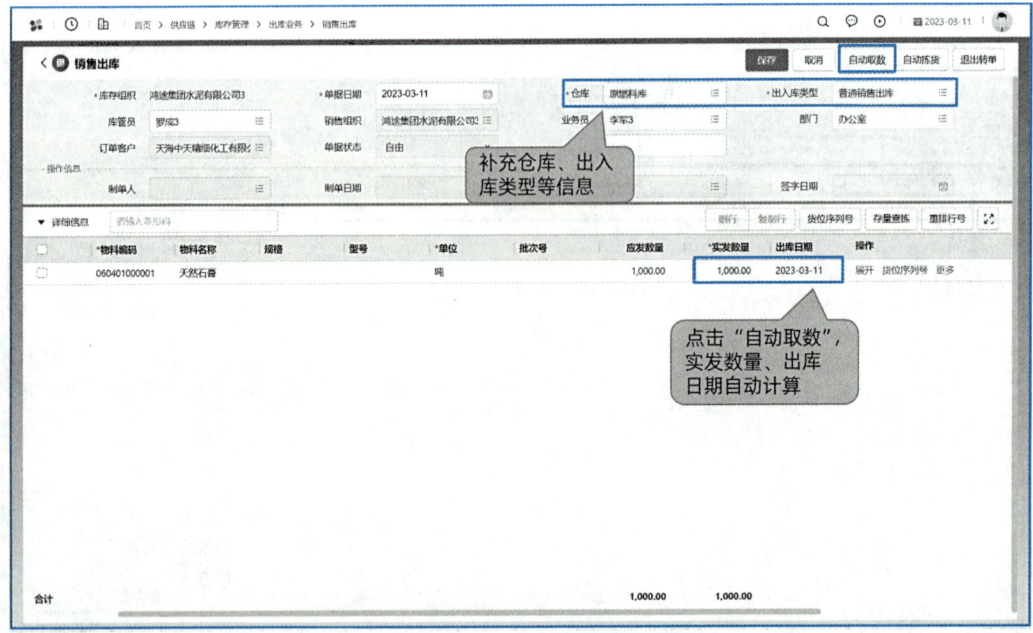

图4-36　保存出库单

4. 业务财务录入保存销售发票

业务财务角色上岗,单击"开始任务"进入 NC Cloud 平台,修改右上角业务日期为"2023-03-11",单击"销售发票维护",单击"销售开票",搜索查询出库单,选中相应出库单,单击"生成销售发票",发票类型选择"增值税专用发票",单击"保存提交",如图 4-37 所示。

图 4-37　提交增值税发票

5. 业务财务提交应收单

业务财务角色返回首页,单击"应收单管理",选择财务组织,日期为"2023-03-01～2023-03-31",单击"单据号"进入单据界面详情,单击"更多"—"影像扫描"上传销售发票;将对应的纸质原始单据用高拍仪进行扫描,扫描后单击"扫描",全部扫描完成之后单击"上传",影像上传完毕后单击"保存",单击"提交"提交应收单。

6. 财务经理审批应收单

财务经理角色上岗,单击"开始任务"进入 NC Cloud 平台,修改右上角业务日期,单击"审批中心"—"未处理",单击应收单进入单据界面,单击"更多"—"影像查看"查看应收单发票信息,检查无误后,单击"财务经理角色＜批准＞"。

7. 应收审核岗审核应收单

应收审核岗角色上岗,单击"开始任务"进入 NC Cloud 平台,修改右上角业务日期,单击"我的作业"—"待提取",单击"任务提取",单击单据编号查看单据详情,如图 4-38 所示;单击"更多"—"影像扫描",检查无误后,单击"批准"。

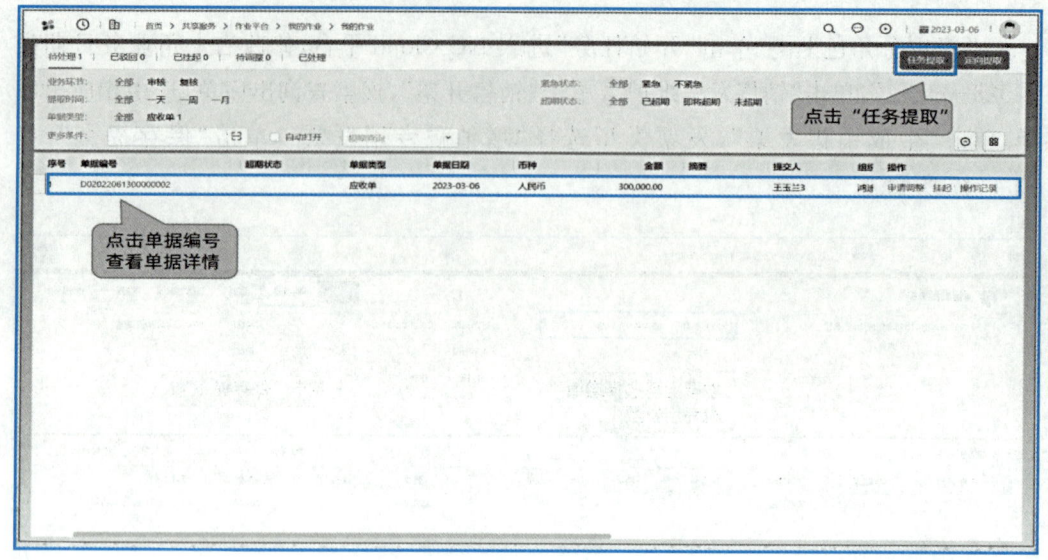

图 4-38　查看单据详情

8. 总账主管岗审核记账凭证

总账主管岗角色上岗,单击"开始任务"进入 NC Cloud 平台,修改右上角业务日期,单击"凭证管理"—"凭证审核",选择财务组织,日期为"2023-03-01～2023-03-31",选择"待审核",单击"查询",双击待审核凭证进入凭证详情界面,检查凭证无误后单击"审核"审核凭证。

(三) 应收挂账系统操作

【业务内容】

承接上述业务,2023 年 3 月 11 日,针对"天然石膏"开具增值税专用发票,票随货走,当日完成了后续的应收挂账流程。增值税专用发票(记账联)的信息见原始凭证。销货信息,如表 4-5 所示。

表 4-5　销货信息

项目名称	需求数量	含税单价	价税合计	税率	税额	客户
天然石膏	1000 吨	226.00 元	226 000.00 元	13%	26 000.00 元	天海中天精细化工有限公司

【操作指导】

1. 业务财务提交收款单

业务财务角色上岗,单击"开始任务"进入 NC Cloud 平台,修改系统登录日期为"2023-03-31",单击"应收单管理",单击"新增"—"应收单",选择财务组织,日期为"2023-03-01～2023-03-31",勾选查询到的应收单,单击"生成下游单据";根据具体业务填写结算方式、收款银行账户、付款银行账户等信息，单击"保存"，单击"影像扫描"，上传保存扫描件后，单击"提交"，如图 4-39 所示。

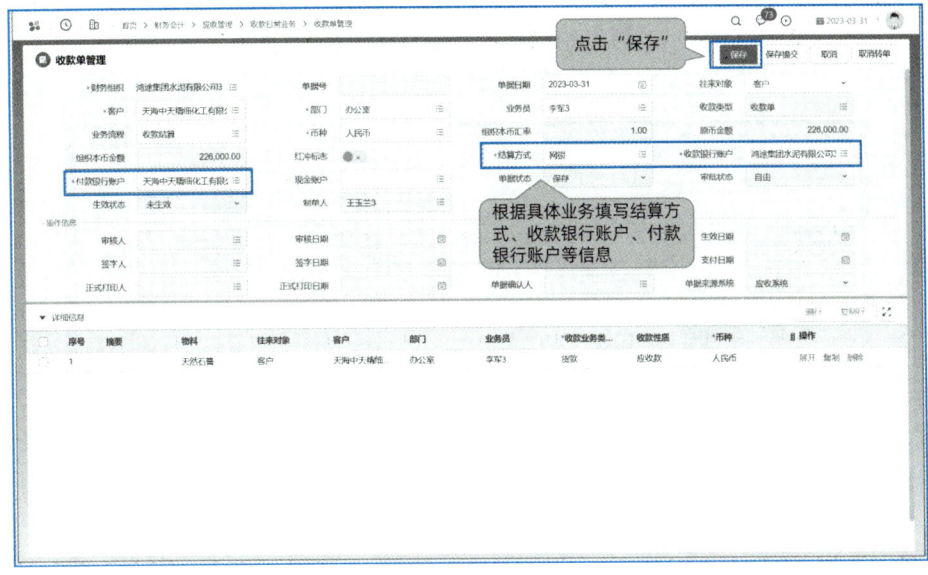

图 4-39　修改保存应收单

2. 财务经理审批应收单

财务经理角色上岗，单击"开始任务"进入 NC Cloud 平台，修改右上角业务日期，单击"审批中心"—"未处理"，单击应收单进入单据界面，如图 4-40 所示；单击"更多"—"影像查看"查看应收单发票信息，检查无误后，单击"财务经理角色＜批准＞"。

图 4-40　审批应收单

3. 应收审核岗审核应收单

应收审核岗角色上岗,单击"开始任务"进入 NC Cloud 平台,修改右上角业务日期,单击"我的作业"—"待提取",单击"任务提取",单击"单据编号"查看单据详情,如图 4-41 所示;单击"更多"—"影像扫描",检查无误后,单击"批准"。

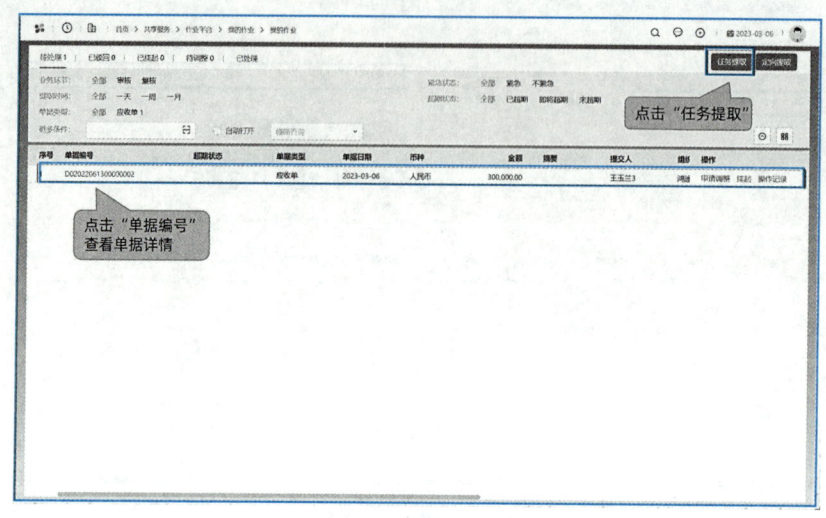

图 4-41　查看单据详情

4. 总账主管岗审核记账凭证

总账主管岗角色上岗,单击"开始任务"进入 NC Cloud 平台,修改右上角业务日期,单击"凭证管理"—"凭证审核",选择财务组织,日期为"2023-03-01～2023-03-31",选择"待审核",单击"查询",双击待审核凭证进入凭证详情界面,检查凭证无误后单击"审核"审核凭证,如图 4-42 所示。

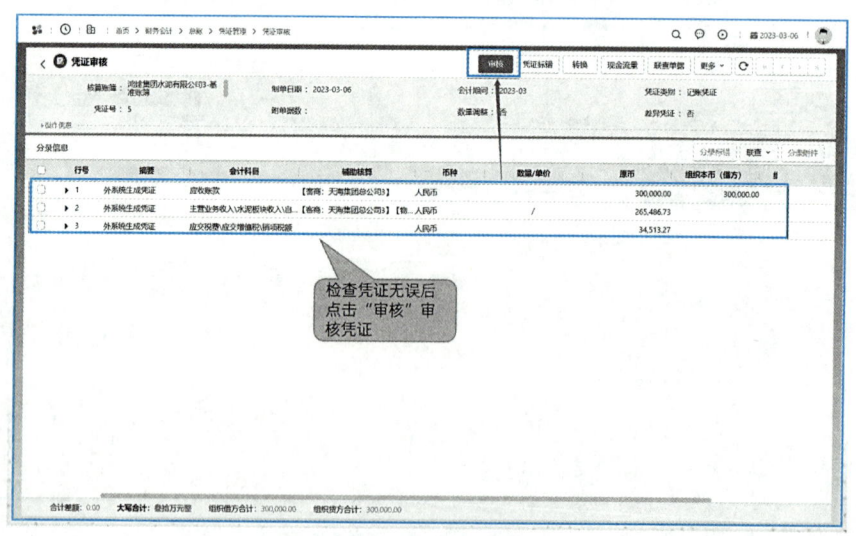

图 4-42　审核记账凭证

(四)应收收款系统操作

【业务内容】

承接上述业务,2023年3月31日,客户打款30万元。

【操作指导】

1. 业务财务录入提交收款单

业务财务角色上岗,单击"开始任务"进入NC Cloud平台,系统登录日期修改成2023-03-31,单击"收款单管理",单击"新增"—"应收单",选择财务组织,日期为"2023-03-01~2023-03-31",单击"查询",勾选已查询的应收单,单击"生成下游单据",如图4-43所示。

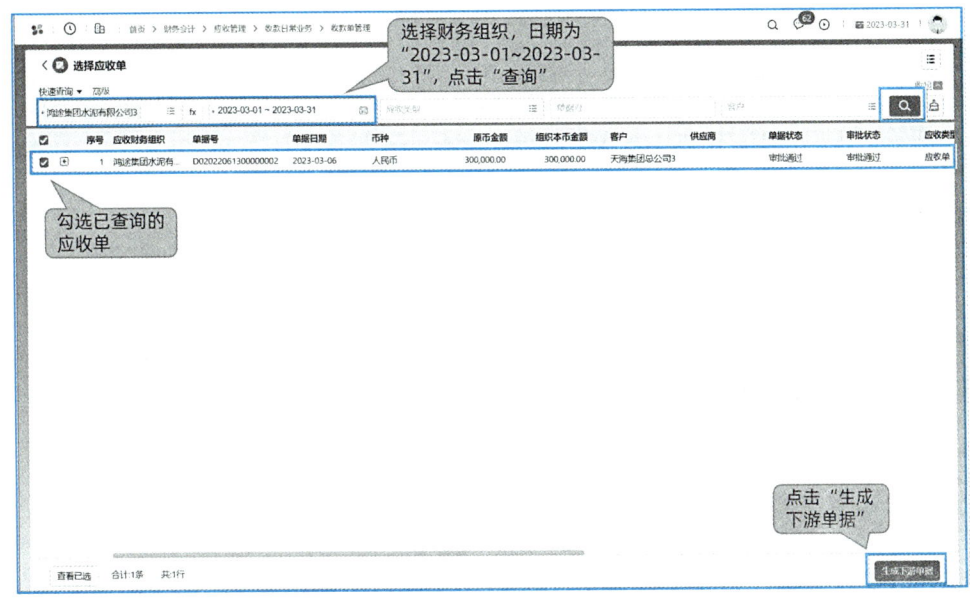

图4-43 生成收款单

补充结算方式、收款银行账户、付款银行账户信息,单击"保存",如图4-44所示。单击"影像扫描"上传相关附件,将对应的纸质原始单据用高拍仪进行扫描,全部扫描完成之后单击"上传",影像扫描完成后单击"保存"—"提交"。

2. 财务经理审批收款单

财务经理角色上岗,单击"开始任务"进入NC Cloud平台,修改右上角日期,单击"审批中心"—"未处理",单击收款单进入单据界面详情,单击"影像查看"查看影像信息,检查无误后,单击"财务经理角色＜批准＞"。

3. 应收审核岗审核收款单

应收审核岗角色上岗,修改右上角日期,单击"我的作业"—"待提取",单击"任务提取",单击单据编号进入单据详情界面,单击"影像查看"查看影像信息,单据和影像检查

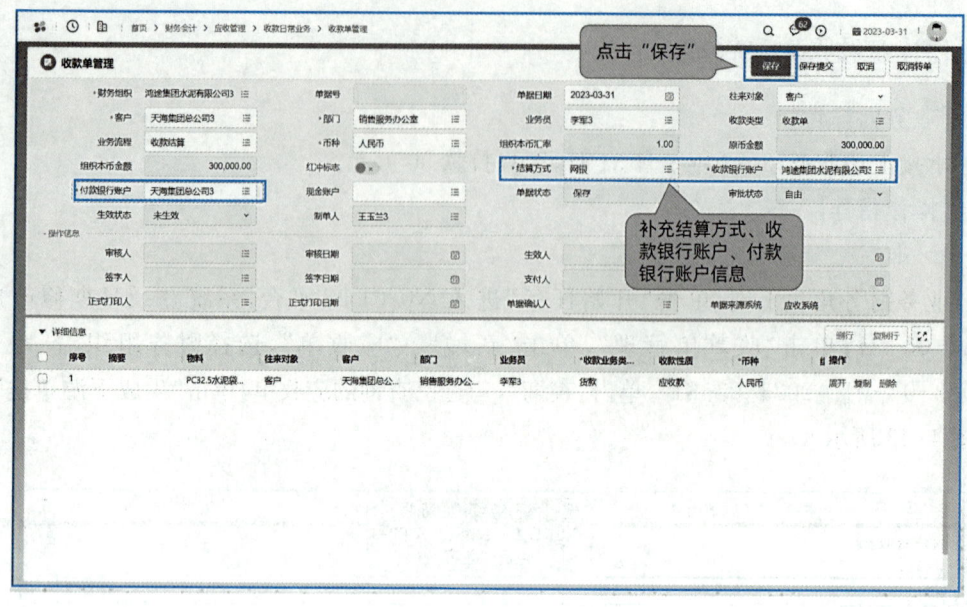

图 4-44 保存提交收款单

无误后,单击"批准"。

4. 中心出纳岗确认收款结算

中心出纳岗角色上岗,单击"开始任务"进入 NC Cloud 平台,修改右上角日期,单击"结算处理"—"结算",选择财务组织和日期,搜索查询单据,单击业务单据编号进入单据界面,检查无误后,单击"结算",如图 4-45 所示。

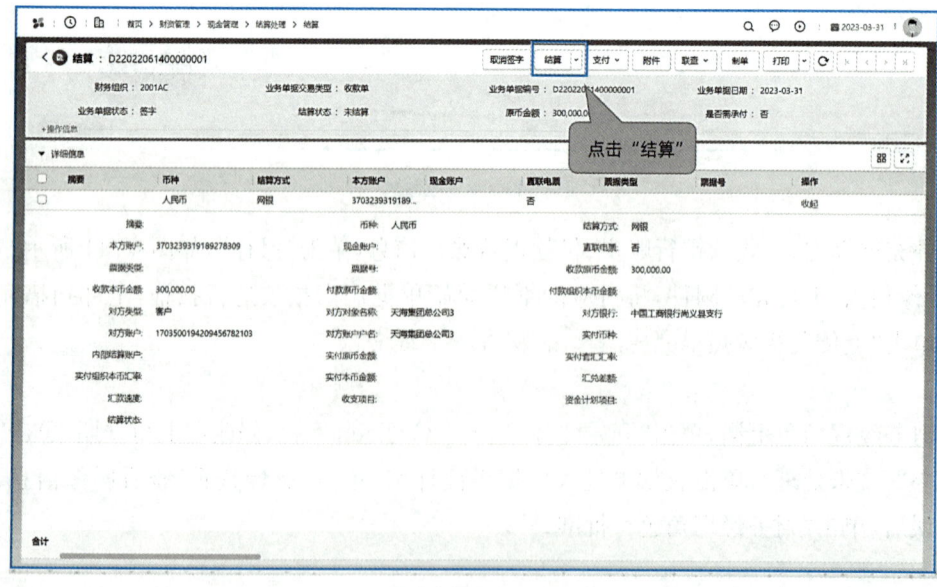

图 4-45 结算界面

5. 总账主管岗审核记账凭证

总账主管岗角色上岗,单击"开始任务"进入 NC Cloud 平台,修改右上角日期,单击"凭证审核",输入查询条件查找需要审核的记账凭证,检查凭证是否正确,凭证检查无误后单击"审核",如图 4-46 所示。

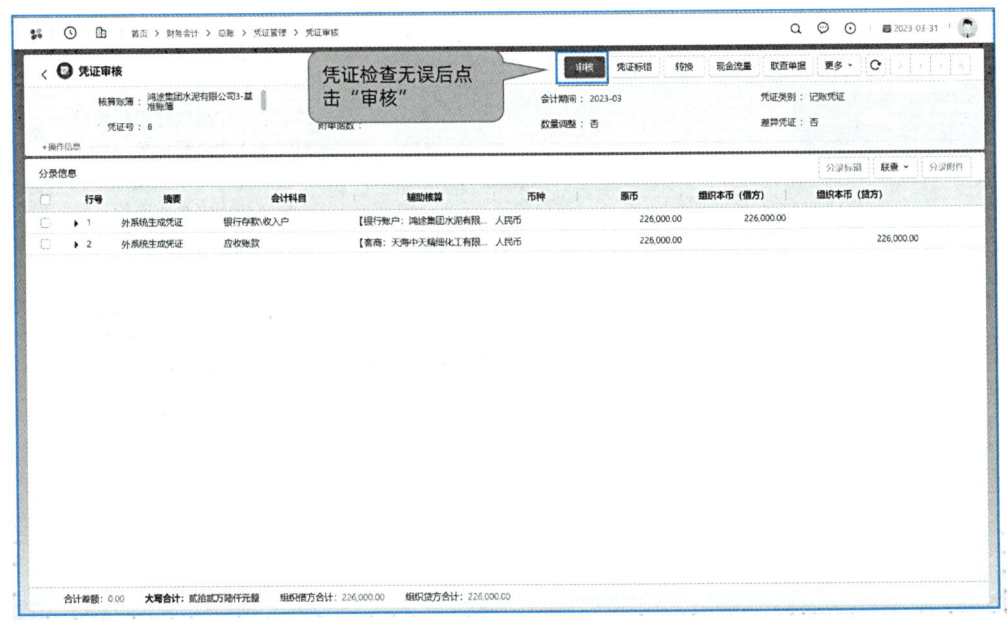

图 4-46 凭证审核

项目小结

本项目主要在理解销售概念、制造企业产成品销售到收款业务的典型流程等内容的基础上,基于目前案例企业销售管理现状和困境,帮助企业通过建立财务共享服务中心,重新设计销售收款流程,在 NC Cloud 平台进行工作流配置,对流程进行协同测试,学生分角色完成签订销售合同、销售发货出库、应收挂账、应收收款等案例企业销售收款工作。

思维导图

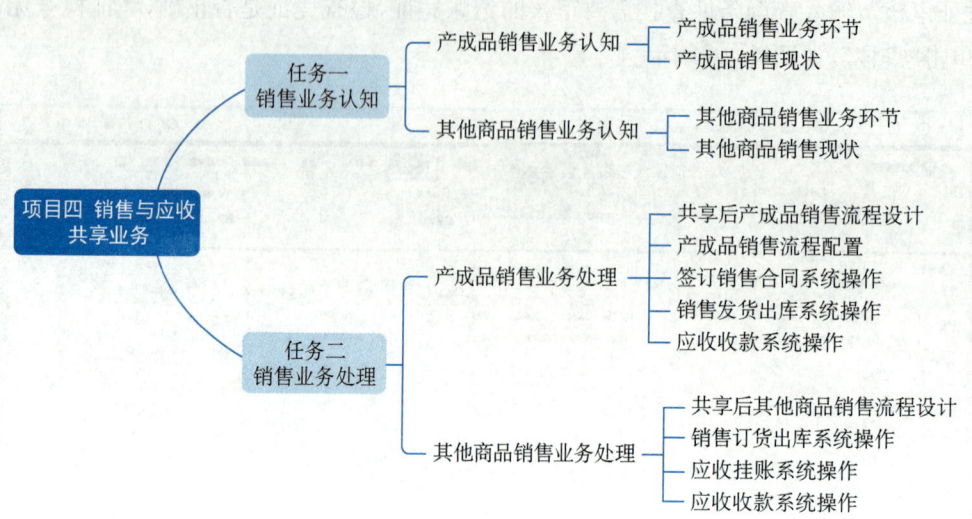

项目五　资金结算共享业务

学习目标

知识目标

1. 掌握收付款合同的概念和适用条件
2. 熟悉收付款合同结算的典型流程
3. 理解资金结算业务和银企直连的概念

技能目标

1. 能够在财务共享信息系统中完成收付款合同结算业务处理
2. 能够在财务共享信息系统中完成收款单的录入与审核,并依据收款单生成记账凭证
3. 能够依据审批通过的付款申请单,在财务共享信息系统中生成付款单确认现金支付,并生成记账凭证

素质目标

1. 培养学生严谨细致的工作作风,严格审批资金支出
2. 培养学生熟悉企业资金安全管理制度,实施会计监督
3. 培养学生全面熟悉单位的收款、付款活动和业务流程,主动提出合理化建议,积极参与管理

任务一　资金结算共享认知

在企业生产经营过程中,企业管理者利用各种管理工具与方法,实现对"人、财、物"的有效控制与管理。其中,"财"即"资金",既是企业生存所需的资源,也是企业的经营成果,贯穿于企业整个生产经营活动过程中,是企业管理活动的核心。

资金管理是企业(财务)管理的重要组成部分,是通过精确的组织、计划、控制、信息和考核等管理手段,对企业资金运动的全过程进行管理,包括合理地筹集资金,高效率地

运用资金,有效地控制资金,降低资金成本,进而帮助企业获得竞争优势,实现企业价值最大化的目标。

(一) 收付款合同结算管理含义

收付款合同,是指企业签署的,具有收款或付款条款的,不属于销售合同、采购合同、项目合同等的合同。

收付款合同结算,是指企业依据收付款合同的收款或付款条款进行结算的行为。

收付款合同管理是以合同为主线,帮助企业财务部门加强合同收付款业务的过程管理与控制。它支持企业对以自身为当事人的合同依法进行录入登记、审批、履约、变更、冻结、终止等一系列活动,有助于降低企业资金风险,提高部门协作效率。

(二) 收付款合同结算应用场景

收付款合同结算,通常会经过三个业务阶段。

(1) 收付款合同签订:企业的业务部门与客户或供应商经过协商、谈判并达成一致后,拟定收款或付款合同,合同在按照企业合同审批流程通过后正式生效,同时合同进入履行状态。

(2) 收付款合同立账(应收/应付挂账):当企业与合同中指定的客户或供应商发生应收或应付业务时,财务部参照合同进行应收或应付账款的确认。

(3) 收付款结算:合同执行人可根据相应收付款计划或按照企业结算审批流程通过后,进行收款或付款。

思政园地

商圣范蠡经商原则

生意要勤快,切勿懒惰,懒惰则百事废;价格要定明,切勿含糊,含糊则争执多;
费用要节俭,切勿奢华,奢华则钱财竭;赊欠要识人,切勿滥出,滥出则血本亏;
货物要百验,切勿滥入,滥入则货价减;钱财要明慎,切勿糊涂,糊涂则弊端生;
临事要尽责,切勿委托,委托则受害大;账目要稽查,切勿懈怠,懈怠则资本滞;
接纳要谦和,切勿暴躁,暴躁则交易少;主心要安静,切勿妄动,妄动则误事多;
工作要精细,切勿粗糙,粗糙则出劣品;谈话要规矩,切勿浮躁,浮躁则失事多;
出入要谨慎,切勿潦草,潦草则错误多;用人要公正,切勿歪斜,歪斜则托付难;
优劣要细分,切勿混淆,混淆则耗用大;货物要修正,切勿散漫,散漫则查点难;
期限要约定,切勿马虎,马虎则失信用;买卖要随时,切勿拖延,拖延则失良机。

(三) 收付款合同结算业务现状

鸿途集团目前的收付款合同管理业务现状如下:在业务系统部署了多个合同管理模块,包括销售合同、采购合同、项目合同等模块。在结算环节,需要整合业务表单,实现合同控制,在供应链、项目管理录入的合同。在结算时单据根据客户、供应商名称自动带出同一客户、供应商的系统合同(合同订单)供制单人选择。各级审核人员根据合同编号查询系统合同,结算时不再需要业务人员上传合同复印件。未实行系统录入的合同,如总部管理的合同、下属公司的服务合同,由各级财务人员在收付款合同模块录入合同,自动控制结算。

鸿途集团目前与收付款合同管理有关的资金管理现状如下:

(1) 资金管理模式是以分散管理为主的资金管理模式。

(2) 各子公司作为独立法人主体,均独立开设银行账户用于各种资金结算业务。

(3) 各子公司有权独立办理各种资金结算业务,包括资金的收取、资金的支付等,拥有独立的资金支配权和使用权等。

(四) 收付款合同结算业务流程

鸿途集团付款合同结算流程包括付款合同签订、付款合同应付挂账、付款合同付款结算三个步骤,其具体结算流程如图 5-1、图 5-2、图 5-3 所示。

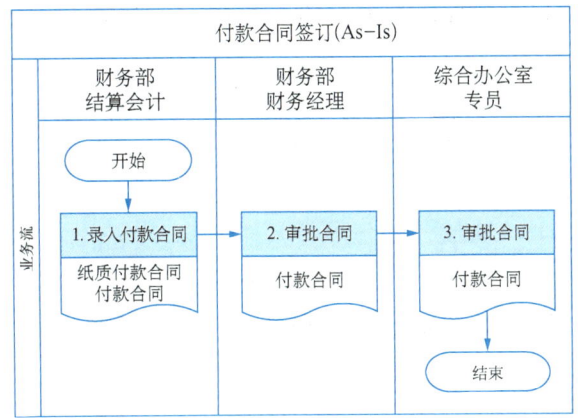

图 5-1 付款合同签订流程

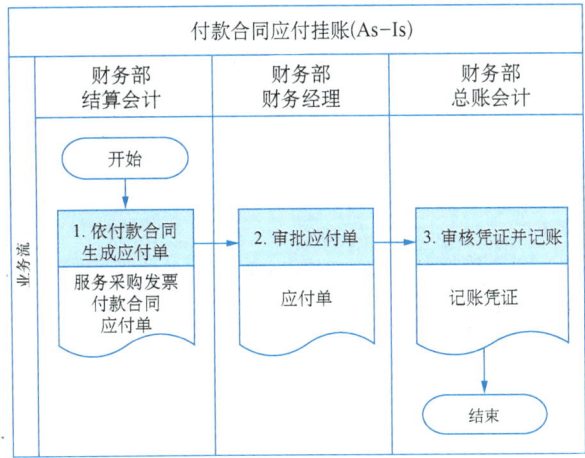

图 5-2 付款合同应付挂账流程

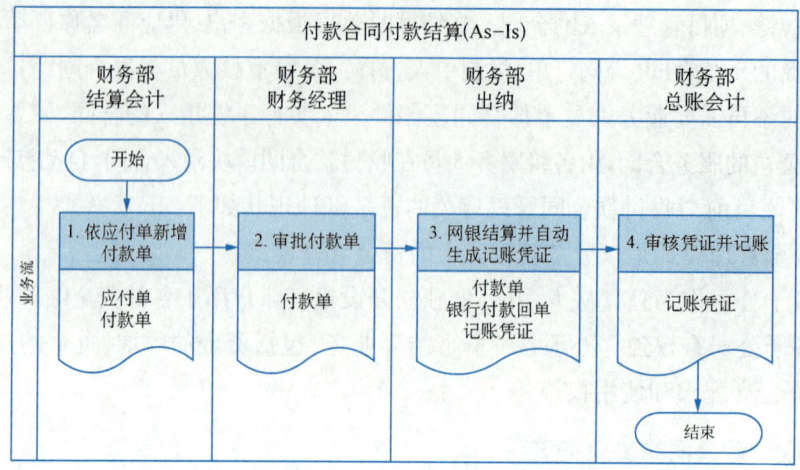

图 5-3　付款合同付款结算流程

鸿途集团收款合同结算流程包括收款合同签订、收款合同应收挂账、收款合同收款结算三个步骤,其具体结算流程如图 5-4、图 5-5、图 5-6 所示。

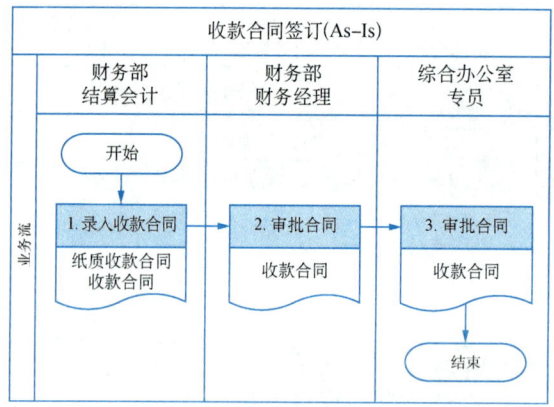

图 5-4　收款合同签订

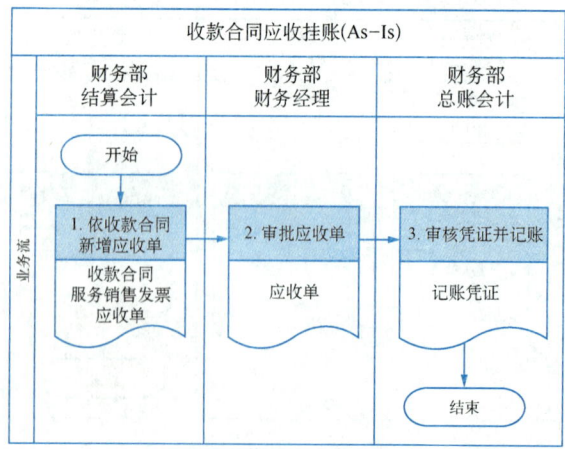

图 5-5　收款合同应收挂账流程

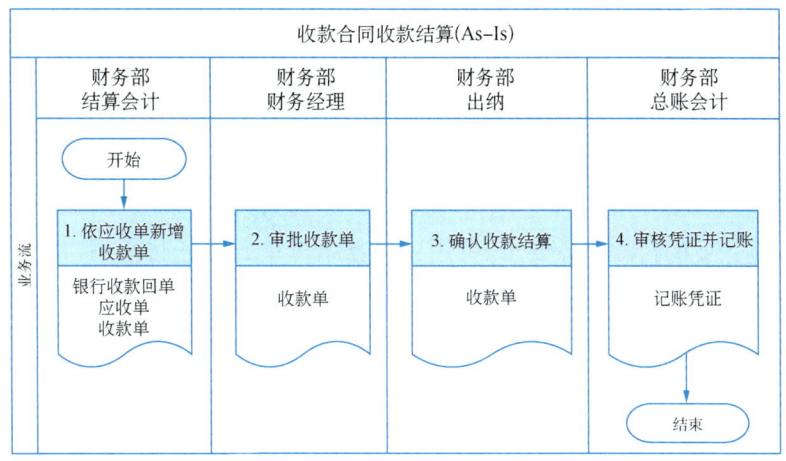

图 5-6　收款合同收款结算流程

(五) 收付款合同结算痛点梳理

鸿途集团目前在收付款合同结算方面存在的主要痛点如下：

(1) 填写付款结算单时无法上传原始单据。

(2) 分、子公司财务经理审批完付款结算单之后就进行结算，集团不能进行监管。

(3) 结算中心资金结算岗既负责委托付款书经办又负责支付，易出问题。

任务二　资金结算业务处理

一、付款合同结算业务处理

【工作任务概述】

(1) 能够描述收付款合同结算的含义。

(2) 阅读案例企业在财务共享建设前的收付款合同结算流程描述，加以理解并能够使用 Microsoft Visio 工具进行绘制。

(3) 能够根据财务共享服务中心的建设规划，设计财务共享服务中心建成后的收付款合同结算流程，绘制 Visio 流程图，并上传系统进行研讨交流、方案分享、学生间互评。

(4) 能够学习用友 NC Cloud 平台工作流与审批流设置操作视频，并将本组设计的收付款合同结算流程方案在 NC Cloud 平台上进行设置。

(5) 能够通过分岗协同的方式，在 NC Cloud 平台中对本组设置的收付款结算流程进行测试验证，并将验证结果录屏上传、分享，进行学生间互评。

【工作指导手册】

(一) 系统化初始设置

【业务内容】

根据案例企业的付款业务要求,将用到付款结算单和委托付款书,初次业务处理时需要进入财务共享服务中心,在工作流中启用付款结算单和委托付款书,具体如表 5-1 所示。

表 5-1 业务单据列表

序号	名称	是否进 FSSC	是否属于作业组工作	流程设计工具
1	付款结算单	Y	Y	工作流
2	委托付款书	Y	Y	工作流

【操作指导】

进入财务共享服务中心综合实践主界面,单击最上方导航栏"训练计划",选择导航栏第十五项训练计划"资金结算共享-收付款合同结算",选择"技术实现"—"系统流程配置",单击"开始任务",在弹出的对话框中选择"去设置",如图 5-7 所示。

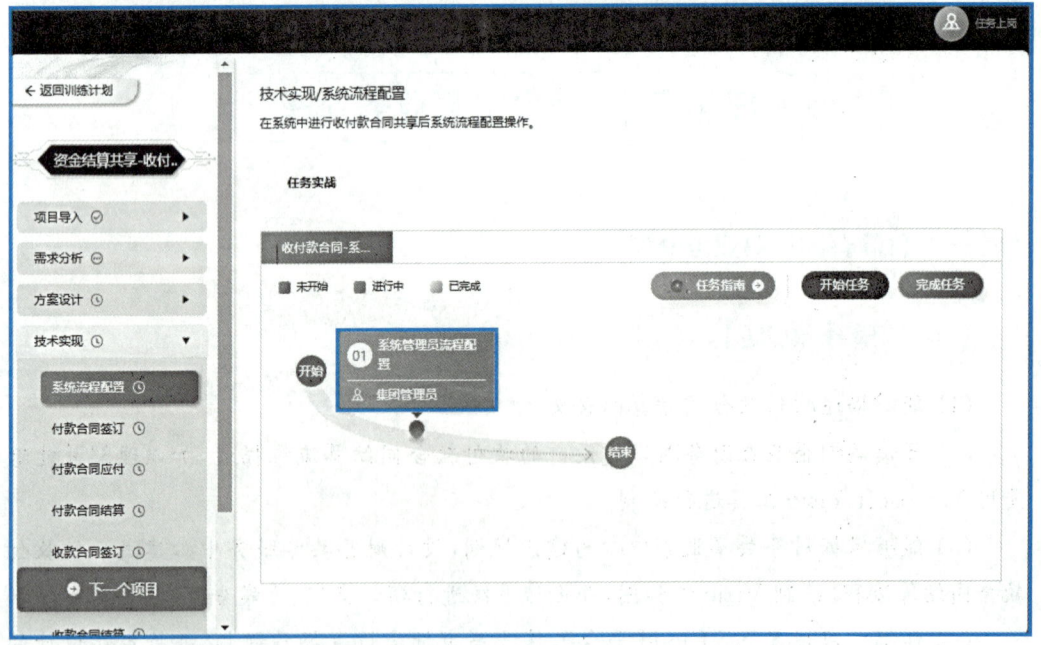

图 5-7 系统流程配置

单击集团管理员"上岗",回到主界面,单击"开始任务",进入 NC Cloud 平台,如图 5-8 所示。单击左下角"工作流定义-集团"启用工作流,如图 5-9 所示。

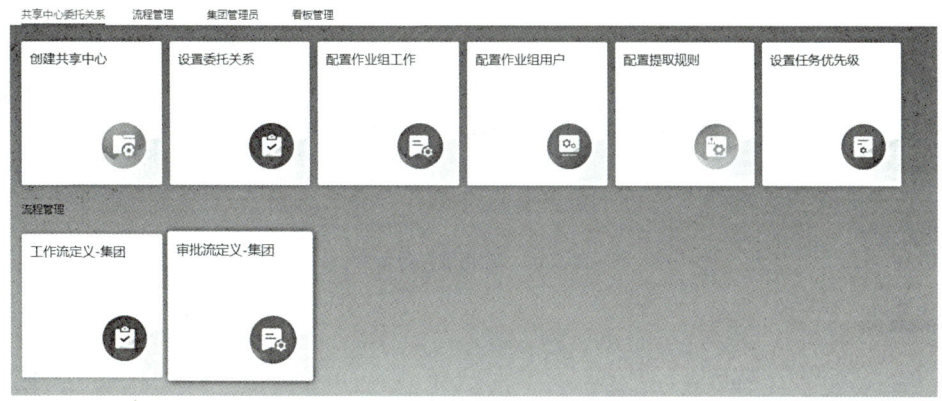

图 5-8　集团管理员上岗

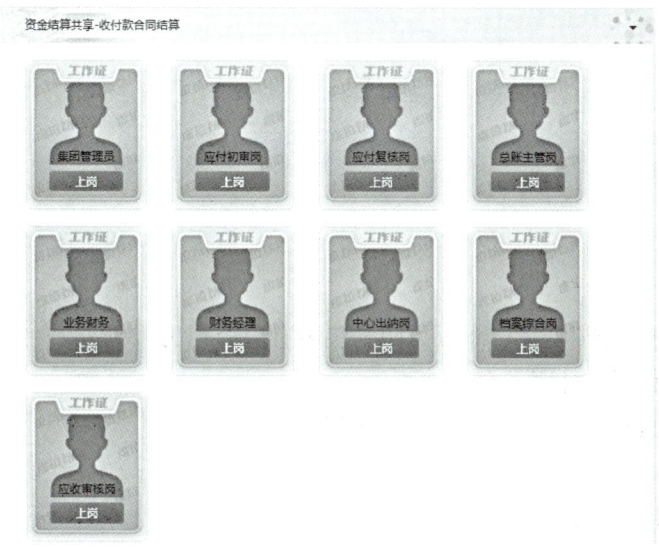

图 5-9　启用工作流

进入"工作流定义-集团"界面后,在左上角导航栏依次搜索付款结算单、委托付款书和付款单,选中上述单据,依次单击右侧操作中的"启用",完成系统操作的初始化设置,如图 5-10、图 5-11、图 5-12 所示。

图 5-10　启用付款结算单

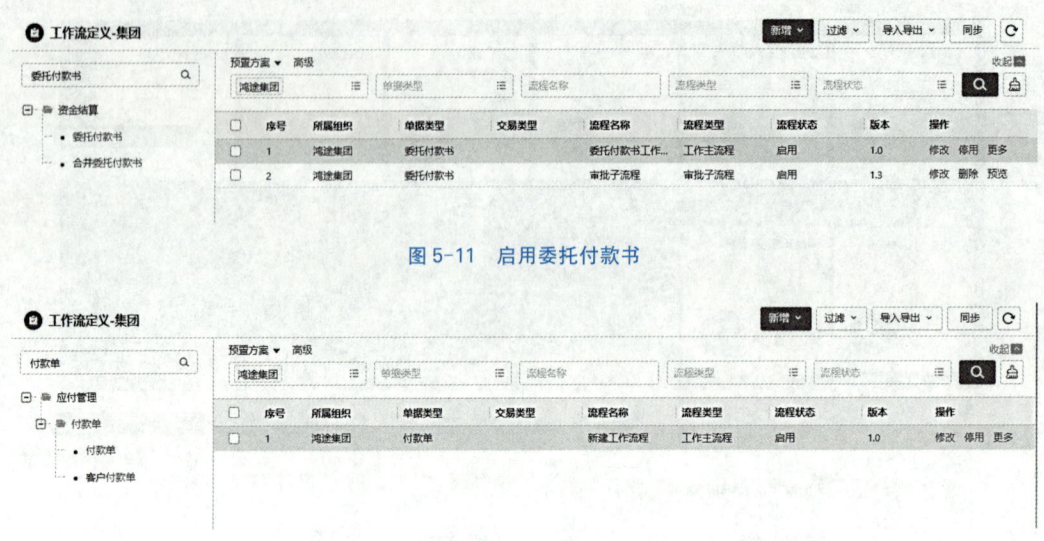

图 5-11 启用委托付款书

图 5-12 启用付款单

(二) 日常业务处理

【业务内容】

1. 测试用例

鸿途集团销售处拟聘请广东万昌印刷包装有限公司为服务方,为公司设计新产品广告文案,双方签订了设计服务合同。

合同标的内容:新产品广告文案设计服务

合同名称:设计服务合同

合同编码:FK-202303012

合同甲方:鸿途集团水泥有限公司

合同乙方:广东万昌印刷包装有限公司

合同金额:合同金额 5.30 万元,其中包括增值税额 0.30 万元(增值税税率 6%)

付款方式:在项目验收后一次性支付

测试用例:在 NC Cloud 平台中测试完成第一部分合同中"4.付款方式"条款的付款流程

签订合同:2023-03-01

设计方案通过验收并收到发票:2023-03-15

付款:2023-03-20

注意事项:在 NC Cloud 平台中"物料"要选用"541601 设计服务"

原始凭证"付款合同纸质件"作为本课程的教辅资源,在上课时以物理单证的形式发放给学生。

2. 角色分工

付款合同结算处理涉及付款合同签订、付款合同应付挂账、付款合同付款结算三个环节,其中付款合同签订涉及的岗位包括业务单位业务财务、业务单位财务经理和财务共享服务中心档案综合岗;付款合同应付挂账涉及的岗位包括业务单位业务财务、业务单位财务经理、财务共享服务中心应付初审岗和财务共享服务中心总账主管岗;付款合同收款结算涉及的岗位包括业务单位业务财务、业务单位财务经理、财务共享服务中心应付初审岗、财务共享服务中心中心出纳岗和财务共享服务中心总账主管岗。

三个环节一共涉及六个岗位,建议4~6人为一个小组,团队协作完成付款合同结算处理业务。

【操作指导】

1. 共享后流程图设计

在鸿途集团原有共享前收付款合同结算业务流程的基础上,结合企业的财务共享中心建设需求,根据企业财务职责和部门的调整情况及财务共享服务中心对应岗位的初始配置情况,设计共享后的付款合同结算流程。图 5-13、图 5-14、图 5-15 分别代表共享后的付款合同签订、付款合同应付挂账、付款合同付款结算流程。

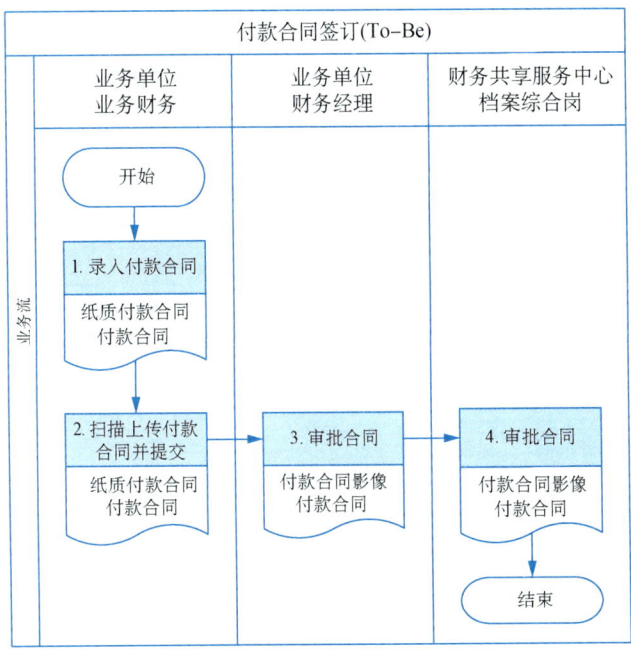

图 5-13 付款合同签订流程

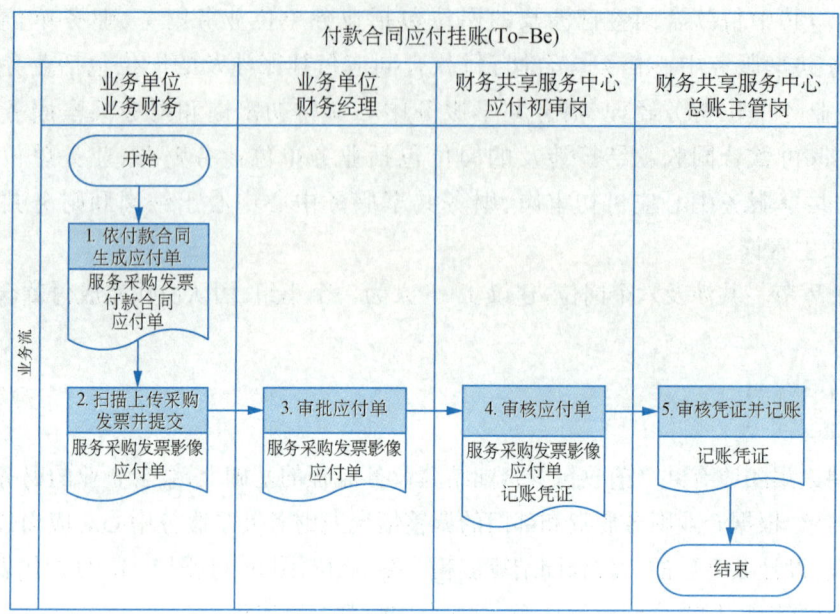

图 5-14 付款合同应付挂账流程

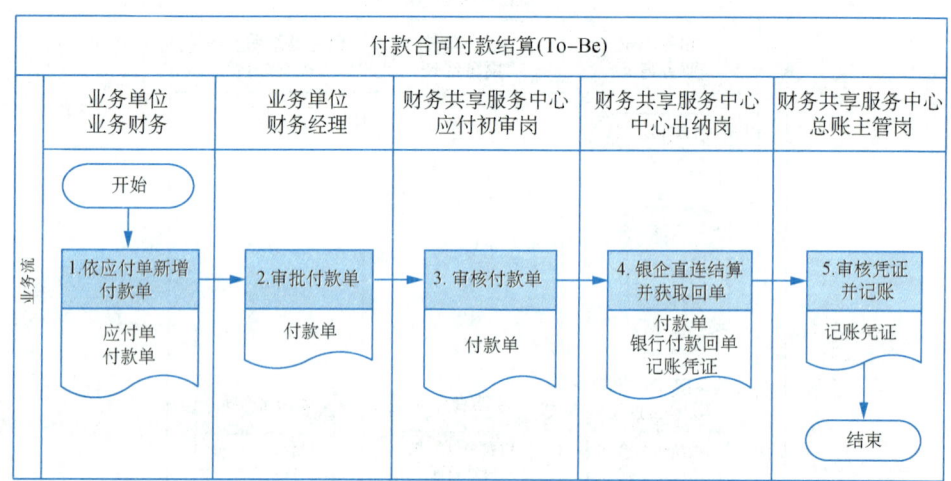

图 5-15 付款合同付款结算流程

2. 付款合同签订

该步骤的主要任务是进入 NC Cloud 平台,完成付款合同填写后扫描上传影像并提交。该步骤的流程,如图 5-16 所示。

图 5-16 付款合同签订流程

第一步：业务财务登录平台，修改登录日期为"2023-03-01"，如图5-17所示。

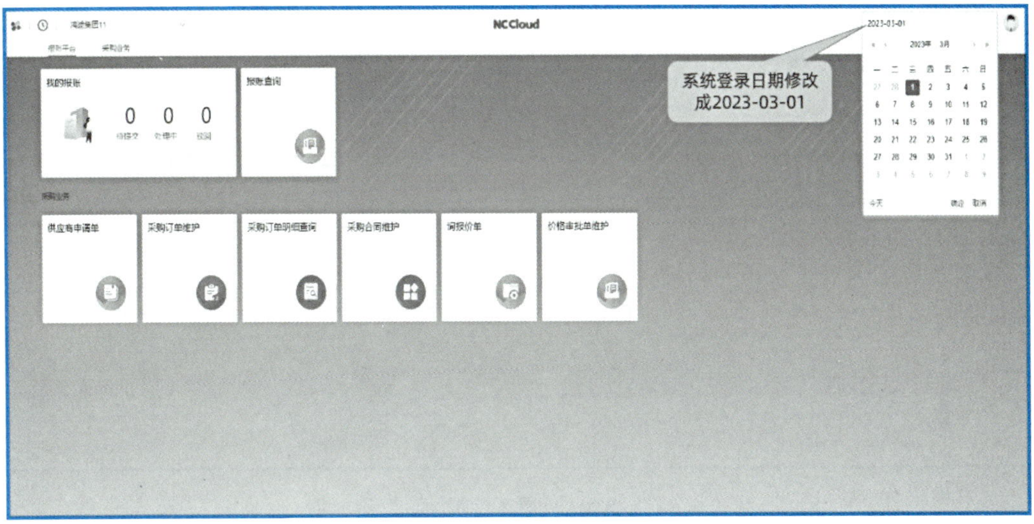

图5-17　调整业务日期

【操作提示】登录NC Cloud平台后必须先将"业务日期"和"单据日期"切换为测试用例中要求的日期。

第二步：业务财务录入付款合同，选中"采购业务"下的"付款合同管理"，如图5-18所示。

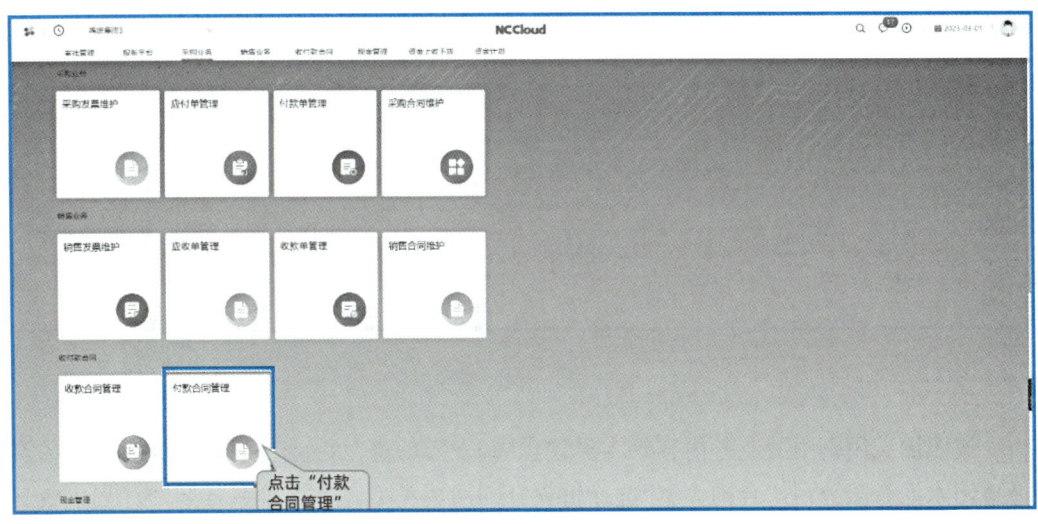

图5-18　进入付款合同管理界面

第三步：业务财务录入付款合同，单击右上角"新增"，如图5-19所示。

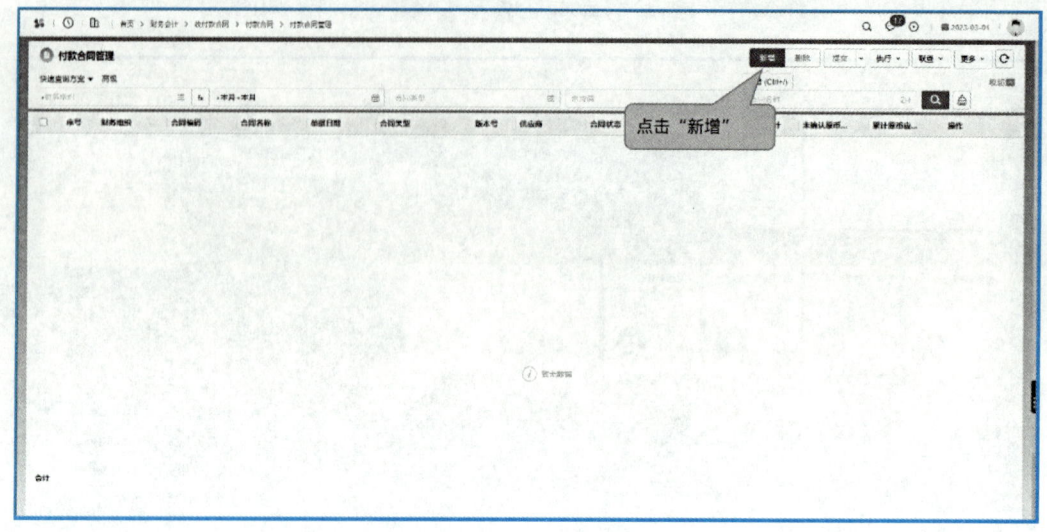

图 5-19 录入付款合同

第四步：业务财务录入付款合同详细信息，如图 5-20 所示。

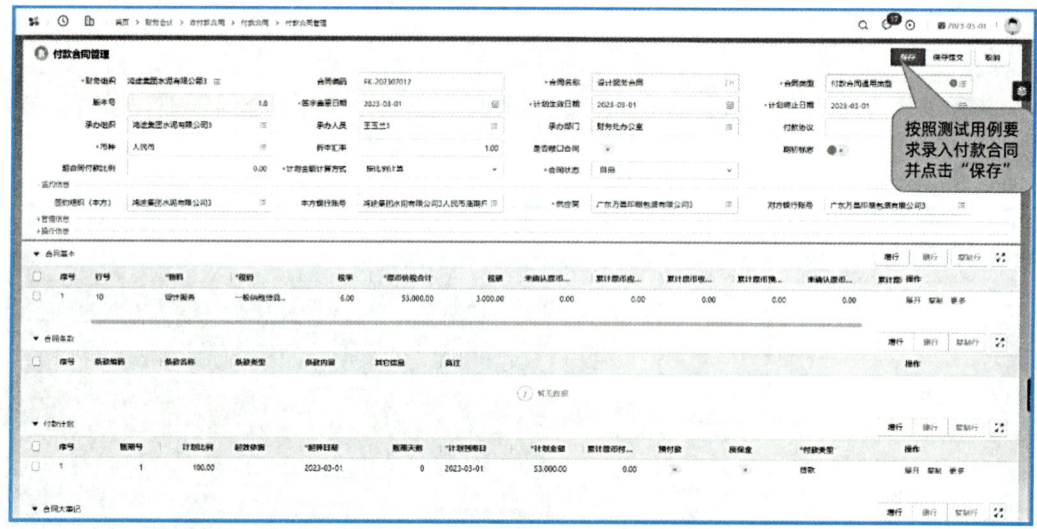

图 5-20 付款合同管理

按照测试用例中的业务内容录入付款合同，表头信息"承办组织"选择对应序号的鸿途集团水泥有限公司，"合同类型"选择付款合同通用类型，"签字盖章日期""计划生效日期""计划终止日期"均需根据附件中的合同录入。

第五步：业务财务影像扫描，如图 5-21 所示。

图 5-21　添加影像资料

单击右上角"联查",选中"影像扫描",如图 5-22 所示,进入影像管理系统之后如果需要用高拍仪进行扫描则需单击"扫描",如果通过本地上传则单击"导入",扫描全部完成之后单击"上传",影像扫描完成后单击"保存"。

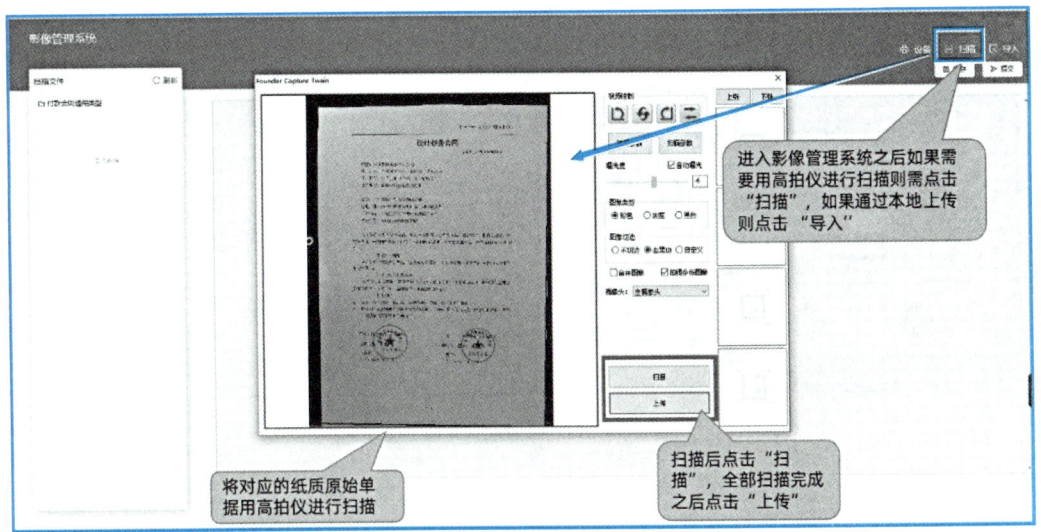

图 5-22　扫描上传影像

第六步:业务财务提交付款合同。影像扫描完成后单击"提交",如图 5-23 所示。

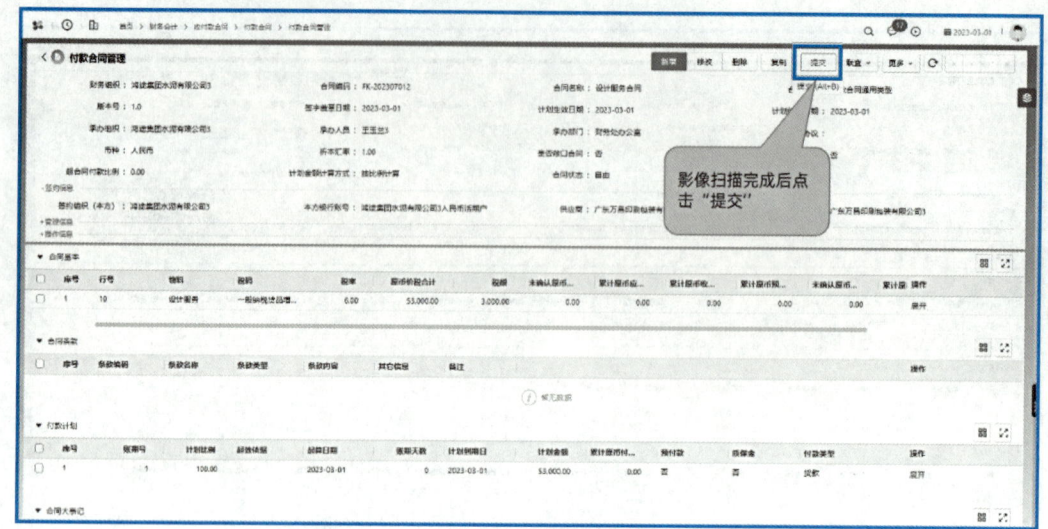

图 5-23　付款合同提交

第七步:财务经理审批付款合同。岗位切换至财务经理,由财务经理审批付款合同,如图 5-24 所示。

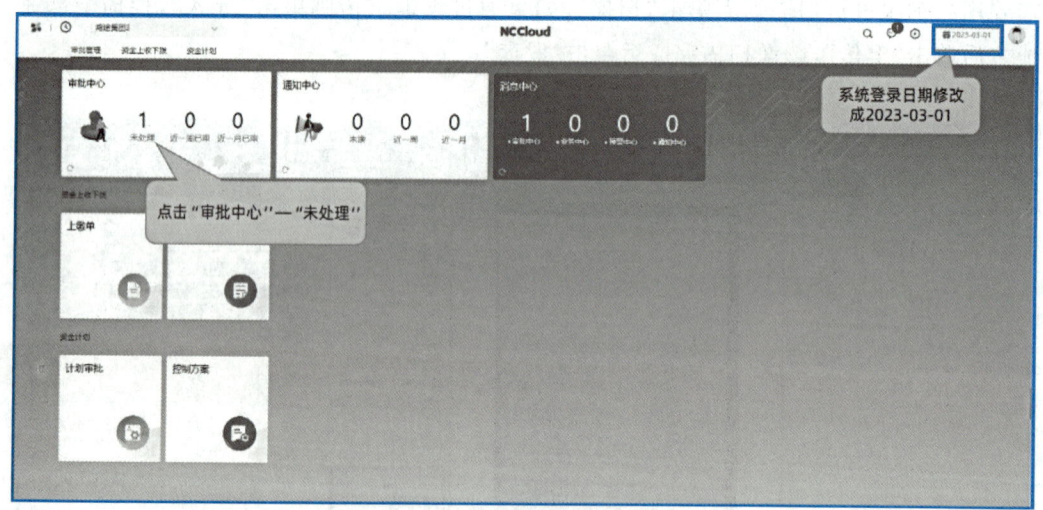

图 5-24　财务经理登录审批界面

财务经理登录 NC Cloud 平台后,根据案例情况修改右上角的日期,将日期改为"2023-03-01",再单击左上角"审批中心"—"未处理",找到业务财务填制的单据。找到业务单据后,检查付款合同信息是否填列完整,在"联查"中找到扫描的影像,并将影像与填列信息作对比,检查是否无误,如无任何问题,单击"财务经理角色＜批准＞"完成审批,如图 5-25 所示。

第八步:档案综合岗进行付款合同归档。切换岗位至档案综合岗,完成付款合同归

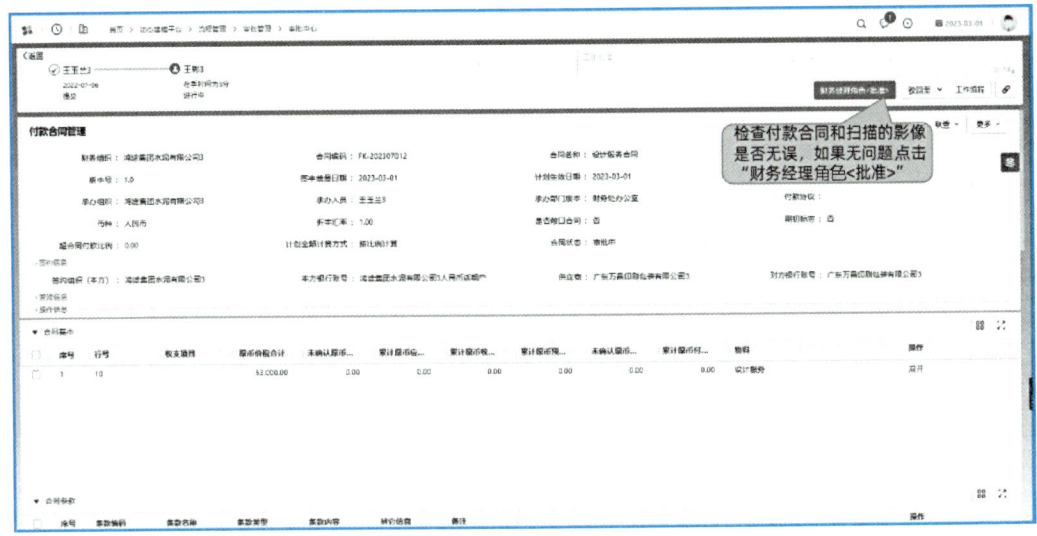

图 5-25 审批付款合同

档,如图 5-26 所示。

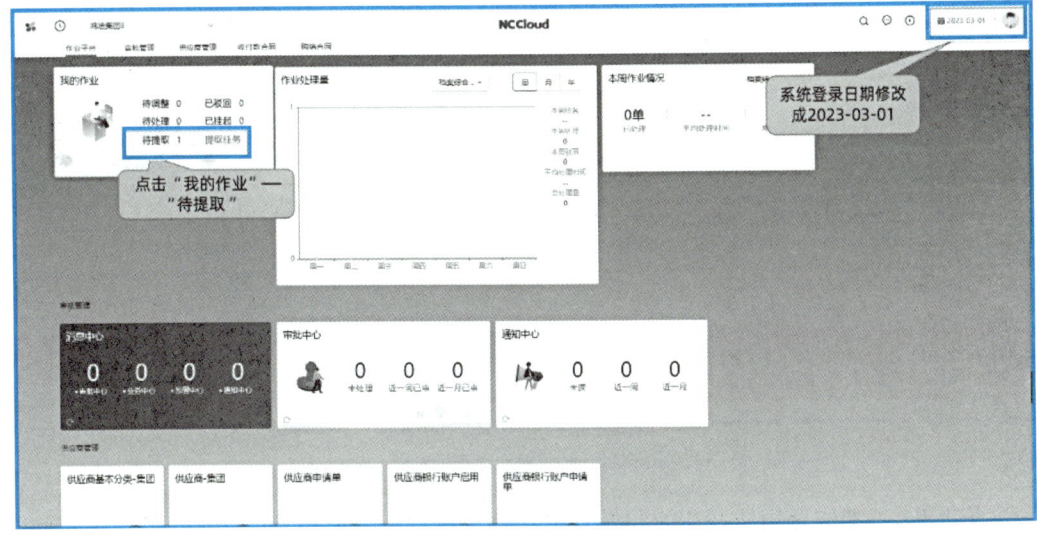

图 5-26 档案综合岗登录归档界面

档案综合岗进入 NC Cloud 平台后,根据案例情况修改右上角的日期,将日期改为"2023-03-01"。找到左上角"我的作业"板块,单击"提取任务"后,单击"我的作业"—"待提取"。进入该界面后单击右上角"任务提取",观察页面是否有业务单据出现,如图 5-27 所示。如有业务单据出现,则双击该条单据信息,进入单据审批界面,单击"联查",在下拉菜单中找到并单击"影像查看",检查影像与付款合同填写是否一致,检查无误后单击"批准",如图 5-28 所示。

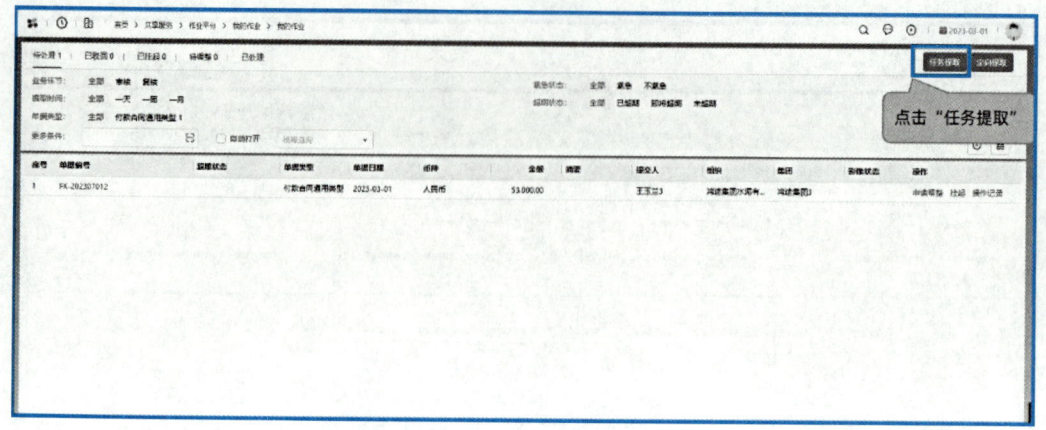

图 5-27　档案综合岗提取任务

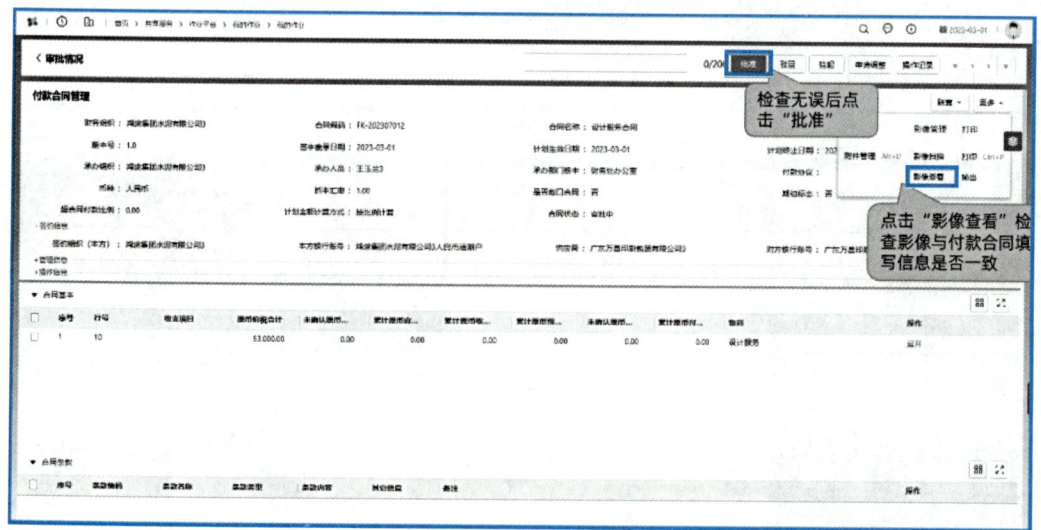

图 5-28　档案综合岗审批合同

第九步：档案综合岗执行生效付款合同。档案综合岗退回至 NC Cloud 平台主界面，如图 5-29 所示。在 NC Cloud 平台主界面确认系统登录日期为"2023-03-01"，确认无误后，再次单击左上角"我的作业"—"待处理"。进入后界面如图 5-30 所示，单击上方导航栏的"已处理"，找到处理的付款合同，双击打开界面如图 5-31 所示，再次核对合同信息，确认无误后单击右上角"执行"，选中下拉列表中的"生效"，完成该合同的执行生效，至此，完成付款合同签订。

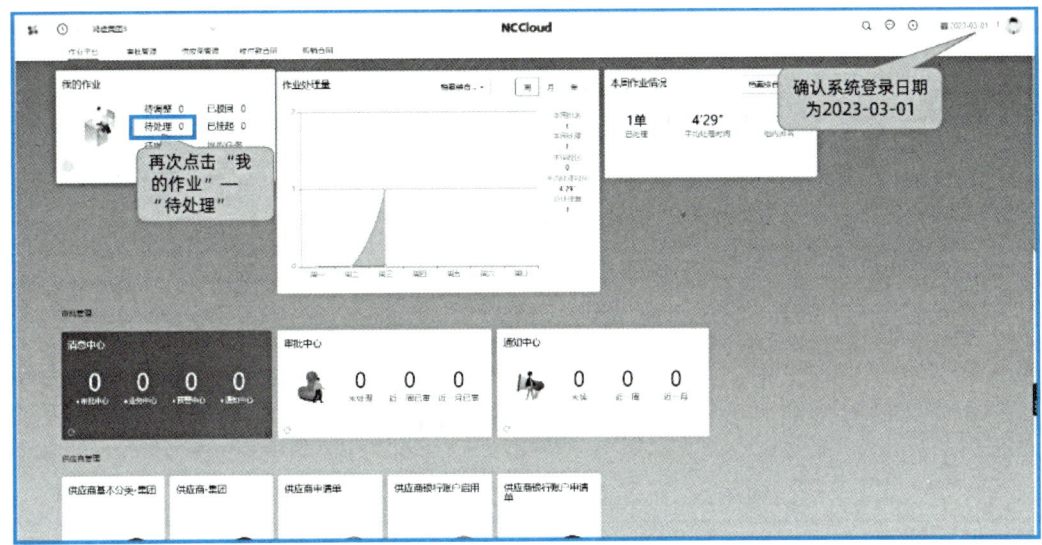

图 5-29　档案综合岗二次处理合同

图 5-30　付款合同再提取

3. 付款合同应付

该步骤主要任务是进入 NC Cloud 平台，参照付款合同生成应付单后扫描上传影像并提交。该步骤流程，如图 5-32 所示。

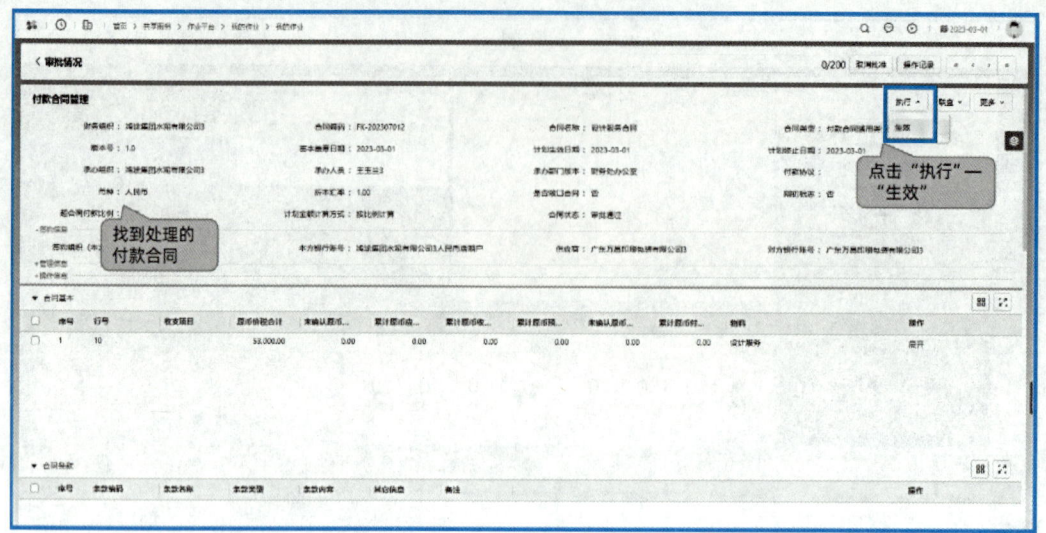

图 5-31 付款合同生效

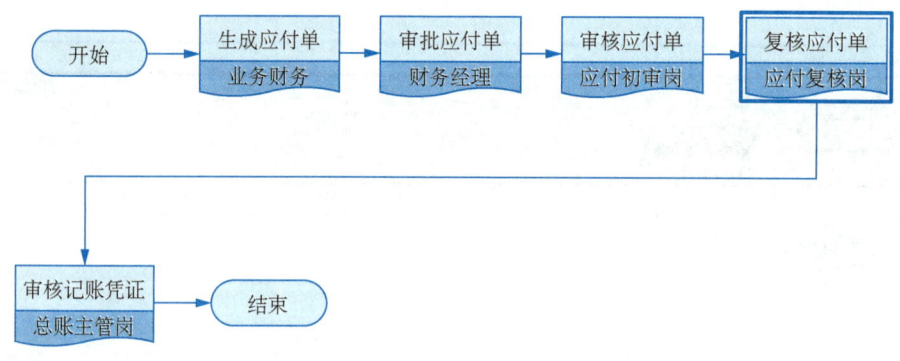

图 5-32 付款合同应付流程

【操作提示】

如果规划设计中没有涉及共享复核,可忽略红框标注环节。

第一步:业务财务登录平台。修改登录日期为"2023-03-15",如图 5-33 所示。

【操作提示】

此处的业务日期不同于付款合同签订,不能使用同一日期。

第二步:业务财务生成应付单。业务财务在 NC Cloud 平台主界面中单击"应付单"管理模块,进入该模块后单击右上角"新增",在下拉菜单中,选中"付款合同",如图 5-34、图 5-35 所示。进入合同选择界面后,输入查询条件,左上角选择鸿途水泥等 17 家成员单位,日期修改为"去年-明年",单击查询后,选择对应的付款合同,单击右下角的"生成单据",如图 5-36 所示。

项目五 资金结算共享业务

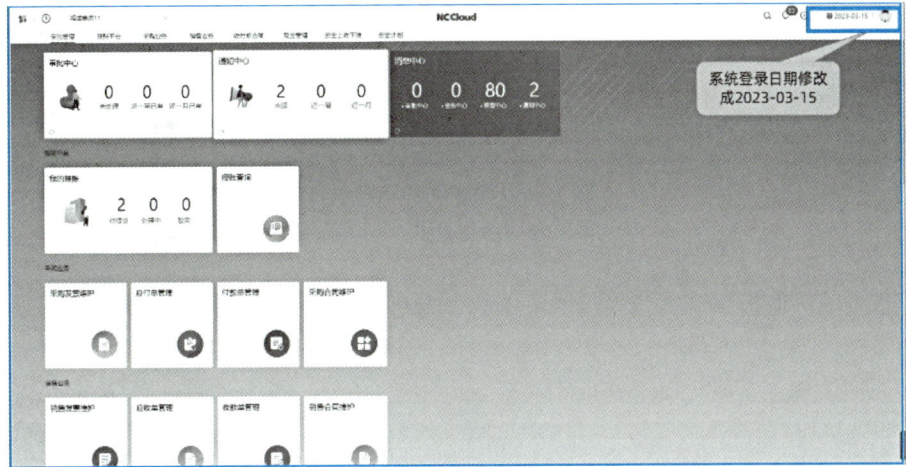

图 5-33 调整业务日期

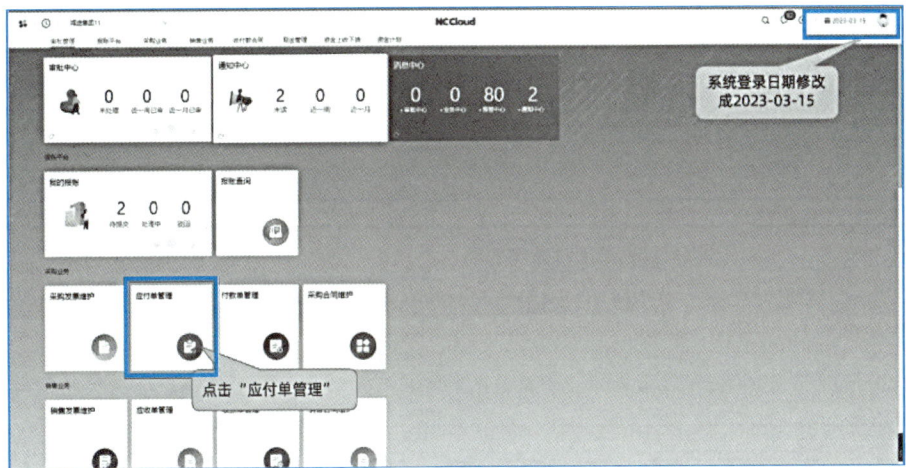

图 5-34 选中应付单管理

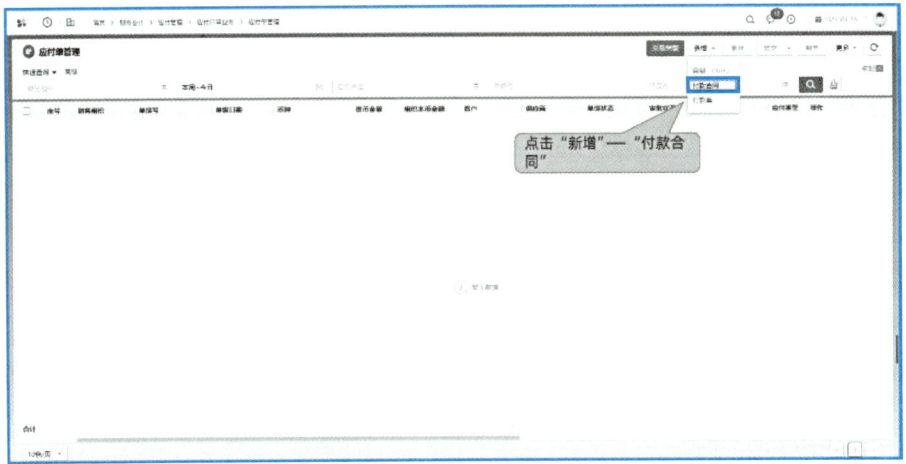

图 5-35 在应付单中关联付款合同

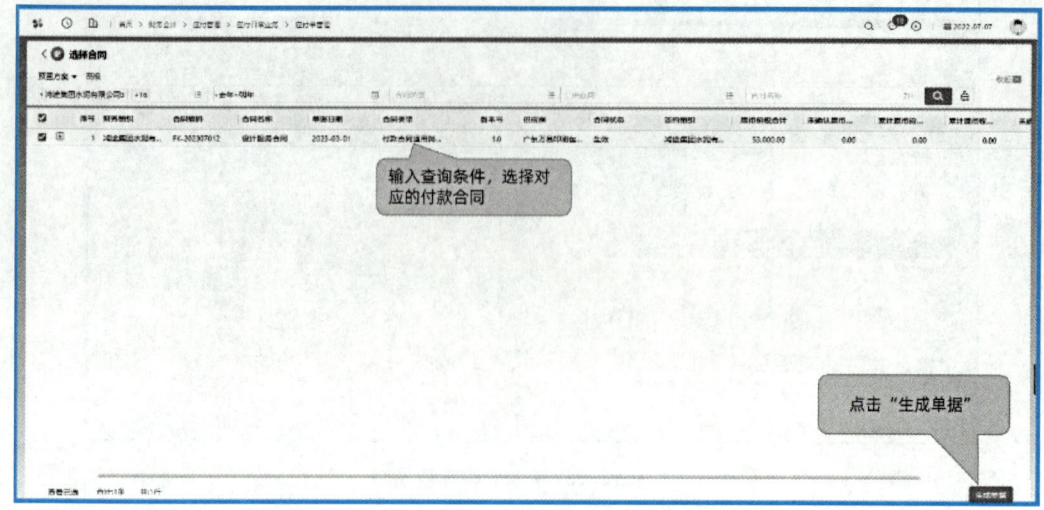

图 5-36　生成应付单

在应付单管理界面中,根据测试用例要求,将第三列的部门名称改为"销售服务办公室"。检查无误后单击右上角"保存",如图 5-37 所示。

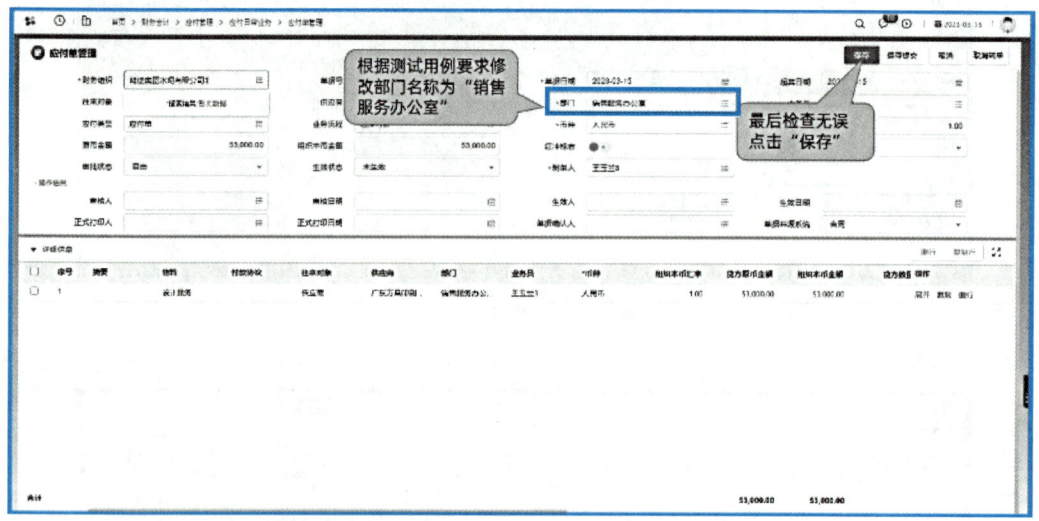

图 5-37　保存应付单

第三步:业务财务上传应付单影像。

应付单保存后,业务财务单击右上角"更多",在下拉菜单中单击"影像扫描"。进入影像管理系统之后如果需要用高拍仪进行扫描则需单击"扫描",如果通过本地上传则单击"导入",扫描全部完成之后单击"上传",如图 5-38 所示。影像扫描完成后单击"保存",如图 5-39 所示。

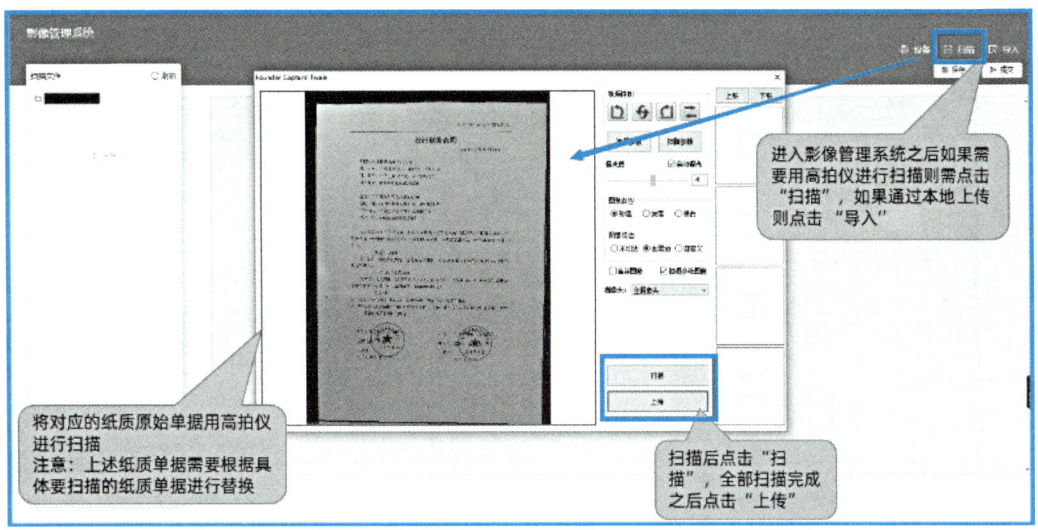

图 5-38　上传应付单影像

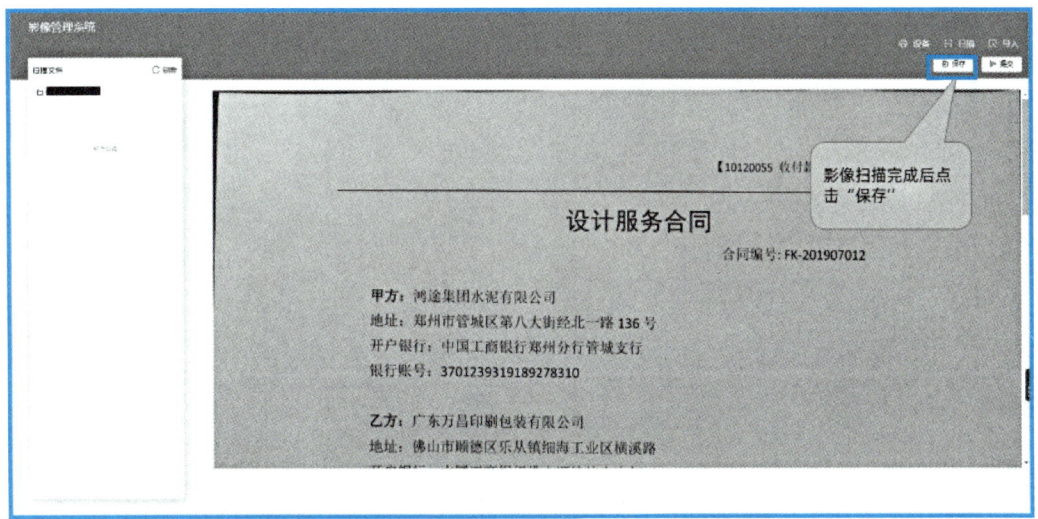

图 5-39　保存应付单影像

第四步：业务财务提交应付单。影像完成扫描、上传及保存后，单击右上角的"提交"，完成应付单的提交，如图 5-40 所示。

第五步：财务经理审批应付单。业务财务提交应付单后，岗位切换至财务经理。财务经理进入 NC Cloud 平台主界面，修改右上角的系统登录日期为"2023-03-15"，单击左上角"审批中心"中的"未处理"，打开单据，检查填写的应付单是否无误，如果无问题，单击"财务经理角色＜批准＞"，如图 5-41、图 5-42 所示。

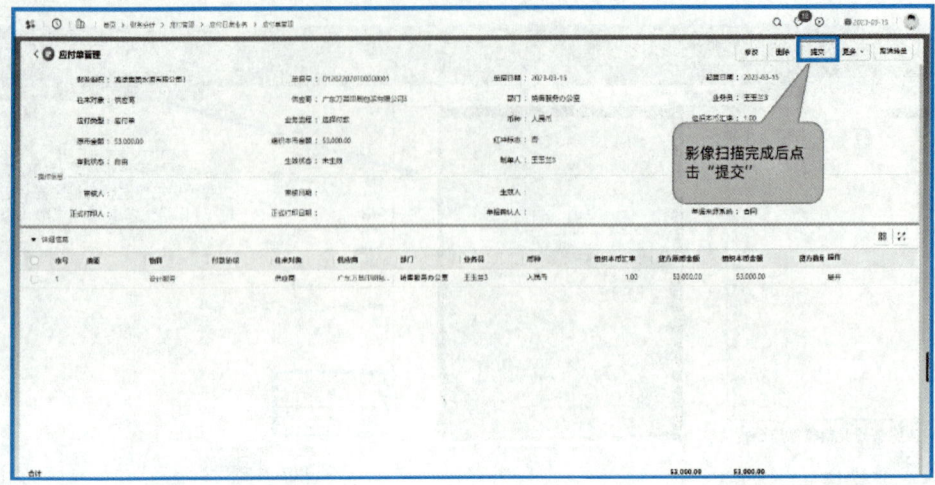

图 5-40　提交应付单

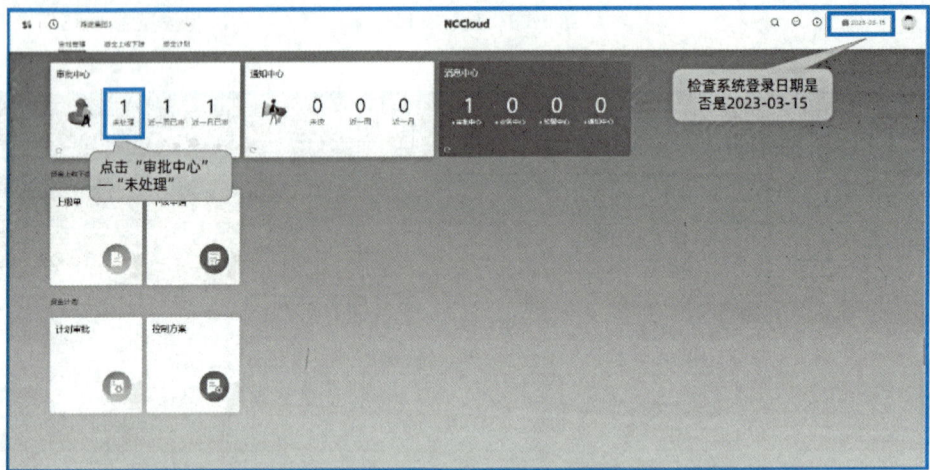

图 5-41　财务经理找到未审单据

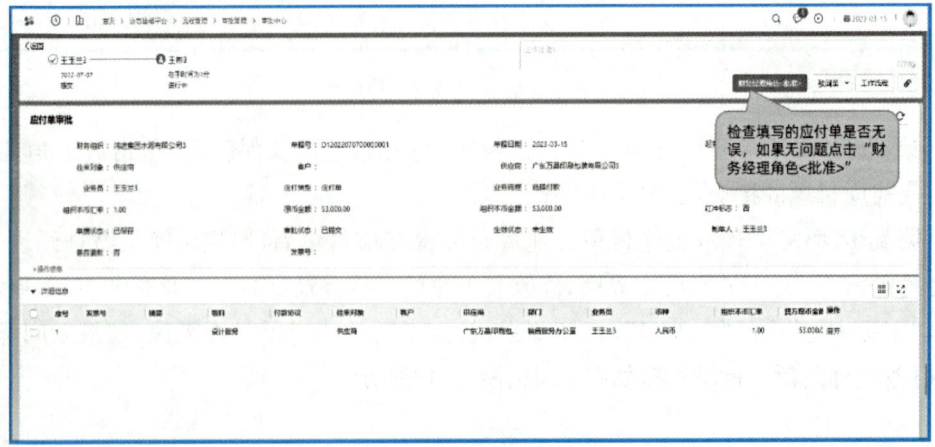

图 5-42　财务经理审批应付单

第六步：应付初审岗提取应付单。财务经理审批应付单后，岗位角色切换至应付初审岗，进入 NC Cloud 平台主界面，修改右上角的系统登录日期为"2023-03-15"，在左上角"我的作业"模块中先单击"提取任务"，再单击"待提取"，如图 5-43 所示。进入待提取界面后，单击右上角"提取任务"提取应付单，如图 5-44 所示。

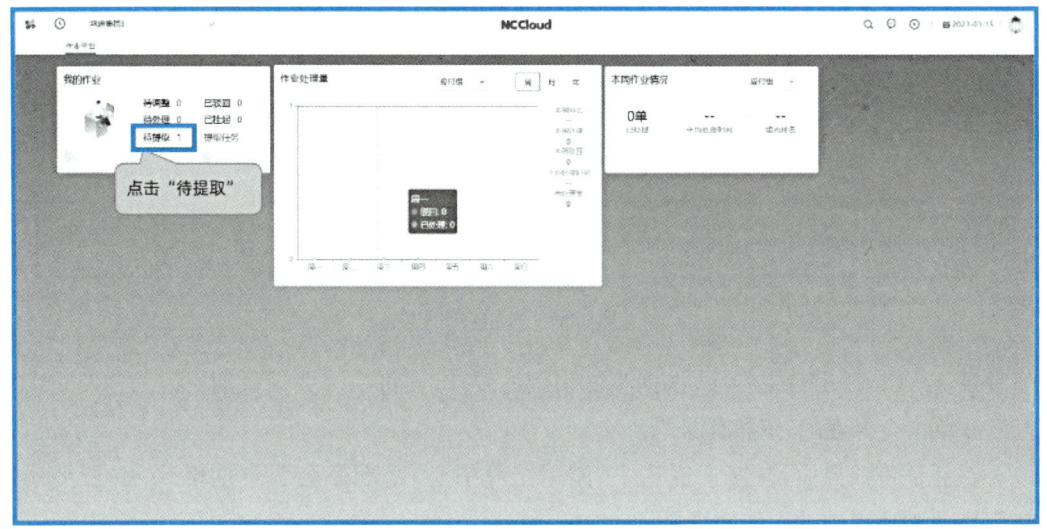

图 5-43　待提取应付单

图 5-44　提取应付单

第七步：应付初审岗审核应付单，如图 5-45 所示。

应付初审岗提取应付单后，进入审批情况界面，检查相关信息，确认无误后单击右上角"批准"。

第八步：总账主管岗审核记账凭证。该步骤由应付初审岗切换至总账主管岗，总账主

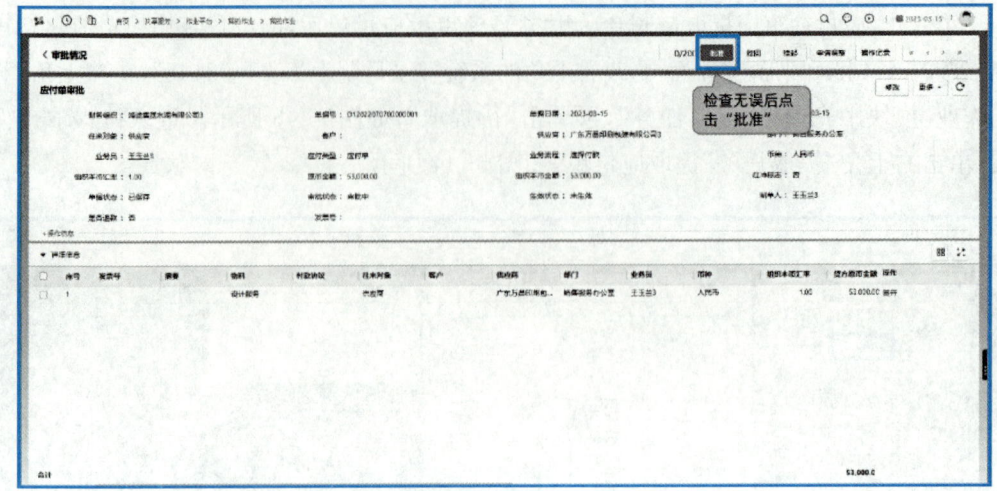

图 5-45 批准应付单

管登录 NC Cloud 平台主界面,根据测试用例的要求,先将系统登录日期更改为"2023-03-15",并单击主界面的"审核凭证"。

在凭证审核界面,在搜索栏选中"鸿途结算中心-基准账套",日期修改为"去年-明年",查找需要审核的记账凭证。

进入"凭证审核"界面后,检查凭证是否无误,确认无误后,单击右上角的"审核",完成该步骤的任务。

【操作提示】

在上一步应付初审岗审核应付单后,将由系统自动生成记账凭证,并通过记账凭证联查功能自动查询贯穿业务始终的原始凭证,所以此处无须人工手动制单,只需审核记账凭证即可。

4. 付款合同结算

该步骤的主要任务是进入 NC Cloud 平台,参照应付单新增付款单。该步骤流程,如图 5-46 所示。

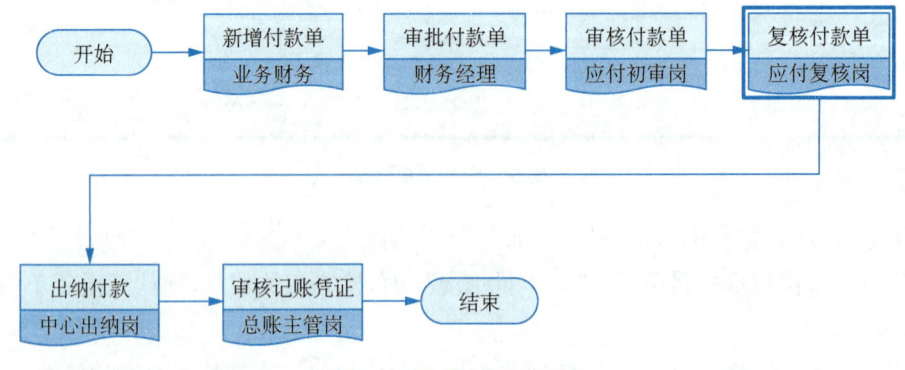

图 5-46 付款合同结算流程

【操作提示】

如果规划设计中没有涉及共享复核，可忽略红框标注环节。

第一步：业务财务登录平台，修改登录日期为"2023-03-20"，如图 5-47 所示。

图 5-47　调整业务日期

【操作提示】

此处的业务日期不同于付款合同应付，不能使用同一日期。

第二步：业务财务新增付款单。业务财务于 NC Cloud 平台主界面中单击"付款单管理"，在付款单管理界面，单击右上角"新增"，在下拉菜单中单击"应付单"，如图 5-48 所示，进入"选择应付单"界面，输入查询条件，左上角选择鸿途集团的 17 家成员单位，日期修改为"去年-明年"或"2023-03-01～2023-03-31"，单击"查询"后，选择对应的应付单，单击右下角的"生成下游单据"，如图 5-49 所示。

图 5-48　关联应付单

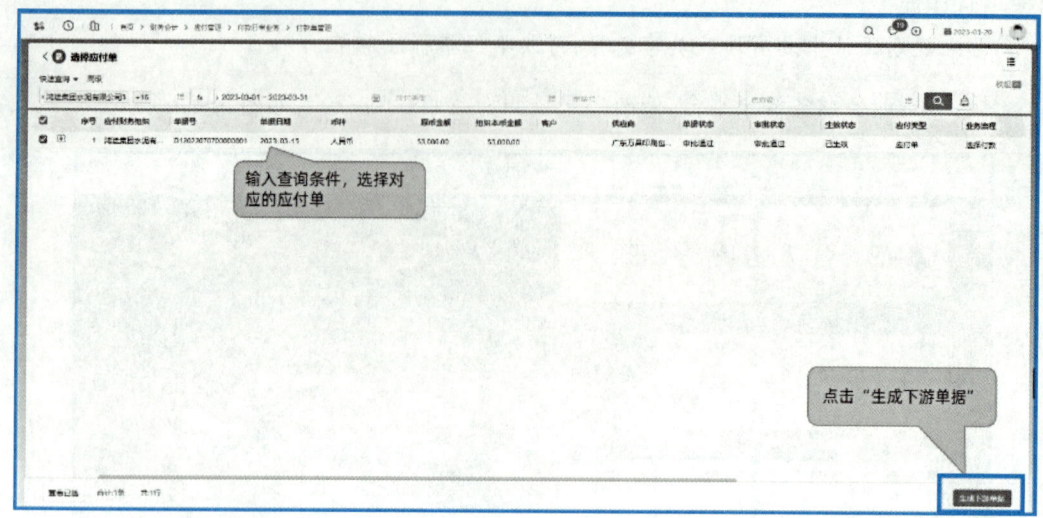

图 5-49 生成付款单

第三步：业务财务保存付款单，如图 5-50 所示。

业务财务在"付款单管理"界面，将表头第二列的"结算方式"选为"网银"，第三列的"付款银行账户"选择银行账号尾号是"8310"的付款银行账户，最后检查无误后，单击右上角的"保存"。

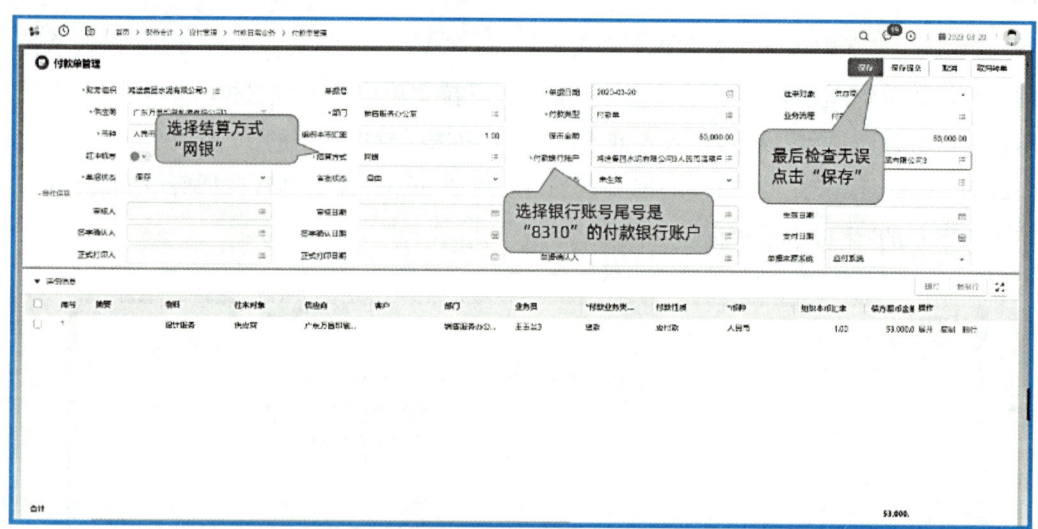

图 5-50 修改并保存付款单

第四步：业务财务上传付款单影像。如图 5-51 所示，付款单保存后，业务财务单击右上角"更多"，在下拉菜单中找到影像扫描，单击"影像扫描"，进入图 5-52 所示界面。进入影像管理系统之后如果需要用高拍仪进行扫描则需单击"扫描"，如果通过本地上传则单击"导入"，扫描全部完成之后单击"上传"。影像扫描完成后单击"保存"，如图 5-53 所示。

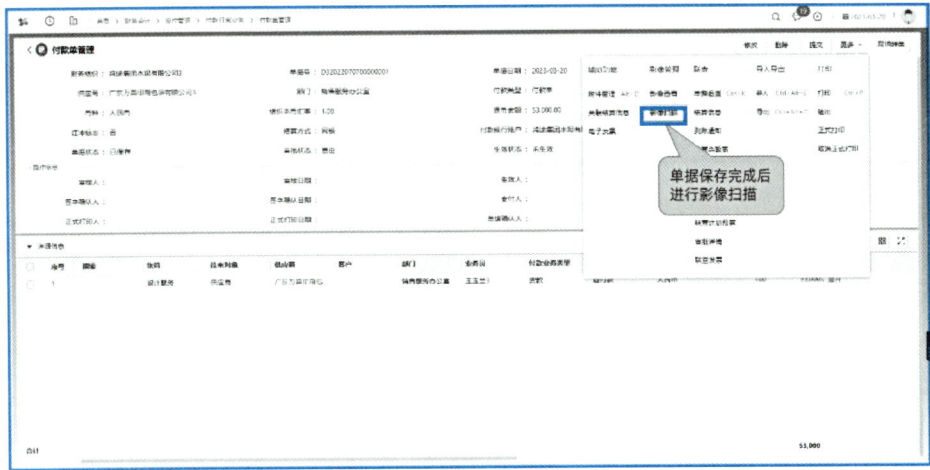

图 5-51　找到影像扫描

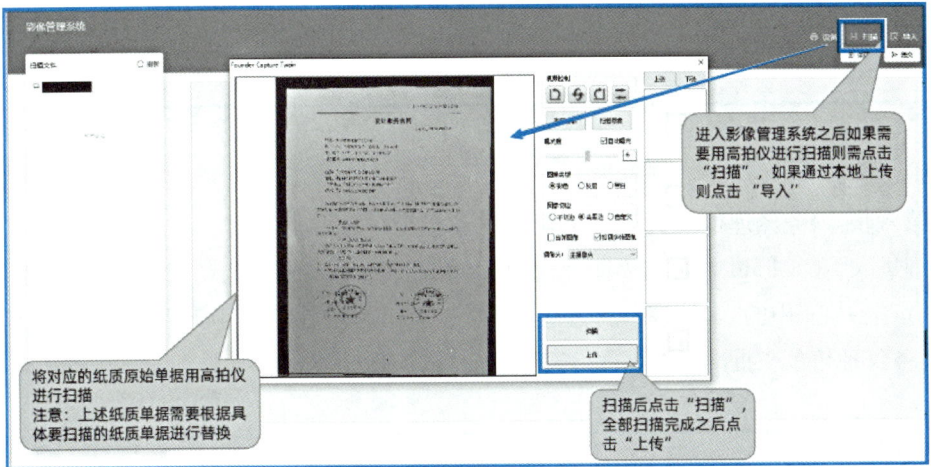

图 5-52　上传付款单影像

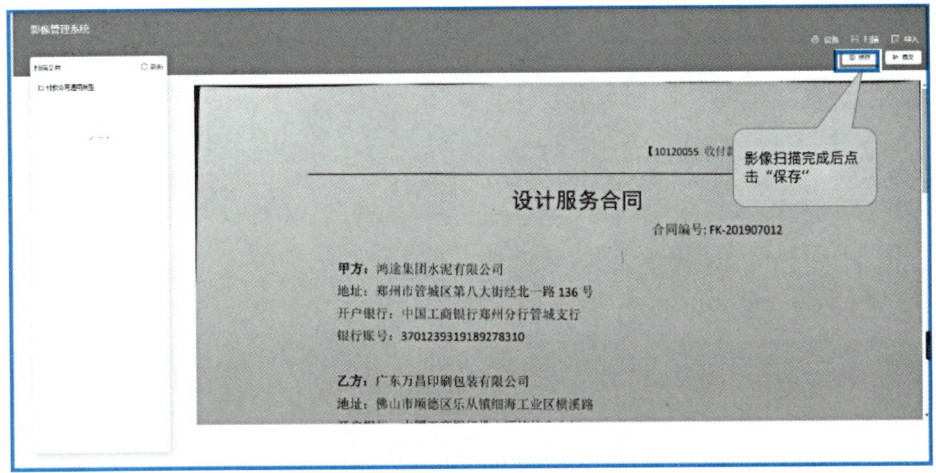

图 5-53　保存付款单影像

第五步：业务财务提交付款单。影像完成扫描、上传及保存后，单击右上角的"提交"，完成应付单的提交，如图 5-54 所示。

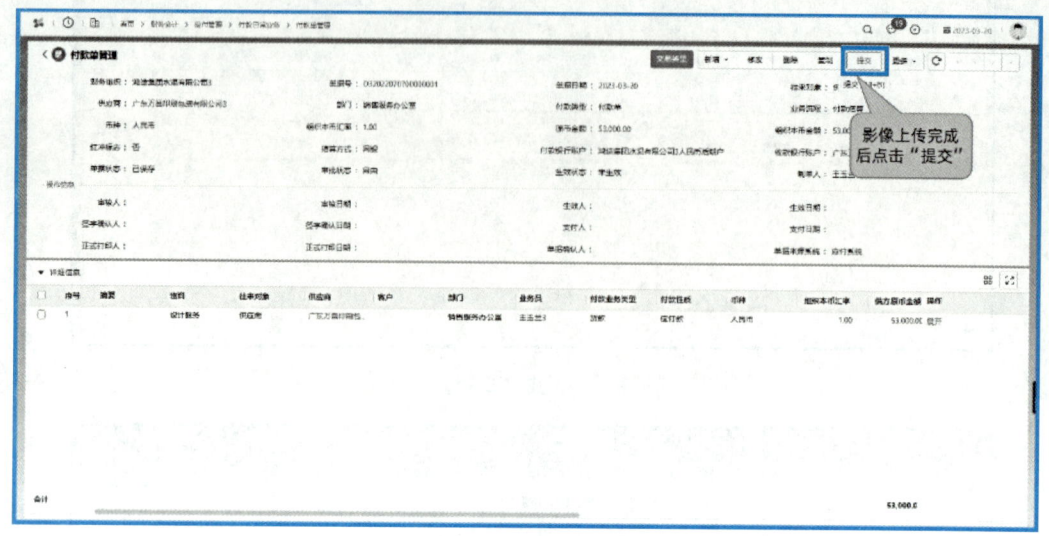

图 5-54　提交付款单

第六步：财务经理审批付款单。业务财务提交付款单后，岗位切换至财务经理。财务经理进入 NC Cloud 平台主界面，修改右上角的系统登录日期为"2023-03-20"，单击左上角"审批中心"中的"未处理"，打开单据，检查填写的付款单是否无误，如果无问题，单击"财务经理角色＜批准＞"，如图 5-55、图 5-56 所示。

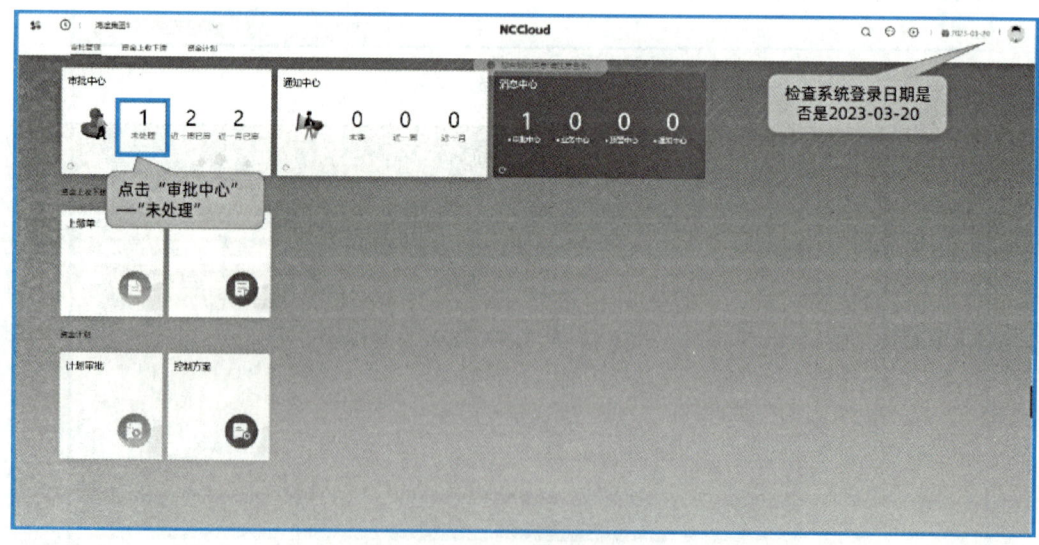

图 5-55　财务经理找到未审单据

项目五 资金结算共享业务 | 159

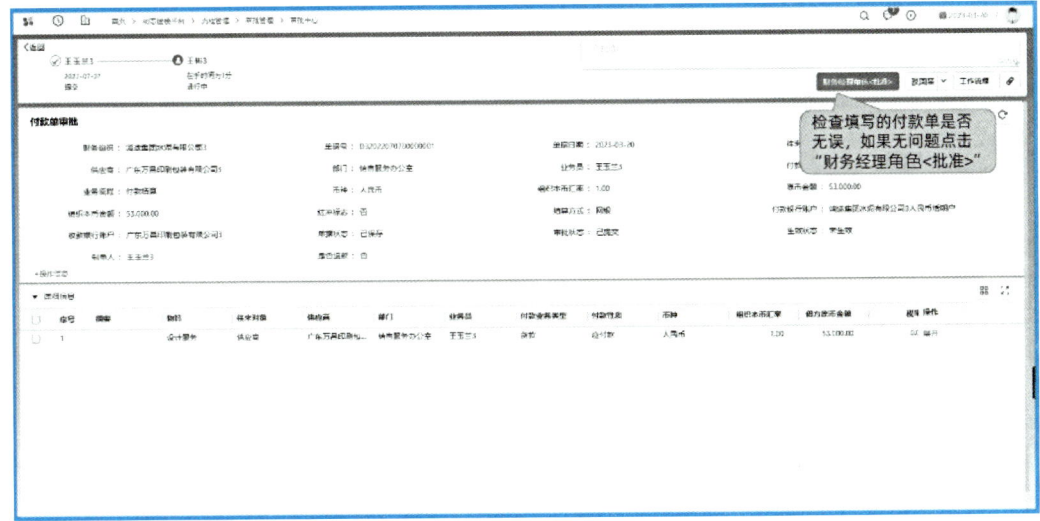

图 5-56 财务经理审批付款单

第七步:应付初审岗提取付款单。财务经理审批付款单后,岗位角色切换至应付初审岗,进入 NC Cloud 平台主界面,修改右上角的系统登录日期为"2023-03-20",在左上角"我的作业"模块先单击"提取任务",再单击"待提取",如图 5-57 所示。进入待提取界面后,单击右上角"提取任务"提取付款单,如图 5-58 所示。

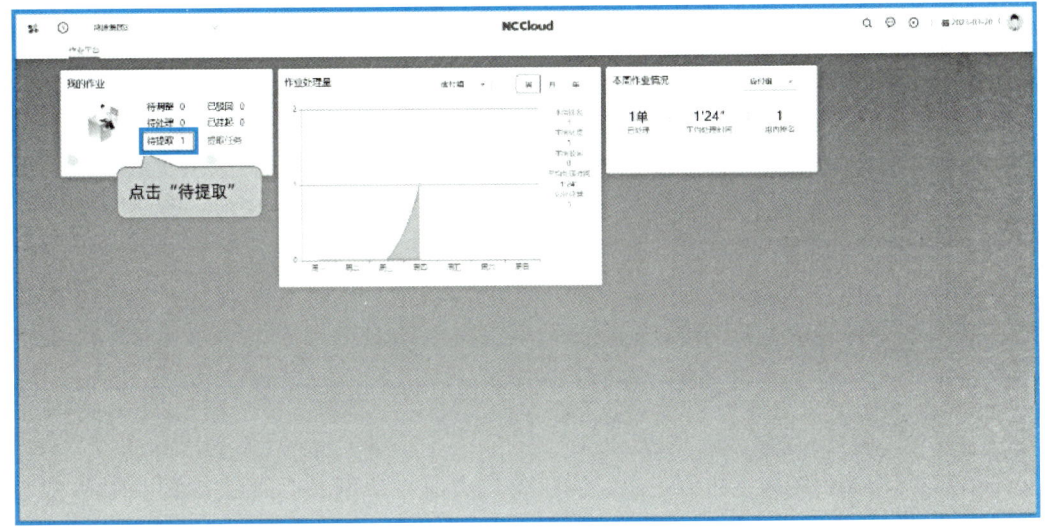

图 5-57 待提取应付单

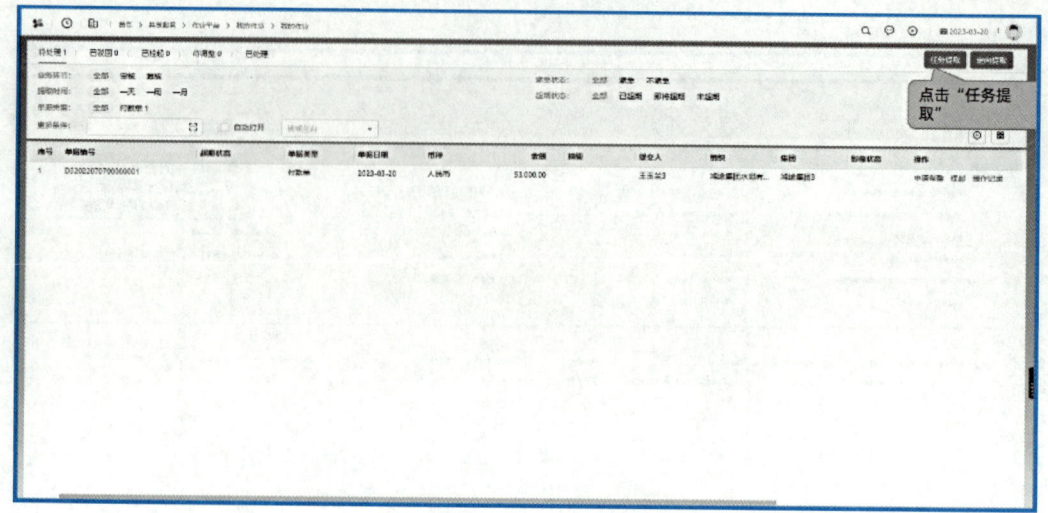

图 5-58 提取应付单

第八步:应付初审岗审核付款单。

应付初审岗提取付款单后,进入"审批情况"界面,检查相关信息,确认无误后单击右上角的"批准"完成付款单的所有审批,如图 5-59 所示。

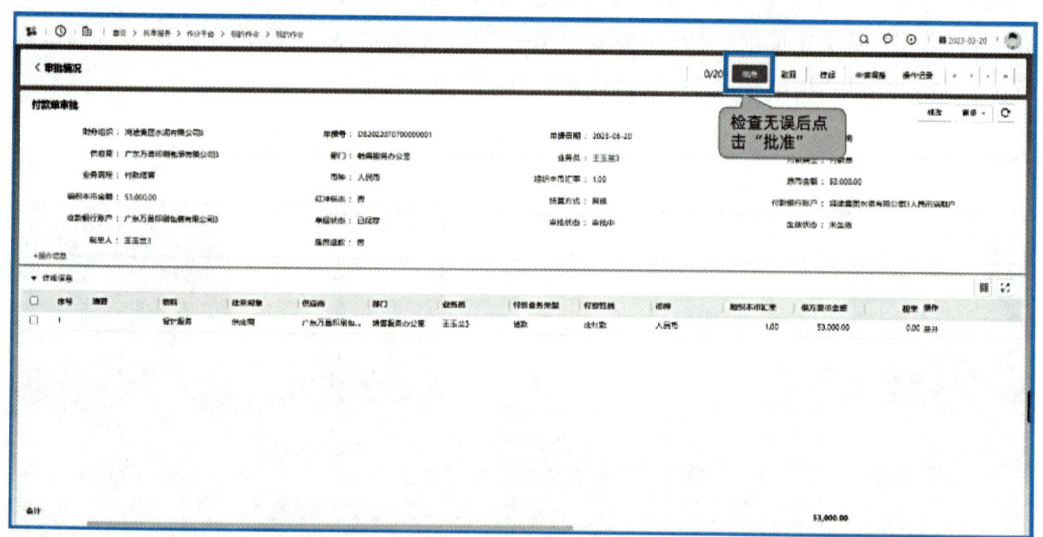

图 5-59 批准付款单

第九步:中心出纳岗支付应付单。岗位角色由应付初审岗切换至中心出纳岗,中心出纳岗登录 NC Cloud 平台主界面,根据测试用例的要求,将系统登录日期更改为"2023-03-20",并单击主界面左上角的"结算",如图 5-60 所示。

中心出纳岗进入"结算"主界面后,输入查询条件,左上角选择"鸿途结算中心",日期修改为"去年-明年"后,单击"查询",在"待结算"中找到已签字但尚未结算的单据并双击该条单据,如图 5-61 所示。

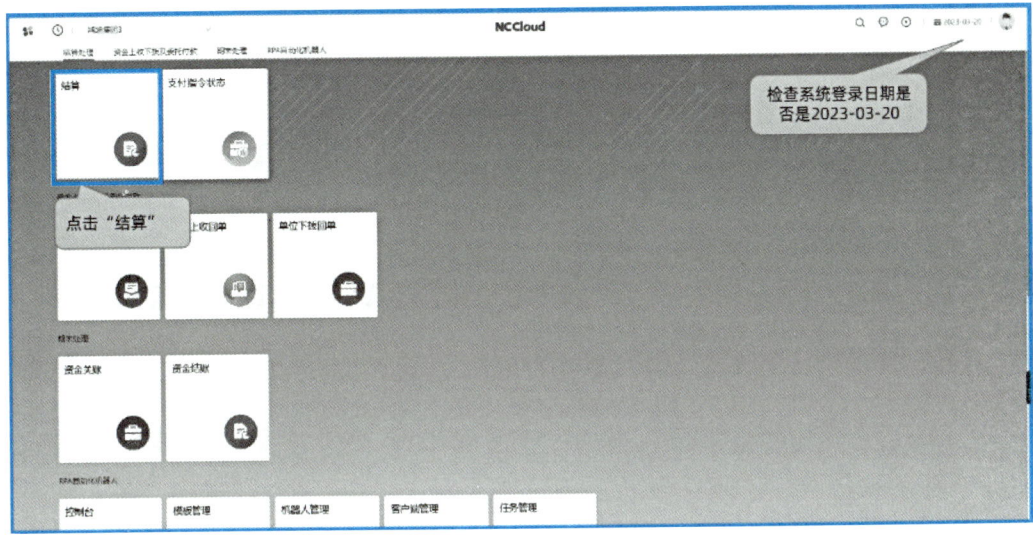

图 5-60 调整业务日期

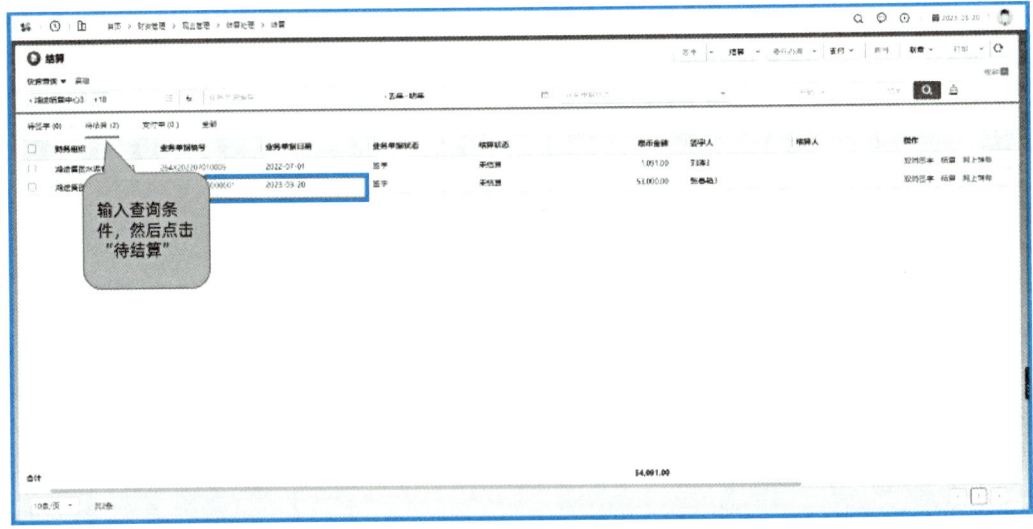

图 5-61 查询待结算付款单

双击进入该条单据后,单击右上角的"支付",在下拉菜单中选择"网上转账",完成资金的支付,如图 5-62 所示。

【操作提示】

支付类业务一般统一选择"网上转账",收款类业务一般统一选择"结算"。

第十步:总账主管岗审核记账凭证。岗位角色由中心出纳岗切换至总账主管岗,总账主管岗登录 NC Cloud 平台主界面,根据测试用例的要求,将系统登录日期更改为"2023-03-20",并单击主界面的"审核凭证",如图 5-63 所示。

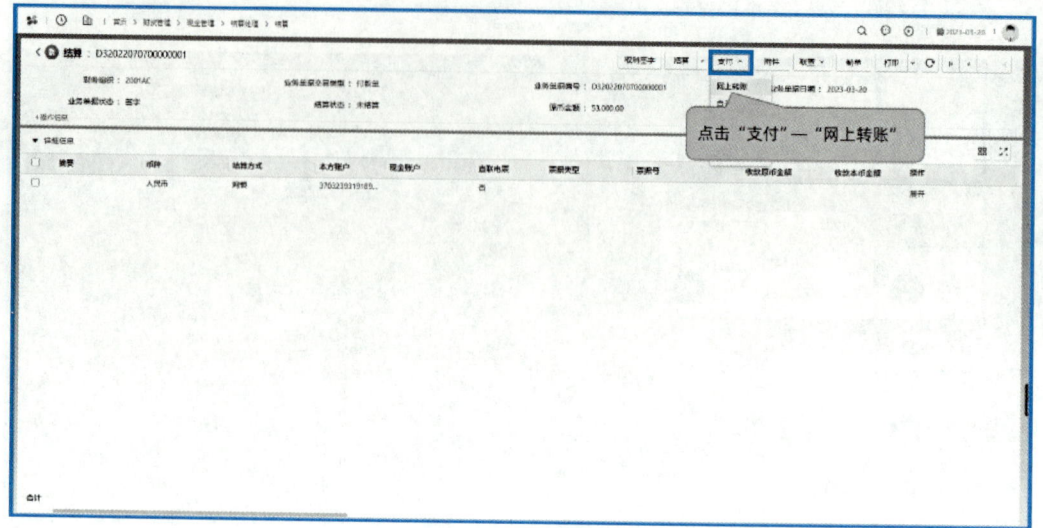

图 5-62　支付付款单

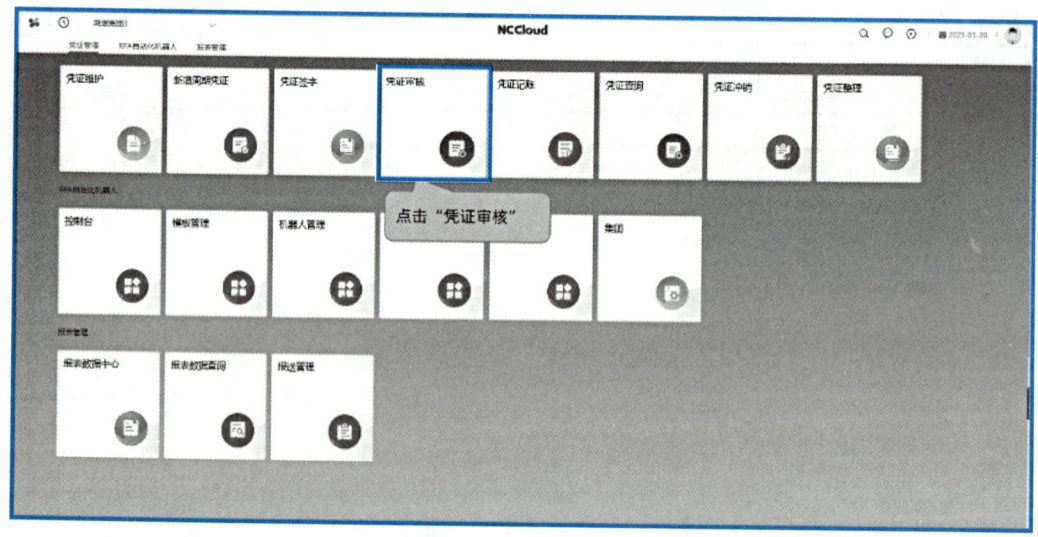

图 5-63　调整业务日期

在"凭证审核"界面搜索栏选中"鸿途结算中心-基准账套",日期修改为"去年-明年",查找需要审核的记账凭证,如图 5-64 所示。

进入"凭证审核"界面后,检查凭证是否无误,确认无误后,单击右上角的"审核",完成该步骤的任务,如图 5-65 所示。

【操作提示】

在上一步中心出纳岗支付资金后,系统将自动生成记账凭证,并能通过记账凭证联查功能自动查询贯穿业务始终的原始凭证,所以此处无须人工手动制单,只需审核记账凭证即可。

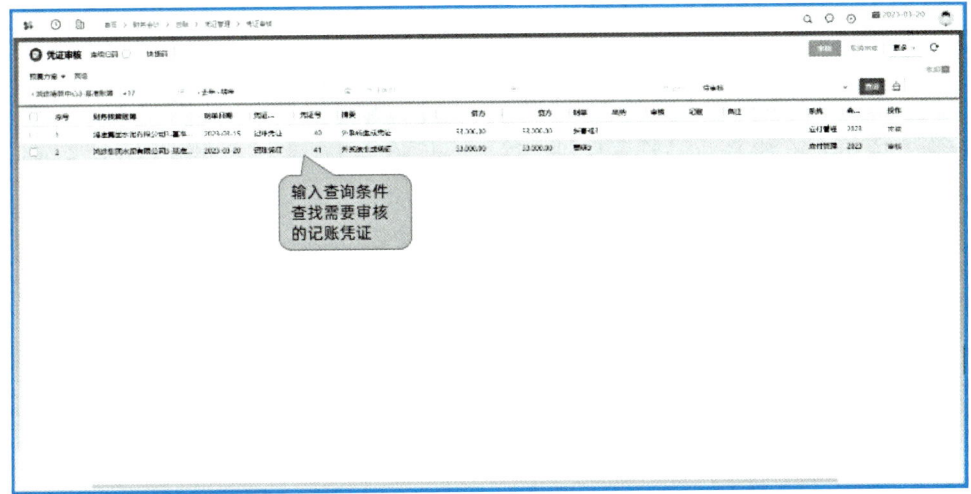

图 5-64 查询记账凭证

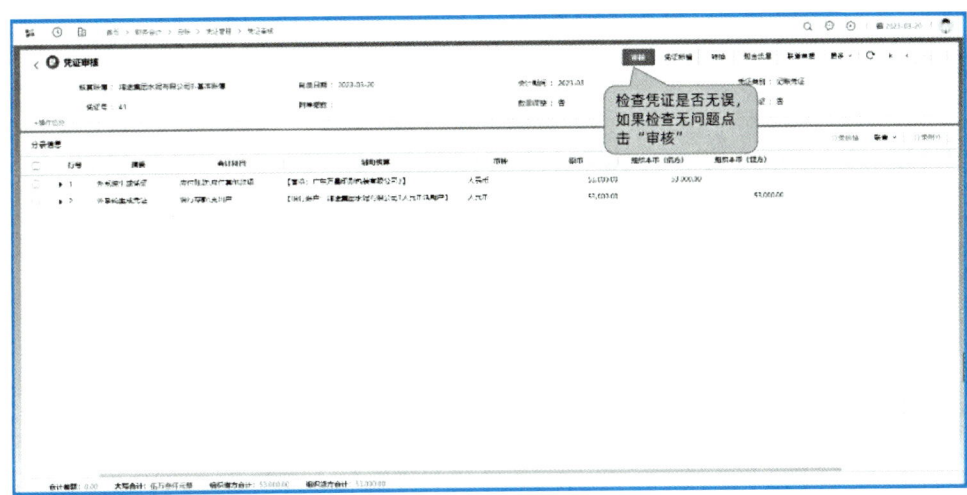

图 5-65 审核记账凭证

二、收款合同结算业务处理

【工作任务概述】

本任务根据案例企业的收款业务要求,将使用到收款合同。初次业务处理时需要进入财务共享服务中心,在工作流中启用收款合同。业务单据具体如表 5-2 所示。

表 5-2 业务单据

序号	名称	是否进 FSSC	是否属于作业组工作	流程设计工具
1	收款合同	Y	Y	工作流

【工作指导手册】

进入财务共享服务中心综合实践主界面,单击导航栏最上方"训练计划",选择导航栏第十五项训练计划"资金结算共享-收付款合同结算",选择"技术实现"中的"系统流程配置",如图 5-66 所示,单击"开始任务"后,在弹出的对话框中选择"去设置"。

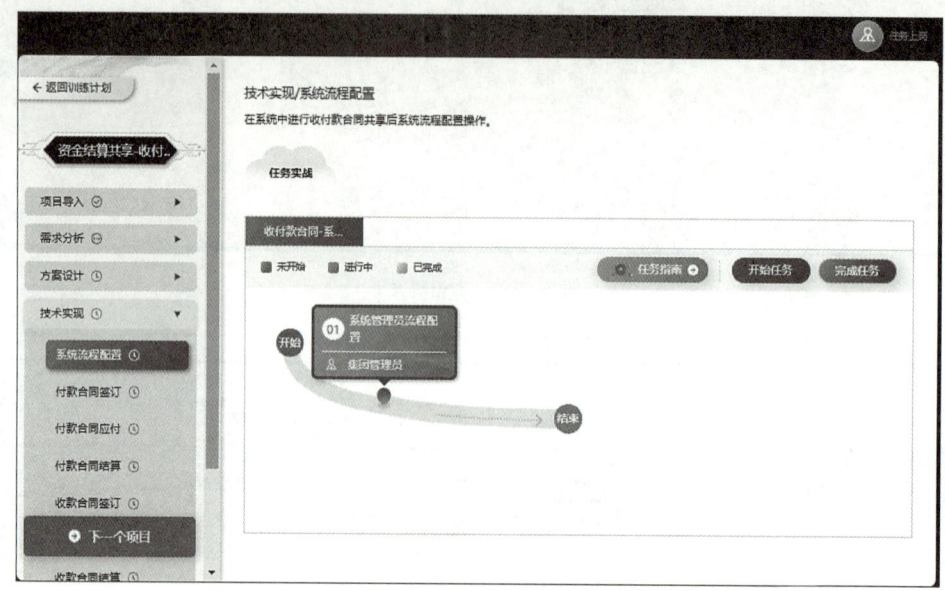

图 5-66　系统流程配置

如图 5-67 所示,单击集团管理员"上岗"操作后,回到主界面,单击"开始任务",进入 NC Cloud 平台主界面,单击左下角"工作流定义-集团"启用工作流,如图 5-68 所示。

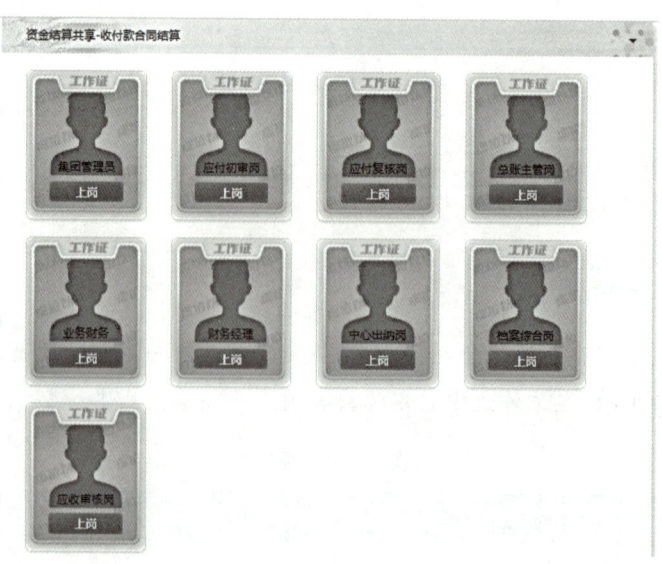

图 5-67　集团管理员上岗

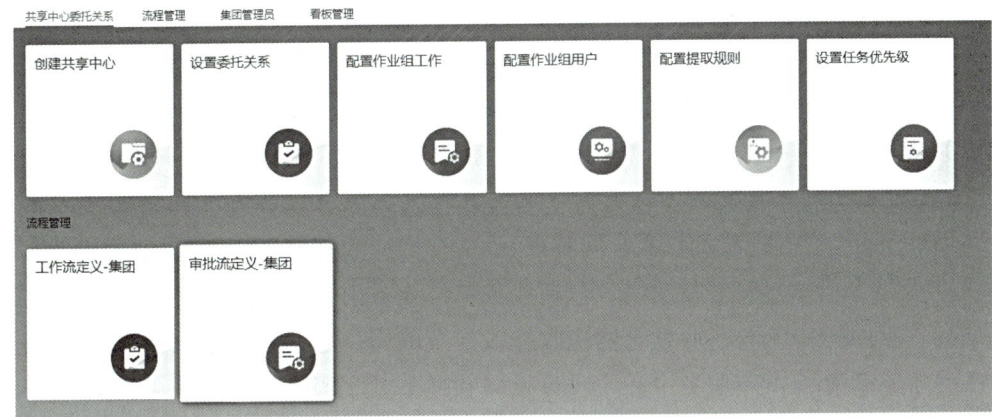

图 5-68 启用工作流

进入"工作流定义-集团"界面后,在左上角导航栏搜索"收款合同",选中上述单据,单击右侧操作中的"启用",完成系统操作的初始化设置,如图 5-69 所示。

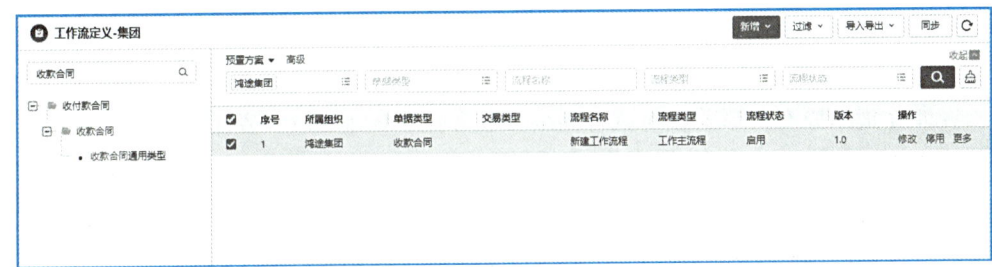

图 5-69 启用工作流

【业务内容】

1. 测试用例

天海中天精细化工有限公司要设计和试制一种新型水泥石,特聘请鸿途集团为其提供水泥石研制方法培训,合同金额为 4.24 万元(其中增值税税率 6%,增值税额 0.24 万元),期限一周。合同详细信息参见原始凭证。

合同名称:培训服务合同

合同编码:SK-202303005

合同甲方:天海中天精纠化工有限公司

合同乙方:鸿途集团水泥有限公司

合同标的与金额:乙方为甲方提供水泥石研制方法培训,培训结束后收取含税金额 4.24 万元。

收款方式:培训结束后一次性收取

合同登记日:2023 年 3 月 8 日

开票确立应收日:2023 年 3 月 22 日

收款日:2023年3月30日

注意事项:"物料"在NC Cloud平台中要选用"541701培训服务"。原始凭证(收款合同纸质件、银行回单打印件)作为本课程的教辅资源,在上课时以物理单证的形式发放给学生。

2. 角色分工

收款合同结算处理涉及收款合同签订、收款合同应收挂账、收款合同收款结算三个环节,其中收款合同签订涉及的岗位包括业务单位业务财务、业务单位财务经理和财务共享服务中心档案综合岗;收款合同应收挂账涉及的岗位包括业务单位业务财务、业务单位财务经理、财务共享服务中心应收审核岗和财务共享服务中心总账主管岗;收款合同收款结算涉及的岗位包括业务单位业务财务、业务单位财务经理、财务共享服务中心应收审核岗、财务共享服务中心中心出纳岗和财务共享服务中心总账主管岗。

三个环节一共涉及六个岗位,建议4~6人为一个小组,团队协作完成收款合同结算处理业务。

【操作指导】

1. 共享后流程图设计

在鸿途集团原有共享前收付款合同结算业务流程的基础上,结合企业的财务共享中心建设需求,根据企业财务职责和部门的调整情况及财务共享服务中心对应岗位的初始配置情况,设计共享后的收款合同结算流程。图5-70、图5-71、图5-72分别代表共享后的收款合同签订、收款合同应收挂账、收款合同收款结算流程。

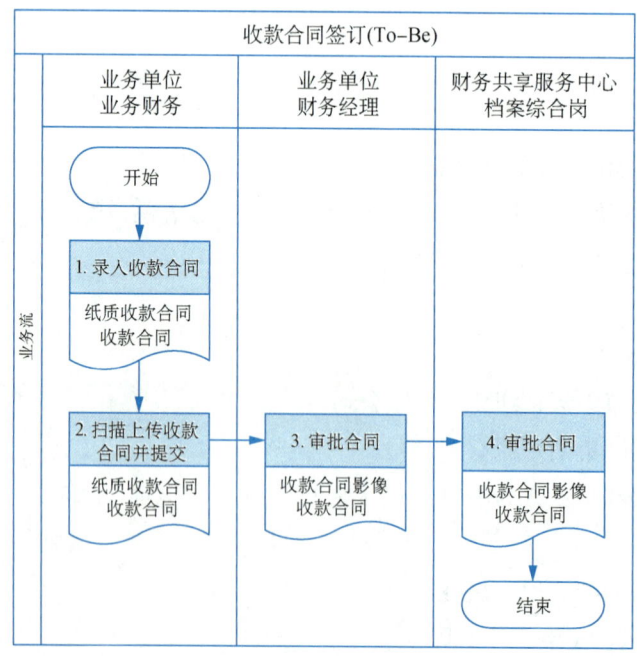

图5-70 收款合同签订流程

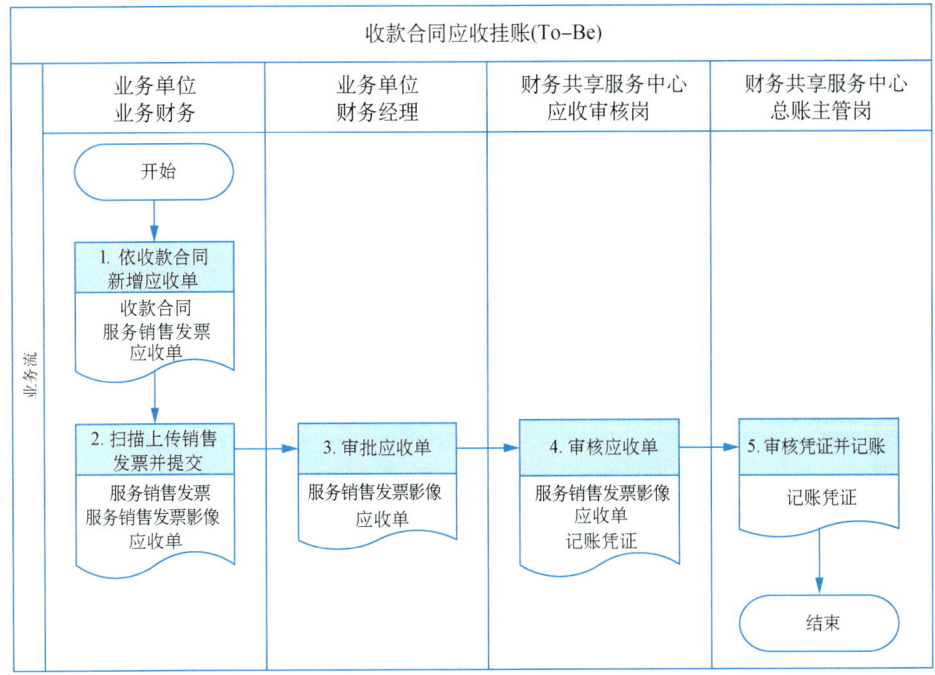

图 5-71 收款合同应收挂账流程

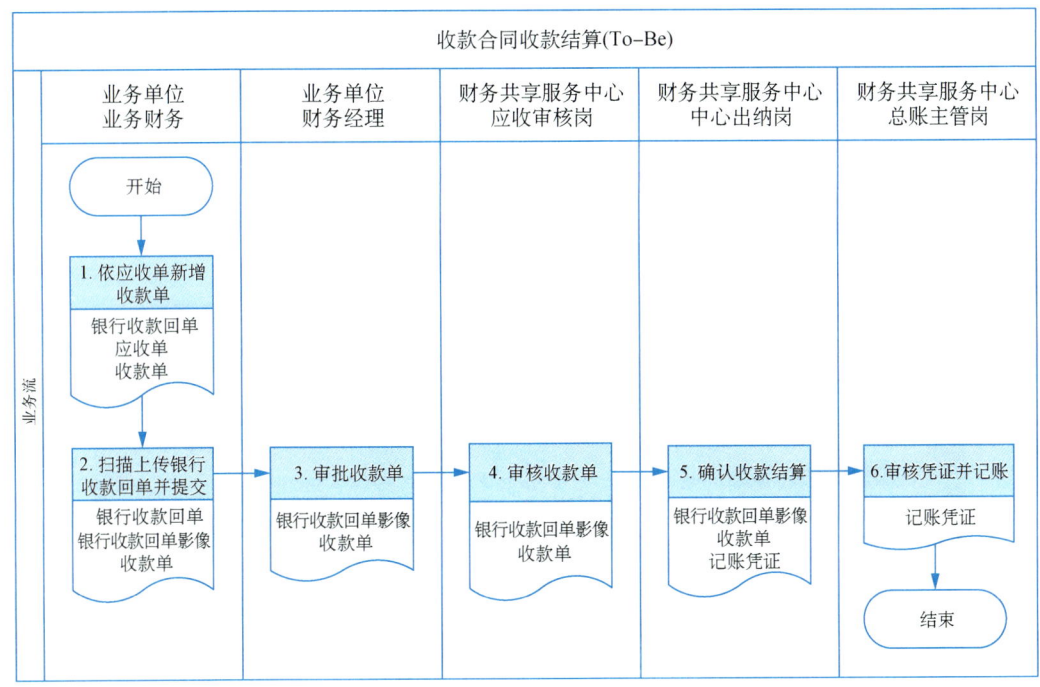

图 5-72 收款合同收款结算流程

2. 收款合同签订

该步骤的主要任务是进入 NC Cloud 平台，完成收款合同填写后扫描上传影像并提交。该步骤流程，如图 5-73 所示。

图 5-73 收款合同签订流程

第一步：业务财务登录平台，修改登录日期为"2023-03-08"，如图 5-74 所示。

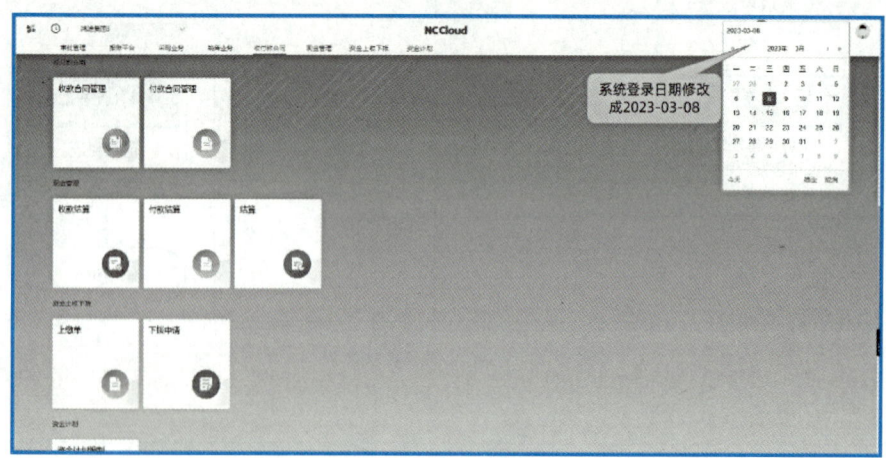

图 5-74 修改登录日期

【操作提示】

登录 NC Cloud 平台后必须先将"业务日期"和"单据日期"切换为测试用例中要求的日期。

第二步：业务财务录入收款合同。选中"收付款合同"下的"收款合同管理"，界面如图 5-75 所示。

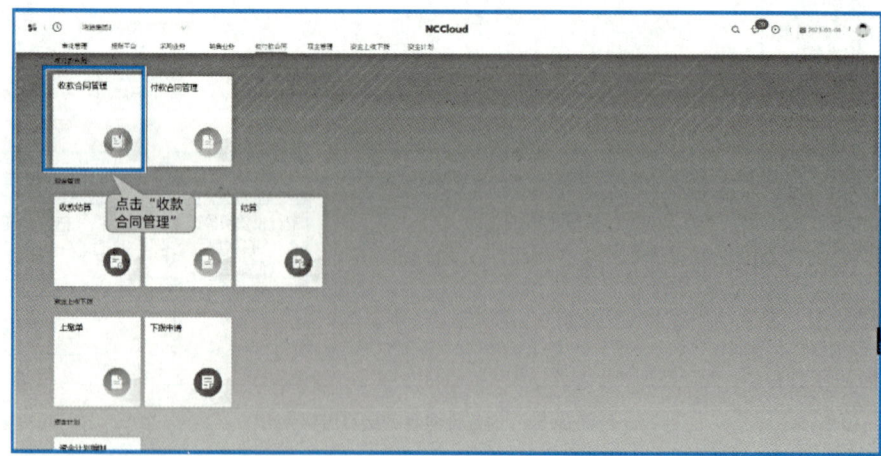

图 5-75 进入收款合同管理界面

第三步：业务财务录入收款合同，单击右上角"新增"，如图 5-76 所示。

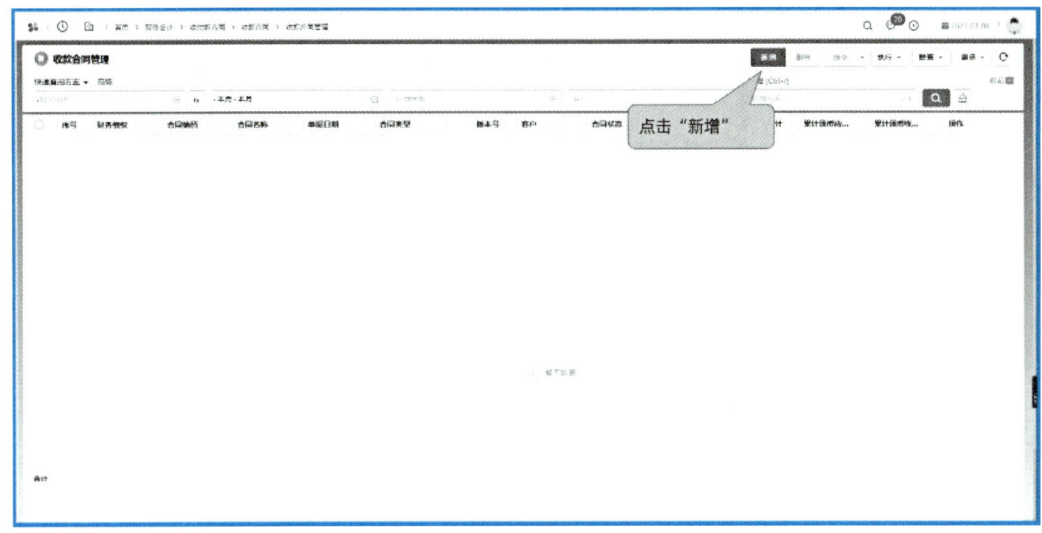

图 5-76　新增收款合同

第四步：业务财务录入收款合同详细信息，如图 5-77 所示。

按照测试用例中的业务内容录入收款合同，表头信息中的"承办组织"要选择对应序号的"鸿途集团水泥有限公司"，"合同类型"选择"培训服务合同"，"签字盖章日期""计划生效日期""计划终止日期"均需根据附件中的合同进行录入。

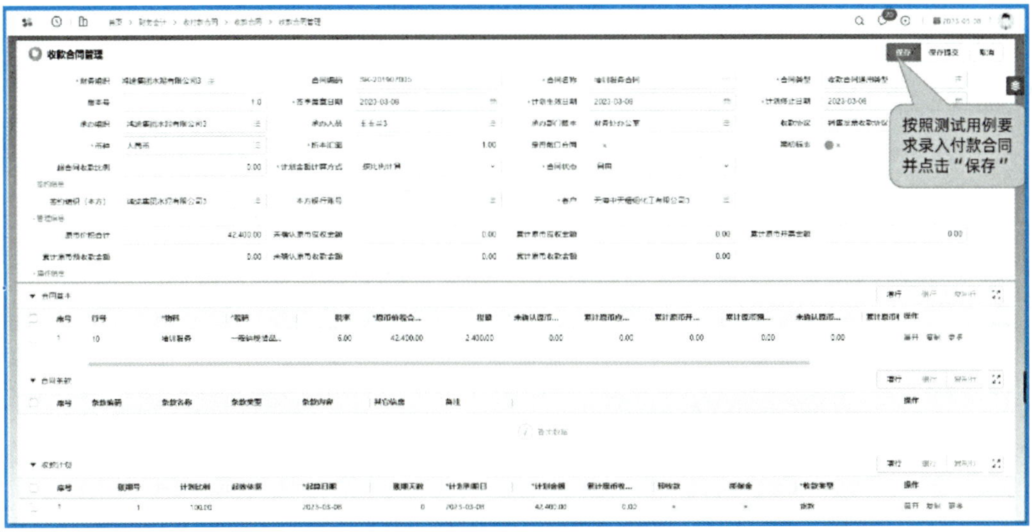

图 5-77　收款合同管理

第五步：业务财务影像扫描。单击右上角"联查"选中"影像扫描"，进入影像管理系统之后如果需要用高拍仪进行扫描则需单击"扫描"，如果通过本地上传则单击"导入"，扫描全部完成之后单击"上传"。影像扫描完成后单击"提交"，完成收款合同的提交，如

图5-78所示。

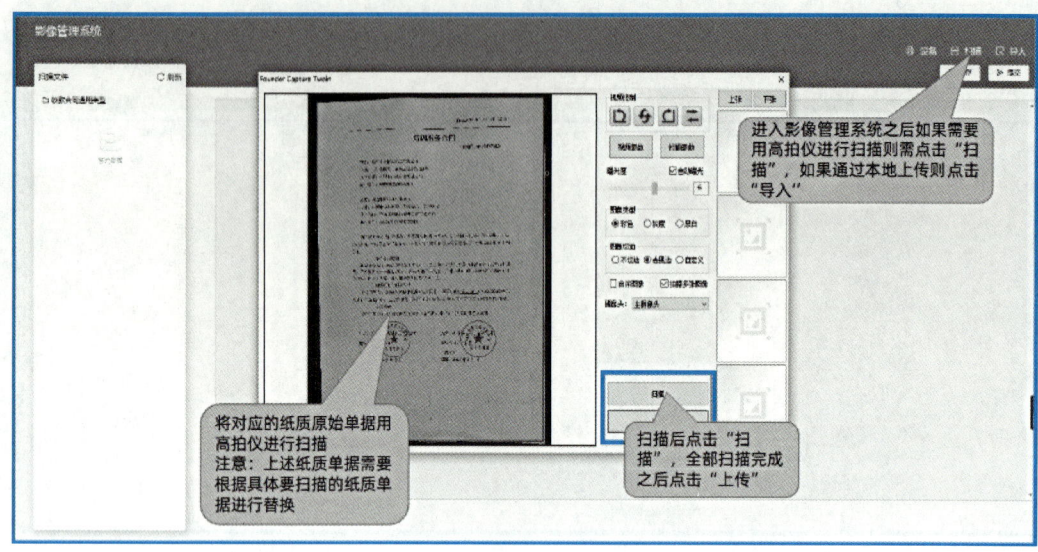

图5-78 扫描上传影像

第六步：财务经理审批收款合同。岗位切换至财务经理，财务经理在NC Cloud平台主界面修改登录日期为"2023-03-08"，点击主界面左上角"审批中心"中的"未处理"，打开单据，检查收款合同信息是否填列完整，在"联查"中找到扫描的影像，并将影像与填列信息作对比，检查是否无误，如无任何问题，单击"财务经理角色＜批准＞"完成审批，如图5-79所示。

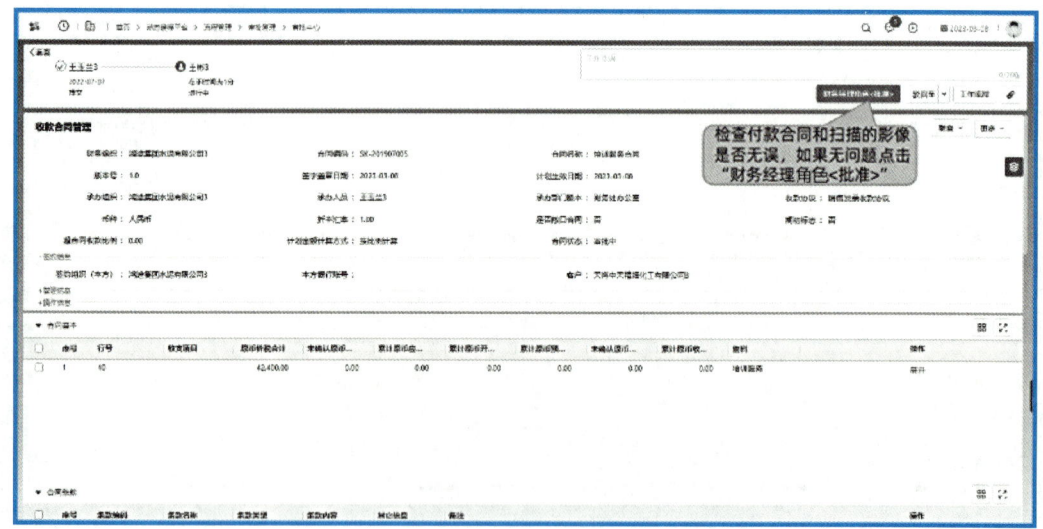

图5-79 审批收款合同

第七步：档案综合岗进行收款合同归档。切换岗位至档案综合岗，档案综合岗进入NC Cloud平台后，根据案例情况修改右上角的日期为"2023-03-08"，在左上角"我的作业"板块，单击"提取任务"后，单击"我的作业"—"待提取"。进入新界面后单击右上角

"任务提取",观察页面是否有业务单据出现,如有业务单据出现,则双击该条单据信息,进入"单据审批"界面。单击"联查",在下拉菜单中找到并单击"影像查看",检查影像与付款合同填写是否一致,检查无误后单击右上角"批准",如图 5-80 所示。

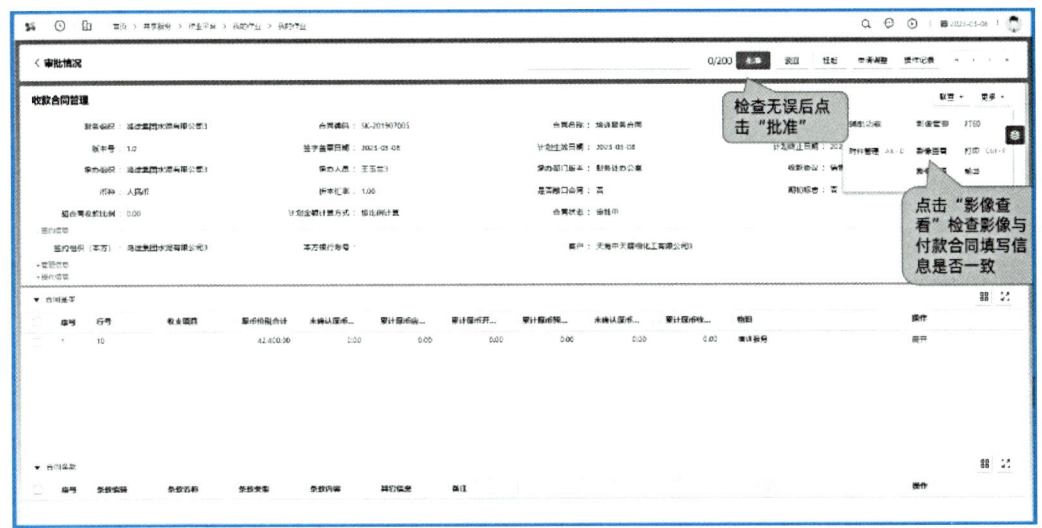

图 5-80　档案综合岗审批合同

第八步:档案综合岗执行生效收款合同。档案综合岗退回至 NC Cloud 平台主界面。

在 NC Cloud 平台主界面确认系统登录日期为"2023-03-08",确认无误后,再次单击左上角"我的作业"—"待处理"。进入新界面后,单击上方导航栏的"已处理",找到处理的收款合同,双击打开至图 5-81 所示界面,再次核对合同信息是否无误,确认后单击右上角"执行",选中下拉列表中的"生效",完成该合同的执行生效。至此,完成收款合同签订。

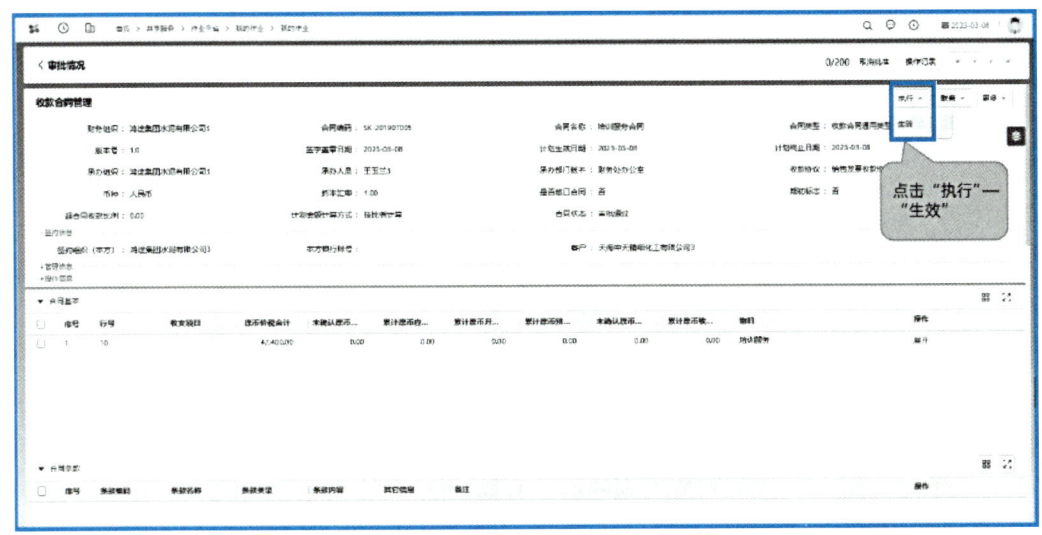

图 5-81　收款合同生效

3. 收款合同挂账

该步骤主要任务是进入 NC Cloud 平台,参照收款合同新增应收单后扫描上传影像并提交。该步骤流程,如图 5-82 所示。

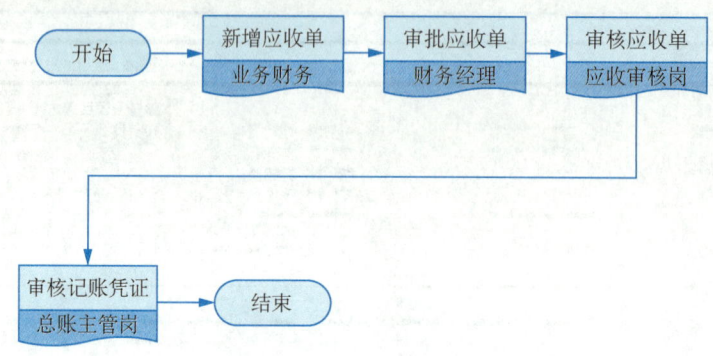

图 5-82　收款合同挂账流程

第一步:业务财务登录平台,修改登录日期为"2023-03-22",如图 5-83 所示。

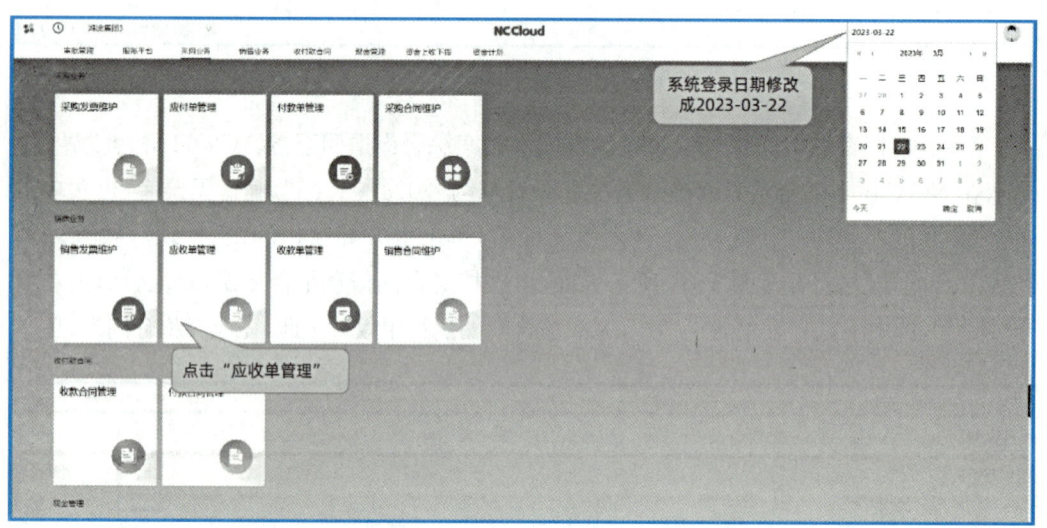

图 5-83　调整业务日期

【操作提示】

此处的业务日期不同于收款合同签订,不能使用同一日期。

第二步:业务财务生成应收单。业务财务在 NC Cloud 平台主界面中单击"应收单"管理模块,进入该模块后单击右上角"新增",在下拉菜单中,选中"收款合同"。进入合同选择界面后,输入查询条件,选择鸿途集团水泥板块的 17 家成员单位,日期修改为"去年-明年",单击"查询"后,选择对应出现的收款合同,此时单击右下角的"生成单据"。在应收单管理界面中,根据测试用例要求,将第三列的部门名称改为"办公室",最后检查是否无误,确认无误后单击右上角的"保存",如图 5-84 所示。

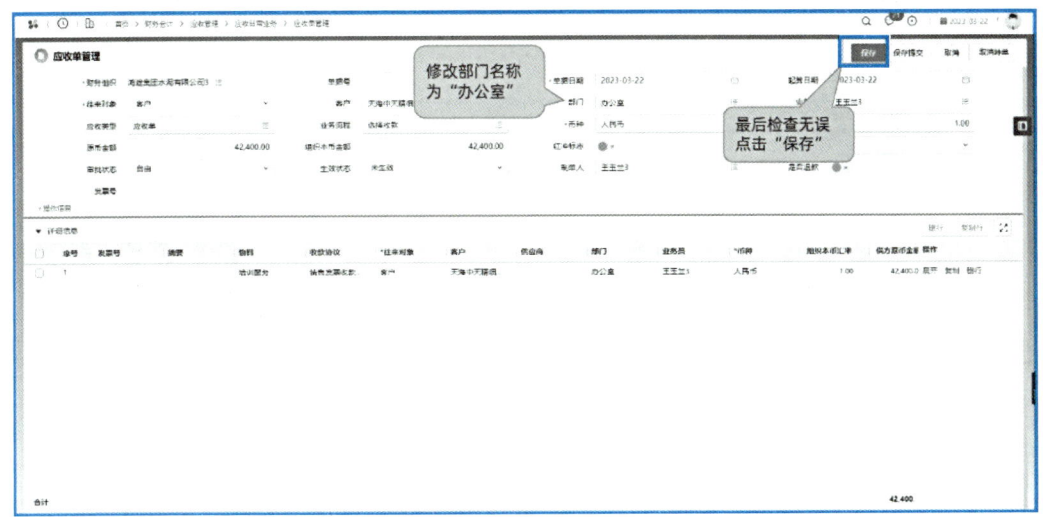

图 5-84　保存应收单

第三步:业务财务上传应收单影像,如图 5-85 所示。

应收单保存后,业务财务单击右上角"更多",在下拉菜单中单击"影像扫描",进入图 5-85 所示界面。进入影像管理系统之后如果需要用高拍仪进行扫描则需单击"扫描",如果通过本地上传则单击"导入"。扫描全部完成之后单击"上传",影像扫描完成后单击"保存"。影像完成扫描、上传及保存后,回到"应收单管理"界面,单击右上角的"提交",完成应收单的提交。

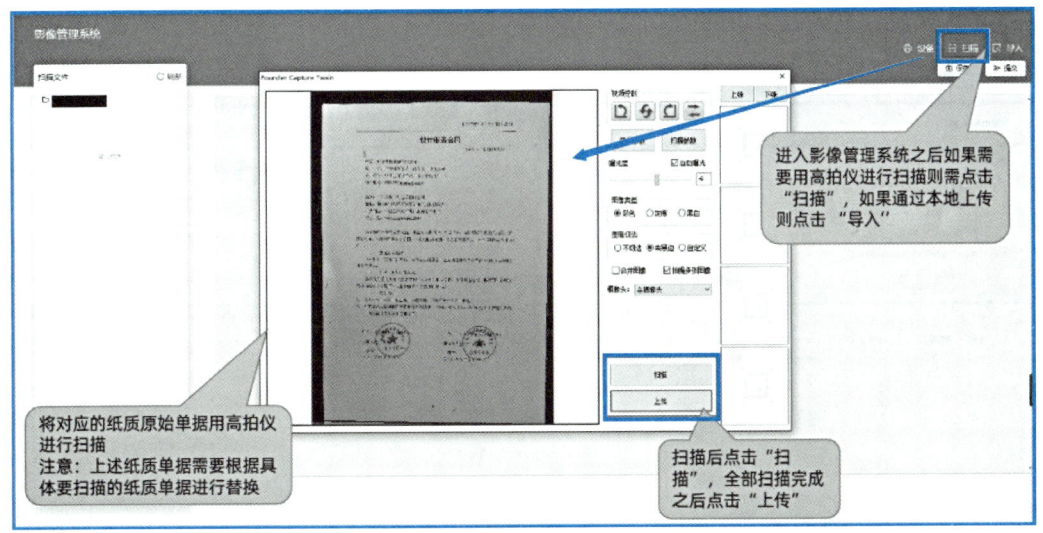

图 5-85　上传应收单影像

第四步:财务经理审批应收单。业务财务提交应收单后,岗位切换至财务经理。财务经理进入 NC Cloud 平台主界面,修改右上角的系统登录日期为"2023-03-22",单击左上角"审批中心"中的"未处理",打开单据,检查填写的应收单是否无误,如果无问题,单击"财务经理角色＜批准＞",如图5-86所示。

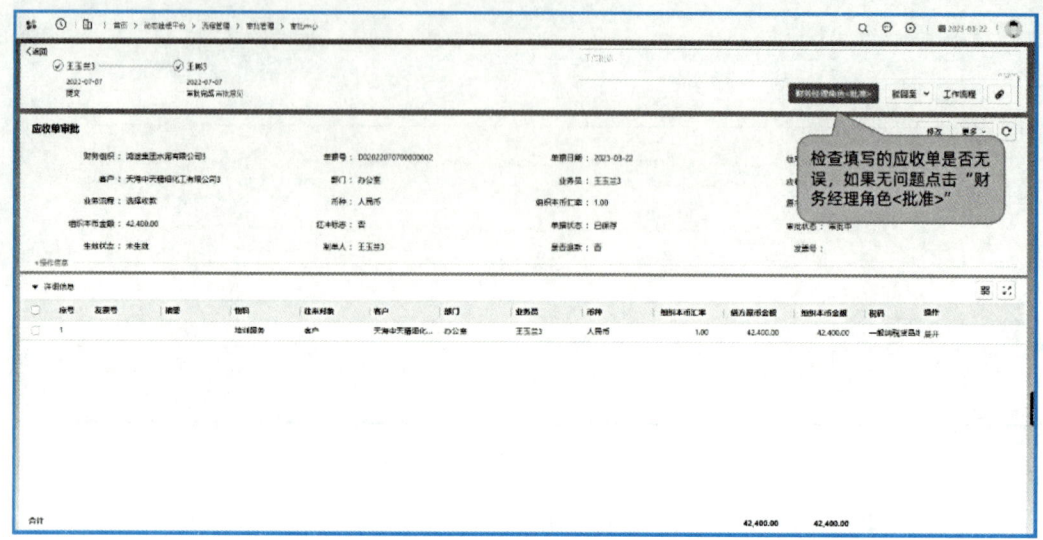

图5-86　财务经理审批应收单

第五步:应收审核岗审核应收单。财务经理审批应收单后,岗位角色切换至应收审核岗,进入NC Cloud平台主界面,修改右上角的系统登录日期为"2023-03-22",在左上角"我的作业"模块先单击"提取任务",再单击"待提取",进入待提取界面后,单击右上角"提取任务"提取应付单。应收审核岗提取应收单后,进入"审批情况"界面,检查相关信息,确认无误后单击右上角的"批准",如图5-87所示。

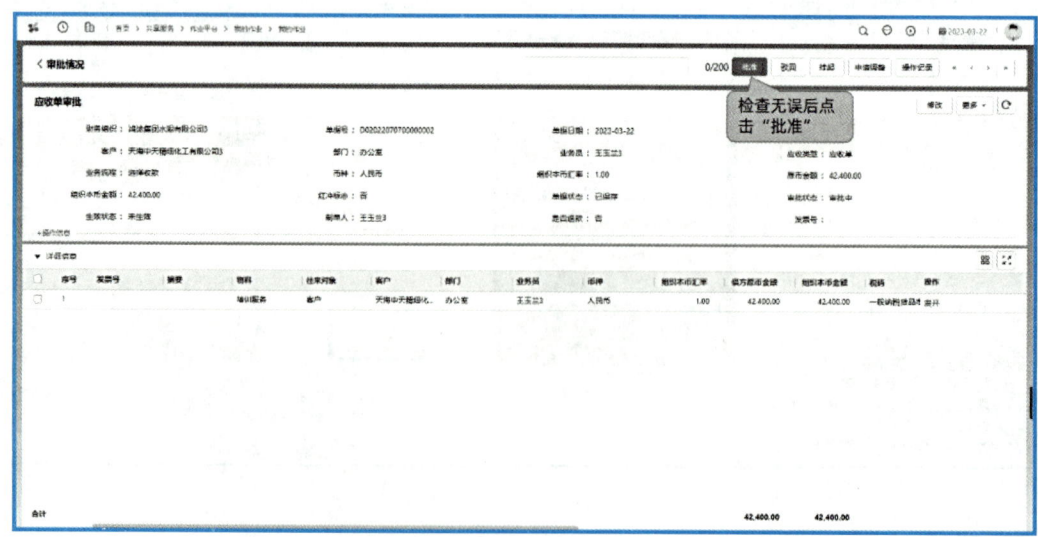

图5-87　批准应收单

第六步：总账主管岗审核记账凭证。岗位角色由应收审核岗切换至总账主管岗，总账主管登录 NC Cloud 平台主界面，修改右上角的系统登录日期为"2023-03-22"，再单击"凭证审核"模块，进入"凭证审核"界面后，在搜索栏选中"鸿途结算中心-基准账套"，日期修改为"去年-明年"后，查找需要审核的记账凭证。

进入"凭证审核"界面后，检查凭证是否无误，确认无误后，单击右上角的"审核"，完成该步骤的任务，如图 5-88 所示。

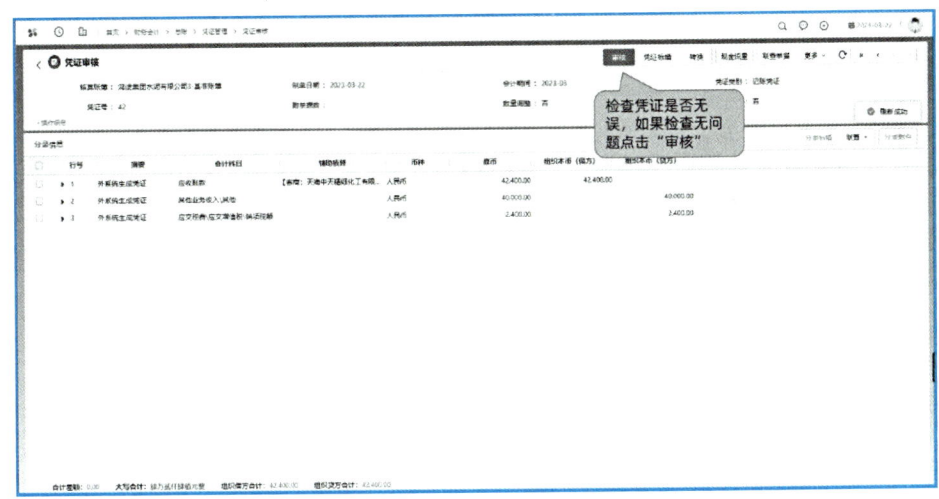

图 5-88　审核记账凭证

【操作提示】

在上一步应收审核岗审核应收单后，将由系统自动生成记账凭证，并能通过记账凭证联查功能自动查询贯穿业务始终的原始凭证，所以此处无须人工手动制单，只需审核记账凭证即可。

4. 收款合同结算

该步骤的主要任务是进入 NC Cloud 平台，参照应收单新增收款单。该步骤的流程，如图 5-89 所示。

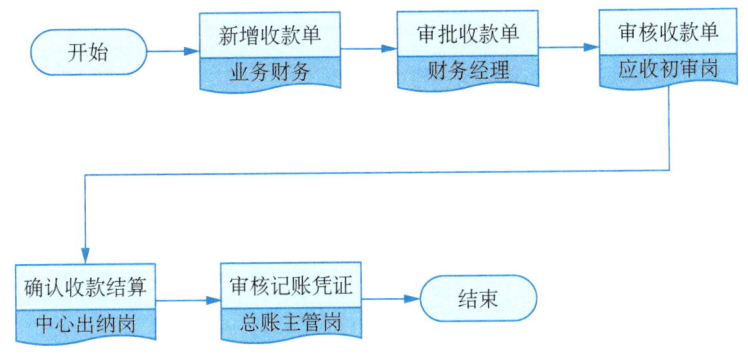

图 5-89　收款合同结算流程

第一步：业务财务登录平台，修改登录日期为"2023-03-30"，如图 5-90 所示。

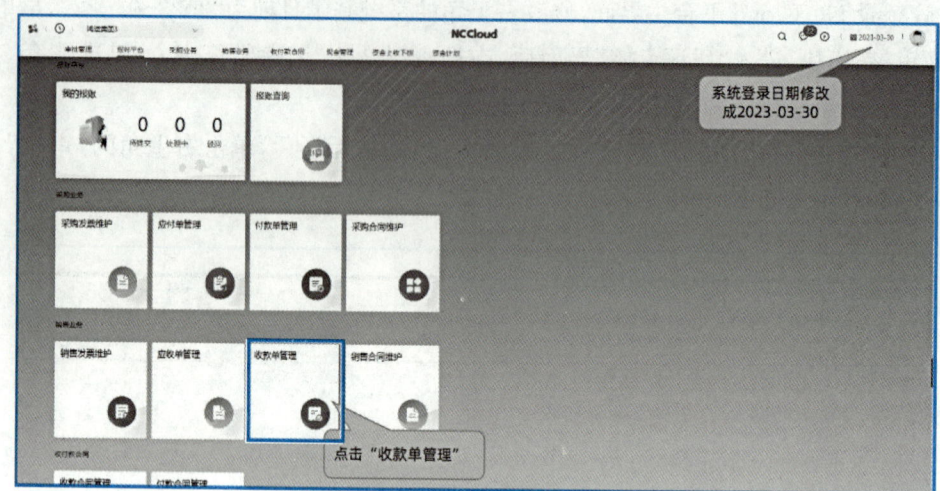

图 5-90　调整业务日期

【操作提示】

此处的业务日期不同于收款合同与应收单，不能使用同一日期。

第二步：业务财务新增收款单。业务财务于 NC Cloud 平台主界面中单击"收款单管理"，在"收款单"管理界面，单击右上角"新增"，在下拉菜单中单击"应收单"，进入"选择应收单"界面，输入查询条件，选择鸿途集团水泥板块的 17 家成员单位，日期修改为"去年-明年"，单击"查询"后，选择对应的应付单，单击右下角的"生成下游单据"。

业务财务在"收款单管理"界面，将表头第三列的"结算方式"选为"网银"，第四列的"收款银行账户"选择银行账号尾号是"8309"的收款银行账户，检查无误后，单击右上角的"保存"，如图 5-91 所示。

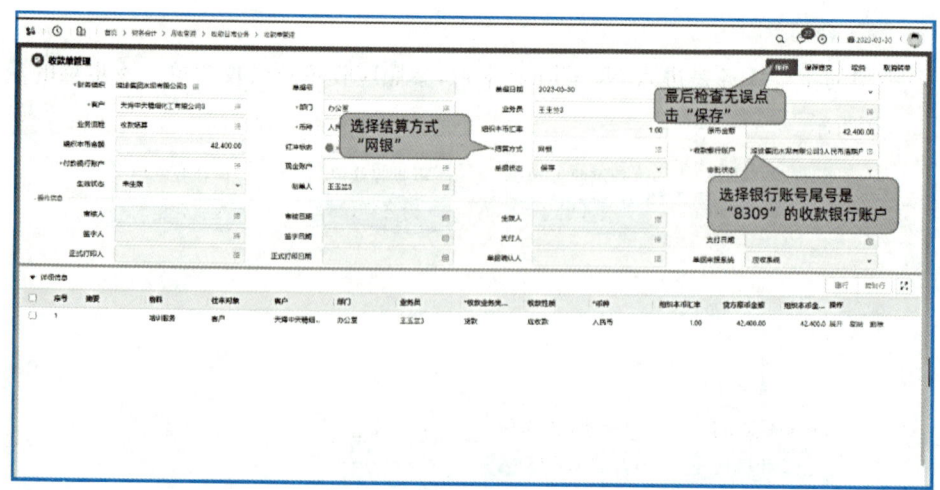

图 5-91　修改并保存收款单

第三步：业务财务上传收款单影像。付款单保存后，业务财务单击右上角"更多"，在下拉菜单中单击"影像扫描"，进入影像管理系统之后如果需要用高拍仪进行扫描则需单击"扫描"，如果通过本地上传则单击"导入"，扫描全部完成之后单击"上传"，影像扫描完成后单击"保存"。影像完成扫描、上传及保存后，回到"收款单管理"主界面，单击右上角的"提交"，完成收款单的提交，如图5-92所示。

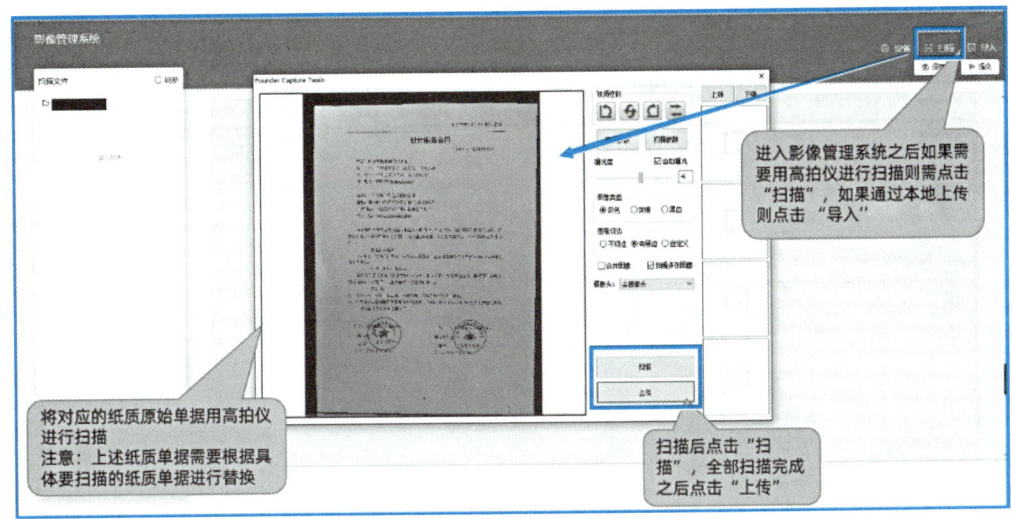

图5-92　上传收款单影像

第四步：财务经理审批收款单。业务财务提交收款单后，岗位切换至财务经理。财务经理进入NC Cloud平台主界面，修改右上角的系统登录日期为"2023-03-30"，单击左上角"审批中心"中的"未处理"，打开单据，检查填写的付款单是否无误，如果无问题，单击"财务经理角色＜批准＞"，如图5-93所示。

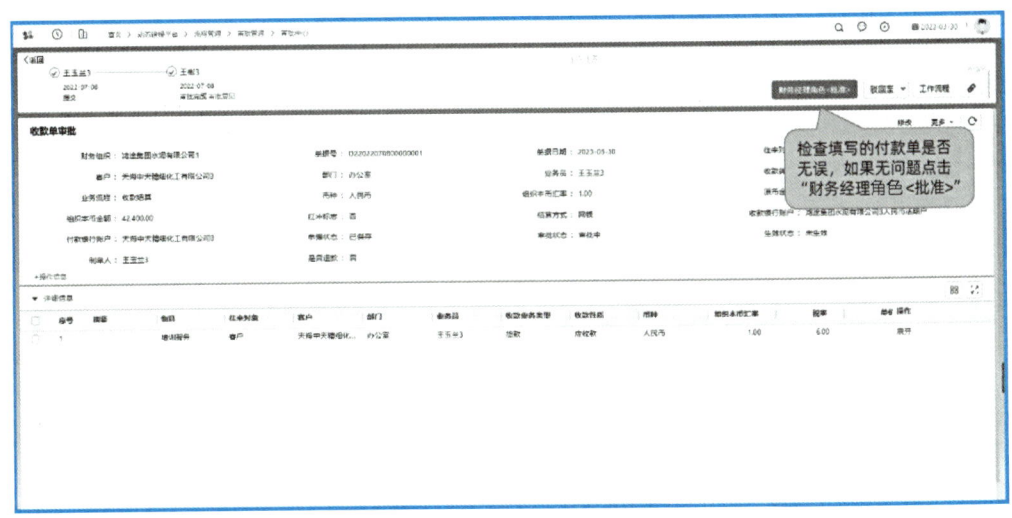

图5-93　财务经理审批收款单

第五步：应收审核岗审核收款单。财务经理审批收款单后，岗位角色切换至应收审核岗，进入 NC Cloud 平台主界面，修改右上角的系统登录日期为"2023-03-30"，在左上角"我的作业"模块先单击"提取任务"，再单击"待提取"，进入待提取界面后，单击右上角"提取任务"提取收款单。

应收审核岗提取收款单后，进入"审批情况"界面，检查相关信息，确认无误后单击右上角的"批准"，如图 5-94 所示。

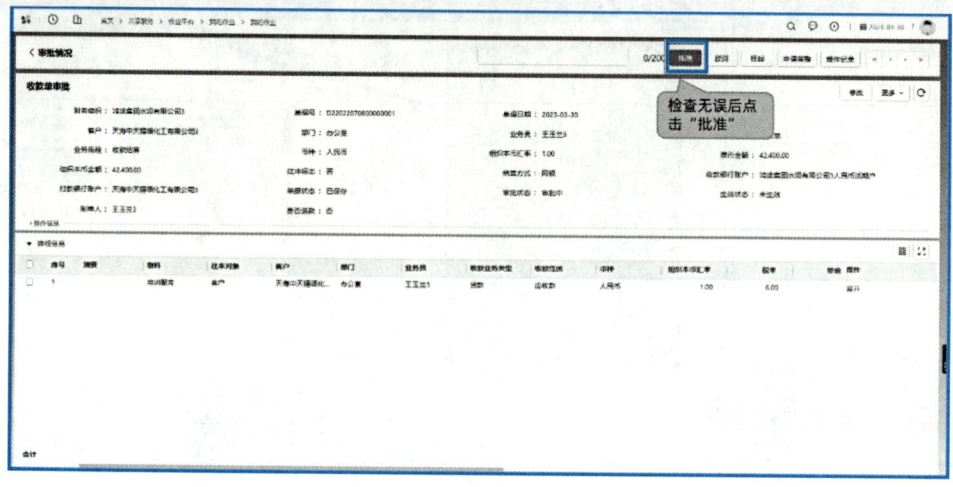

图 5-94　批准收款单

第六步：中心出纳岗确认收款结算。岗位角色由应收审核岗切换至中心出纳岗，中心出纳岗登录 NC Cloud 平台主界面，根据测试用例的要求，将系统登录日期更改为"2023-03-30"，并单击主界面左上角的"结算"。中心出纳岗进入"结算"主界面后，输入查询条件，左上角选择"鸿途结算中心"，日期修改为"去年-明年"后，单击"查询"，在"待结算"中找到已签字但尚未结算的单据并双击该条单据，如图 5-95 所示。

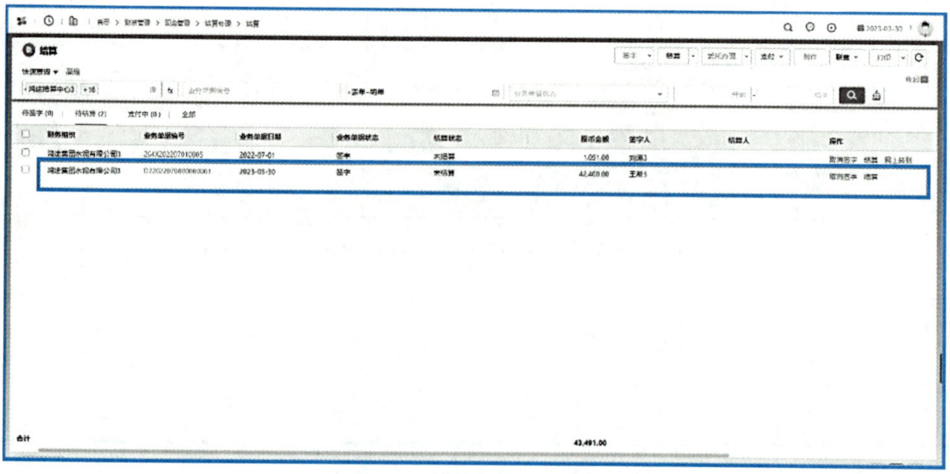

图 5-95　查询待结算收款单

双击进入该条单据后,单击右上角的"支付",在下拉菜单中选择"结算",完成收款结算。

【操作提示】

支付类业务一般统一选择"网上转账",收款类业务一般统一选择"结算"。

第七步:总账主管岗审核记账凭证。岗位角色由中心出纳岗切换至总账主管岗,总账主管岗登录 NC Cloud 平台主界面,根据测试用例的要求,先将系统登录日期更改为"2023-03-30",并单击主界面的"审核凭证"。

在"凭证审核"界面,在搜索栏选中"鸿途结算中心-基准账套",日期修改为"去年-明年"后,查找需要审核的记账凭证。

进入"凭证审核"界面后,检查凭证是否无误,确认无误后,单击右上角的"审核",完成该步骤的任务。

【操作提示】

在上一步中心出纳岗结算收款后,将由系统自动生成记账凭证,并能通过记账凭证联查功能自动查询贯穿业务始终的原始凭证,所以此处无需人工手动制单,只需审核记账凭证即可。

项目小结

(1) 付款合同结算内容主要涉及付款合同签订、付款合同应付、付款合同结算三个部分。付款合同签订是企业经营活动的起点,在明确合同管理和付款管理的岗位职责基础上,了解各分项业务流程,以及付款合同、应付单和付款单之间的数据关系及单据流转过程,理解内部控制的各个核心环节等内容。

(2) 付款合同结算中对项目案例、共享业务流程梳理、应付管理的系统初始化设置进行了详细的说明和指导,并从具体业务过程出发,详细说明了业务财务岗、财务经理岗、档案综合岗、中心出纳岗和总账主管岗的具体业务操作步骤,对其中的重点予以了说明和针对性的指导。

(3) 收款合同结算主要涉及收款合同签订、收款合同挂账、收款合同结算三个部分。收款合同签订是企业经营活动的起点,在明确合同管理和应收管理的岗位职责基础上,了解各分项业务流程,以及收款合同、应收单和收款单之间的数据关系及单据流转过程,理解内部控制的各个核心环节等内容。

(4) 付款合同结算中对项目案例、共享业务流程梳理、收款管理的系统初始化设置进行了详细的说明和指导,并从具体业务过程出发,详细说明了业务财务岗、财务经理岗、档案综合岗、中心出纳岗和总账主管岗的具体业务操作步骤,对其中的重点予以了说明和针对性的指导。

思维导图

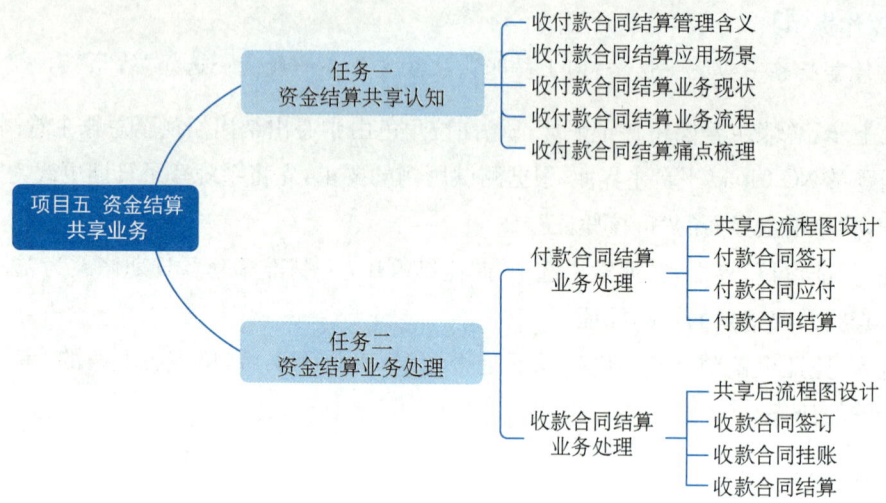

项目六 财资管理共享业务

学习目标

知识目标

1. 了解财资结算的业务分类
2. 了解财务共享在财资管理模式演变中的定位
3. 理解外部委托付款业务的概念
4. 理解其他付款业务的概念
5. 熟悉外部委托付款业务基本内容
6. 熟悉其他付款业务基本内容

技能目标

1. 能够完成外部委托付款业务流程操作
2. 能够完成收付款结算业务流程操作

素质目标

1. 培养学生面对工作困难时主动学习、积极向上的精神
2. 培养学生熟悉企业资金结算制度,实施会计监督
3. 培养学生严谨细致的工作作风,严格审批资金支出

任务一 财资管理业务认知

自20世纪90年代末至今,中国现金与财资管理经历了萌芽期、形成期和发展期三个阶段。随着国内银行现金管理服务能力的提升、各类第三方财资服务商的不断涌现,特别是在当前不断变化的经济和金融环境的进一步培育下,越来越多的中国企业开始迈入价值导向的财资精细化管理时代,即"智慧财资时代"。在经济转型、银行脱媒、智慧金融等趋势下,银企、产融之间的信息互联互通,呈现透明化、可控化、精细化、动态化和对

称化的特点;社会财金资源的配置与流转更为安全、高效和科学,社会经济和金融体系的运行更为健康、稳定。

财资管理和会计是公司财务的两大支柱。财资管理以流动性管理为核心,以实现资金在风险控制下的最大盈利为目的,职能范畴涉及企业资金运转的各个方面,承担着公司价值创造的重要使命。

思政园地

包拯的《诫廉家训》

北宋包拯为官清廉公正,百姓称之为"包青天"。包拯一生,身居高位,廉洁无私,痛恨贪官污吏,到了晚年,担心后人会出不肖之徒,于是就在家中立了一块石碑,上面镌刻着著名的《诫廉家训》以警戒后人。其大意是:凡是包氏后代子孙中有贪污受贿者,不能被称为包氏子孙,甚至死后,也不能葬入其家族的墓地中。不遵从此训令者,一概不是包氏子孙。

一、外部委托付款业务认知

(一) 外部委托付款业务的含义

外部委托付款,简称委托付款,是指由成员单位在内部账户上发起的、经审批后由结算中心外部账户实际对外支付的支付方式。

外部委托付款需要从内部账户发起,发起后内部账户暂时冻结相应金额,当结算中心外部账户实际付款成功时,扣减委托方内部账户相应金额。

(二) 外部委托付款业务的应用场景

从发起方角度划分,委托付款业务主要包括业务单位发起委托付款、结算中心发起委托付款、多结算中心下的委托付款。

从付款结算方式角度划分,委托付款业务主要包括转账支付、票据支付、现金支付、代发工资等。

委托付款与银企直联集成后,能够支持以下三种支付情况:

(1) 在支付信息确认单审核后再支付。

(2) 合并支付处理,即单张委托付款书可以存在多条支付记录、合并向银行发送一笔网银支付指令。

(3) 在确认支付失败后,通过支付信息变更单进行变更,变更后再次支付。

(三) 外部委托付款业务业务现状

1. 业务现状

鸿途集团目前采用的财资管理模式是以分散管理为主的资金管理模式。在该种模式下,其财资管理现状主要表现为:

(1) 各子公司作为独立法人主体,均独立开设银行账户用于各种资金结算业务。

(2) 各子公司有权独立办理各种资金结算业务,包括资金的收取、资金的支付等,拥有独立的资金支配权和使用权。

(3) 各子公司拥有独立的融资权,可以独立通过银行借款等手段进行融资,并可独立取得银行的授信。

在资金分散管理的同时,鸿途集团也对部分资金业务进行了相对的集中控制,包括:

(1) 账户管理。各子公司账户的开设、变更、销户业务均需通过集团公司审批通过;各子公司的账户信息需要在集团公司备案。

(2) 银行授信管理。各子公司的授信情况通过手工填报银行授信额度月报的方式,上报集团公司,供集团公司进行授信分析。

(3) 银行贷款的管理。各子公司在独立进行银行贷款的之前,需要将贷款计划上报集团公司,由集团执行审批,审批通过后才可向银行办理贷款业务。

2. 账户情况

集团及下属单位的银行账户分散在多家银行,开户行分别为农业银行、建设银行、交通银行、工商银行、包商银行、农信社、农商行、光大银行等。

本次集团纳入财资管理范围的银行账户共计 262 个账户、76 家企业、11 个行别,涉及币种均为人民币。

(四) 外部委托付款业务流程

鸿途集团外部委托付款业务流程,如图 6-1 所示。

流程说明如下:

(1) 成员单位结算会计根据原始凭证填制付款结算单,付款类单据选择"外部委托支付"交易类型,付款单位账户选择成员单位的内部账户。

(2) 成员单位财务经理审核付款结算单。

(3) 成员单位结算会计对付款结算单执行"委托办理",提交结算中心并自动生成付款委托书。

(4) 结算中心资金结算岗对委托付款书执行"经办"。

(5) 结算中心主任岗对委托付款书执行"审批"。

(6) 结算中心资金结算岗对委托付款书执行"支付",提交银行付款指令。

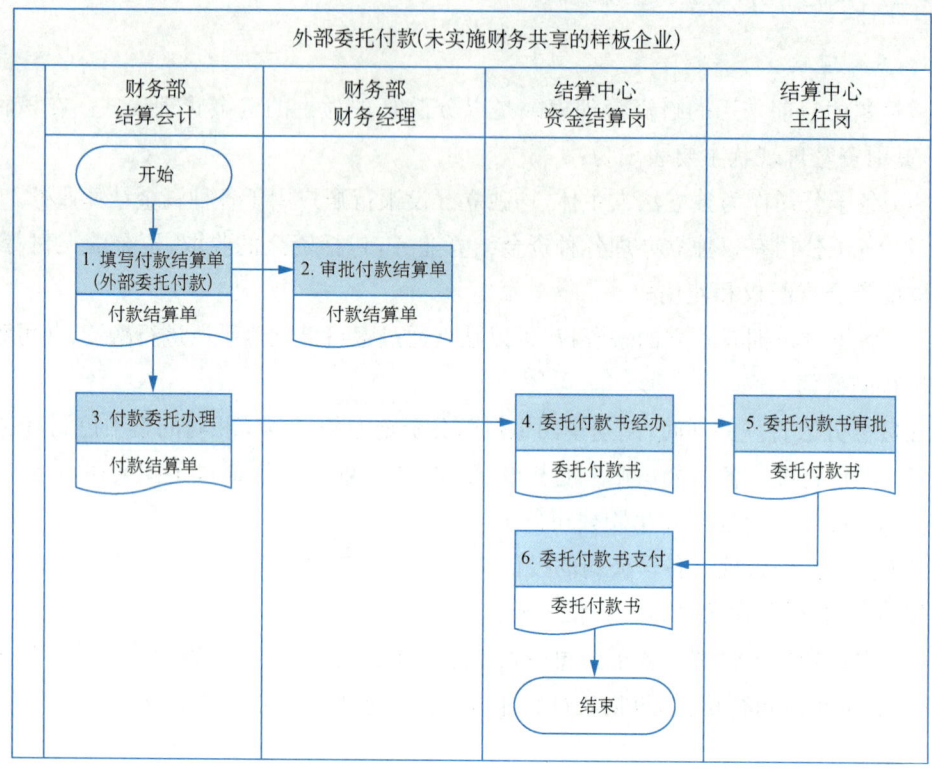

图6-1 外部委托付款业务流程

(五) 外部委托付款业务问题梳理

鸿途集团目前在收付款合同结算方面存在的主要痛点在于:
(1) 填写付款结算单时无法上传原始单据作为影像。
(2) 分、子公司财务经理审批完成付款结算单之后就进行结算,集团不能进行监管。
(3) 结算中心资金结算岗既负责委托付款书经办又负责支付,易出问题。

二、其他收付款结算认知

(一) 其他收付款结算业务的含义

资金结算是财资管理的日常工作,为资金管理、分析、预测提供必要的数据和资料。它是资金组织办理的主要业务,资金组织接受成员单位的委托,办理向集团外收付款或向内部成员单位的收付款。

从整体看具体包含如下业务:

(1) 委托结算业务:包含结算中心对成员单位的委托收付款业务。
(2) 内部转账业务:包含单位内部划账及结算中心下不同单位的内部转账业务。
(3) 内部特转业务:包含结算中心与单位之间一些费用结算。
(4) 现金业务:包含单位在结算中心现金业务的缴存与支取业务。
(5) 外币兑换业务:包含单位在结算中心的外币购买、卖出及兑换业务。
(6) 业务回单:包含结算中心业务处理完毕后,生成业务回单。
(7) 业务查询:对结算中心账务的查询,主要包含内部账户明细账查询、内部账户余额查询等。

其他收付款结算,是指除了外部委托付款、收付款合同结算的付款结算和收款结算,如缴纳水费、罚款。

(二) 其他收付款结算业务的应用场景

其他收付款结算的付款结算范围较广,在这里主要适用于行政性费用(如办公楼水电费)支出和薪资发放:

(1) 行政性费用(如办公楼水电费)支出,包括水费、电费。
(2) 薪资发放。

其他收付款结算的收款结算范围较广,在这里主要涉及员工罚款收入和收取利息:

(1) 员工罚款收入。
(2) 利息。

(三) 其他收付款结算业务的现状

1. 业务现状

鸿途集团目前采用的财资管理模式是以分散管理为主的财资管理模式。在该种模式下,其他收付款结算的现状主要表现为:

(1) 各子公司作为独立法人主体,均独立开设银行账户用于各种资金结算业务。
(2) 各子公司有权独立办理各种资金结算业务,包括资金的收取、资金的支付等,拥有独立的资金支配权和使用权。
(3) 各子公司拥有独立的融资权,可以独立通过银行借款等手段进行融资,并可独立取得银行的授信。

在资金分散管理的同时,鸿途集团也对部分资金业务进行了相对的集中控制,包括:

(1) 账户管理。各子公司账户的开设、变更、销户业务均需通过集团公司审批通过;各子公司的账户信息需要在集团公司备案。
(2) 银行授信管理。各子公司的授信情况通过手工填报银行授信额度月报的方式,上报集团公司,供集团公司进行授信分析。

(3) 银行贷款的管理。各子公司在独立进行银行贷款的之前,需要将贷款计划上报集团公司,由集团执行审批,审批通过后才可向银行办理贷款业务。

2. 账户情况

集团及下属单位的银行账户分散在多家银行,开户行分别为农业银行、建设银行、交通银行、工商银行、包商银行、农信社、农商行、光大银行等。

本次集团纳入财资管理范围的银行账户共计 262 个账户、76 家企业、11 个行别,涉及币种均为人民币。

(四) 其他收付款结算业务流程

其他收付款结算业务流程可进一步细分为付款结算流程和收款结算流程。

付款结算流程,如图 6-2 所示。

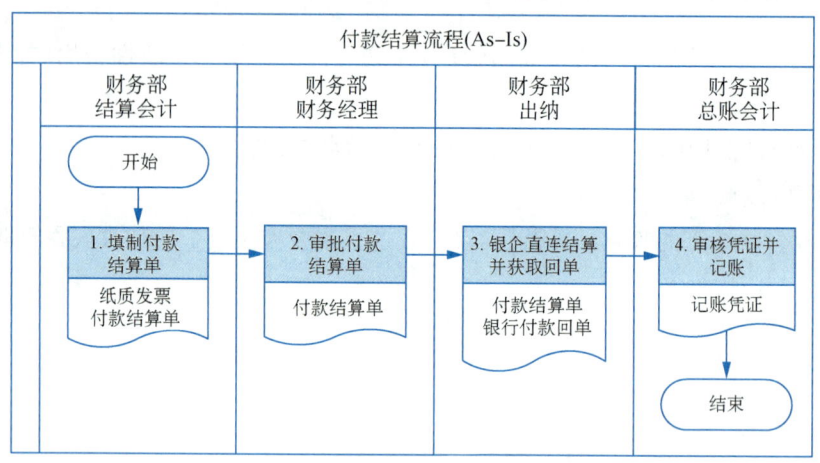

图 6-2 付款结算流程

流程说明如下:

(1) 结算会计在信息系统中发起付款结算单,选择相应的业务的收支项目(如水电费支出)。

(2) 财务经理进行财务审批。

(3) 出纳在信息系统中通过银企直连进行在线付款(NC Cloud 平台中的支付功能),并确认收到银行回单。

(4) 总账会计在信息系统中审核记账凭证并记账。

收款结算流程,如图 6-3 所示。

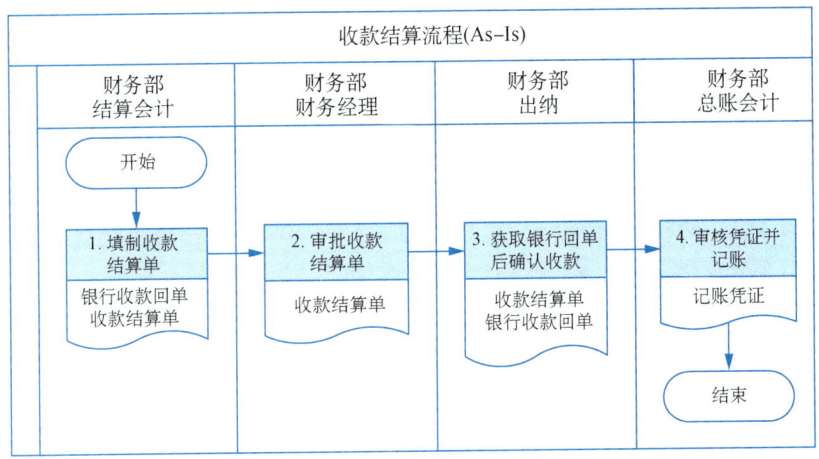

图 6-3 收款结算流程

流程说明如下:

(1) 结算会计在信息系统中发起收款结算单,选择相应的业务的收支项目(如罚款收入)并扫描相关影像文件。

(2) 财务经理在信息系统中审批应收单。

(3) 出纳收到罚款收入的现金后,在信息系统中进行收款确认(NC Cloud 平台中的结算功能)。

(4) 总账会计在信息系统中审核记账凭证并记账。

(五) 其他收付款结算业务的痛点梳理

鸿途集团目前在其他收付款结算方面存在的主要痛点如下:

(1) 分、子公司财务经理审批完成之后就进行结算,没有集团监管。

(2) 填写付款结算单时无法上传原始单据作为影像。

任务二 财资管理业务处理

一、外部委托付款业务处理

【工作任务概述】

(1) 能够描述外部委托付款的含义。

(2) 阅读案例企业在财务共享建设前一家未实施财务共享的标杆企业其外部委托付

操作视频

款流程描述，加以理解并能够使用 Microsoft Visio 工具进行绘制。

（3）能够根据财务共享服务中心的建设规划，设计财务共享服务中心建成后的外部委托付款流程，绘制 Visio 流程图，并上传系统进行研讨交流、方案分享、学生间互评。

（4）能够学习用友 NC Cloud 平台工作流与审批流设置操作视频，并将本组设计的流程方案在 NC Cloud 平台上进行设置。

（5）能够通过分岗协同的方式，在 NC Cloud 平台中对本组设置的流程进行测试验证，并将验证结果录屏上传、分享、进行学生间互评。

【工作指导手册】

（一）系统化初始设置

【业务内容】

该任务根据案例企业的外部委托付款业务要求，将使用到付款结算单和委托付款书，如表 6-1 所示，在初次业务处理时需要进入财务共享服务中心，在工作流中启用付款结算单和委托付款书。

【操作提示】

若在之前操作环节中启用过付款结算单和委托付款书，则该步骤可以省略，直接进入下一步。

表 6-1　业务单据列表

序号	名称	是否进 FSSC	是否属于作业组工作	流程设计工具
1	付款结算单	Y	Y	工作流
2	委托付款书	Y	Y	工作流

【操作指导】

进入财务共享服务中心综合实践主界面，单击最上方导航栏"训练计划"，选择左边导航栏第十六项训练计划"资金结算共享-外部委托付款"，选择"技术实现"中的"系统流程配置"，如图 6-4 所示。单击"开始任务"，在弹出的对话框中选择"去设置"，单击集团管理员"上岗"操作，如图 6-5 所示。

回到主界面，单击"开始任务"，进入 NC Cloud 平台主界面，单击左下角"工作流定义-集团"启用工作流，如图 6-6 所示。

进入"工作流定义-集团"界面后，在左上角导航栏依次搜索委托付款书、付款结算单，选中上述单据，依次单击右侧操作中的"启用"，完成系统操作的初始化设置，如图 6-7、图 6-8 所示。

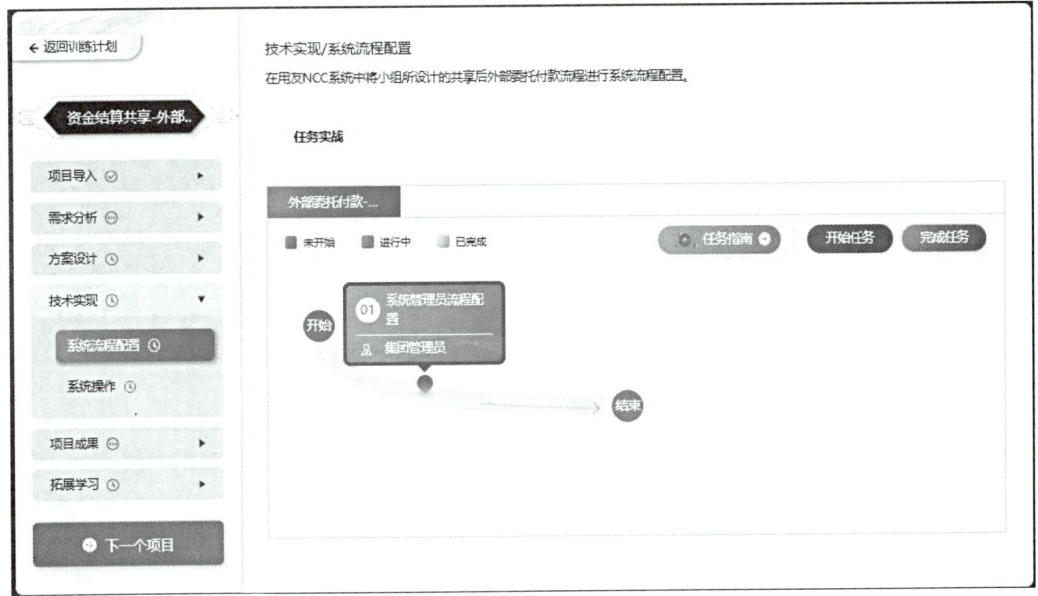

图 6-4 系统流程配置

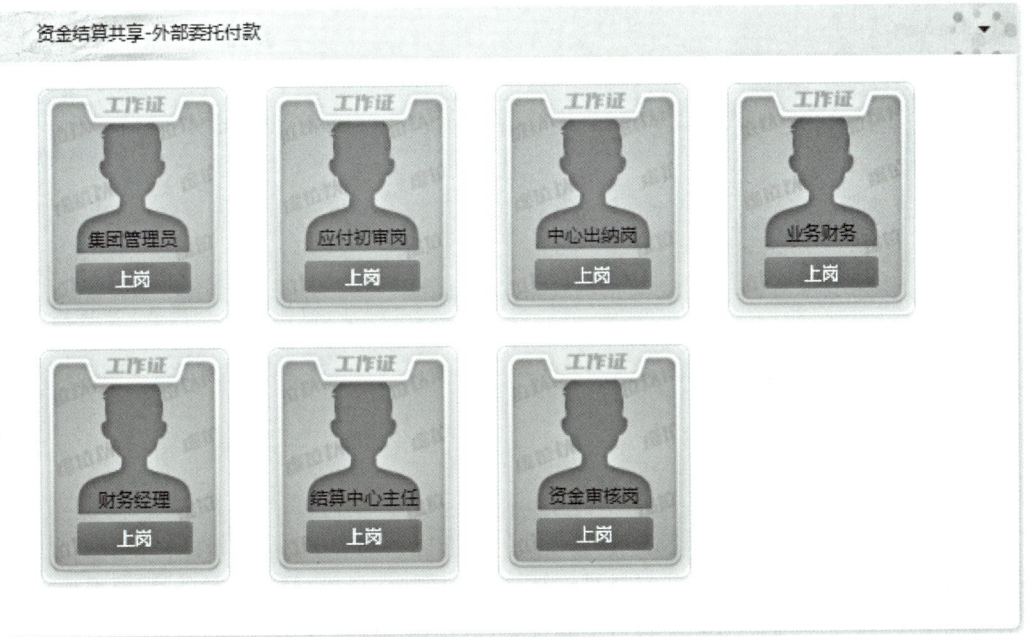

图 6-5 集团管理员上岗

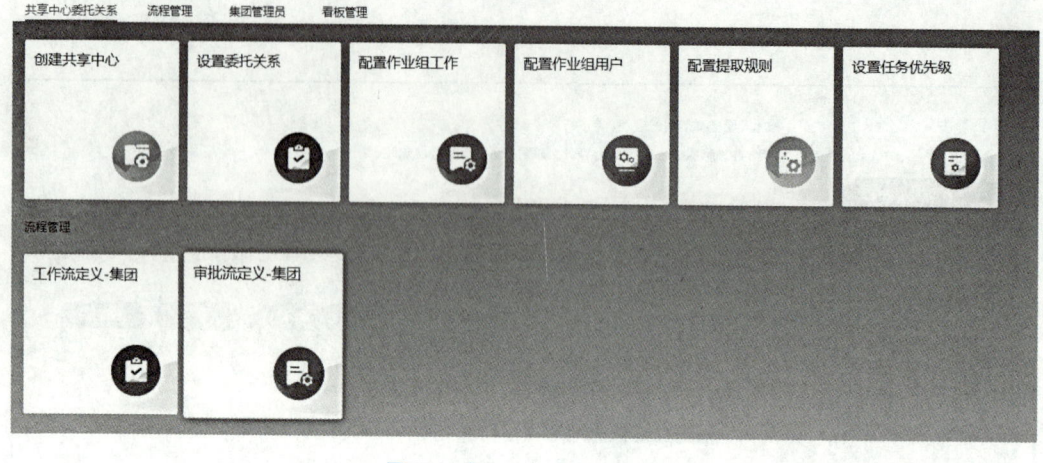

图 6-6 打开工作流定义-集团

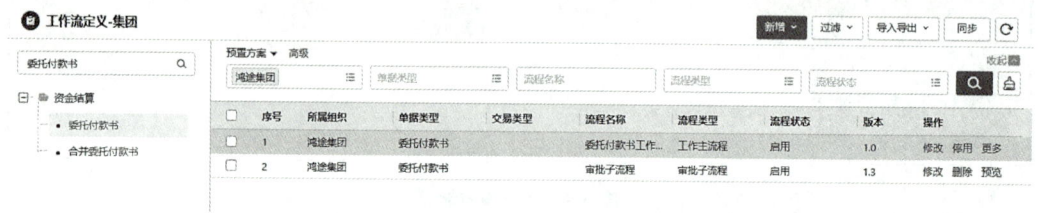

图 6-7 启用付款委托书

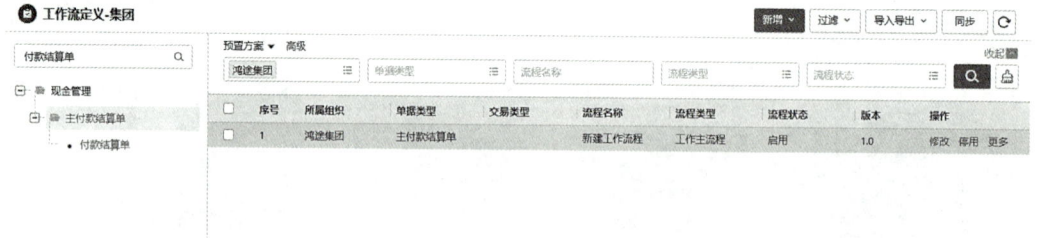

图 6-8 启用付款结算单

（二）日常业务处理

【业务内容】

1. 测试用例

2023年3月5日，卫辉市鸿途水泥有限公司向绿城物业服务集团有限公司缴纳上个月公司行政办公区水费，后者已经开具增值税专用发票、税率（征收率）3%。根据发票所记载的情况，上个月应缴纳的水费总金额为29 426.07元（不含税金额为28 569.00元）。

因公司支出户余额不足，卫辉鸿途水泥有限公司通过外部委托付款流程进行付款。

【操作提示】

增值税专用发票作为本课程的教辅资源，上课时以物理单证的形式发放给学生。

该项业务由综合办公室的办公室(0101)负责。

由于教学系统没有真实连接银行,中心出纳岗需要在 NC Cloud 平台轻量端桌面的快捷方式"支付指令状态"下,单击"状态确认"并按照界面提示信息操作,最后提交确认。

2. 角色分工

外部委托付款业务处理涉及付款结算单填写、审核,委托付款书的经办、审批、支付等环节。其中,付款结算单涉及的岗位包括业务单位业务财务、业务单位财务经理和财务共享服务中心应付审核岗;委托付款书涉及的岗位包括单位业务财务、资金审核岗、结算中心主任和财务共享服务中心中心出纳岗。

整个环节一共涉及六个岗位,建议4~6人为一个小组,团队协作完成外部委托付款业务处理。

【操作指导】

1. 共享后流程图设计

在鸿途集团原有共享前外部委托付款业务流程的基础上,结合企业的财务共享服务中心建设需求,根据企业财务职责和部门的调整情况及财务共享服务中心对应岗位的初始配置情况,设计共享后的外部委托付款流程,如图6-9所示。

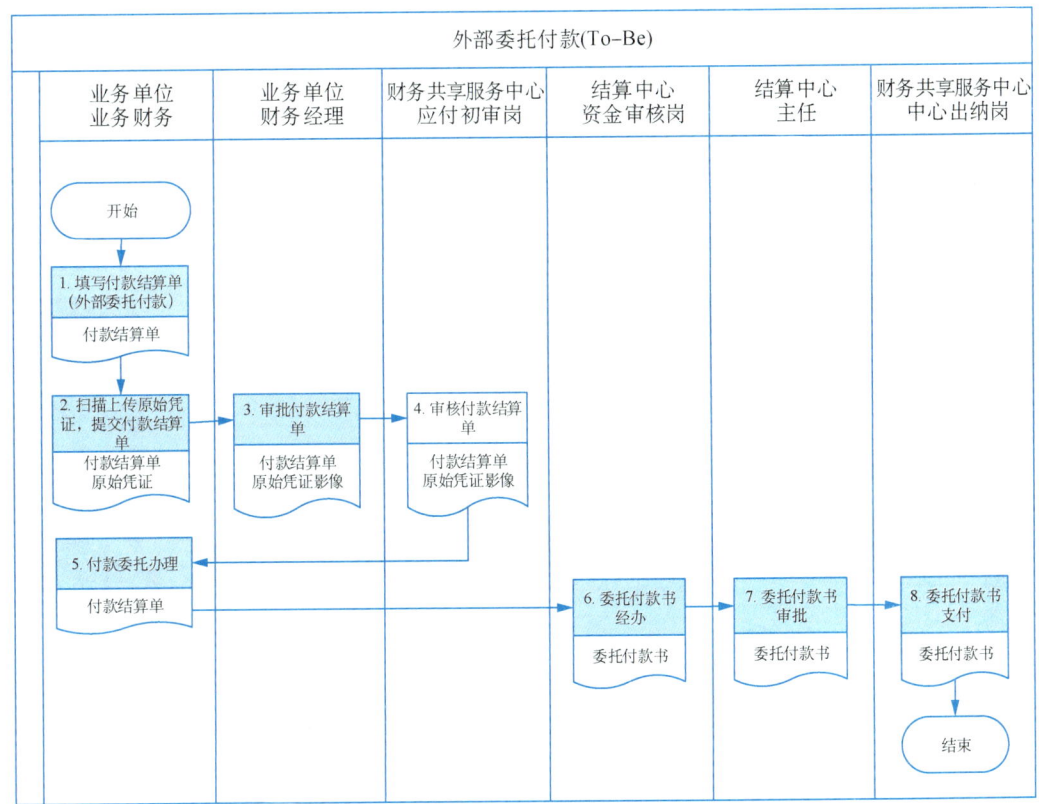

图6-9 外部委托付款流程

2. 外部委托付款

本步骤的主要任务是进入 NC Cloud 平台,完成付款结算单填写、审批、审核工作并提交办理付款委托,完成付款委托的办理、经办和审核,最后由中心出纳支付款项。该步骤流程如图 6-10 所示。

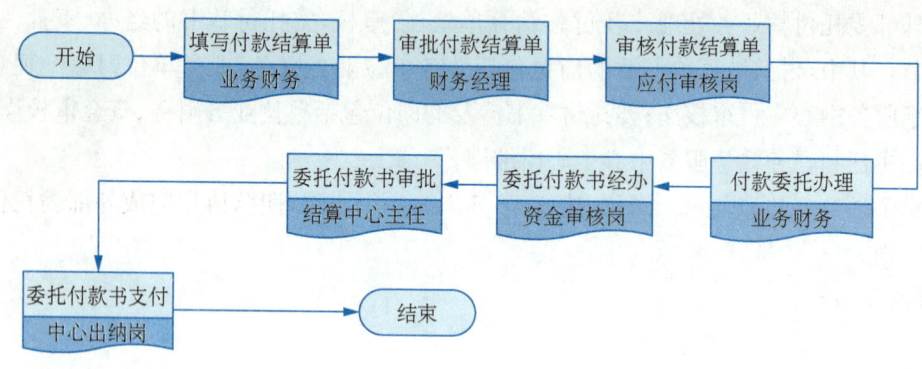

图 6-10 外部委托付款流程

第一步:业务财务登录平台,修改登录日期为"2023-03-05",如图 6-11 所示。

【操作提示】

登录 NC Cloud 平台后必须先将"业务日期"和"单据日期"切换为测试用例中要求的日期。

第二步:业务财务填写付款结算单。业务财务登录 NC Cloud 平台后,单击"资金管理"下的"付款结算"模块,进入"付款结算"界面,单击"付款交易类型",在弹出的对话框中选择"外部委托付款",单击"确定"并"新增"。

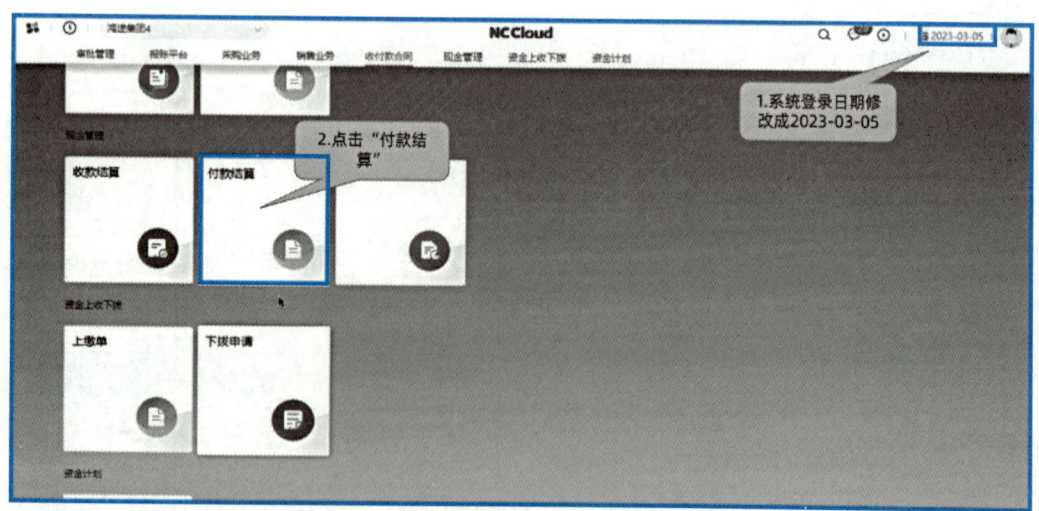

图 6-11 调整业务日期

新增空白付款结算单后,表头第一列财务结算组织选择"卫辉市鸿途水泥有限公司",表头第二列的结算方式根据测试用例的信息填写"委托收付款","付款银行账号"选择"4000000005","交易对象类型"选择"供应商",表头第三列的"供应商"选择"绿城物业服务集团有限公司"。

表中的详细信息部分中,对应的收支项目选择"管理费用-水费",部门填写"办公室",详细信息部分填写完成后,检查是否无误,确认无误后单击右上角的"保存",如图6-12所示。

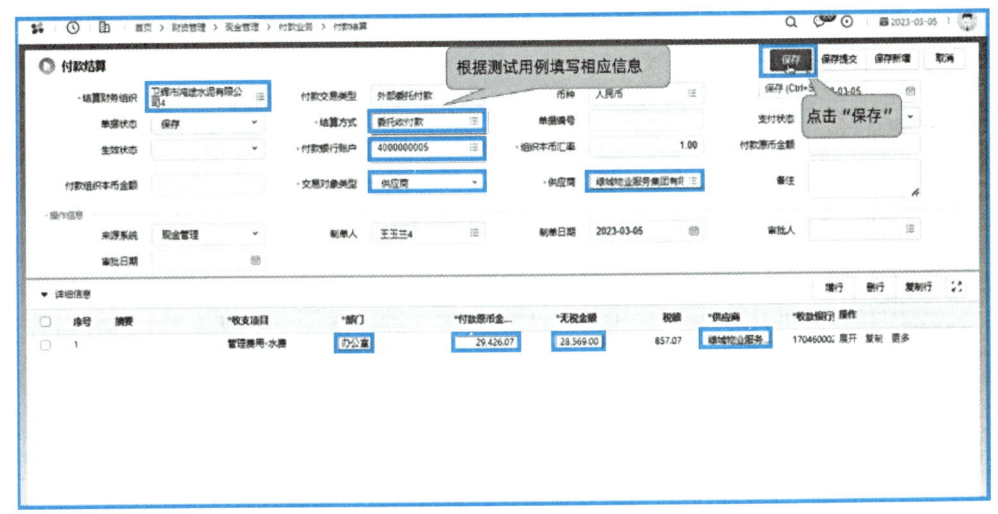

图6-12 填写付款结算单

第三步:业务财务上传扫描影像。在上一步付款结算单保存完成后,单击页面右上角的"更多",在下拉菜单中选择"影像扫描",进入影像管理系统之后如果需要用高拍仪进行扫描则需单击"扫描",如果通过本地上传则单击"导入",扫描全部完成之后单击"上传",上传完毕后单击"保存",如图6-13所示。影像扫描完成后,业务财务回到"付款结算"页面,并单击右上角的"提交"。

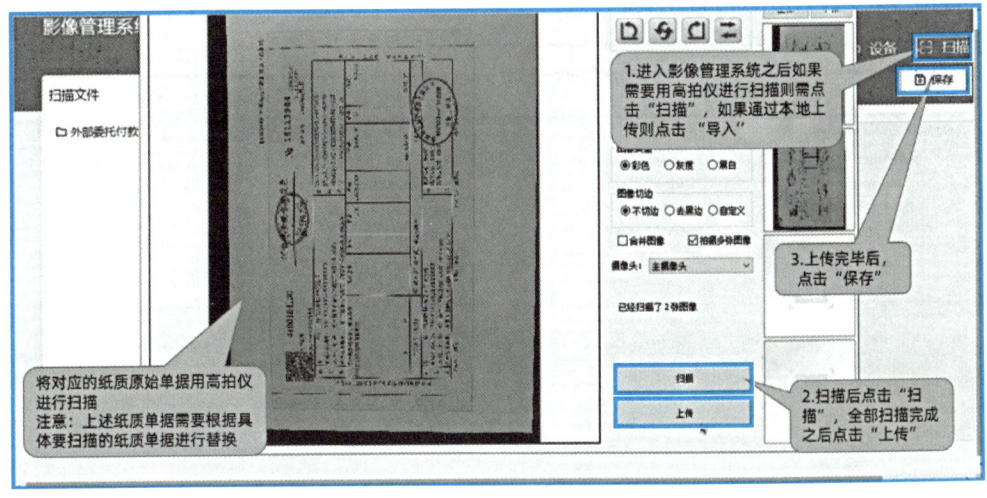

图6-13 扫描上传影像

第四步：财务经理审批付款结算单。岗位切换至财务经理，财务经理登录 NC Cloud 平台后，根据案例情况将日期改为"2023-03-05"，单击左上角"审批中心"—"未处理"，找到业务财务填制的单据，单击"打开单据"，检查付款结算单是否填列完整，在"联查"中找到扫描的影像，点击"影像"—"影像查看"，并将影像与填列信息作对比，检查是否无误，如果无问题，单击"财务经理角色＜批准＞"完成审批，如图 6-14 所示。

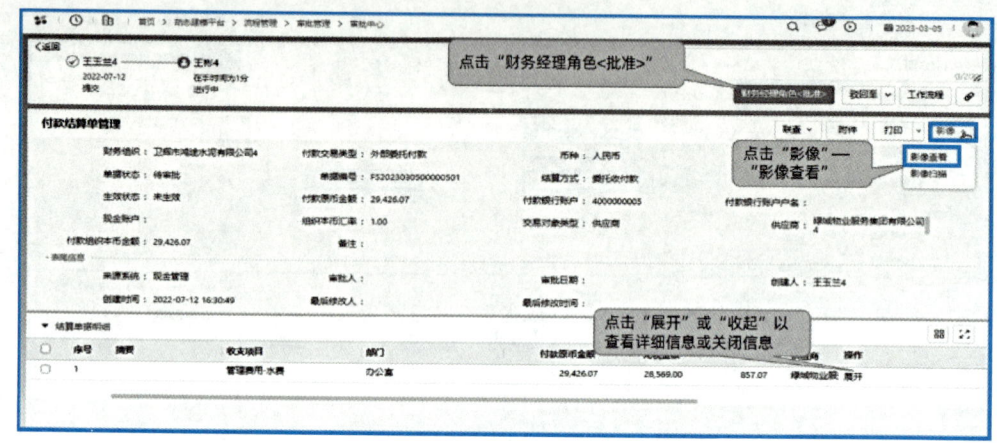

图 6-14　审批付款结算单

【操作提示】

付款结算单结算单据明细部分，可以单击"展开"或"收起"以查看详细信息或关闭信息。

第五步：应付初审岗审核付款结算单。财务经理审批付款结算单后，岗位角色切换至应付初审岗，进入 NC Cloud 平台主界面，修改右上角的系统登录日期为"2023-03-05"，在左上角"我的作业"模块先单击"提取任务"，再单击"待提取"。进入待提取界面后，单击右上角"提取任务"提取付款结算单。点开单据编号以打开单据，点击"影像查看"，将影像与填列信息作对比，检查无误后点击"批准"，如图 6-15 所示。

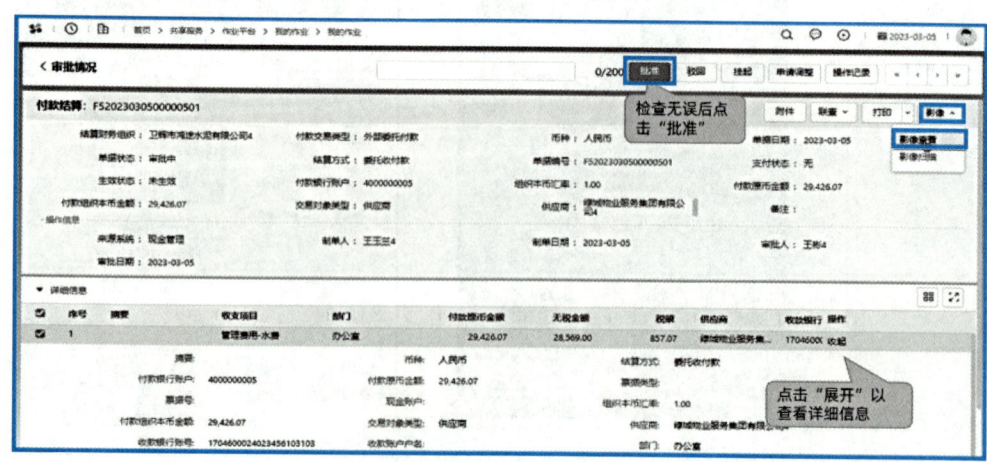

图 6-15　审核付款结算单

第六步:业务财务付款委托办理。岗位角色切换至业务财务,进入 NC Cloud 平台主界面,修改右上角的系统登录日期为"2023-03-05",单击"现金管理"下的"结算"模块,填写查询财务组织,填写查询日期"2019-01-01~2023-12-31",单击右上角的"查询",在主页面的"待结算"中找到业务单据,单击业务单据编号以打开该条单据,如图 6-16 所示。单击界面上方的"委托",进行委托办理,如图 6-17 所示。

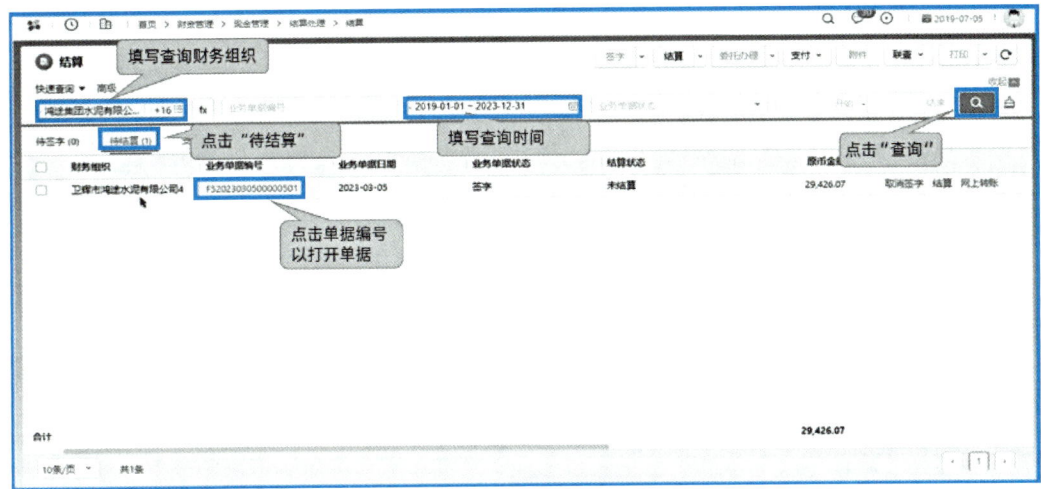

图 6-16 提取单据

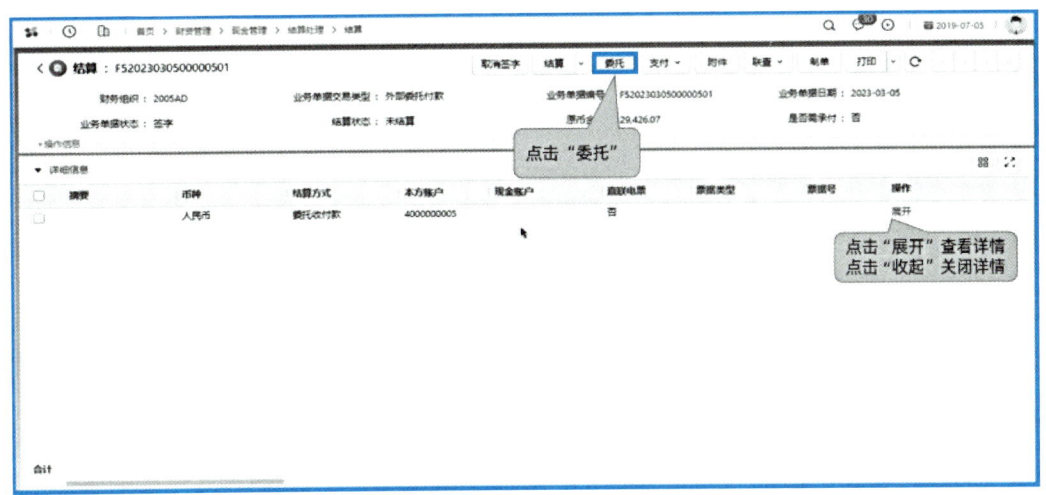

图 6-17 委托付款办理

第七步:资金审核岗经办委托付款书。岗位角色切换至资金审核岗,进入 NC Cloud 平台主界面,修改右上角的系统登录日期为 2023-03-05,单击"委托付款"模块,如图 6-18 所示。

填写查询财务组织选择"鸿途结算中心",填写查询日期"2019-01-01~2023-12-31",单击右上角的"查询",在主页面的"待经办"中找到业务单据,单击业务单据编号打开委托付款书,检查凭证信息是否无误,确认无误后单击"经办",如图 6-19 所示。

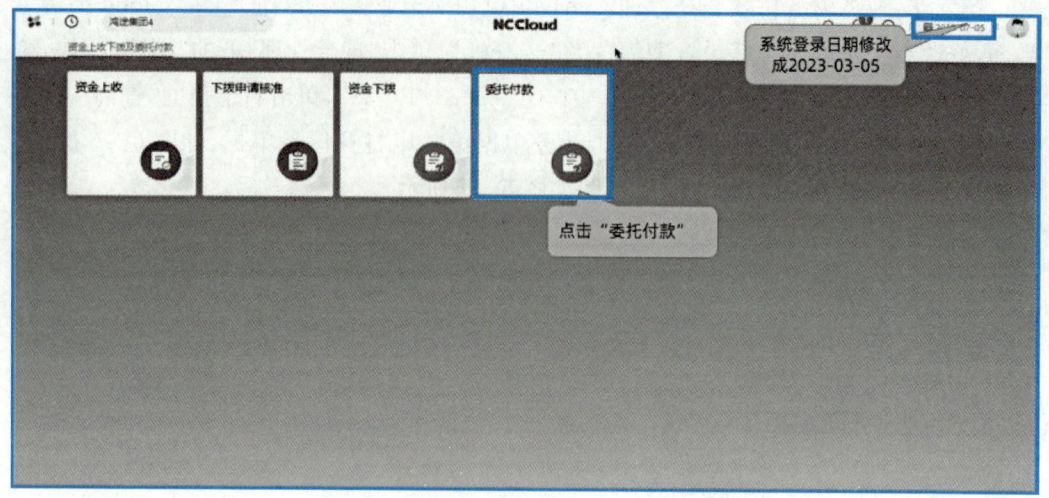

图 6-18　进入委托付款经办

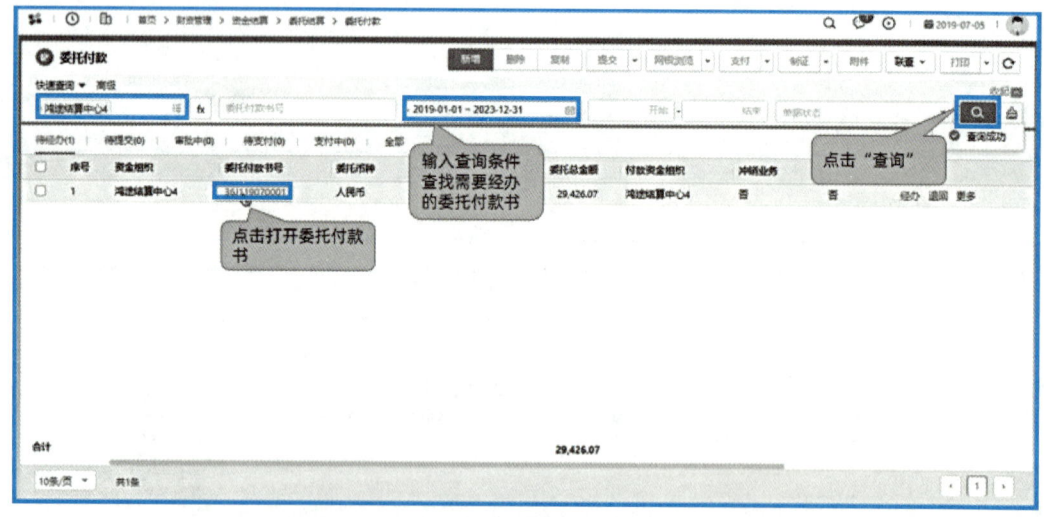

图 6-19　查询委托付款书

进入"委托付款"界面后，修改"支付银行信息"，单击右上角的"保存"，如图 6-20 所示。

第八步：结算中心主任审批委托付款书。岗位角色切换至结算中心主任，进入 NC Cloud 平台主界面，修改右上角的系统登录日期为"2023-03-05"，在左上角"审批中心"模块单击"未处理"，进入"审批中心"界面后，单击以打开单据并完成该单据的"批准"，如图 6-21、图 6-22 所示。

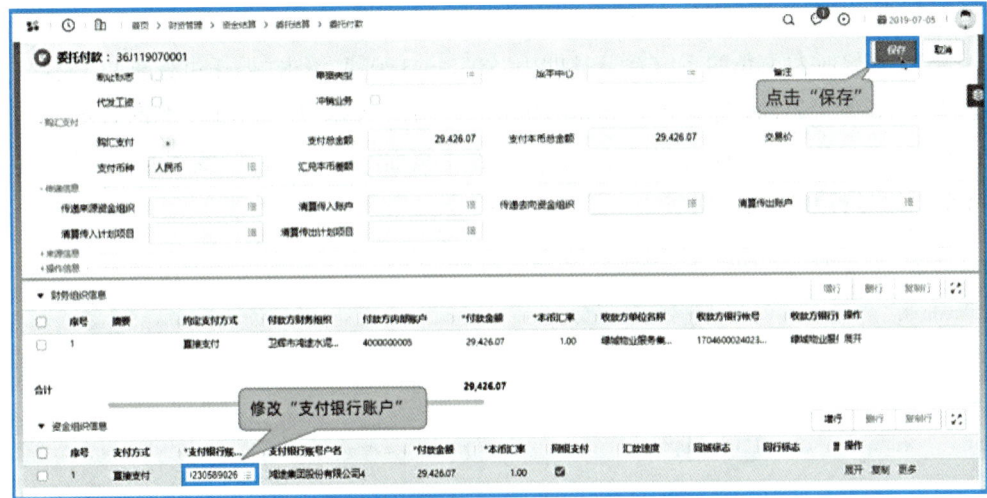

图 6-20 经办委托付款书

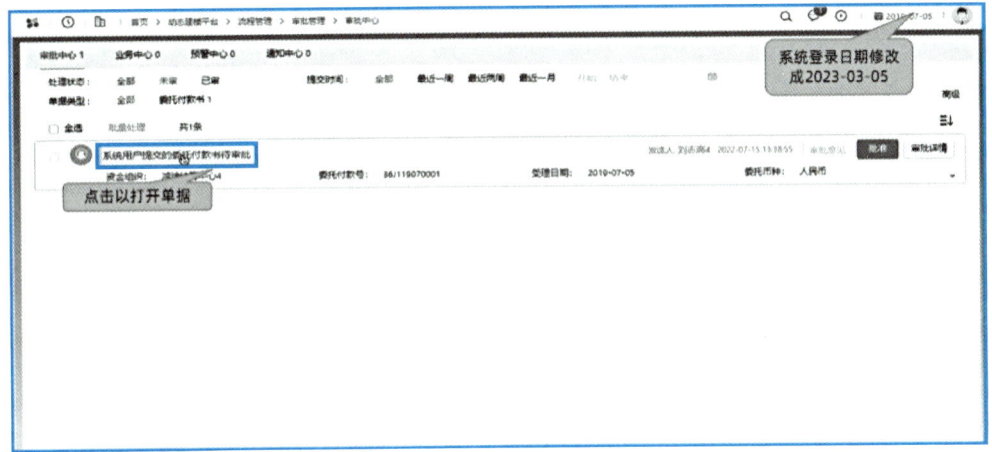

图 6-21 查询委托付款书

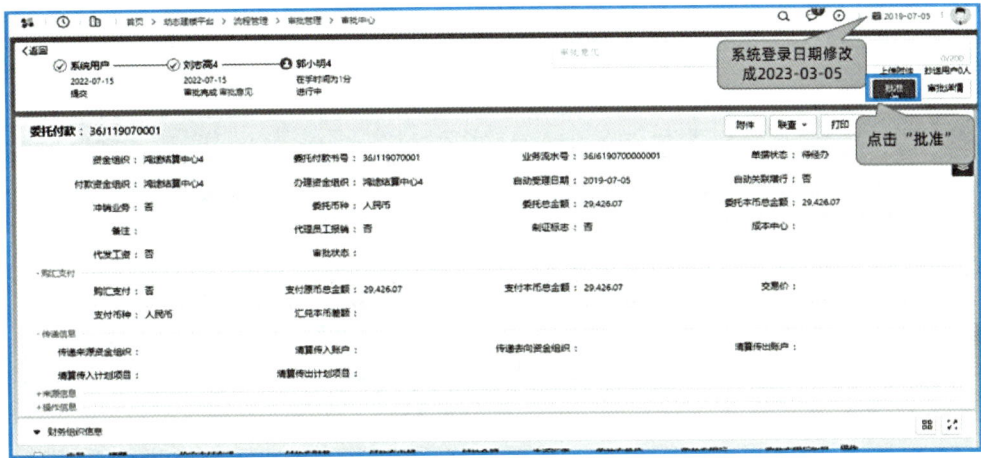

图 6-22 审批委托付款书

第九步:中心出纳岗支付委托付款书。岗位角色切换至中心出纳岗,进入 NC Cloud 平台主界面,修改右上角的系统登录日期为"2023-03-05",单击"委托付款支付"模块,进入如图 6-23 所示界面,填写查询财务组织选择"鸿途结算中心",填写查询日期"2019-01-01～2023-12-31",单击右上角的"查询",在主页面的"待支付"中找到业务单据,单击业务单据编号打开委托付款书。

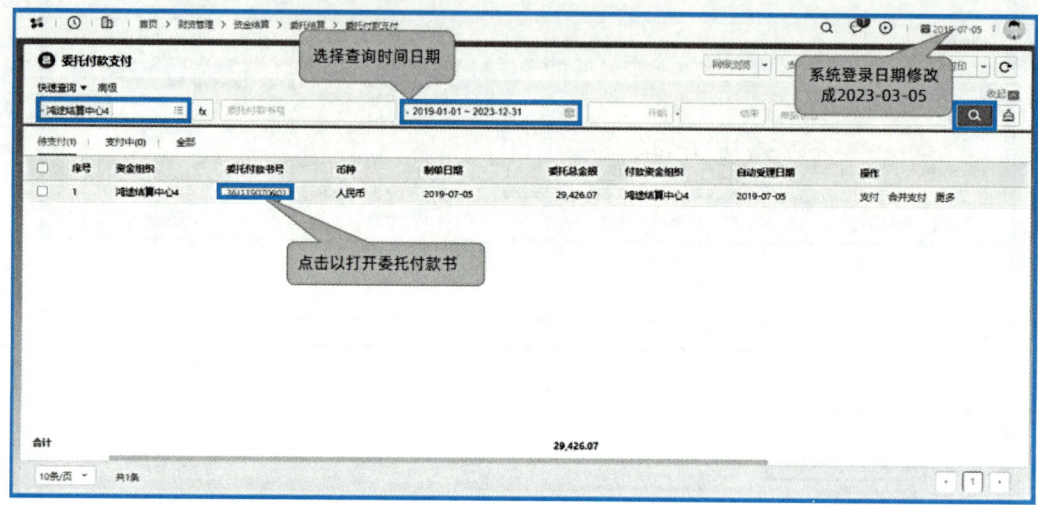

图 6-23　查询委托付款书

进入委托付款支付界面后,单击右上角的"网银补录"登录"网银补录信息"界面,在第四列"收款地区名"选择"郑州"后,单击右下角的"确定"回到"委托付款支付"界面,单击右上角的"支付",如图 6-24、图 6-25、图 6-26 所示。

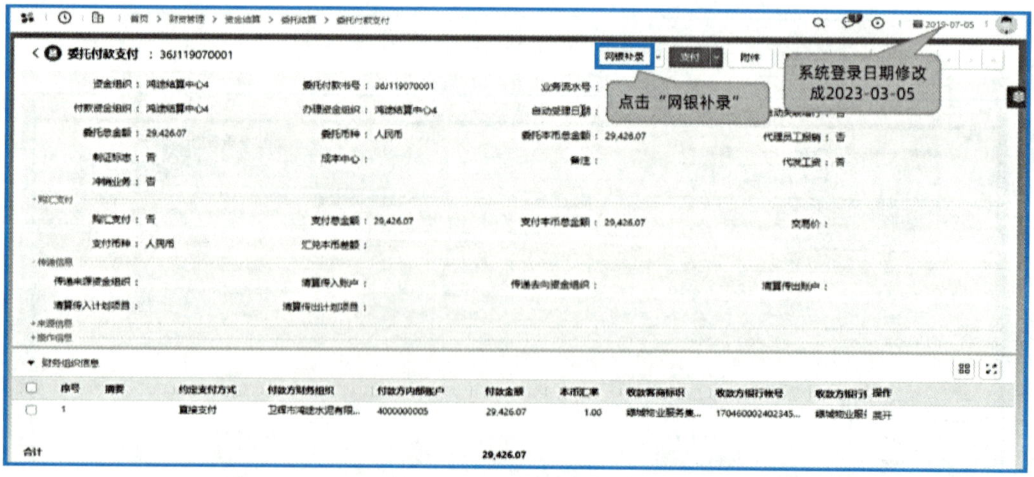

图 6-24　选择网银补录界面

项目六　财资管理共享业务

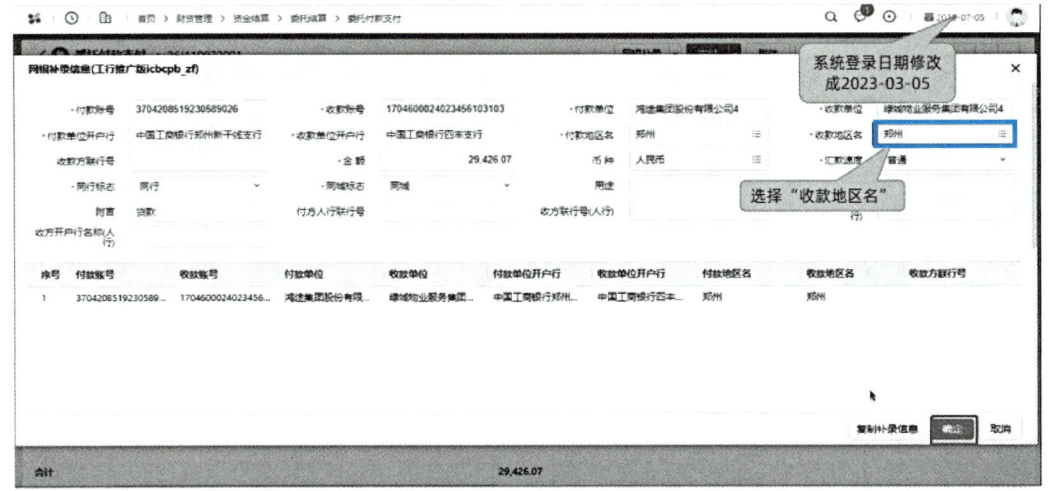

图 6-25　修改网银补录信息

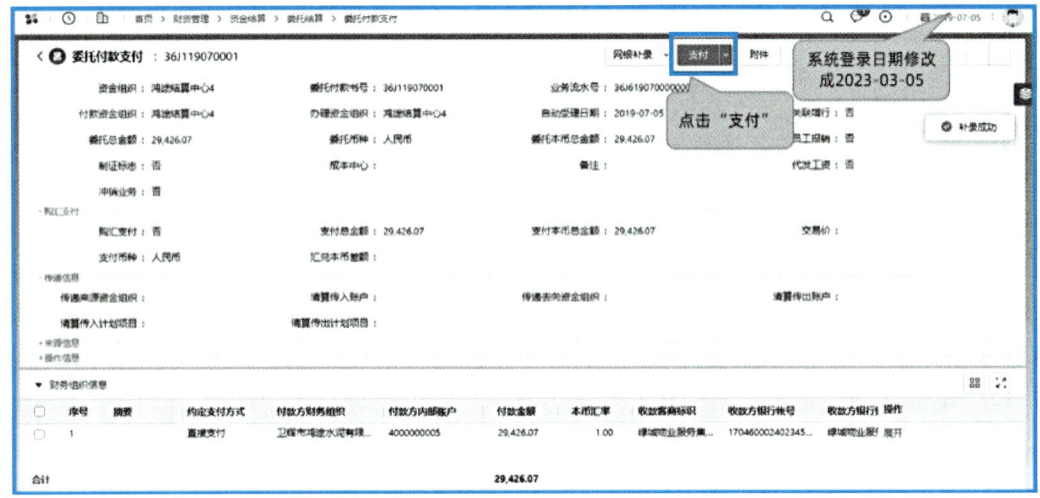

图 6-26　委托付款支付

中心出纳岗支付完成后，回到 NC Cloud 平台主界面，修改右上角的系统登录日期为"2023-03-05"，单击"支付指令状态"，填写查询财务组织选择"鸿途结算中心"，填写查询日期"2019-01-01～2023-12-31"，单击右上角的"查询"，在主页面中找到业务单据，单击业务单据编号打开单据，在"支付指令状态"界面勾选单据，单击右上角的"状态确认"，如图 6-27 所示；进入"支付确认单"界面后，在"支付确认单明细"处将"银行确认支付状态"选为"成功"，填写银行确认时间为"2023-03-05"，单击右上角的"保存"，如图 6-28 所示。

支付确认单保存后，弹出提示信息，这里直接单击"确认"即可，最后单击右上角的"提交"完成所有业务操作，如图 6-29 所示。

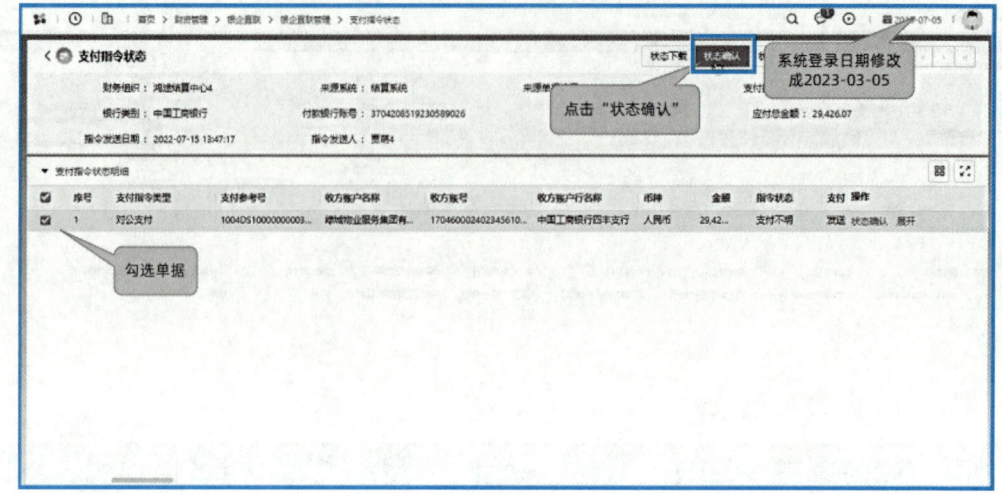

图 6-27　确认支付指令状态

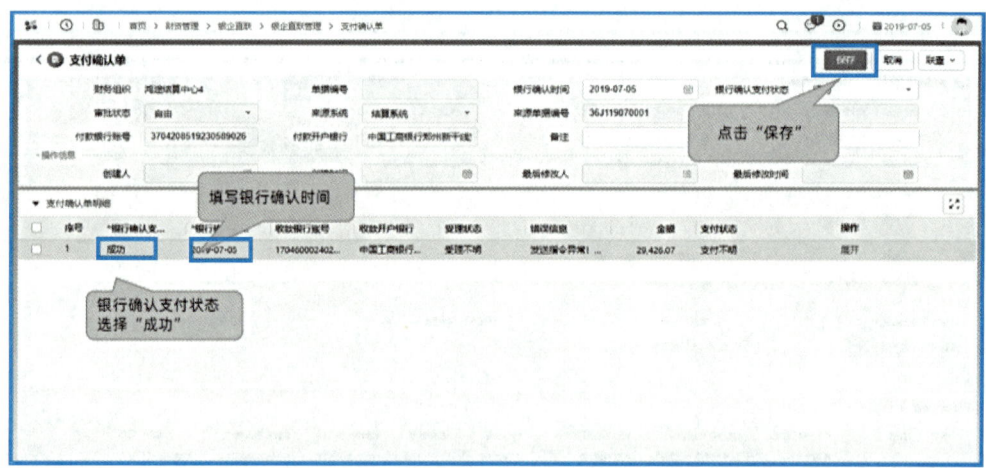

图 6-28　填写支付确认单

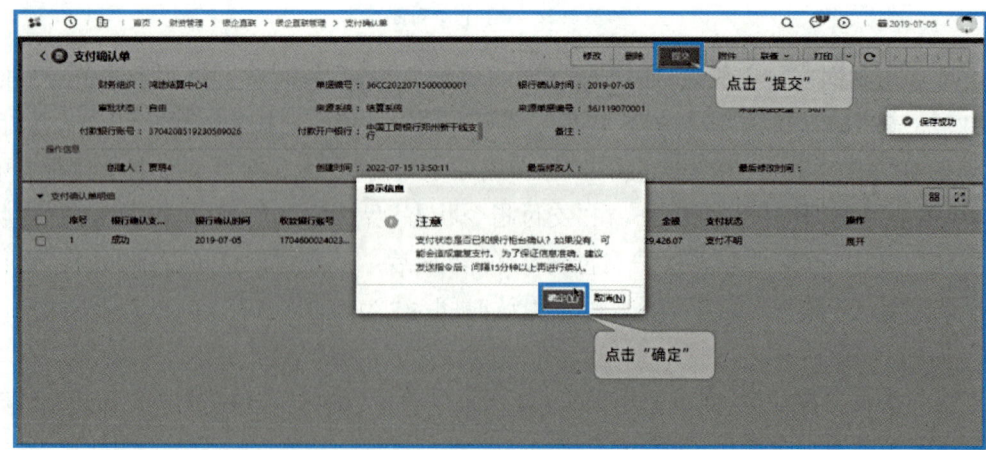

图 6-29　提交支付确认单

二、其他收付款结算业务处理

【工作任务概述】

（1）能够描述其他收付款结算的含义。

（2）阅读案例企业在财务共享建设前的其他收付款结算流程描述，加以理解并能够使用 Microsoft Visio 工具进行绘制。

（3）能够根据财务共享服务中心的建设规划，设计财务共享服务中心建成后的其他收付款结算流程，绘制 Visio 流程图，并上传系统进行研讨交流、方案分享、学生间互评。

（4）能够学习用友 NC Cloud 平台工作流与审批流设置操作视频，并将本组设计的其他收付款结算流程方案在 NC Cloud 平台上进行设置。

（5）能够通过分岗协同的方式，在 NC Cloud 平台中对本组设置的其他收付款结算流程进行测试验证，并将验证结果录屏上传、分享，进行学生间互评。

【工作指导手册】

（一）系统化初始设置

【业务内容】

根据案例企业的其他收付款业务要求，将使用到付款结算单和收款结算单，如表 6-2 所示。在初次业务处理时需要进入财务共享服务中心，在工作流中启用付款结算单和收款结算单。

【操作提示】

若在之前操作环节中启用过付款结算单和收款结算单，则该步骤可以省略，直接进入下一步。

表 6-2　业务单据列表

序号	名称	是否进 FSSC	是否属于作业组工作	流程设计工具
1	付款结算单	Y	Y	工作流
2	收款结算单	Y	Y	工作流

【操作指导】

进入财务共享服务中心综合实践主界面，单击最上方导航栏"训练计划"，选择左边导航栏第十七项训练计划"资金结算共享-其他收付款结算"，选择"技术实现"当中的"系统流程配置"，如图 6-30 所示，单击"开始任务"，在弹出的对话框中选择"去设置"。单击集团管理员"上岗"操作，如图 6-31 所示。

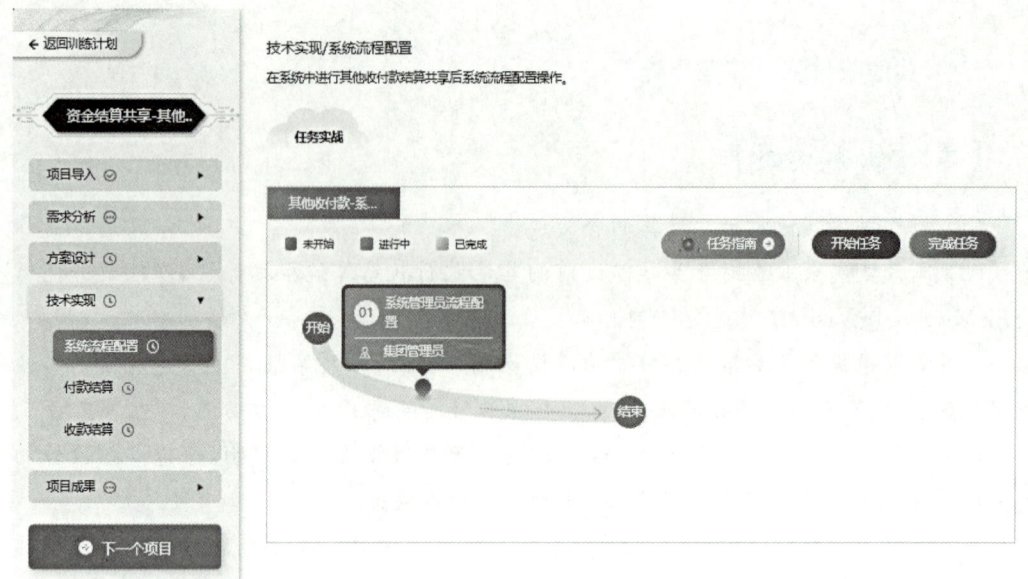

图 6-30　系统流程配置

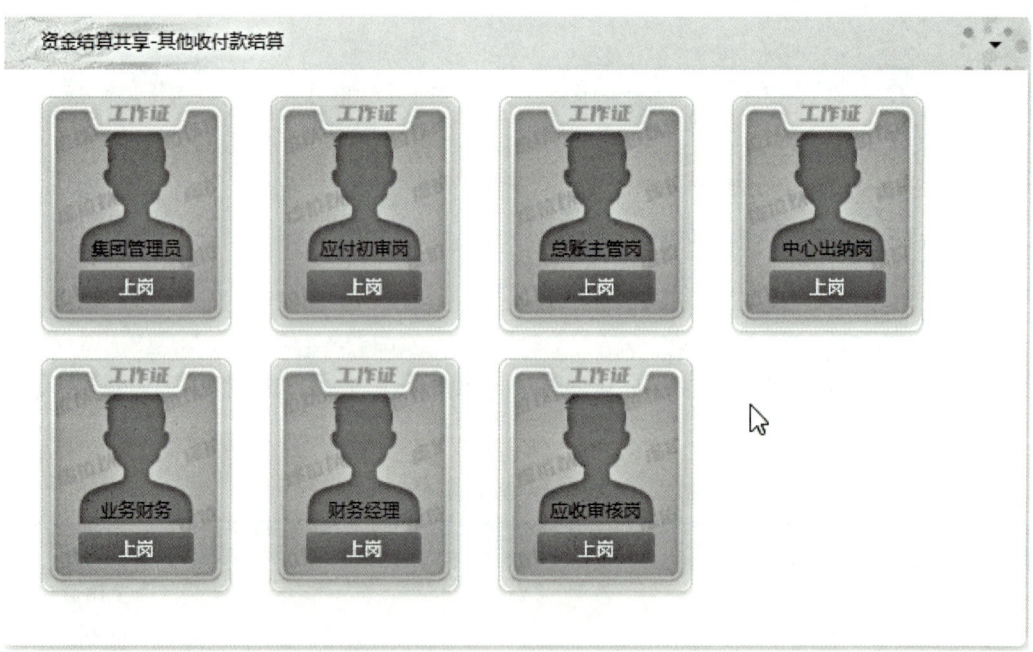

图 6-31　集团管理员上岗

回到主界面，单击"开始任务"，进入 NC Cloud 平台主界面，单击左下角"工作流定义-集团"启用工作流，如图 6-32 所示。

进入"工作流定义-集团"界面后，在左上角导航栏依次搜索付款结算单、收款结算单，选中上述单据，依次单击右侧操作中的"启用"，完成系统操作的初始化设置，如图 6-33、图 6-34 所示。

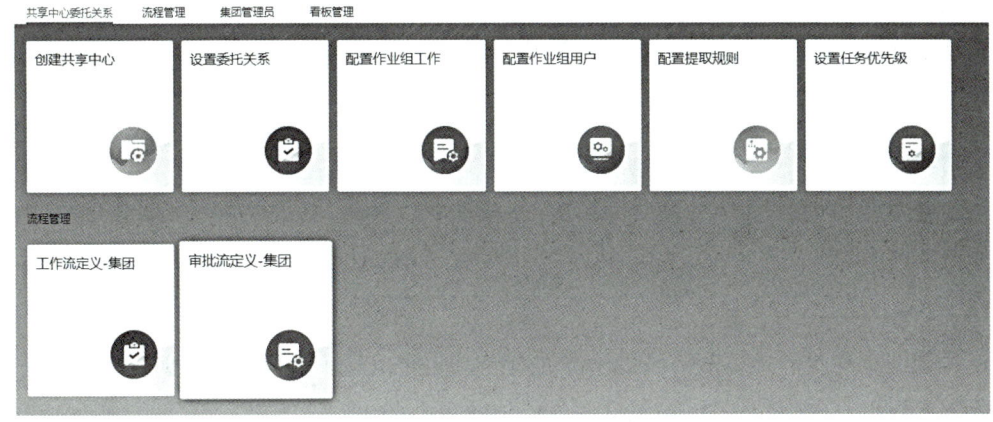

图 6-32　打开工作流定义-集团

图 6-33　启用付款结算单

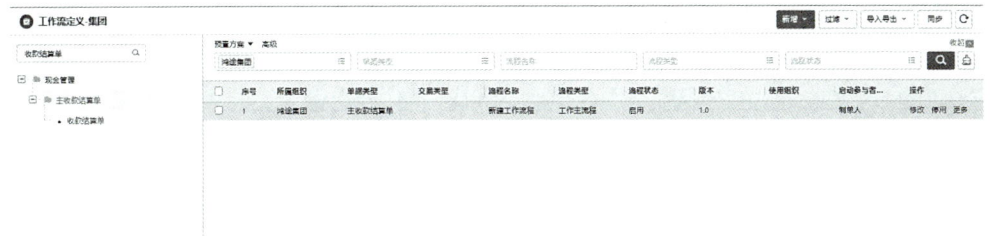

图 6-34　启用收款结算单

(二) 日常业务处理

【业务内容】

1. 测试用例

1) 付款结算

2023 年 3 月 5 日,鸿途集团向绿城物业服务集团有限公司缴纳上个月公司行政办公大楼水费,后者已经开具增值税专用发票,税率(征收率)3%。根据发票所记载的情况,上个月应缴纳的水费总金额为 36 676.24 元(不含税金额为 35 608.00 元)。

【操作提示】

增值税专用发票作为本课程的教辅资源,在上课时以物理单证的形式发放给学生。

2) 收款结算

鸿途集团综合办公室经理杨天波,无故缺席 2023 年 3 月 8 日的中层干部工作会议,被罚款 300 元。3 月 8 日,杨天波已经通过网银将罚款转入公司收入账户。

【操作提示】

罚款入账的银行回单(打印件)作为本课程的教辅资源,在上课时以物理单证的形式发放给学生。

2. 角色分工

付款结算与收款结算均涉及结算单的填制、审批、审核、付款与记账环节,付款结算与收款结算涉及的岗位一致,均包括业务单位业务财务、业务单位财务经理、财务共享服务中心应付初审岗、财务共享服务中心中心出纳岗和财务共享服务中心总账主管岗。

上述环节一共涉及五个岗位,建议 4~6 人为一个小组,团队协作完成付款结算与收款结算处理业务。

【操作指导】

1. 共享后流程图设计

在鸿途集团原有共享前付款结算与收款结算业务流程的基础上,结合企业的财务共享服务中心建设需求,根据企业财务职责和部门的调整情况及财务共享服务中心对应岗位的初始配置情况,设计共享后的付款结算与收款结算流程。图 6-35、图 6-36 分别代表共享后的付款结算流程和收款结算流程。

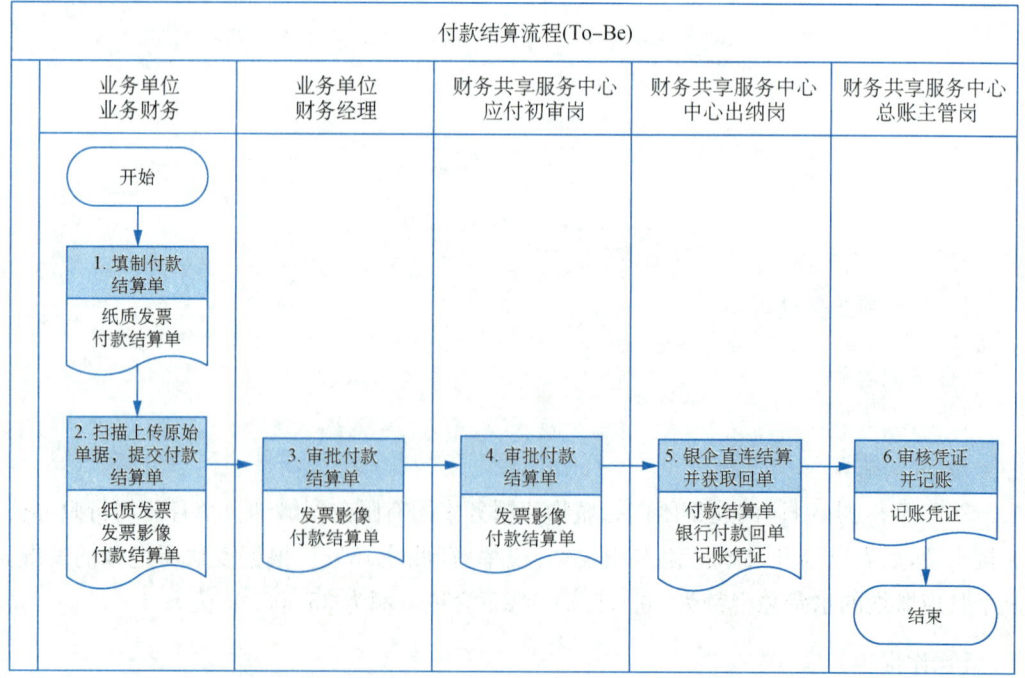

图 6-35 付款结算流程

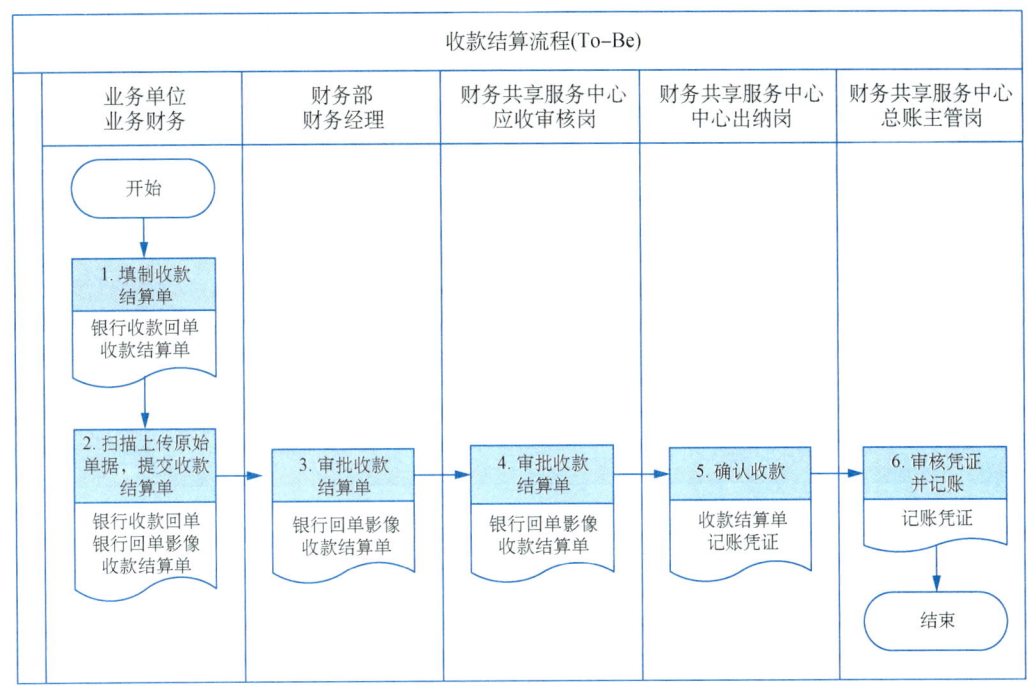

图 6-36　收款结算流程

2. 其他收付款——付款结算

该步骤的主要任务是进入 NC Cloud 平台,完成付款结算单填写后扫描上传影像并提交,以及付款结算单的支付与记账凭证的审核。该步骤流程如图 6-37 所示。

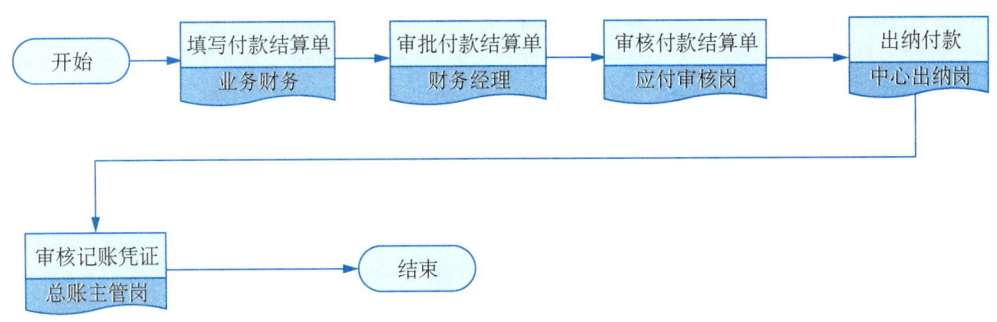

图 6-37　其他收付款——付款结算流程

第一步:业务财务登录平台,修改登录日期为"2023-03-05",如图 6-38 所示。

【操作提示】

登录 NC Cloud 平台后必须先将"业务日期"和"单据日期"切换为测试用例中要求的日期。

第二步:业务财务填制付款结算单。业务财务登录 NC Cloud 平台后,单击"资金管理"的"付款结算"模块,进入"付款结算"界面,单击上方导航栏的"新增",根据测试用例填写相应信息,完成后,单击右上角的"保存",如图 6-39 所示。

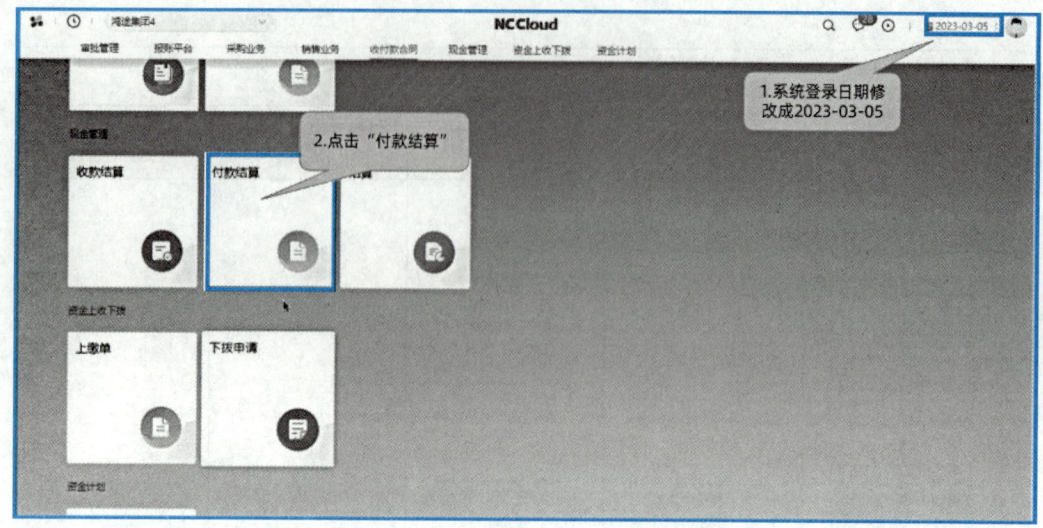

图 6-38　修改登录日期

【操作提示】

先选择第二列"交易对象类型"中的"供应商",再选择第三列的"供应商"中的"绿城物业服务集团有限公司",如果顺序错误,第三列的"供应商"中将无法找到对应的供应商名单。

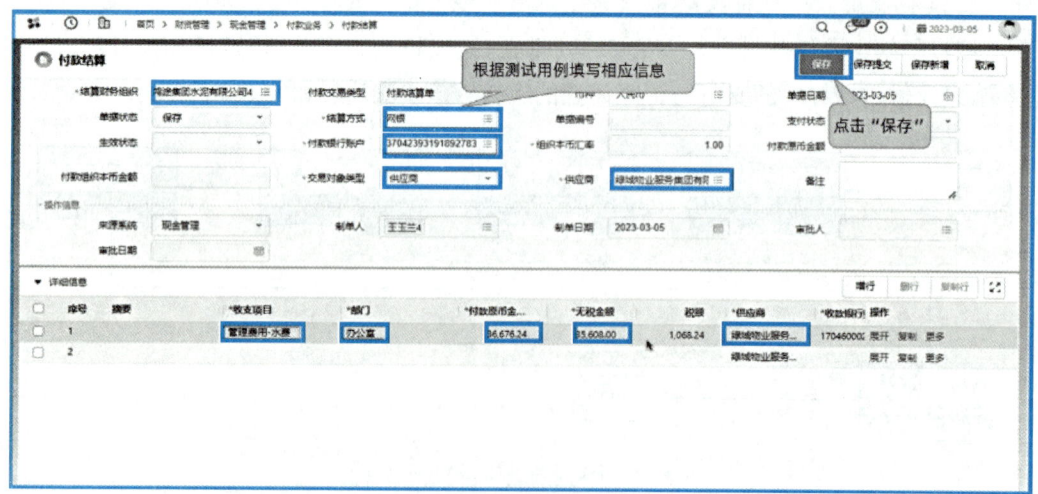

图 6-39　填制付款结算单

第三步:业务财务影像扫描。业务财务在"付款结算"界面中单击右上角的"更多",在下拉菜单中选择"影像扫描",单击右上角"联查"选中"影像扫描",进入影像管理系统之后如果需要用高拍仪进行扫描则需单击"扫描",如果通过本地上传则单击"导入",扫描全部完成之后单击"上传",影像上传完毕后单击"保存",单击"提交",完成付款结算单的提交,如图 6-40 所示。

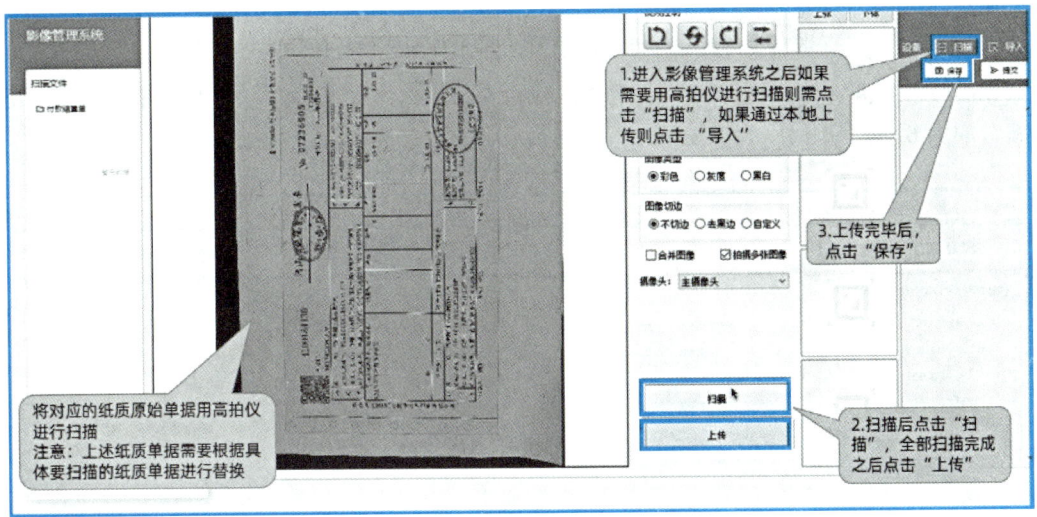

图 6-40　扫描上传影像

第四步:财务经理审批付款结算单。岗位切换至财务经理,财务经理在 NC Cloud 平台主界面修改登录日期为"2023-03-05",点击主界面左上角"审批中心"中"未处理",打开单据。检查付款结算单信息是否填列完整,在"影像"中进行"影像查看",并将影像与填列信息作对比,检查是否无误,如果无问题,单击"财务经理角色＜批准＞"完成审批,如图 6-41 所示。

【操作提示】

在"结算单据明细"中,可以单击"展开"或"收起"以查看详细信息或关闭信息。

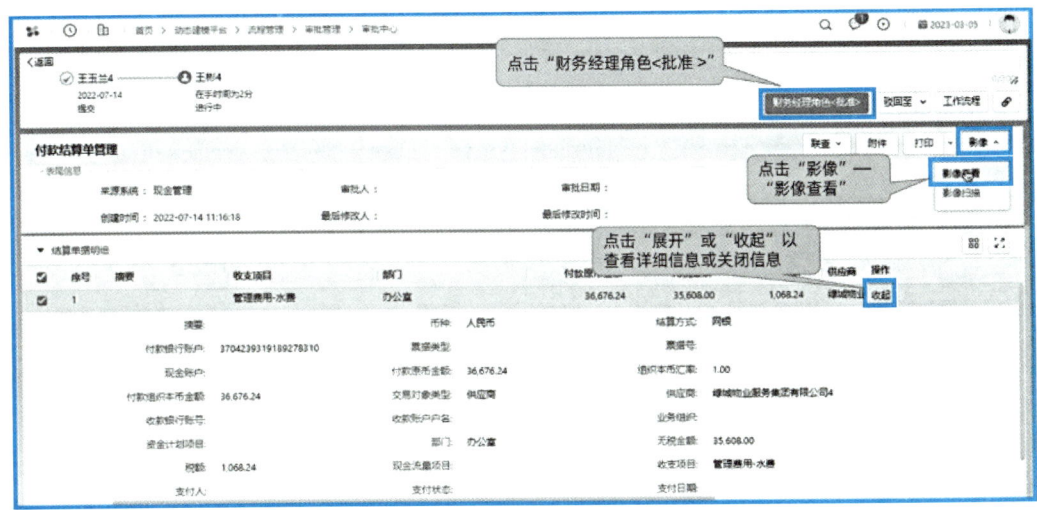

图 6-41　审批付款结算单

第五步:应付审核岗审核付款结算单。财务经理审批付款结算单后,岗位角色切换至应付审核岗,进入 NC Cloud 平台主界面,修改右上角的系统登录日期为"2023-03-

05",在左上角"我的作业"模块先单击"提取任务",再单击"待提取",进入"待提取"界面后,单击右上角"提取任务"提取付款结算单。应付审核岗提取付款结算单后,单击单据编号以打开单据,进入"审批情况"界面,检查相关信息,检查无误后单击右上角的"批准",如图 6-42 所示。

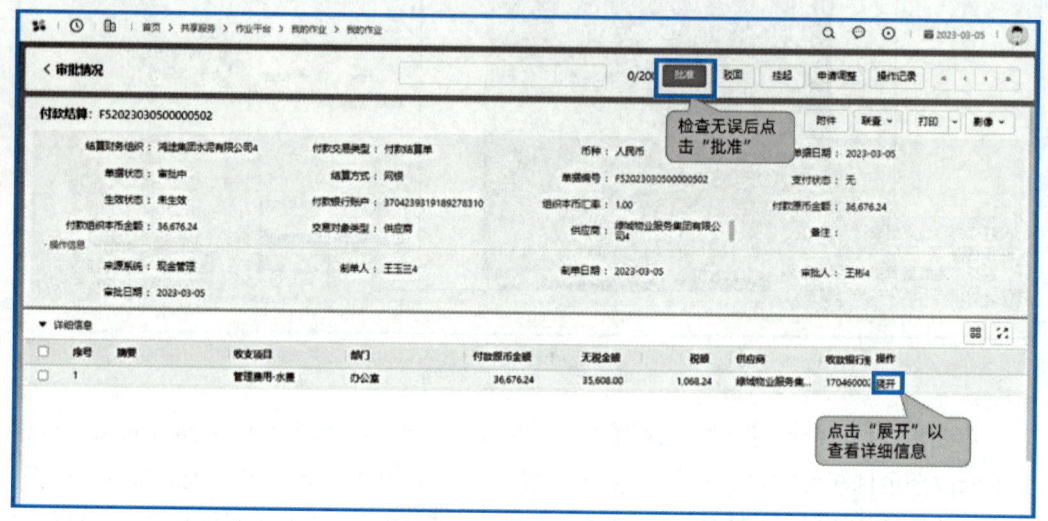

图 6-42 审核付款结算单

第六步:中心出纳岗付款。岗位角色由应付审核岗切换至中心出纳岗,中心出纳岗登录 NC Cloud 平台主界面,根据测试用例的要求,将系统登录日期更改为"2023-03-05",并单击主界面左上角的"结算"。中心出纳岗进入"结算"主界面后,输入查询条件,左上角选择"鸿途结算中心",日期修改为"去年-明年"或"2023-03-01～2023-03-31",单击"查询",在"待结算"中找到已签字但尚未结算的单据并单击单据编号以打开单据,如图 6-43 所示。

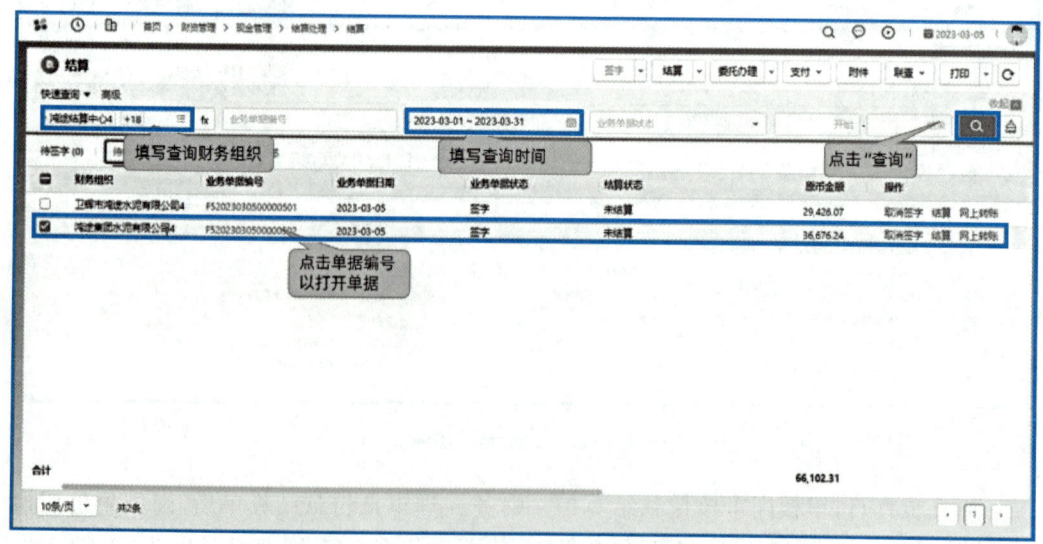

图 6-43 查询待结算单据

单击进入该条单据后,单击右上角的"支付",在下拉菜单中选择"网上转账",完成款项支付,如图 6-44 所示。

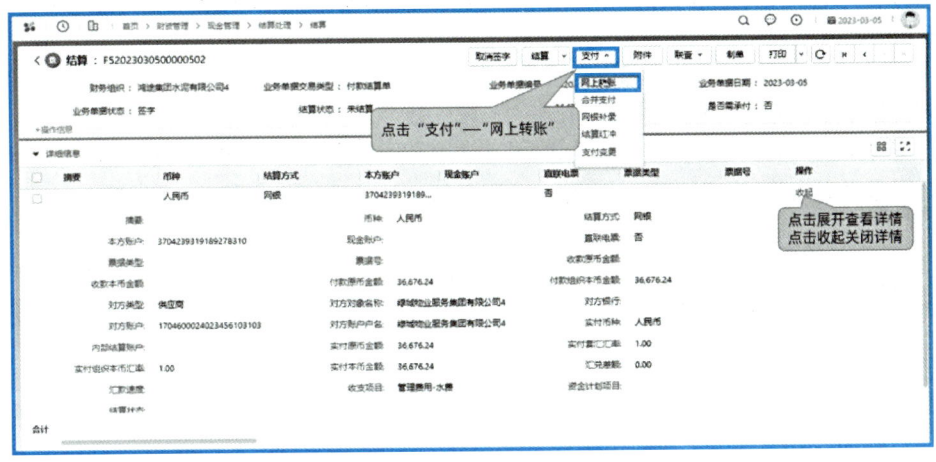

图 6-44　支付付款结算单

【操作提示】

支付类业务一般统一选择"网上转账",收款类业务一般统一选择"结算"。

第七步:总账主管岗审核记账凭证。岗位角色由中心出纳岗切换至总账主管岗,总账主管岗登录 NC Cloud 平台主界面,根据测试用例的要求,将系统登录日期更改为"2023-03-05",并单击主界面的"审核凭证"。

在"凭证审核"界面,在搜索栏选中"鸿途结算中心-基准账套",日期修改为"去年-明年"或"2023-03-01～2023-03-31"后,查找需要审核的记账凭证。

进入"凭证审核"界面后,检查凭证是否无误,确认无误后,单击右上角的"审核",完成该步骤的任务,如图 6-45 所示。

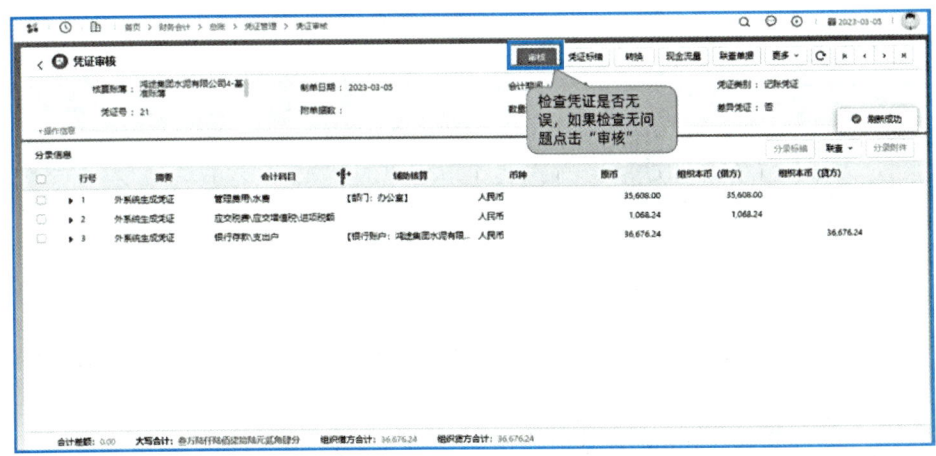

图 6-45　审核记账凭证

【操作提示】

在上一步中心出纳岗支付款项后,将由系统自动生成记账凭证,并能通过记账凭证联查功能自动查询贯穿业务始终的原始凭证,所以此处无须人工手动制单,只需审核记账凭证即可。

3. 其他收付款——收款结算

该步骤的主要任务是进入 NC Cloud 平台,完成收款结算单填写后扫描上传影像并提交,以及收款结算单的结算与记账凭证的审核。该步骤流程如图 6-46 所示。

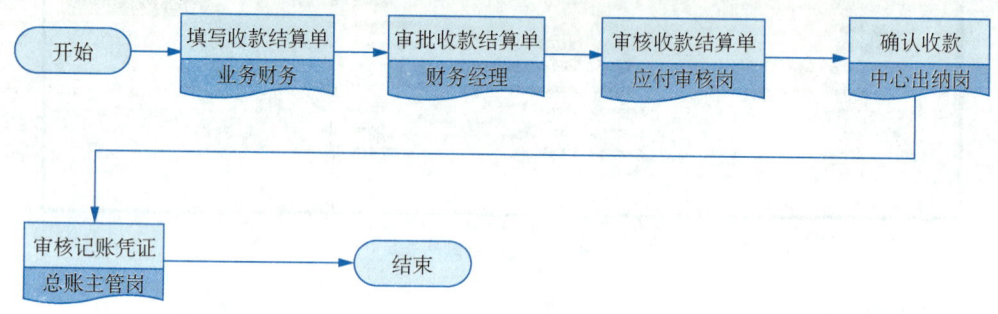

图 6-46　其他收付款——收款结算流程

第一步:业务财务登录平台,修改登录日期为"2023-03-08",如图 6-47 所示。

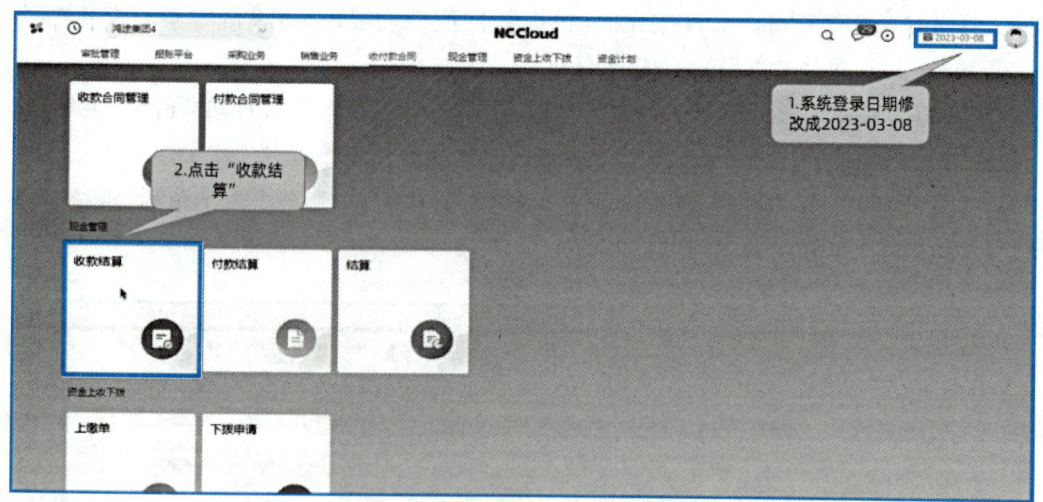

图 6-47　修改登录日期

【操作提示】

登录 NC Cloud 平台后必须先将"业务日期"和"单据日期"切换为测试用例中要求的日期。

第二步:业务财务填制收款结算单。业务财务登录平台后,单击"资金管理"的"收款结算"模块,进入"收款结算"界面,单击上方导航栏的"新增",根据测试用例填写相应信息,完成后,单击右上角的"保存",如图 6-48、图 6-49 所示。

【操作提示】

第二列的"收款银行账户"选择尾号为 9 的账户,"交易对象类型"选择"人员","结算方式"均为"网银","收支项目"选择"营业外收入"中的"罚款净收入"。

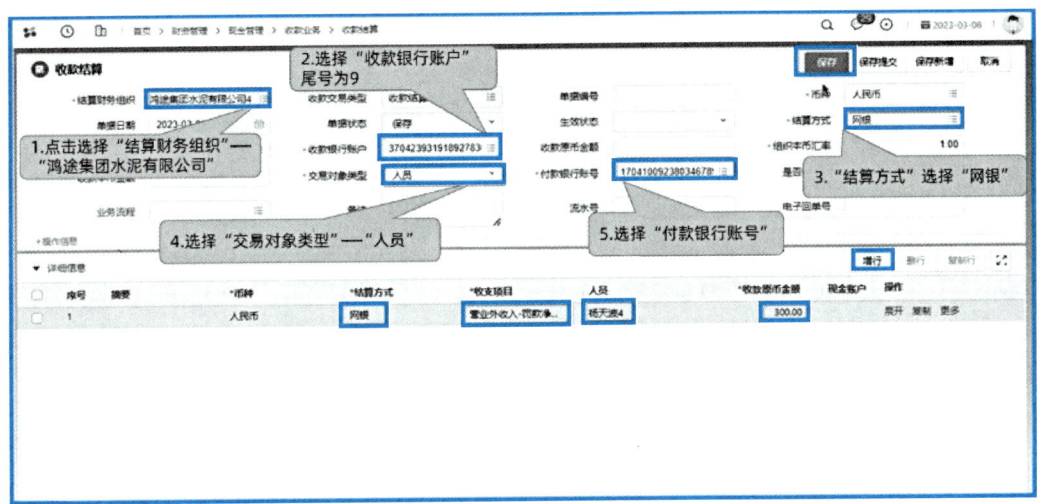

图 6-48　填制收款结算单

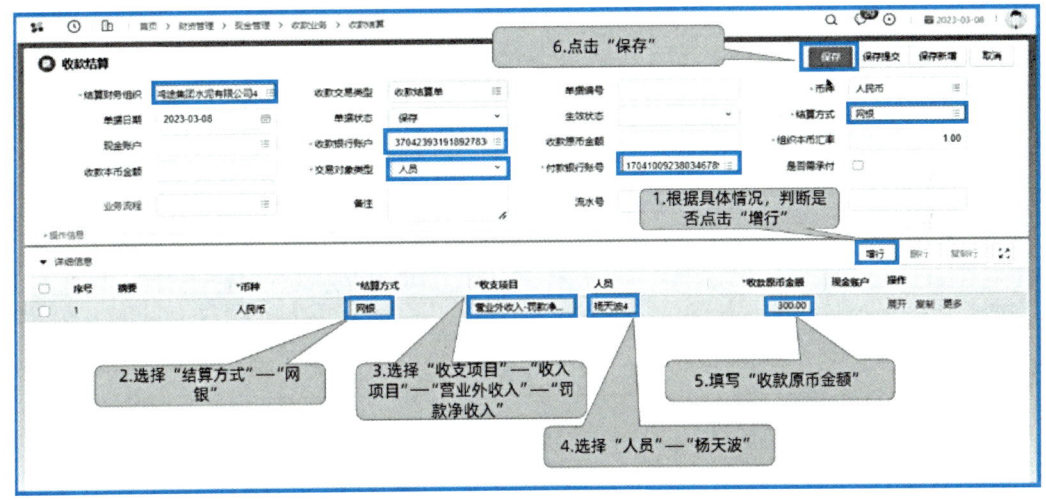

图 6-49　填制收款结算单

第三步:业务财务影像扫描。业务财务在"收款结算"界面中单击右上角的"更多",在下拉菜单中选择"影像扫描",单击右上角"联查"选中"影像扫描",进入影像管理系统之后如果需要用高拍仪进行扫描则需单击"扫描",如果通过本地上传则单击"导入",扫描全部完成之后单击"上传",影像上传完毕后单击"保存",单击"提交",完成收款结算单的提交,如图 6-50 所示。

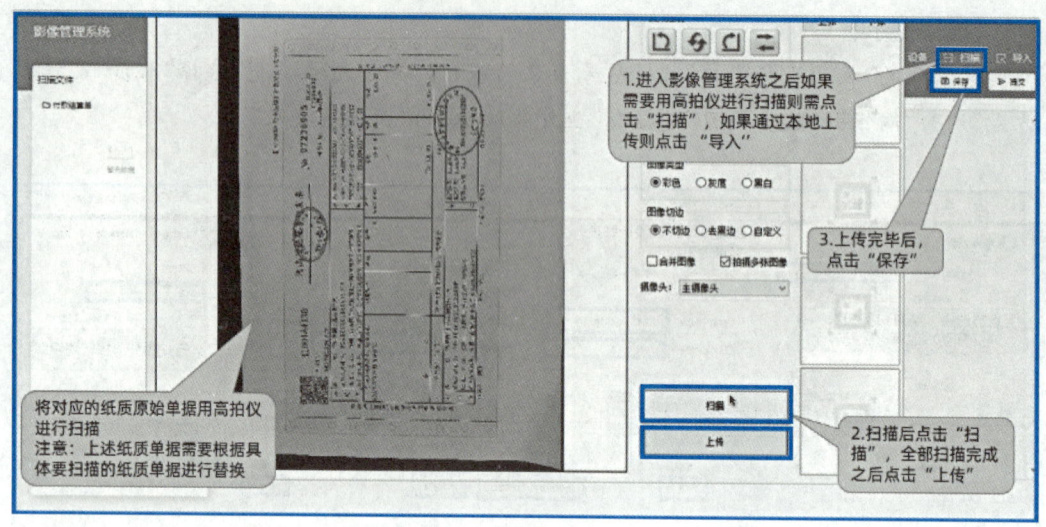

图 6-50　扫描上传影像

第四步:财务经理审批收款结算单。岗位切换至财务经理,财务经理在 NC Cloud 平台主界面修改登录日期为"2023-03-08",点击主界面左上角"审批中心"中"未处理",打开单据。检查收款结算单信息是否填列完整,在"影像"中进行"影像查看",并将影像与填列信息作对比,检查是否无误,如无任何问题,单击"财务经理角色＜批准＞"完成审批,如图 6-51 所示。

【操作提示】

在"结算单据明细"中,可以单击"展开"或"收起"以查看详细信息或关闭信息。

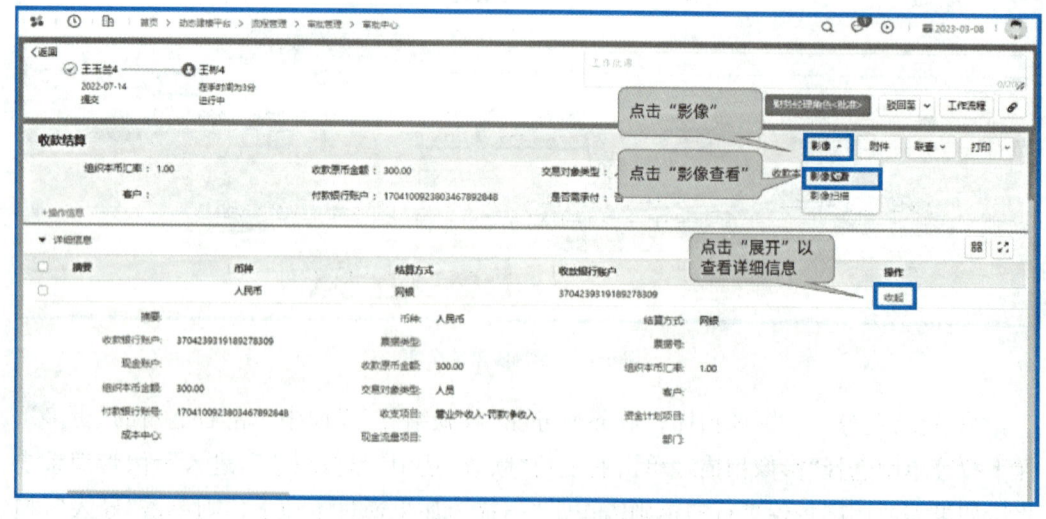

图 6-51　审批收款结算单

第五步:应收审核岗审核收款结算单。财务经理审批收款结算单后,岗位角色切换至应收审核岗,进入 NC Cloud 平台主界面,修改右上角的系统登录日期为"2023-03-

08",在左上角"我的作业"模块先单击"提取任务",再单击"待提取",进入"待提取"界面后,单击右上角"提取任务"提取收款结算单。应收审核岗提取收款结算后,单击单据编号以打开单据,进入"审批情况"界面,检查相关信息,确认无误后单击右上角的"批准",如图6-52所示。

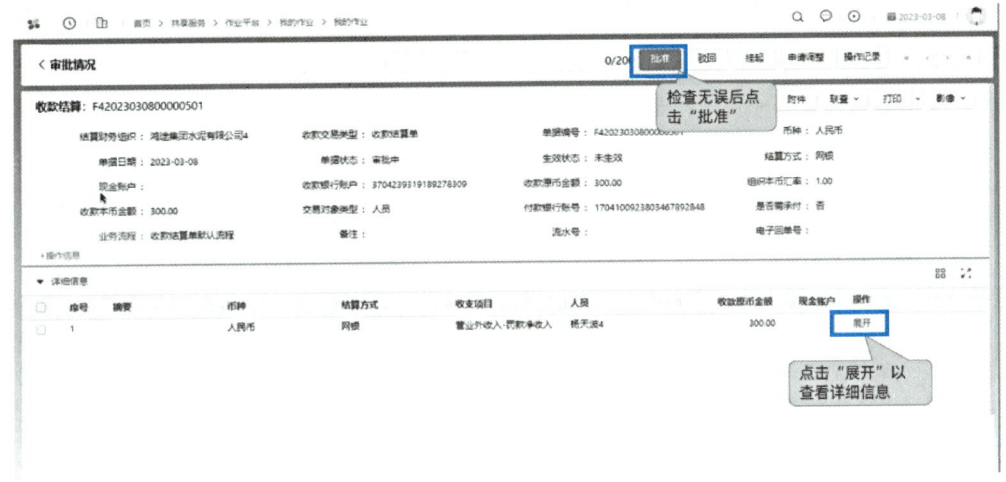

图6-52　审核收款结算单

第六步:中心出纳岗确认收款。岗位角色由应收审核岗切换至中心出纳岗,中心出纳岗登录NC Cloud平台主界面,根据测试用例的要求,将系统登录日期更改为"2023-03-08",并单击主界面左上角的"结算"。中心出纳岗进入"结算"主界面后,输入查询条件,左上角选择"鸿途结算中心",日期修改为"去年-明年"或"2023-03-01~2023-03-31"后,单击"查询",在"待结算"中找到已签字但尚未结算的单据,并单击单据编号以打开单据,如图6-53所示。

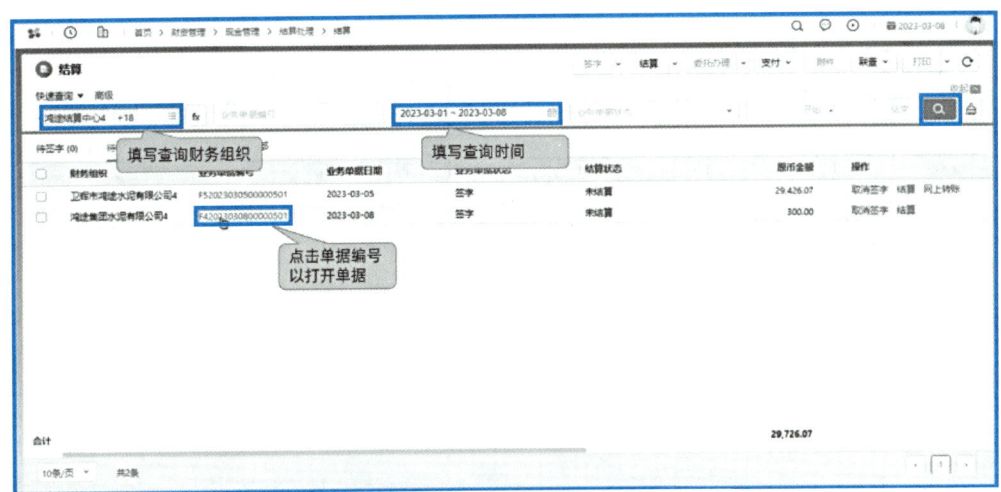

图6-53　查询待结算单据

单击进入该条单据后,单击右上角的"结算",完成确认收款,如图 6-54 所示。

【操作提示】

支付类业务一般统一选择"网上转账",收款类业务一般统一选择"结算"。

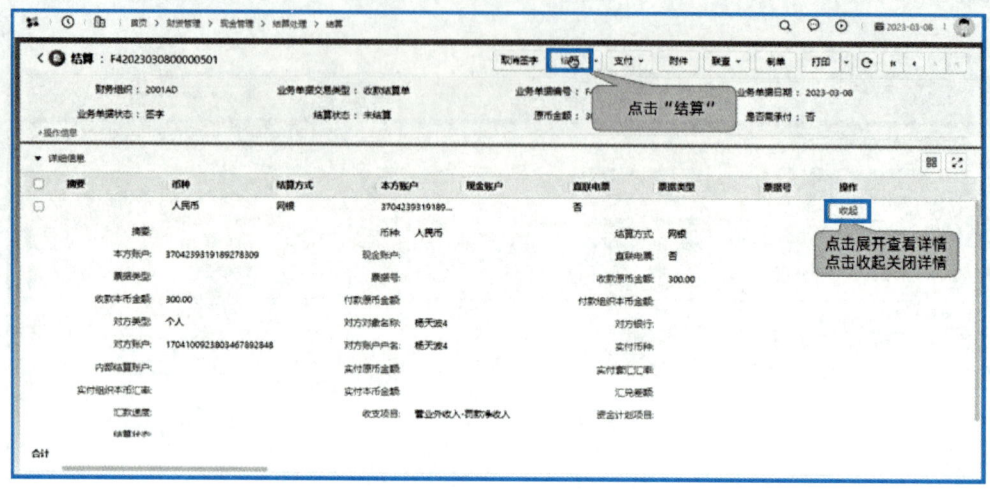

图 6-54　确认收款

第七步:总账主管岗审核记账凭证。岗位角色由中心出纳岗切换至总账主管岗,总账主管岗登录 NC Cloud 平台主界面,根据测试用例的要求,将系统登录日期更改为"2023-03-08",并单击主界面的"审核凭证"。

在"凭证审核"界面,在搜索栏选中"鸿途结算中心-基准账套",日期修改为"去年-明年"或"2023-03-01~2023-03-31"后,查找需要审核的记账凭证。

进入"凭证审核"界面后,检查凭证是否无误,确认无误后,单击右上角的"审核",完成该步骤的任务,如图 6-55 所示。

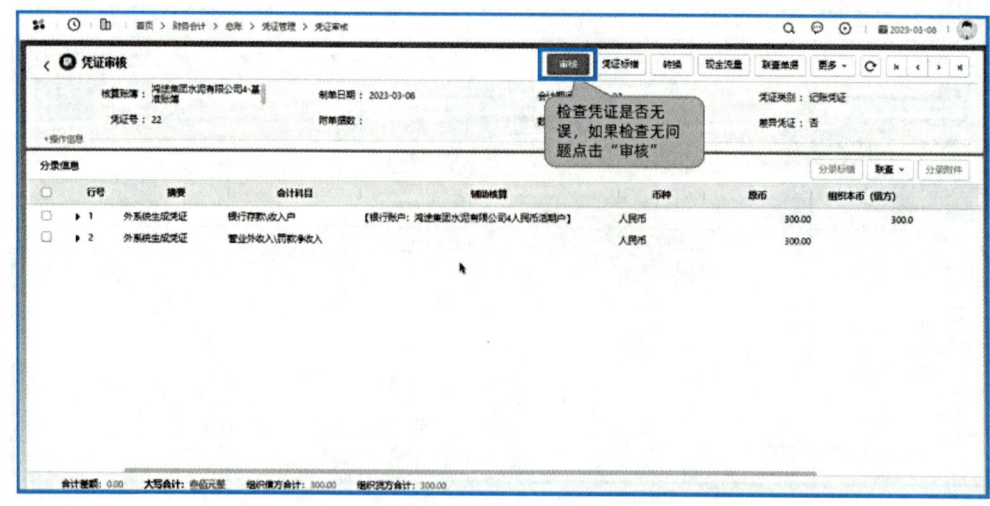

图 6-55　审核记账凭证

【操作提示】

在上一步中心出纳岗确认收款后,将由系统自动生成记账凭证,并能通过记账凭证联查功能自动查询贯穿业务始终的原始凭证,所以此处无须人工手动制单,只需审核记账凭证即可。

项目小结

(1)外部委托付款业务主要涉及付款结算单的填写、审批、审核,委托付款书的经办、审批与支付。付款结算单是企业经营活动的起点,在明确业务分类和付款管理的岗位职责基础上,了解各分项业务流程、付款结算单和委托付款书之间的数据关系及单据流转过程,理解内部控制的各个核心环节等内容。

(2)外部委托付款业务中对项目案例、共享业务流程梳理、外部委托付款的系统初始化设置进行了详细的说明和指导,并从具体业务过程出发,详细说明了业务财务、财务经理、应付初审岗、资金审核岗、结算中心主任和中心出纳岗的具体业务操作步骤,对其中的重点予以了说明和针对性的指导。

(3)其他收付款结算业务主要涉及付款结算单和收款结算单的填写、审批、审核、支付、收款和记账凭证的审核。其他收付款结算在企业经营活动中基本不涉及业务部门,主要工作均在财务相关部门完成,因此在特定的财务岗位上,要明确具体的岗位职责基础,了解各分项业务流程,理解内部控制的各个核心环节等内容。

(4)其他收付款结算业务中对项目案例、共享业务流程梳理、其他收付款结算的系统初始化设置进行了详细的说明和指导,并从具体业务过程出发,详细说明了业务财务、财务经理、应付初审岗、应收审核岗、中心出纳岗和总账主管岗的具体业务操作步骤,对其中的重点予以了说明和针对性的指导。

思维导图

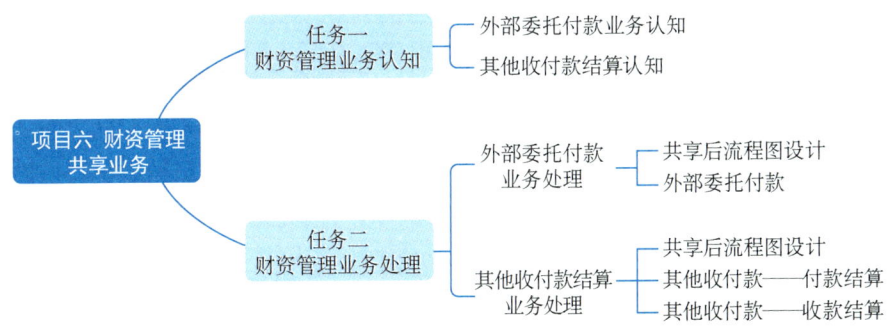

项目七 固定资产共享业务

学习目标

⭐ 知识目标

1. 熟悉企业固定资产新增的业务场景
2. 理解企业固定资产管理共享的业务场景
3. 理解企业固定资产变动的业务场景

⭐ 技能目标

1. 能完成财务共享模式下新增固定资产业务的处理
2. 能完成财务共享模式下固定资产变动业务的处理

⭐ 素质目标

1. 培养学生严肃认真、严谨细致的工作态度
2. 培养学生提高专业技能的自觉性
3. 培养学生熟悉企业资产管理制度,实施会计监督、保全企业资产

任务一 固定资产业务认知

固定资产是指企业为生产产品、提供劳务、出租或者经营管理而持有的、使用时间超过一个会计年度的,价值达到一定标准的非货币性资产,包括房屋、建筑物、机器、机械、运输工具及其他与生产经营活动有关的设备、器具、工具等。

固定资产需符合以下条件:
(1) 使用寿命超过一个会计年度的有形资产。
(2) 单个金额超过 5 000 元(不含税)(其中电子设备、家具为 2 000 元(不含税))。
(3) 包括融资租赁的资产。

水泥生产属于重资产行业,主要资产集中于大型生产设施、设备。根据《固定资产管理制度》,鸿途水泥固定资产分类,如表7-1所示。

表7-1 固定资产折旧年限计提表

序号	固定资产类别	折旧计提年限
1	房屋及建筑物	25年
2	机器设备	10年
3	运输工具	5年
4	办公设备	5年
5	生活设备	5年
6	电子设备	3年

一、固定资产新增业务认知

(一)固定资产新增业务的含义

固定资产新增业务是指依据企业资产管理部门提交的购置固定资产原始凭证等信息和企业固定资产管理核算要求,处理新增固定资产财务核算业务,包括能准确判断新增资产的分类,在NC Cloud平台中填制新增资产卡片等,确保该资产能够纳入企业固定资产的后续日常管理和期末折旧摊销业务范围。

固定资产新增业务中原始凭证审核要点如下:

(1)发票是否真实、合法。

(2)发票的单位名称是否为企业全称,发票有没有填写购买方"纳税人识别号",税率适用是否正确。

(3)发票内容与实际业务是否相符。

(4)发票盖章是否齐全、清晰,发票盖章是否规范。

(二)固定资产新增业务的应用场景

固定资产新增业务的应用场景分为四类。

(1)手工新增:不通过资产新增申请等业务流程,直接手工增加固定资产卡片,适用于对固定资产管理比较粗放的企业。

(2)资产购置申请:使用部门需要新增固定资产时,提交新增资产申请,由部门领导和主管部门经办人、领导审批后,增加固定资产。

(3)工程转固:工程项目竣工后,形成的产出物达到预计可使用状态,转为固定资产管理。

（4）盘盈新增：企业在定期的资产盘点中，如发现有盘盈资产，需要将盘盈的资产入账。

（三）固定资产新增业务的现状

鸿途集团的主要资产集中于大型生产设施、设备，为了管理集团资产，目前已经部署了资产模块（综合办公室使用，建立资产/设备卡片）和固定资产模块，用来管理固定资产的新增、变动和处置、折旧核算等。

资产管理职能分为集团财务部资产管理处的政策管理、监督，水泥板块的生产设施新建、大修的管理监控职能，下属企业生产机动部分直接或间接资产实物管理、卡片登记，财务部门的固定资产价值管理职能。

目前鸿途集团的固定资产新增业务分为订单采购、支付货款及确认资产三个流程。

（四）固定资产新增业务流程

鸿途集团固定资产新增业务流程如图 7-1、图 7-2、图 7-3 所示。

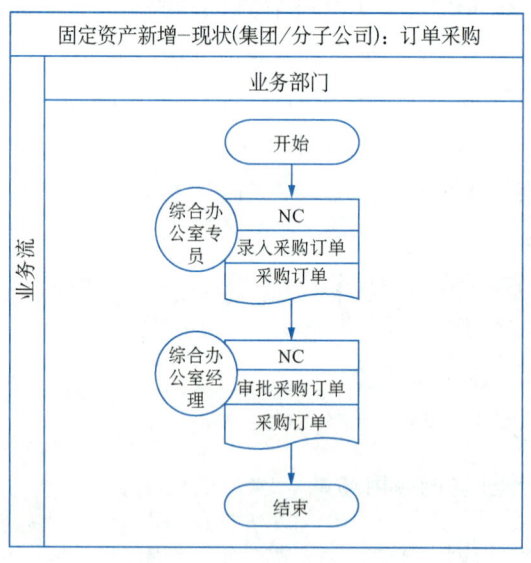

图 7-1　订单采购流程

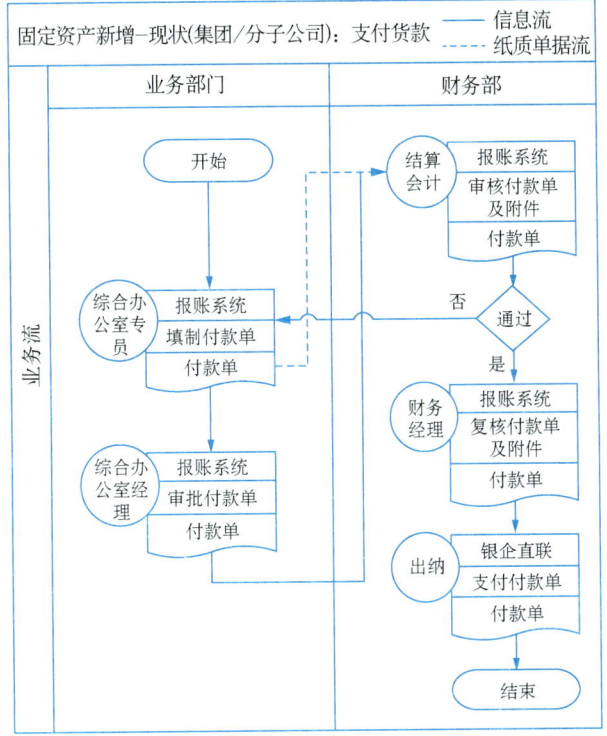

图 7-2 支付货款流程

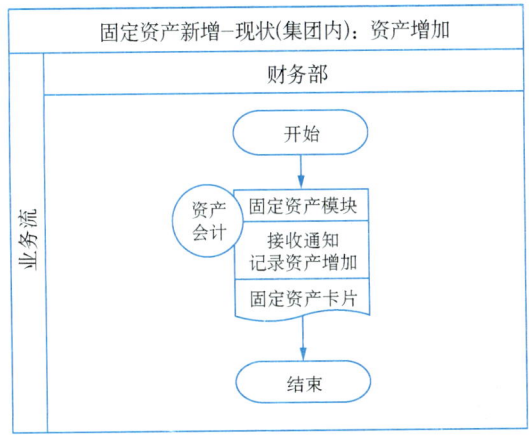

图 7-3 确认资产流程

（五）固定资产新增业务痛点梳理

鸿途集团目前在固定资产新增业务方面存在的主要痛点如下：

(1) 采购订单审批完成后直接填制付款单,采购流程不严谨。
(2) 原始单据还是纸质单据,审批时较为不方便。
(3) 接收到通知之后就记录固定资产卡片,没有系统支撑。

思政园地

先进制造业企业增值税加计抵减的规定

先进制造业企业是指高新技术企业(含所属的非法人分支机构)中的制造业一般纳税人,高新技术企业是指按照《科技部 财政部 国家税务总局关于修订印发〈高新技术企业认定管理办法〉的通知》(国科发火〔2016〕32号)规定认定的高新技术企业。自2023年1月1日至2027年12月31日,允许先进制造业企业按照当期可抵扣进项税额加计5%抵减应纳增值税税额(以下简称加计抵减政策)。

先进制造业企业按照当期可抵扣进项税额的5%计提当期加计抵减额。按现行规定不得从销项税额中抵扣的进项税额,不得计提加计抵减额;已计提加计抵减额的进项税额,按规定作进项税额转出的,应在进项税额转出当期,相应调减加计抵减。

二、固定资产变动业务认知

(一) 固定资产变动业务的含义

固定资产变动是指固定资产在其全生命周期的管理过程中发生变化时,可通过资产变动单来记录完成的业务,如原值调整、累计折旧调整、使用部门调整、管理部门调整、存放地点调整等。

(二) 固定资产变动业务的应用场景

(1) 使用部门变动:使用部门变动后,折旧归属于变动后部门。
(2) 使用寿命变动:使用寿命预计数与原先估计数有差异的,应当调整固定资产使用寿命,并按照会计估计变更的有关规定进行处理。
(3) 预计净残值变动:预计净残值预计数与原先估计数有差异的,应当调整预计净残值,并按照会计估计变更的有关规定进行处理。
(4) 折旧方法变动:与固定资产有关的经济利益预期实现方式有重大改变的,应当改变固定资产折旧方法,并按照会计估计变更的有关规定进行处理。

【操作提示】
①企业应当按月计提固定资产折旧,当月增加的固定资产,当月不计提折旧,从下月起计提折旧;当月减少的固定资产,当月仍计提折旧,从下月起不计提折旧。②未使用、

不需用的固定资产照提折旧,计入管理费用。③处于更新改造过程中使用的固定资产,应将其账面价值转入在建工程,不再计提折旧;更新改造项目达到预定可使用状态转为固定资产后,再按照重新确定的使用寿命、预计净残值和折旧方法计提折旧。④提前报废的固定资产不再补提折旧。

(三)固定资产变动业务现状

在每月月末,资产会计确认当期所有资产新增、资产变动、评估单、减值准备等单据均录入完成后,对资产进行当月的折旧计提处理。

(四)固定资产变动业务流程

鸿途集团固定资产变动业务流程,如图 7-4 所示。

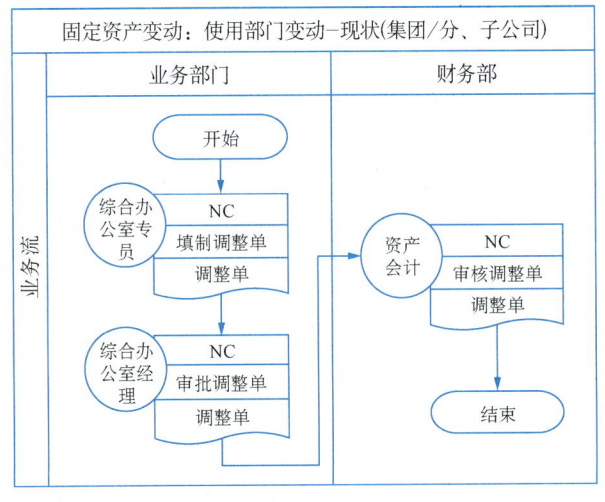

图 7-4　固定资产变动——使用部门变动流程

(五)固定资产变动业务痛点梳理

鸿途集团目前在固定资产变动业务方面存在的主要痛点如下:

(1)资产变动由分、子公司完成,集团无法进行监督,知情权受到挑战。

(2)每个分、子公司的财务部都要设置资产会计岗来负责审批调整单,所需人员较多、人工成本较高。

任务二　固定资产业务处理

一、固定资产新增业务处理

【工作任务概述】

(1) 能够描述固定资产新增业务的含义。

(2) 阅读案例企业在财务共享建设前一家未实施财务共享的标杆企业其固定资产新增业务流程描述，加以理解并能够使用 Microsoft Visio 工具进行绘制。

(3) 能够根据财务共享服务中心的建设规划，设计财务共享服务中心建成后的固定资产新增业务流程，绘制 Visio 流程图，并上传系统进行研讨交流、方案分享、学生间互评。

(4) 能够学习用友 NC Cloud 平台工作流与审批流设置操作视频，并将本组设计的流程方案在 NC Cloud 平台上进行设置。

(5) 能够通过分岗协同的方式，在 NC Cloud 平台中对本组设置的流程进行测试验证，并将验证结果录屏上传、分享、进行学生间互评。

【工作指导手册】

（一）系统化初始设置

【业务内容】

根据企业的固定资产新增业务要求，将使用到采购订单、采购发票、应付单、付款单和新增资产审批单，如表 7-2 所示。在初次业务处理时需要进入财务共享服务中心，在审批流和工作流中启用上述单据。

【操作提示】

若在之前操作环节中启用过采购订单、采购发票、应付单、付款单，则该步骤仅需启用工作流中的新增资产审批单即可。

表 7-2　业务单据列表

序号	名称	是否进 FSSC	是否属于作业组工作	流程设计工具
1	采购订单-固定资产采购	N	—	审批流
2	采购发票	N	—	—
3	应付单	Y	Y	工作流
4	付款单	Y	Y	工作流
5	新增资产审批单	Y	Y	工作流

【操作指导】

进入财务共享服务中心综合实践主界面,单击最上方导航栏"训练计划",选择左边导航栏第十八项训练计划"固定资产共享-固定资产新增",选择"技术实现"当中的"系统流程配置",如图 7-5 所示。单击"开始任务",在弹出的对话框中选择"去设置",单击集团管理员"上岗"操作,如图 7-6 所示。

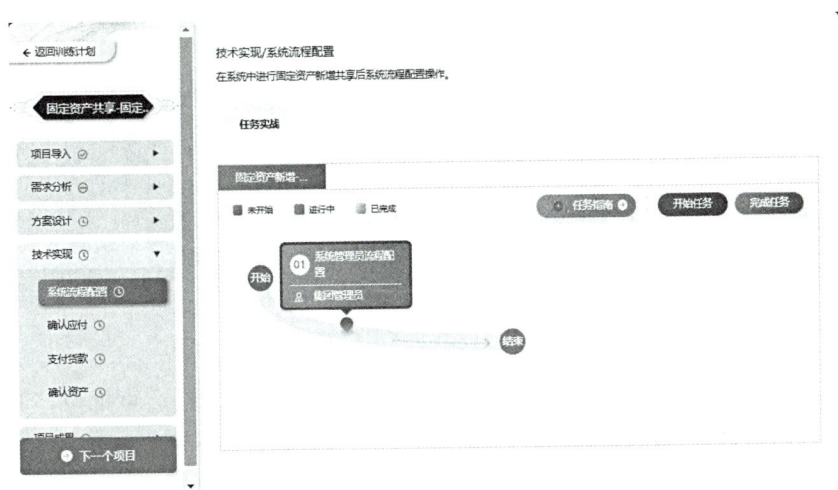

图 7-5　系统流程配置

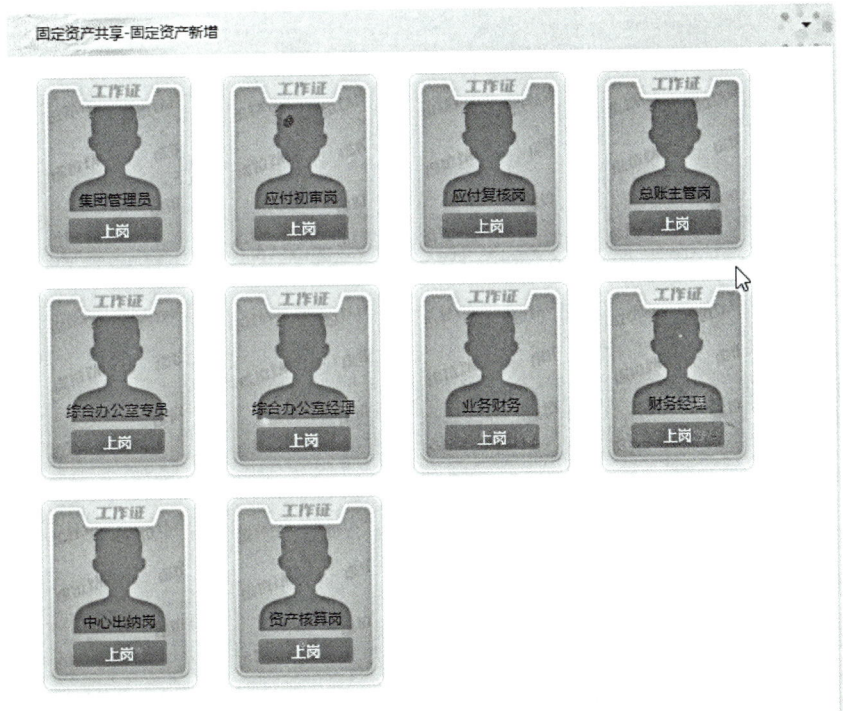

图 7-6　集团管理员上岗

回到主界面,单击"开始任务",进入 NC Cloud 平台主界面,单击左下角"工作流定义-集团"启用工作流,如图 7-7 所示。

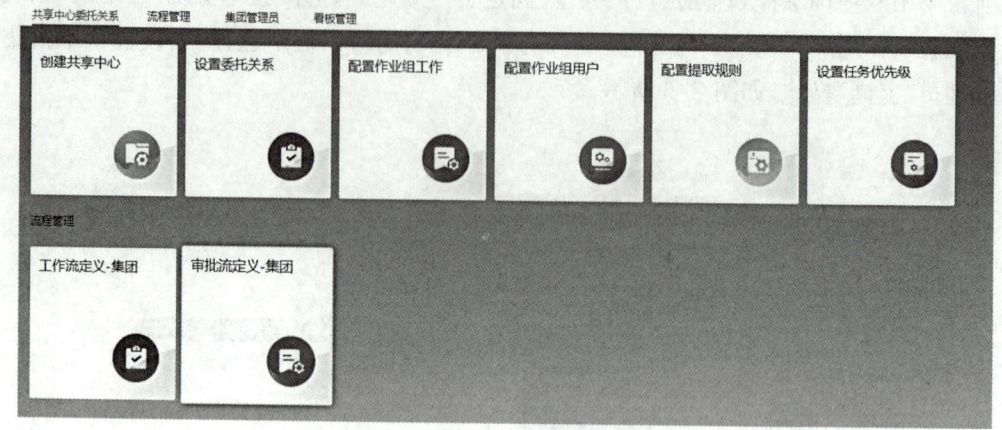

图 7-7　打开工作流定义-集团

进入"工作流定义-集团"界面后,在左上角导航栏搜索新增资产审批单,勾选后,单击右侧操作中的"启用",完成系统操作的初始化设置,如图 7-8 所示。

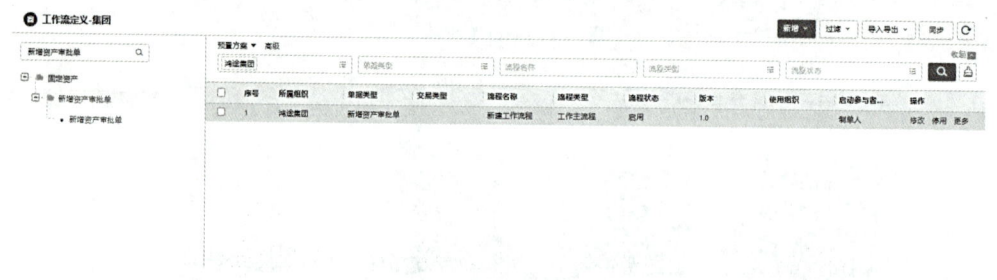

图 7-8　启用新增资产审批单

【操作提示】

采购订单、采购发票、应付单、付款单在采购应付共享、资金结算共享等环节中已经启用,此处不需重复操作。

(二)日常业务处理

【业务内容】

1. 测试用例

2023 年 3 月 15 日,鸿途水泥质控处办公室需购置一台空调(属于生活设备),经 OA 审批通过后,具体由综合办公室向庆峰五金贸易公司发起采购申请。请购信息如下(其中,单价含有 13% 的增值税,无税单价 1 769.03 元,税额 229.97 元):

商品名称:空调

商品产地:中国大陆

变频/定频:定频

商品匹数:1.5匹(适用15～25平方米)

物料分类:壁挂式空调

含税价格:1 999元

2023年3月20日收到货物和发票并进行了会计处理,3月25日支付了全额款项。

2023年3月31日记录资产新增,资产编码为202303310001。

注意事项:原始凭证(采购发票等)作为本课程的教辅资源,在上课时以物理单证的形式发放给学生。付款回单若要作为原始凭证存档,教学平台将提供银行回单查询并打印功能。

2. 角色分工

固定资产新增业务处理整个流程涉及采购订单,采购发票,应付单的录入、生成、审批,付款单的关联、审批及资产审批单的生成、审批,固定资产卡片的新增等环节,其中购订单,采购发票,应付单的录入、生成、审批和付款单的关联、审批与采购应付共享、资金结算共享中的操作相同,在采购应付共享、资金结算共享等环节中均配有操作演示,此处不再重复演示操作,只针对固定资产新增业务中的固定资产卡片新增予以演示操作。因此,在该环节涉及的岗位包括综合办公室专员、综合办公室经理和资产核算岗。

本环节涉及岗位较少,建议3人为一个小组,团队协作完成固定资产新增业务处理。

【操作指导】

1. 共享后流程图设计

在鸿途集团原有共享前固定资产新增业务流程的基础上,结合企业的财务共享服务中心建设需求,根据企业财务职责和部门的调整情况及财务共享服务中心对应岗位的初始配置情况,设计共享后的固定资产新增业务流程,如图7-9所示。

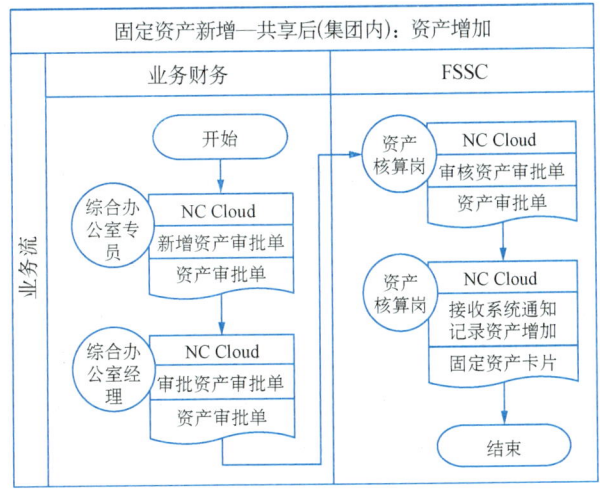

图7-9 资产增加业务流程

2. 固定资产新增——确认资产

本步骤的主要任务是接收系统通知记录资产新增,在进入 NC Cloud 平台后,完成资产审批单的新增、审批、审核工作并确认的过程。该步骤流程如图 7-10 所示。

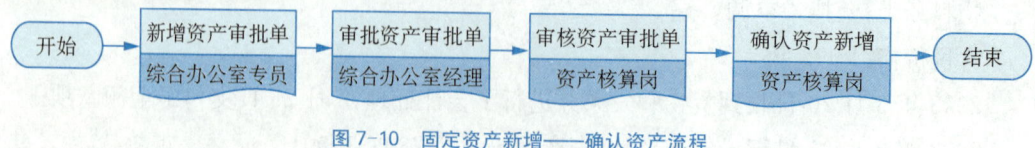

图 7-10　固定资产新增——确认资产流程

第一步:综合办公室专员登录平台,修改登录日期为"2023-03-31",如图 7-11 所示。

【操作提示】

登录 NC Cloud 平台后必须先将"业务日期"和"单据日期"切换为测试用例中要求的日期。

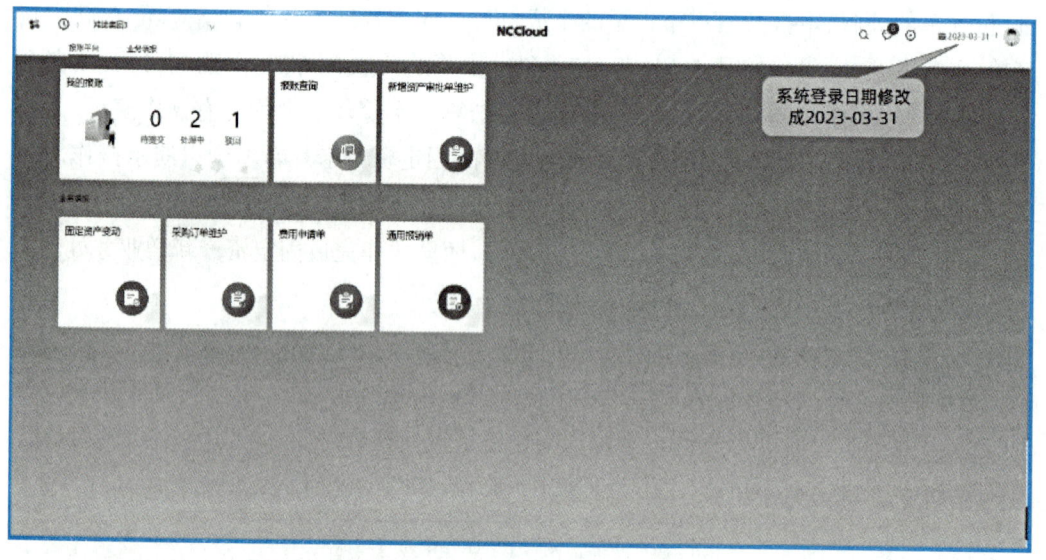

图 7-11　调整业务日期

第二步:综合办公室专员新增资产审批单。综合办公室专员登录 NC Cloud 平台后,单击"新增资产审批单维护",进入该界面,单击右上角的"新增",按照测试用例要求录入资产审批单中并单击右上角的"保存提交",如图 7-12 所示。

第三步:综合办公室经理审批资产审批单。岗位角色由综合办公室专员切换至综合办公室经理,综合办公室经理登录 NC Cloud 平台后,根据案例情况,将日期改为"2023-03-31",再单击左上角"审批中心"—"未处理",查找综合办公室专员填制的单据,找到资产审批单后,单击打开单据,检查资产审批单是否填列完整,如果无问题,单击"综合办公室经理角色<批准>"完成审批,如图 7-13 所示。

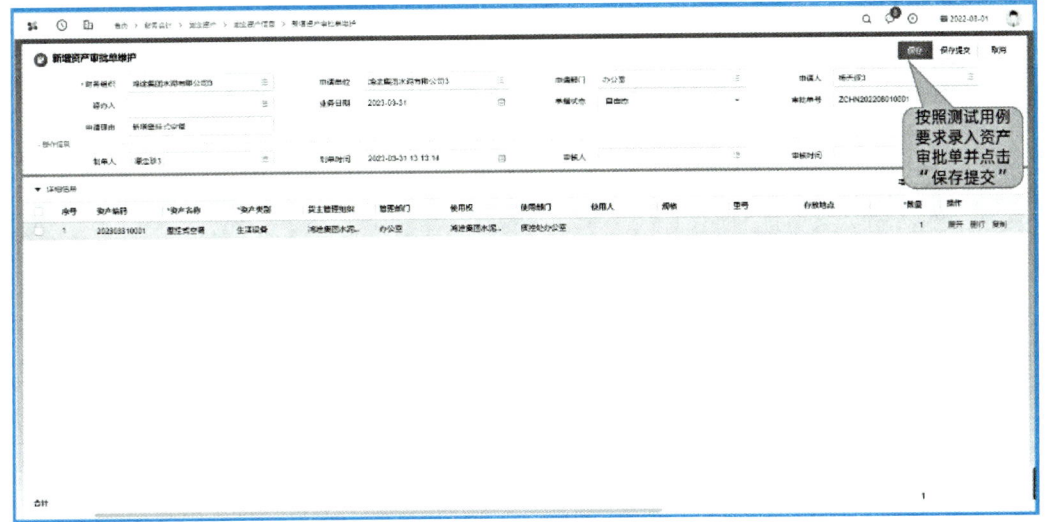

图 7-12 新增资产审批单

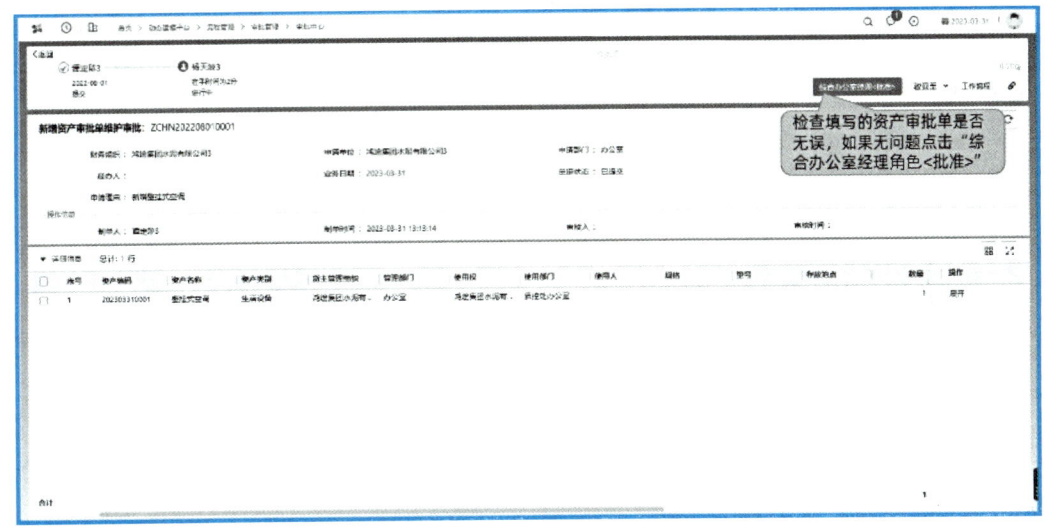

图 7-13 审批资产审批单

第四步:资产审核岗审核资产审批单。综合办公室经理审批资产审批单后,岗位角色切换至资产审核岗,进入 NC Cloud 平台主界面,修改右上角的系统登录日期为"2023-03-31",在左上角"我的作业"模块先单击"提取任务",再单击"待提取"。进入"待提取"界面后,单击右上角"提取任务"提取资产审批单。点击单据编号以打开单据,资产审核岗检查资产审批单是否填列完整,检查无误后,单击右上角的"批准",如图 7-14 所示。

第五步:资产审核岗确认资产新增。资产审核岗回到"作业平台"界面,检查系统登录日期是否为"2023-03-31",并单击最左上角的图标,如图 7-15 所示。

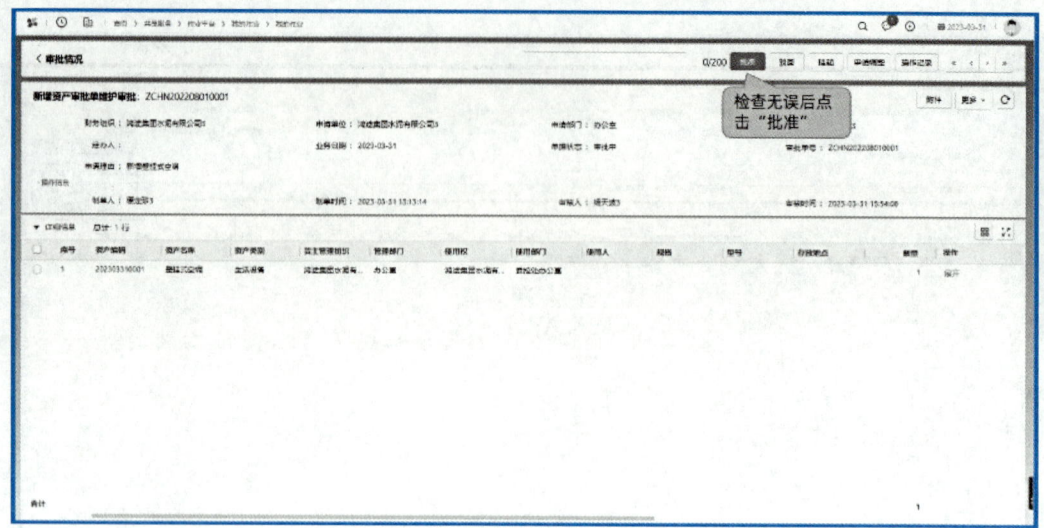

图 7-14 审核资产审批单

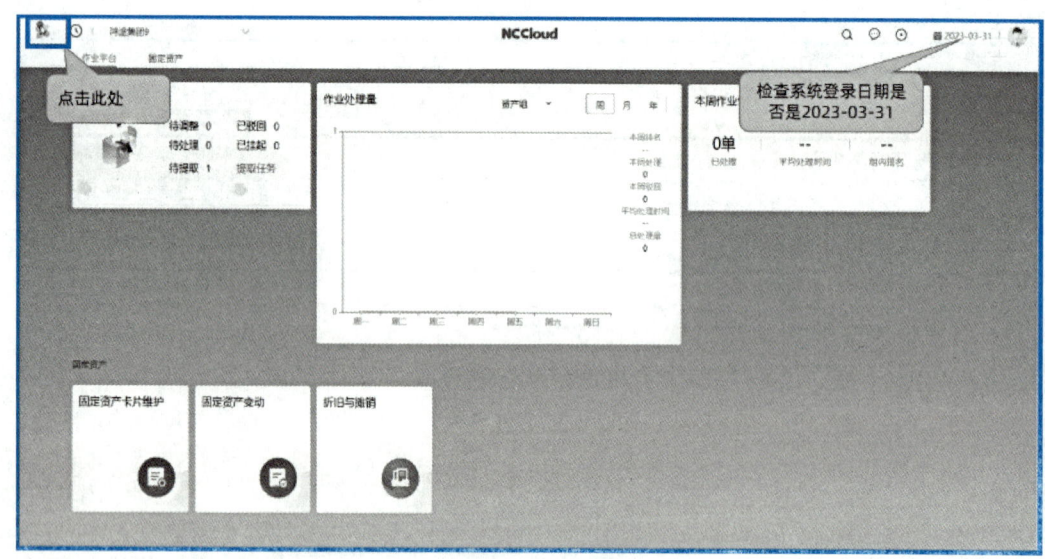

图 7-15 返回作业平台

单击最左上角图标后,在导航栏处点击"财务会计"—"固定资产"—"固定资产信息"—"待生成固定资产卡片",最后单击"待生成固定资产卡片",如图 7-16 所示。

单击"待生成固定资产卡片"后,在右上角输入查询条件"鸿途集团水泥有限公司",查询相应单据并勾选,单击右下角的"生成固定资产卡片"。在新界面勾选信息,并将"增价方式"和"使用状况"分别选为"直接购入"和"在用",单击右上角的"保存",如图 7-17 所示。

第六步:资产审核岗维护固定资产卡片。资产审核岗从"作业平台"界面切换至"资

图 7-16 找到待生成固定资产卡片

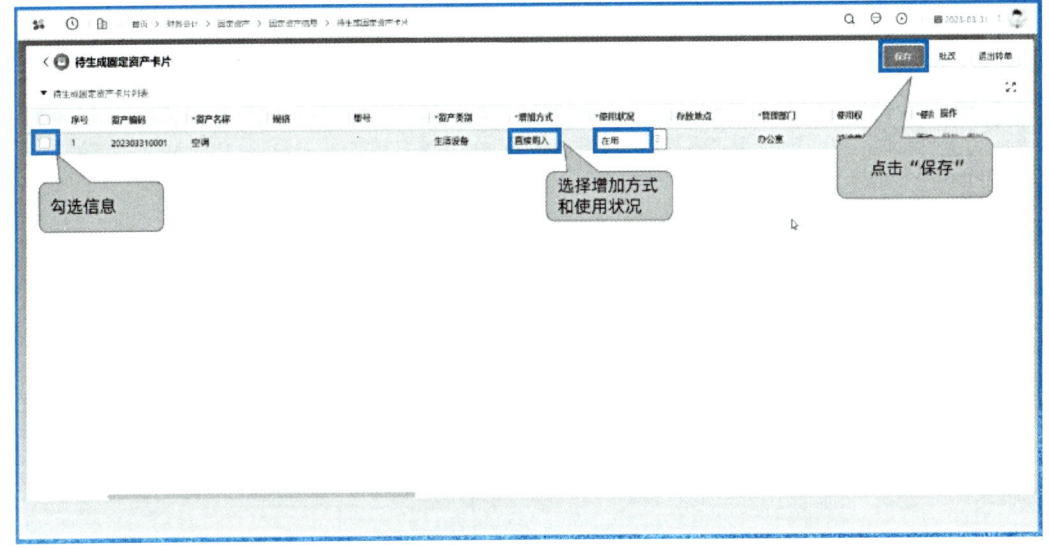

图 7-17 保存固定资产卡片

产增加"界面,检查系统登录日期是否为"2023-03-31",并单击"固定资产卡片维护",如图 7-18 所示。

在"资产增加"界面右上角输入查询条件"鸿途集团水泥有限公司",查询相应单据,双击打开单据,检查固定资产卡片有无问题,如果有问题单击右上角的"修改",完成固定资产卡片的维护工作,如图 7-19 所示。

【操作提示】

如无问题,此步骤不需要任何其他操作。

图 7-18 切换资产增加界面

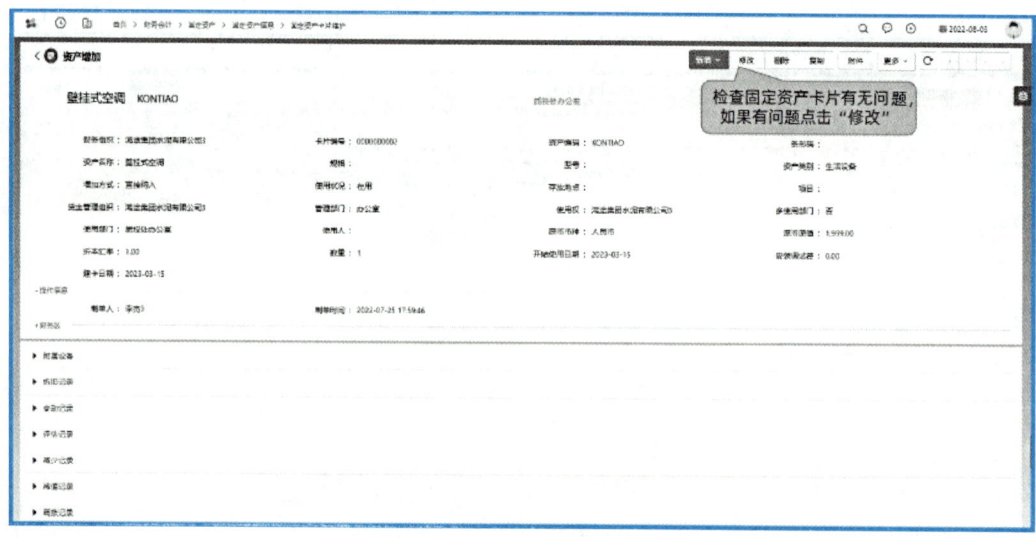

图 7-19 维护固定资产卡片

操作视频

二、固定资产变动业务处理

【工作任务概述】

(1) 能够描述固定资产变动业务的含义。

(2) 阅读案例企业在财务共享建设前一家未实施财务共享的标杆企业其固定资产变动业务流程描述,加以理解并能够使用 Microsoft Visio 工具进行绘制。

(3) 能够根据财务共享服务中心的建设规划,设计财务共享服务中心建成后的固定资产

操作视频

变动业务流程,绘制 Visio 流程图,并上传系统进行研讨交流、方案分享、进行学生间互评。

(4) 能够学习用友 NC Cloud 平台工作流与审批流设置操作视频,并将本组设计的流程方案在 NC Cloud 平台上进行设置。

(5) 能够通过分岗协同的方式,在 NC Cloud 平台中对本组设置的流程进行测试验证,并将验证结果录屏上传、分享、进行学生间互评。

【工作指导手册】

(一) 系统化初始设置

【业务内容】

根据企业的固定资产变动与折旧业务要求,将使用到资产变动,如表 7-3 所示。在初次业务处理时需要进入财务共享服务中心,在工作流中启用资产变动。

表 7-3 业务单据列表

序号	名称	是否进 FSSC	是否属于作业组工作	流程设计工具
1	资产变动	Y	Y	工作流

【操作指导】

进入财务共享服务中心综合实践主界面,单击最上方导航栏"训练计划",选择左边导航栏第十九项训练计划"固定资产共享-固定资产变动与折旧",如图 7-20 所示。选择"技术实现"当中的"系统流程配置",如图 7-21 所示,单击"开始任务",在弹出的对话框中选择"去设置"。

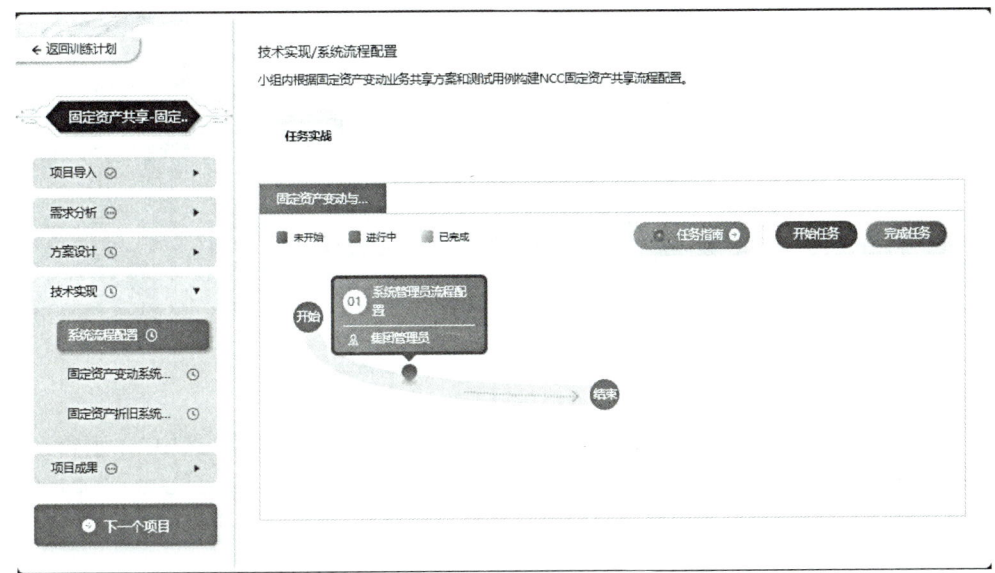

图 7-20 系统流程配置

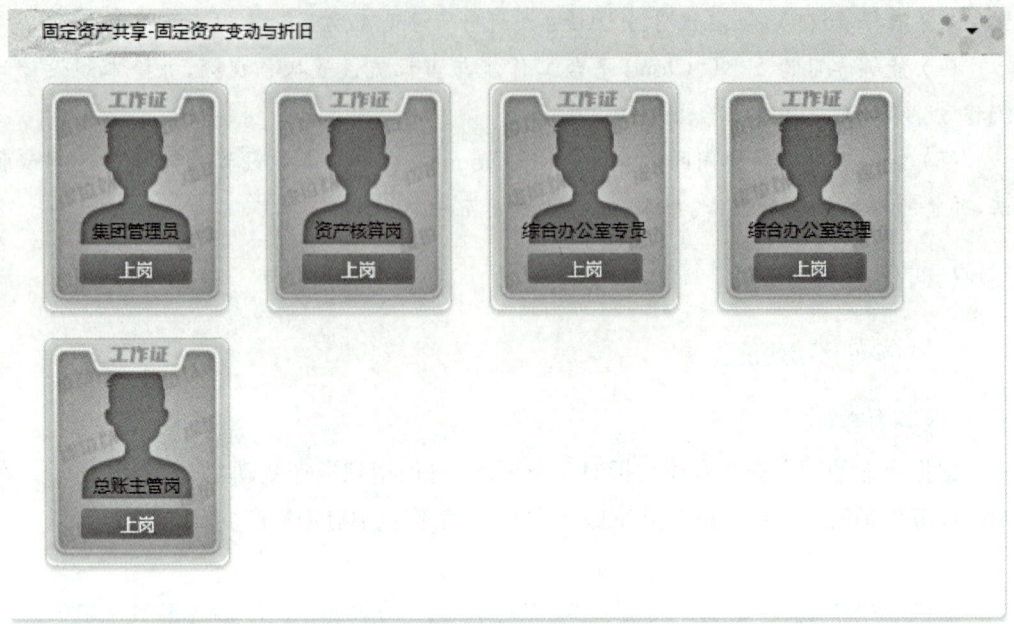

图 7-21　集团管理员上岗

单击集团管理员"上岗"操作后,回到主界面,单击"开始任务",进入 NC Cloud 平台,单击左下角"工作流定义-集团"启用工作流,如图 7-22 所示。

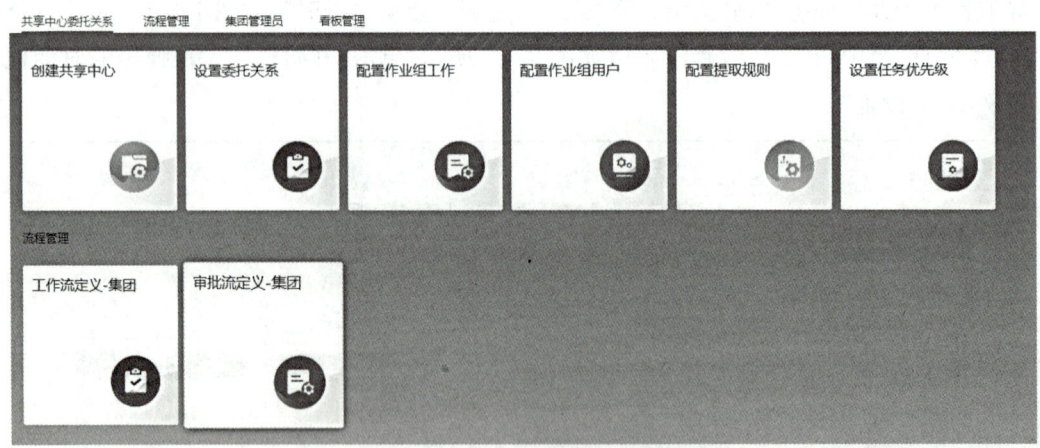

图 7-22　打开工作流定义-集团

进入"工作流定义-集团"界面后,在左上角导航栏搜索资产变动,选中"固定资产"下的"资产变动",勾选上述单据,单击"启用",完成系统操作的初始化设置,如图 7-23 所示。

图 7-23　启用资产变动

(二) 日常业务处理

【业务内容】

1. 测试用例

2023 年 3 月 12 日,鸿途集团原山销售服务办公室(部门编码:0501)使用的一台笔记本电脑(属于电子设备)调整至供应处办公室(部门编码:0601)。具体笔记本电脑信息如下:

商品名称:ThinkPad 翼 480

屏幕尺寸:14.0 英寸

系列:ThinkPad-E 系列

分类:轻薄本

原值:4 900 元

2023 年 3 月 31 日,鸿途水泥资产核算岗完成当月固定资产折旧的计提。

2. 角色分工

固定资产变动与折旧主要涉及使用部门调整单的填制、审批与审核、折旧的计提,涉及的岗位为综合办公室专员、综合办公室经理、财务共享服务中心资产核算岗与总账主管岗。

上述环节一共涉及四个岗位,岗位较少,建议 3~4 人为一个小组,团队协作完成固定资产变动与折旧业务。

【操作指导】

1. 共享后流程图设计

在鸿途集团原有共享前固定资产变动与折旧业务流程的基础上,结合企业的财务共享服务中心建设需求,根据企业财务职责和部门的调整情况及财务共享服务中心对应岗位的初始配置情况,设计共享后的固定资产变动与折旧流程,如图 7-24 所示。

2. 固定资产变动与折旧计提

该步骤的主要任务是进入 NC Cloud 平台,完成使用部门调整单的填写、审批与审核以及折旧计提的工作。该步骤流程如图 7-25 所示。

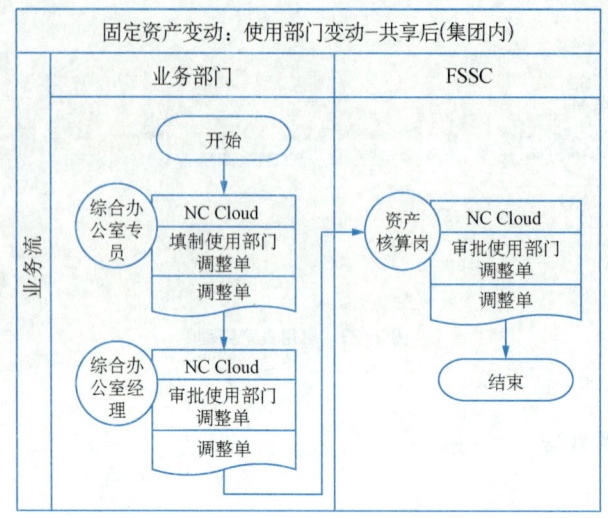

图 7-24　固定资产变动与折旧流程

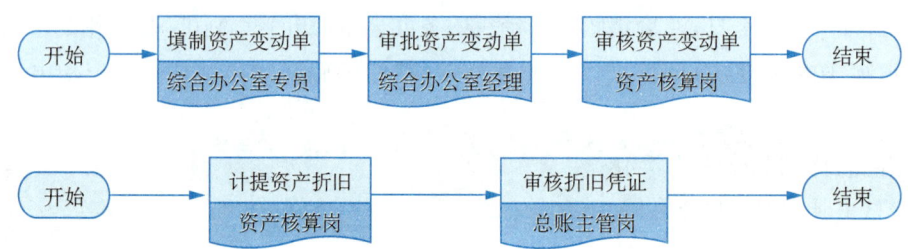

图 7-25　固定资产变动与折旧计提流程

第一步：综合办公室专员登录平台，修改登录日期为"2023-03-12"，如图 7-26 所示。

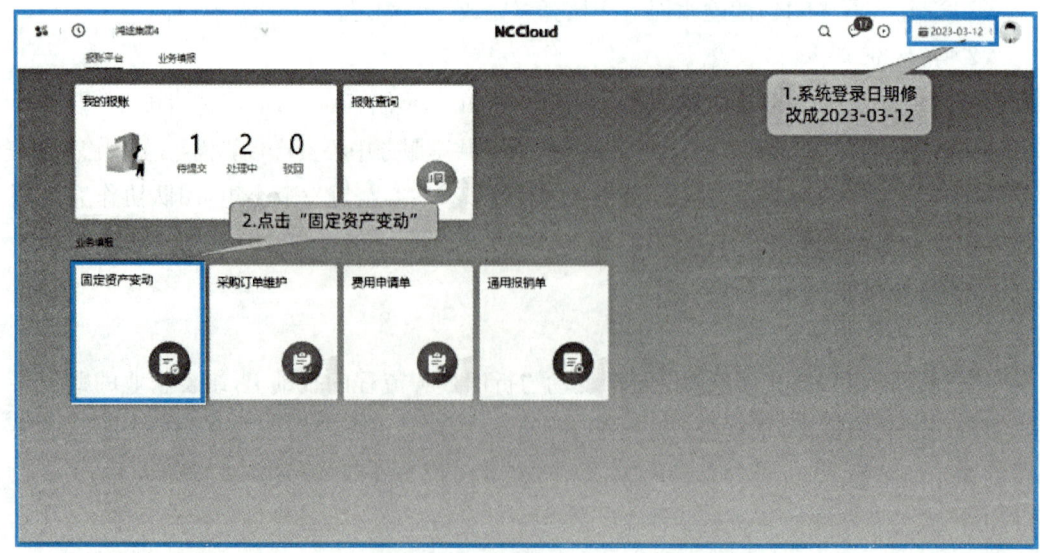

图 7-26　修改登录日期

【操作提示】

登录 NC Cloud 平台后必须先将"业务日期"和"单据日期"切换为测试用例中要求的日期。

第二步：综合办公室专员在 NC Cloud 平台主界面单击"业务填报"中的"固定资产变动模块"，进入"固定资产变动"模块，单击右上角的"新增"，按照测试用例中的要求填写表头信息。在详细信息部分，单击"增行"，在增行处填入"固定资产名称""变动后使用部门"等信息，填列完成后，检查信息填写是否无误，确认无误后，单击右上角的"保存提交"，如图 7-27 所示。

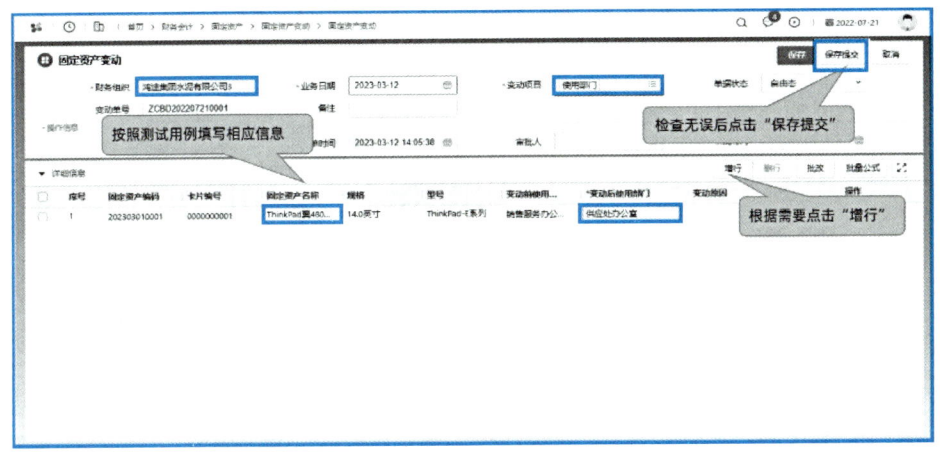

图 7-27　填制资产变动单

第三步：综合办公室经理审批资产变动单。综合办公室专员填制资产变动单后，岗位角色切换至综合办公室经理，进入 NC Cloud 平台主界面，修改右上角的系统登录日期为"2023-03-12"，在左上角"审批中心"模块单击"未处理"，综合办公室经理提取资产变动单后，单击单据编号以打开单据，进入"固定资产变动审批"界面，检查相关信息，确认无误后单击右上角的"综合办公室经理角色＜手工活动＞"，如图 7-28 所示。

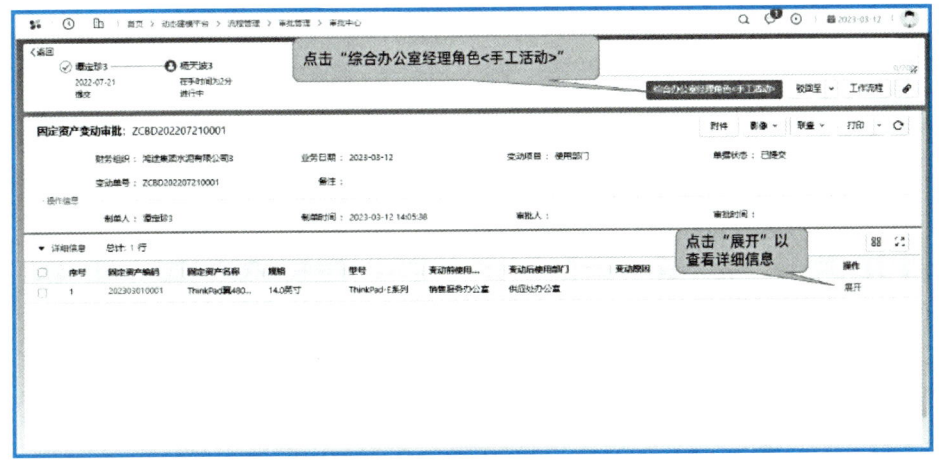

图 7-28　审批资产变动单

【操作提示】

资产变动单单据明细部分，可以单击"展开"或"收起"以查看详细信息或关闭信息。

第四步：资产核算岗审核资产变动单。综合办公室经理审批资产变动单后，岗位角色切换至资产核算岗，进入 NC Cloud 平台主界面，修改右上角的系统登录日期为"2023-03-12"，在左上角"我的作业"模块先单击"提取任务"，再单击"待提取"。进入"待提取"界面后，单击右上角"提取任务"提取资产变动单并点击单据编号以打开单据。打开单据后，资产核算岗进行内容信息的审核，确认无误后，单击右上角的"批准"以完成资产使用部门变动的所有操作步骤，如图 7-29 所示。

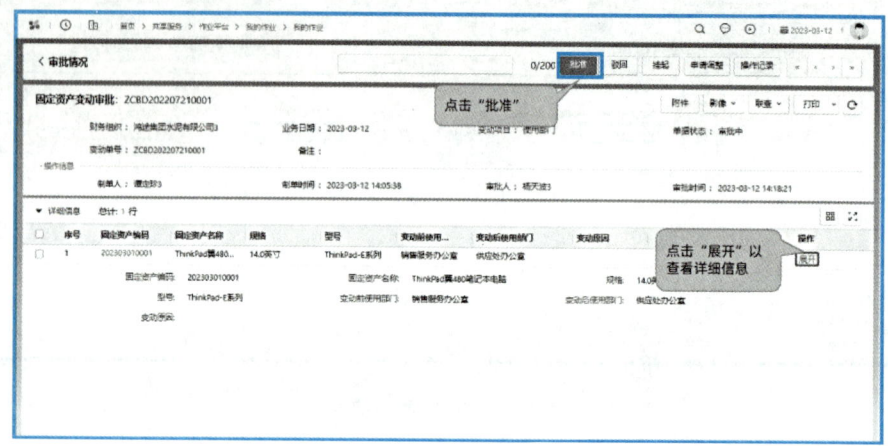

图 7-29　审核资产变动单

第五步：资产核算岗计提资产折旧。资产核算岗进入 NC Cloud 平台主界面，修改右上角的系统登录日期为"2023-03-31"，单击"固定资产"项下的"折旧与摊销"。进入"折旧与摊销"界面后，选择"鸿途集团水泥有限公司"与"基准账套"进行搜索，并单击"计提折旧"，如图 7-30 所示。

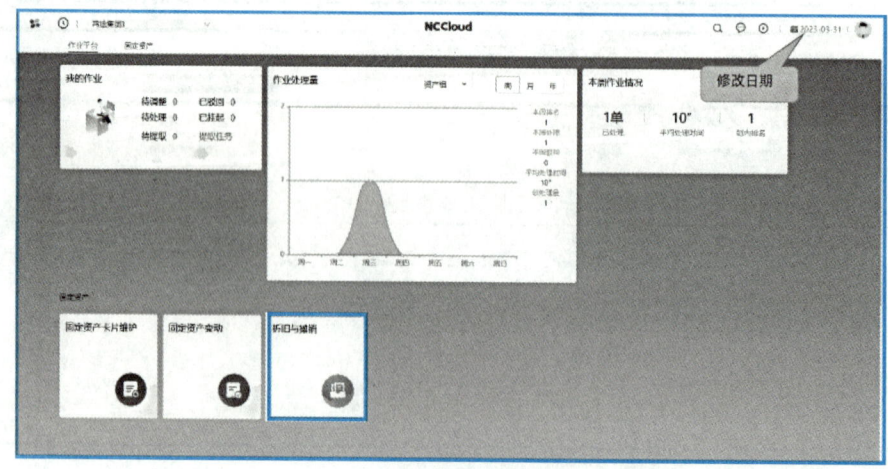

图 7-30　计提资产折旧

计提完折旧后可以查看折旧清单，在清单中会显示折旧卡片信息，显示本月折旧总额 136.11 元，如图 7-31 所示。

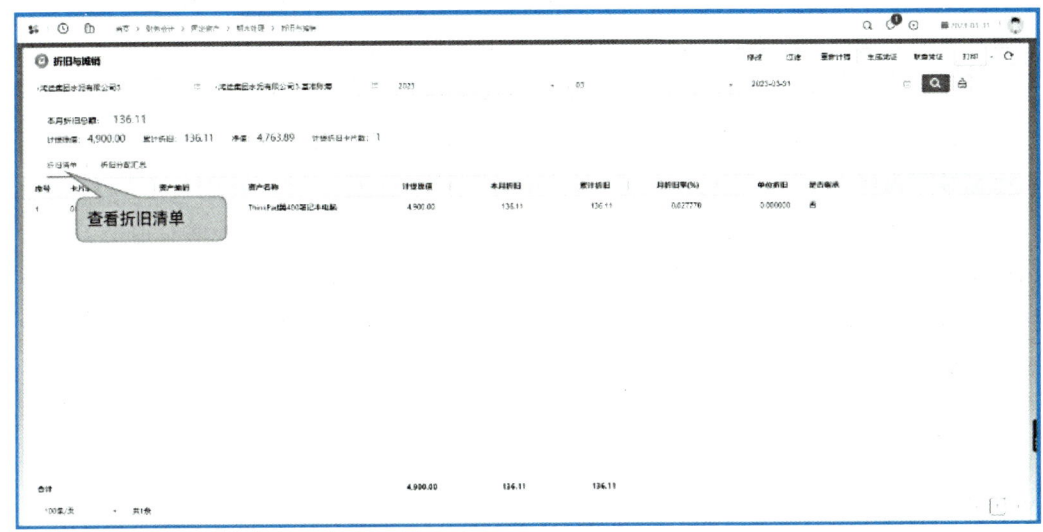

图 7-31　查看资产折旧清单

第六步：总账主管审核记账凭证。岗位角色由资产核算岗切换至总账主管岗，总账主管岗登录 NC Cloud 平台主界面，先将系统登录日期更改为"2023-03-31"，并单击主界面的"审核凭证"。在"凭证审核"界面，在搜索栏选中"鸿途结算中心-基准账套"，日期修改为"去年-明年"或"2023-03-01～2023-03-31"后，查找需要审核的记账凭证。进入"凭证审核"界面后，检查凭证是否无误，确认无误后，单击右上角的"审核"，完成该步骤的任务，如图 7-32 所示。

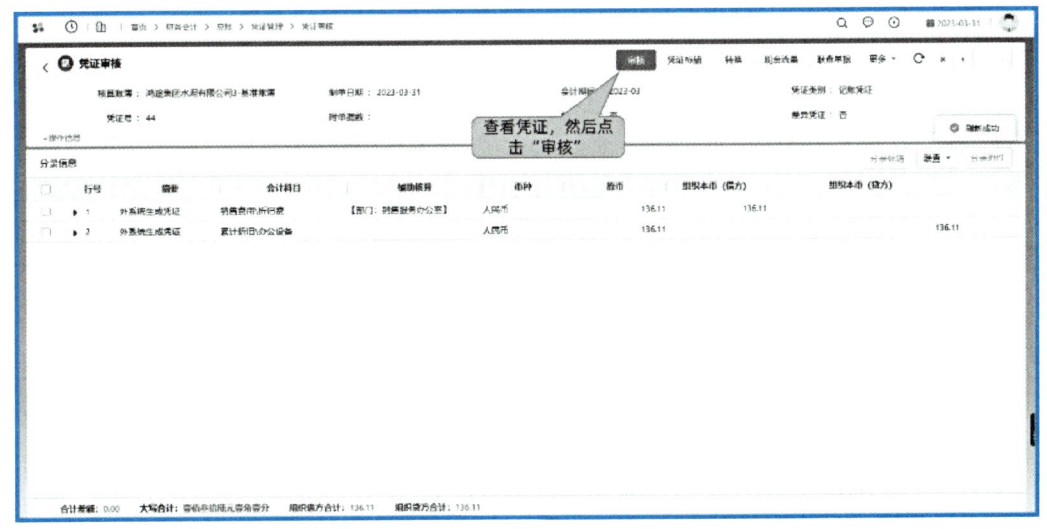

图 7-32　审核记账凭证

项目小结

（1）本项目内容主要涉及固定资产的新增、变动与折旧，在固定资产新增部分涉及资产审批单的填写、审批、审核与确认。在固定资产变动部分涉及资产变动单的填制、审批与审核。在固定资产折旧部分涉及资产折旧的计提和折旧凭证的审核。在学习业务流程的基础上，还要明确具体的岗位职责基础，了解各分项业务流程，理解内部控制的各个核心环节等内容。

（2）本项目对项目案例、共享业务流程梳理、固定资产的新增、变动与折旧的系统初始化设置进行了详细的说明和指导，并从具体业务过程出发，详细说明了综合办公室专员、综合办公室经理、资产核算岗和总账主管岗的具体业务操作步骤，对其中的重点予以说明和针对性的指导。

思维导图

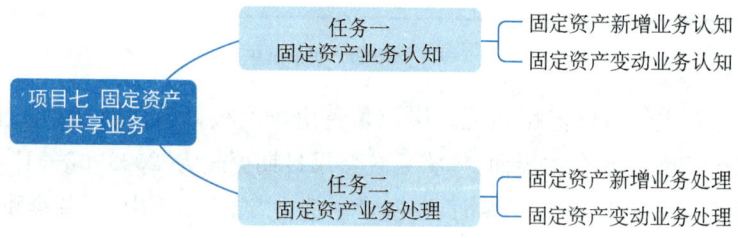

项目八 档案与总账共享业务

学习目标

知识目标

1. 掌握电子会计档案的含义
2. 理解电子会计档案的应用场景
3. 熟悉总账月结的工作过程

技能目标

1. 能够完成财务共享模式下电子会计档案系统操作
2. 能够完成财务共享模式下总账月末处理操作

素质目标

1. 培养学生严肃认真、严谨细致的工作态度
2. 培养学生提高专业技能的自觉性
3. 培养学生面对工作困难时主动学习、积极向上的精神
4. 培养学生熟悉会计档案管理办法相关规定

任务一 电子会计档案管理

(一) 会计档案与电子会计档案的含义

1. 会计档案

财政部、国家档案局 2015 年 12 月 11 日发布了《会计档案管理办法》,对会计档案的定义如下:会计档案是指单位在进行会计核算等过程中接收或形成的,记录和反映单位经济业务事项的,具有保存价值的文字、图表等各种形式的会计资料,包括通过计算机等电子设备形成、传输和存储的电子会计档案。

归档范围上,会计档案至少应该包括如下这些内容:

(1) 会计凭证,包括原始凭证、记账凭证。

(2) 会计账簿,包括总账、明细账、日记账、固定资产卡片及其他辅助性账簿。

(3) 财务会计报告,包括月度、季度、半年度、年度财务会计报告。

(4) 其他会计资料,包括银行存款余额调节表、银行对账单、纳税申报表、会计档案移交清册、会计档案保管清册、会计档案销毁清册、会计档案鉴定意见书及其他具有保存价值的会计资料。

归档时间上,当年形成的会计档案,在会计年度终了,可由单位会计管理机构临时保管一年,再移交单位档案管理机构保管。因工作需要确需推迟移交的,应当经单位档案管理机构同意。单位会计管理机构临时保管会计档案最长不超过三年。

2. 电子会计档案

电子会计档案是指以二进制数据表示并存储于电子存储介质上的、应该作为会计档案归档保管的会计资料。《会计档案管理办法》中有以下几点明确规定:

(1) 满足本办法第八条规定条件,单位从外部接收的电子会计资料附有符合《中华人民共和国电子签名法》规定的电子签名的,可仅以电子形式归档保存,形成电子会计档案。

(2) 单位可以利用计算机、网络通信等信息技术手段管理会计档案。

(3) 单位内部形成的电子会计资料和从外部接收的电子会计资料在满足一定条件时可以仅以电子形式归档保存,形成电子会计档案。

(二) 传统档案管理存在的问题

1. 传统档案管理无法满足信息化要求

(1) 纸质凭证输出,耗材成本高。

(2) 核算系统形成会计资料归档保管,空间占用和人工管理成本高。

(3) 财务会计资料不能自动归档,手工装册归档工作量巨大。

(4) 实体纸质档案搜索效率低、调阅不方便。

2. 传统会计档案不符合长期保管、备份要求

会计档案保管要求要有备份机制,以应对意外事故、自然灾害、人为破坏等情况。建立和使用电子会计档案管理系统,能够有效解决这个问题:

(1) 电子会计档案易于备份,能够有效防范自然灾害、意外事故和人为破坏的影响。

(2) 电子档案管理系统能够有效接收、管理、利用电子会计档案,符合电子档案的长期保管要求。

(三)电子会计档案产生的背景

从电子发票到电子会计档案,国家的相关举措并不孤立,是适应新形势下电子商务、电子政务发展的必然选择,对方便网上交易、节约社会资源、促进数据集成等均具有重要意义,是关系电子商务高质量发展的关键的"最后一公里",更是数字化中国建设的重要组成部分。

近几年来,国家档案局和财政部为了推进电子会计档案的应用推广,采取了一系列举措,从法律法规到企业试点,都取得了显著的成果:

2012年,国家档案局开启试点。国家档案局在中国电信广东分公司、中国联通湖北分公司、中国人保财险股份公司开展试点工作,内部会计凭证无纸化归档取得了良好的成效。

2015年12月,财政部、国家档案局发布《会计档案管理办法》,明确规定单位可以利用计算机、网络通信等信息手段管理会计档案。单位内部形成的电子会计资料和从外部接收的电子会计资料在满足一定条件时,可以仅以电子形式归档保存。

2016年,首批企业试点。国家档案局精选33家企业作为首批试点单位开展电子档案管理工作,其中14家单位通过验收,在电子文件归档、存储、"四性"检测、档案利用等方面进行了积极探索,取得了初步成效。其中"四性"是指真实性、完整性、可用性、安全性。

2018年,第二批试点企业。国家档案局召开第二批试点单位的试点方案评审会,对继续扎实试点工作提出要求,要求在新形势下,试点工作继续探索三维电子文件、电子发票、电子证照等的归档问题。

2019年4月,电子档案的法律地位确立。《国务院关于在线政务服务的若干规定》明确规定了电子签名、电子印章、电子证照、电子档案的法律效力。

2020年3月,电子会计凭证入账归档办法得以规范。财政部、国家档案局发布《关于规范电子会计凭证报销入账归档的通知》,对及时规范电子会计凭证的报销入账归档,推行电子文件电子化单套制归档,实现会计凭证报销入账归档全流程电子化等均具有重要意义。

(四)电子会计档案与纸质会计档案的关系

电子会计档案与纸质会计档案,存在以下关系:

(1)电子会计档案与纸质会计档案之间需建立档案索引关系,同时记录档案管理系统中各自存储位置。

(2)通过电子会计档案能够快速准确地查询到纸质会计档案,提高查询效率。

(3)根据纸质会计档案能够快速查询电子会计档案信息,并可便捷地进行在线浏览,解决电子会计档案的远程访问问题。

（五）财务共享模式下的会计档案管理

1. 财务共享对会计档案管理环境的影响

（1）管理体系的变动。财务管理的集中使会计档案管理由分散变为了集中管理，并利用电子档案的形式弥补了纸质档案的不足。

（2）支撑系统的变迁。财务共享模式的建立促进企业构建电子会计档案系统，将以往纸质版的档案通过扫描或者拍照的形式转变成了电子档案，其良好的可查找性和可处理性为会计的工作提供了极大的便捷。

（3）流程管理变得越来越复杂。财务共享模式下会计档案的产生链条变得越来越长，同时会计档案的形成也从单纯在经营单位所在地延伸到了财务共享服务机构。

2. 电子会计档案管理的优点

（1）会计档案管理人员工作地点灵活。网络环境下档案管理人员可以在任何地方工作，随时可以查看、录入、整理档案。

（2）信息防泄漏更加方便。可以在网络中设置密码，防止信息泄露。

（3）便于对不同时期会计档案进行比较。基于电子会计档案管理系统，可以对不同时期的会计档案进行统计、汇总、分类比较，并进行趋势分析。

（4）档案信息查询更加便捷。档案借阅者可以远程访问，并可同时联查会计档案与其他相关信息、在同一屏幕上呈现，同时也不需要档案管理人员花费过多的时间查阅和整理。

（5）档案管理具有高效性。基于财务共享模式的企业会计电子档案管理，能实现企业会计电子档案收集、处理、分析、利用的一体化。而传统的会计档案管理要耗费大量的时间与精力，比如需要打印大量的电子凭证。

（6）成本费用降低。运营电子会计档案管理可以减少使用纸质记载信息的数量，从而节约资源，而且因为电子会计档案管理大部分环节依靠系统自动完成，工作人员的数量也可以减少，进而节省人工成本。

（7）可以应用数据挖掘技术、提供决策支持。财务共享服务中心运用电子会计档案，可以实现从大量数据中对关键词进行层层挖掘筛选，发掘出与关键词关联的并与企业决策有关的信息，满足企业价值管理的需要，从而实现电子会计档案的决策应用。

（8）档案数据时效性更高。传统会计档案的数据大多是静止的；财务共享模式下，电子会计档案管理平台支持数据的实时更新，从而增强电子会计档案信息的准确性和时效性。

（9）档案数据间的关联度高。账簿和报表数据既可以独立数据的形式存在，又可建立与多类会计信息之间的联系。

（10）档案信息实时共享。财务共享模式下的会计电子档案可以在企业不同部门（如采购部门、销售部门、仓储部门、财务部门等）之间传递。例如，采购部门进行采购时，采购员在采购系统生成采购订单、采购到货单、采购发票等，其中采购发票传递至财务部门的总账系统,采购到货单传递至仓储部门生成采购入库单。

任务二 电子会计档案应用处理

一、电子会计档案业务处理

【工作任务概述】

（1）能够描述电子会计档案管理的含义。

（2）阅读案例企业单据及档案管理流程图,对档案的立卷、整理、归档、查询和借阅加以理解。

（3）能够根据财务共享服务中心的建设规划,设计财务共享服务中心建成后的电子会计档案管理业务流程,绘制 Microsoft Visio 流程图,并上传系统进行研讨交流、方案分享,进行学生间互评。

（4）能够学习用友 NC Cloud 平台电子会计档案操作手册,并能够通过分岗协同的方式,在 NC Cloud 平台中对流程进行测试验证,并将测试结果录屏上传、分享、进行学生间互评。

思政园地

关于规范电子会计凭证报销入账归档的通知

电子会计凭证,是指单位从外部接收的电子形式的各类会计凭证,包括电子发票、财政电子票据、电子客票、电子行程单、电子海关专用缴款书、银行电子回单等电子会计凭证。

符合档案管理要求的电子会计档案与纸质档案具有同等法律效力。除法律、行政法规另有规定外,电子会计档案可不再另以纸质形式保存。

——财会〔2020〕6号

【工作指导手册】

（一）电子会计档案业务处理

【业务内容】

1. 测试用例

任务一：电子会计档案立卷

2023 年 3 月 31 日,档案管理员张艺需要在财务共享平台电子会计档案系统中为鸿

操作视频

途水泥进行立卷,并将 3 月份的会计档案进行上传、装册。具体要求如下:

给鸿途水泥进行立卷,全宗号为 2001,编码为 2001K00120230310001。

任务二:影像采集整理

2023 年 3 月 31 日,档案管理员张艺手工完成电子回单的数据采集,如图 8-1、图 8-2、图 8-3、图 8-4、图 8-5 所示,数据采集时将 3 月份的银行纸质回单进行上传。

10120045-6B 产成品销售:银行收款电子回单

ICBC 中国工商银行 金融@家

入账日期:2023-03-31　　　　　　　　　　　　　　　　　电子回单号:20230331002895

付款单位	户名	天海集团总公司	收款单位	户名	鸿途集团水泥有限公司
	账号	500194209456782103		账号	3701239319189278309
	开户行	中国工商银行尚义县支行		开户行	中国工商银行郑州分行管城支行
金额(大写)		叁拾万圆整	金额(小写)		¥300 000.00
转账用途			202303 水泥款		

制单人:lg0002　　流水号:000098

图 8-1　产成品销售-银行收款电子回单

10120049-6 其他商品销售:银行收款电子回单

ICBC 中国工商银行 金融@家

入账日期:2023-03-31　　　　　　　　　　　　　　　　　电子回单号:20230331005120

付款单位	户名	天海中天精细化工有限公司	收款单位	户名	鸿途集团水泥有限公司
	账号	40033902304942123		账号	3701239319189278309
	开户行	中国工商银行翼城县支行		开户行	中国工商银行郑州分行管城支行
金额(大写)		贰拾贰万陆仟圆整	金额(小写)		¥226 000.00
转账用途			202303 天然石膏板		

制单人:lg0005　　流水号:008361

图 8-2　其他商品销售-银行收款电子回单

[10120055 收付款合同]银行收款电子回单

ICBC 中国工商银行 —— 金融@家

入账日期：2023-03-30　　　　　　　　　　　　　　　　电子回单号：20230330031896

付款单位	户名	天海中天精细化工有限公司	收款单位	户名	鸿途集团水泥有限公司
	账号	40033902304942123		账号	3701239319189278309
	开户行	中国工商银行强城县支行		开户行	中国工商银行郑州分行管城支行
金额（大写）		肆万贰仟肆佰圆整	金额（小写）		¥42,400.00
转账用途			培训费		

制单人：lg0008　　流水号：005892

图 8-3　收付款合同-银行收款电子回单

[10120059 资金结算]银行收款电子回单

ICBC 中国工商银行 —— 金融@家

入账日期：2023-03-08　　　　　　　　　　　　　　　　电子回单号：20230308056372

付款单位	户名	杨天波	收款单位	户名	鸿途集团水泥有限公司
	账号	100923803467892848		账号	3701239319189278309
	开户行	中国工商银行四丰支行		开户行	中国工商银行郑州分行管城支行
金额（大写）		叁佰圆整	金额（小写）		¥300.00
转账用途			会议缺席罚款		

制单人：lg0002　　流水号：034209

图 8-4　资金结算-银行收款电子回单

[资金上收下拨]银行收款电子回单

ICBC 中国工商银行

入账日期：2023-03-10　　　　　　　　　　　　　　　　　电子回单号：20230310052638

付款单位	户名	天海销售有限责任公司	收款单位	户名	鸿途集团水泥有限公司
	账号	3002198032149800001		账号	3701239319189278309
	开户行	中国工商银行太原柳南支行		开户行	中国工商银行郑州分行管城支行
金额（大写）		伍佰贰拾叁万壹仟伍佰圆整	金额（小写）		￥5,231,500.00
转账用途		水泥销售收入款			

制单人：lg0003　　流水号：023816

图 8-5　资金上收下拨-银行收款电子回单

任务三：电子会计档案装册

2023 年 3 月 31 日，档案管理员张艺手工完成会计凭证的数据采集，凭证录入完成后进行装册。

任务四：电子会计档案归档

2023 年 3 月 31 日，档案管理员张艺在财务共享服务中心电子会计档案系统中对鸿途水泥 2023 年 3 月份的电子会计档案进行归档处理。

任务五：电子会计档案借阅管理

2023 年 4 月 10 日，内部审计人员赵杰需要在 4 月 10 日至 14 日对鸿途水泥 2023 年 3 月的纸质会计凭证及其相关原始附件进行审计检查，检查完成后 2023 年 4 月 14 日，内部审计将所借纸质档案归还。

2. 角色分工

电子会计档案业务处理整个流程仅涉及档案综合岗的立卷、整理、归档、查询和借阅处理。本环节涉及岗位较少，建议一人为一组，独立完成电子会计档案业务的各项操作流程。

【操作指导】

1. 共享后操作流程

在鸿途集团原有共享前电子会计档案业务流程的基础上，结合企业的财务共享服务中心建设需求，根据企业财务职责和部门的调整情况及财务共享服务中心对应岗位的要求，确定共享后的电子会计档案各环节业务流程，如表 8-1 所示。

表 8-1 电子会计档案操作流程

流程	操作系统	操作岗位	操作业务
1	新道云电子档案	立卷	立卷信息录入、建立立卷
2	新道云电子档案	整理	整理文档装册
3	新道云电子档案	归档	将文档归档
4	新道云电子档案	查询与借阅管理	熟悉外借与归还流程

2. 立卷

档案综合岗登录新道云系统,单击"电子档案",进入"电子会计档案"界面后,先单击"档案管理",再单击"立卷",录入立卷所需要的相关信息,并单击"确定",如图 8-6 所示。

图 8-6 录入立卷信息

单击"确定"后,显示下一界面,完成立卷步骤。

3. 整理

档案综合岗登录新道云系统,单击"电子档案",进入"电子会计档案"界面后,单击"档案管理"—"整理",双击图中显示的明细,单击右上角的"新增",输入"题名"和"日期",单击下方的"＋"进行影像采集(采集图 8-1、图 8-2、图 8-3、图 8-4、图 8-5 所示影像),并单击"确定"。完成后可得到如图 8-7 所示的银行电子回单,单击右上角的"装册"。单击"已装册",显示档案列表,如图 8-8 所示。

4. 归档

档案综合岗登录新道云系统,单击"电子档案",进入"电子会计档案"界面后,单击"档案管理",再单击"归档",选中弹出的内容,单击右上角的"归档",并单击"确定",完成归档,如图 8-9 所示。

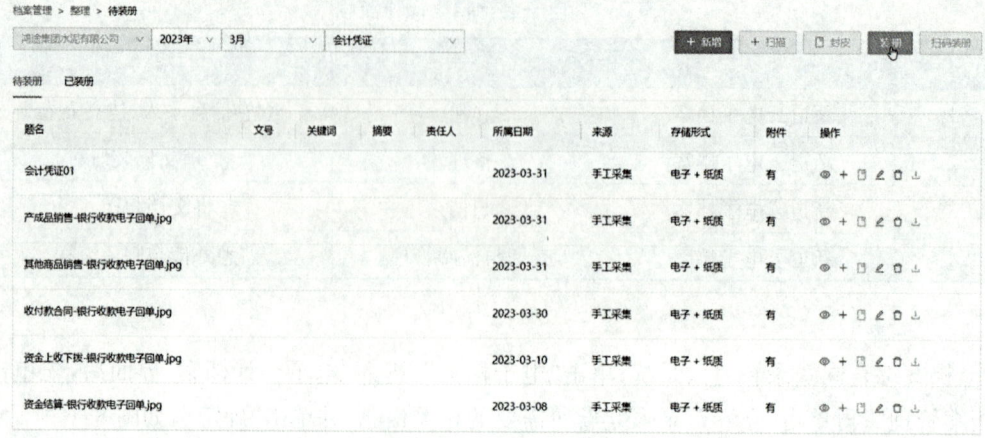

图 8-7 采集银行电子回单

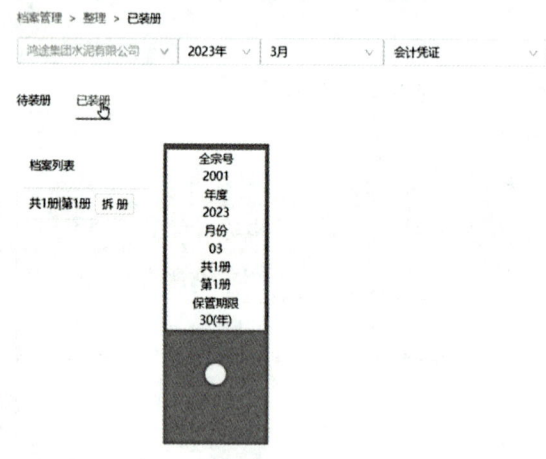

图 8-8 装册完成

图 8-9 确定归档

5. 查询与借阅管理

档案综合岗登录新道云系统,单击"电子档案",进入"电子会计档案"界面后,单击"纸质档案",并选择"档案外借",单击右上角的"外借申请",勾选项目并点击"选择"。输入相关信息,并点击"保存",如图 8-10 所示,单击"保存"后,显示下一界面,单击右下角的"确定",外借审批即可通过,外借成功。

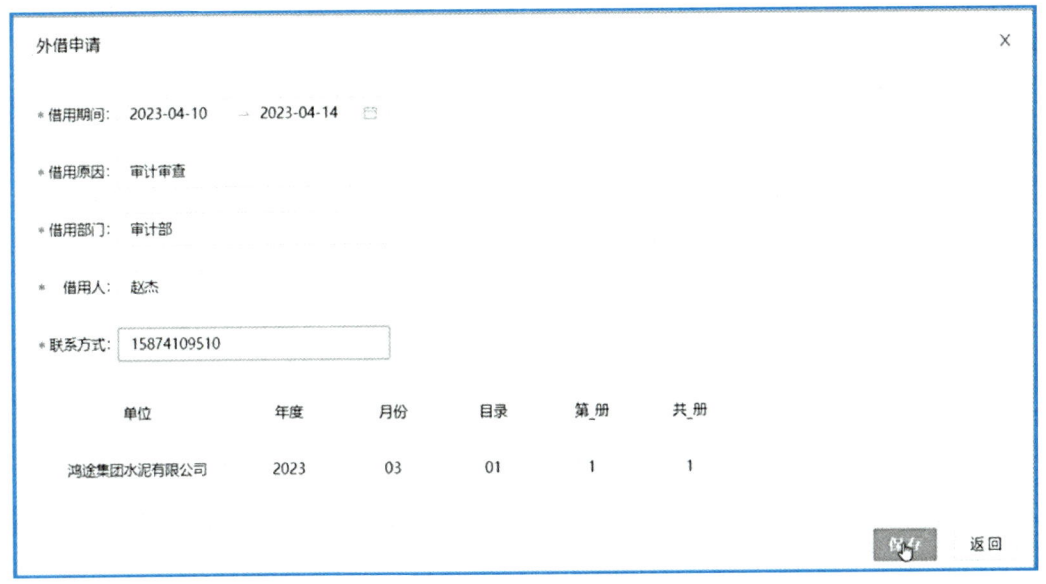

图 8-10　外借申请信息填报

在归还时,档案综合岗登录新道云系统,单击"电子档案",进入"电子会计档案"界面后,单击"纸质档案",再点击"档案归还",单击界面上的时钟图标,输入相关内容,并单击"归还",单击"归还"后,单击"确定",再单击"已归还",即可显示档案归还成功,至此完成所有操作步骤。

任务三　总账业务处理

一、总账共享认知

在财务共享模式下,总账业务包括除费用报销、销售应收、采购应付、资金结算业务、成本业务外,其他无信息系统支撑的,需要手工处理的核算业务,除此以外还有些业务需要财务人员手工录入系统,如税金上缴及缴纳、工资发放及保险收缴、代收代缴业务、股权投资与处置、押金保证金业务、金融资产业务、营业外收支业务、所有者权益业务、政府补助业务、其他总账业务等。

(一) 总账日常业务处理

总账日常业务处理是各岗位会计人员每天面临的工作,包括各类凭证的填制、修改、删除,会计凭证的审核、记账,各类凭证和账簿的查询,辅助核算等。

在财务共享模式下,总账日常业务处理主要包括税金上缴及缴纳、工资发放及保险收缴、代收代缴业务、股权投资与处置、押金保证金业务、金融资产业务、营业外收支业务、所有者权益业务、政府补助业务、其他总账等业务的计提、结转、调整、分摊。在具体处理上,对于涉及核销的业务,如押金业务,建议采用收付款单据进行业务承载;对于不涉及核销的业务,如罚款、滞纳金等结算业务,建议采用收付结算单据进行业务承载;对于业务有规定规则类的业务,建议使用工单进行业务承载,依据业务逻辑梳理相关的服务流程;对于无规则类的业务,如审计调整、调整类等需要财务人员才能完成的业务,使用通用凭证单进行承载。

(二) 总账月末结账处理

总账月末结账处理是指每个会计期间的期末所要完成的特定业务。总账月末结账处理一般包括期末转账业务、试算平衡、对账、结账等。很多企业也会把银行对账放在期末进行。

在财务共享模式下,总账月末结账处理主要包括月结检查清单的设置、月结协作工作台的设置,最终形成结账报告。月末结账的基本要求包括:

(1) 总账结账需要试算平衡通过。
(2) 损益结转完成。
(3) 凭证全部已记账。
(4) 待结账账簿期末结转成功。
(5) 待结账账簿损益类科目余额为"0",检查通过。
(6) 无断号凭证。
(7) 凭证现金流量项目分析通过。
(8) 总账与业务系统对账无误。

二、总账共享业务处理

操作视频

【工作任务概述】

(1) 能够描述总账业务管理的含义。
(2) 阅读案例企业单据及档案管理流程图,对档案的立卷、整理、归档、查询和借阅加以理解。

(3) 能够根据财务共享服务中心的建设规划,设计财务共享服务中心建成后的电子档案管理业务流程,绘制 Visio 流程图,并上传系统进行研讨交流、方案分享、学生间互评。

(4) 能够学习用友 NC Cloud 平台电子会计档案操作手册,并能够通过分岗协同的方式,在 NC Cloud 平台中对流程进行测试验证,并将测试结果录屏上传、分享、进行学生间互评。

【工作指导手册】

【业务内容】

1. 测试用例

鸿途集团财务共享中心总账主管岗统一对纳入财务共享服务中心的所有单位的总账记账、月末结转、总账与业务系统对账业务处理。

要求:在财务共享服务中心上对鸿途集团水泥有限公司、大连鸿途水泥有限公司、鸿途集团京北水泥有限公司、辽阳鸿途水泥有限公司、鸿途集团金州水泥有限公司、天津鸿途水泥有限公司、京北鸿途水泥有限公司、辽宁辽西水泥集团有限公司 2023 年 3 月的凭证记账、月末损益结转,同时完成鸿途水泥的总账与业务系统对账处理工作。

2. 角色分工

总账共享业务处理属于总账月末结账处理,涉及月末损益结转、凭证审核和总账月末处理等环节,包括总账主管岗和财务经理岗。整个环节一共涉及两个岗位,建议 1~2 人为一个小组,完成总账共享业务处理。

【操作指导】

本步骤的主要任务是进入 NC Cloud 平台,完成月末损益结转、凭证审核和总账月末处理的流程。该步骤流程如图 8-11 所示。

图 8-11　总账月末处理

第一步:总账主管岗登录平台,修改登录日期为"2023-03-31",如图 8-12 所示。

【操作提示】

登录 NC Cloud 平台后需要先将"业务日期"切换为测试用例中要求的日期。

第二步:总账主管岗自定义转账凭证。总账主管岗登录 NC Cloud 平台主界面后,单击"自定义转账凭证",进入如图 8-13 所示界面,选择账簿为"基准账簿",日期为"2023-03",勾选上方导航栏的"包含未记账凭证",并勾选所有的转账规则,单击右上角的"批量结转"。

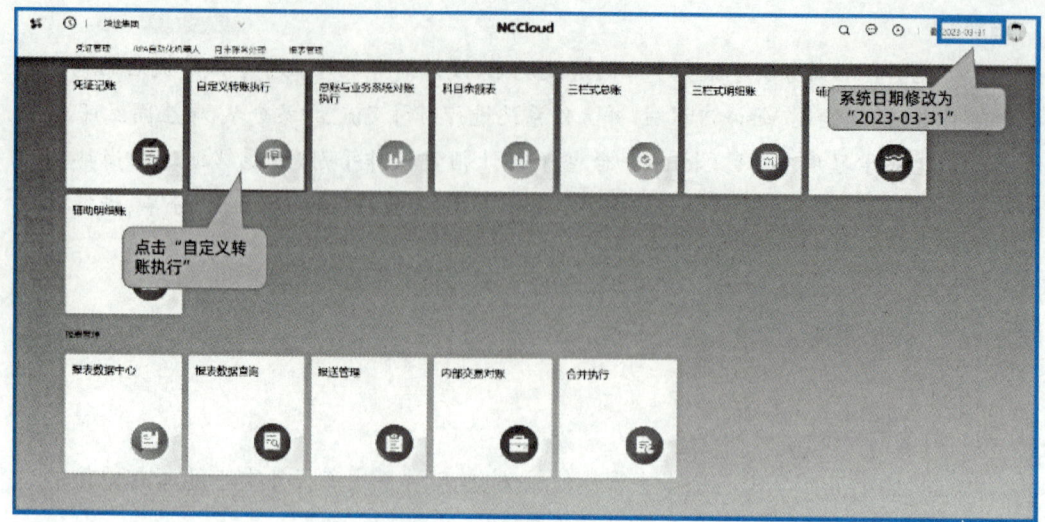

图 8-12　调整业务日期

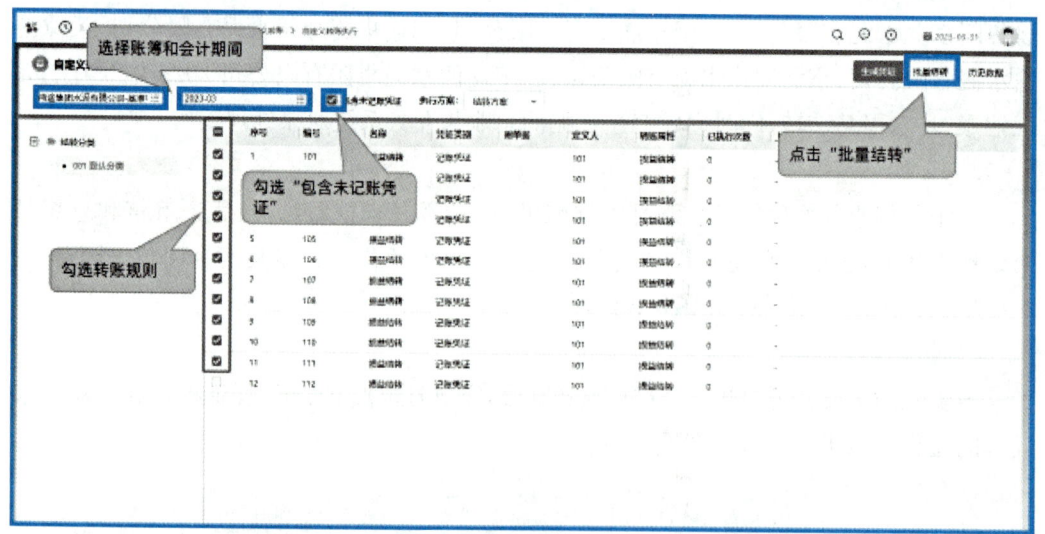

图 8-13　批量结转

总账主管岗单击"批量结转"后，在弹出的对话框中选择核算账簿为"基准账簿"，并单击"确定"。总账主管岗在生成的报告中，单击右下角的"批量结转结果报告"，在"凭证生成"界面中，勾选所有凭证，并单击右上角的"保存"，如图 8-14 所示。

第三步：财务经理审核凭证。岗位角色由总账主管岗切换至财务经理，财务经理登录平台后，先修改登录日期为"2023-03-31"，随后单击主界面最左上角的四叶草图标，点击"财务会计"—"总账"—"凭证管理"—"凭证审核"，进入"凭证审核"界面，如图 8-15 所示。

在"凭证审核"界面中，选择账簿为"基准账簿"，日期为"2023-03-01～2023-03-31"，选择审核状态为"待审核"，单击"查询"。在查询到单据后，勾选所有能查到的凭证，单击右上角的"审核"完成凭证审核，如图 8-16 所示。

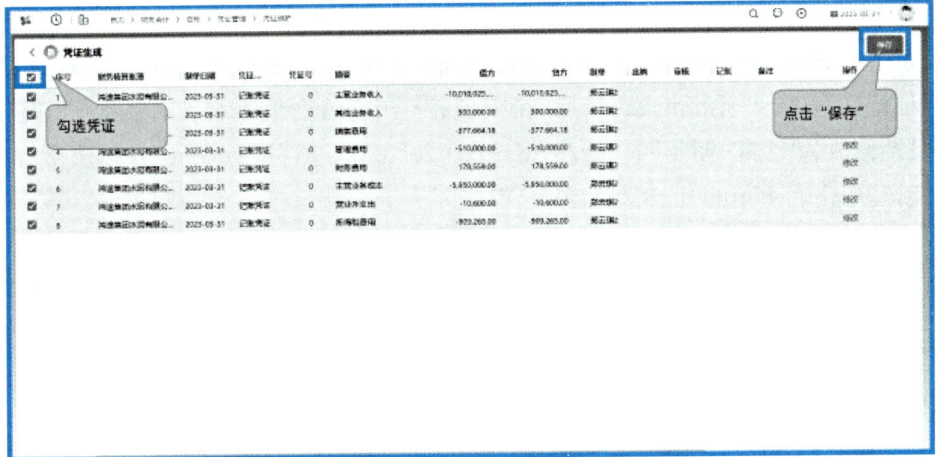

图 8-14　生成凭证

图 8-15　"凭证审核"进入路径

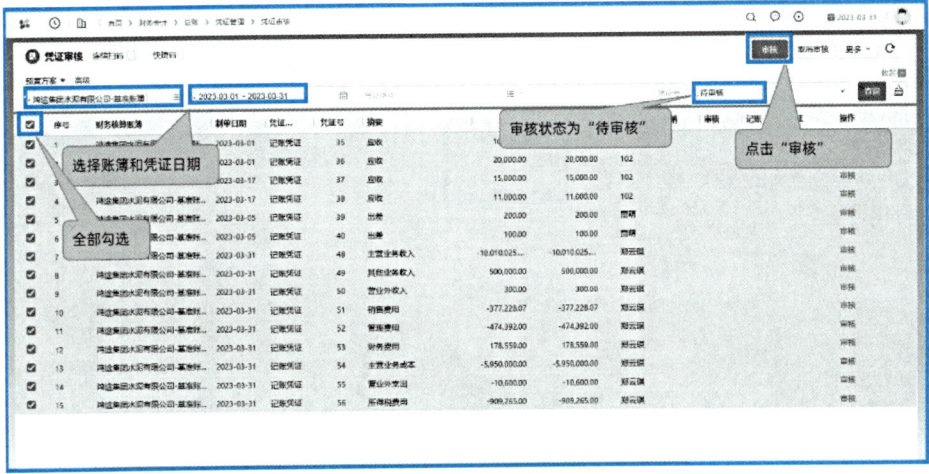

图 8-16　审核待审核凭证

第四步：总账主管记账。岗位角色由财务经理切换至总账主管岗，总账主管岗登录平台后，修改登录日期为"2023-03-31"，选择导航栏中的"月末账务处理"，选中第一个模块"凭证记账"，进入"凭证记账"界面，在搜索栏选中"鸿途集团水泥有限公司-基准账套"，日期修改为"去年-明年"或"2023-03-01～2023-03-31"进行查询，并勾选所有查询到的凭证，单击右上角的"记账"，如图8-17所示。

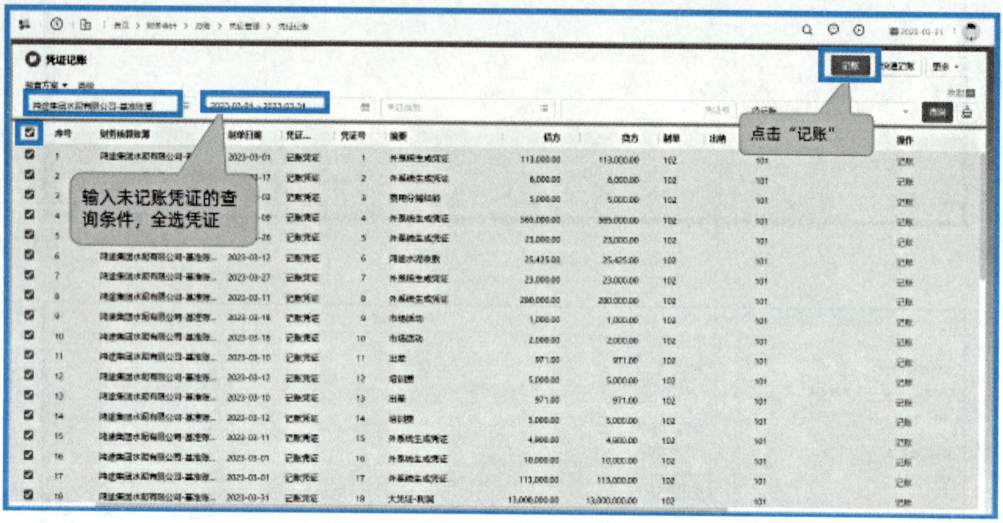

图 8-17 凭证记账

第五步：总账主管对账。总账主管返回主界面，修改登录日期为"2023-03-31"，选择导航栏中的"月末账务处理"，选中第三个模块"总账与业务系统对账执行"。在"执行对账"窗口，选择核算账簿为"鸿途集团水泥有限公司-基准账套"，业务系统为"固定资产"，会计期间设定为"2023-03"，勾选"未记账凭证"，单击右下角的"确定"，如图8-18所示。

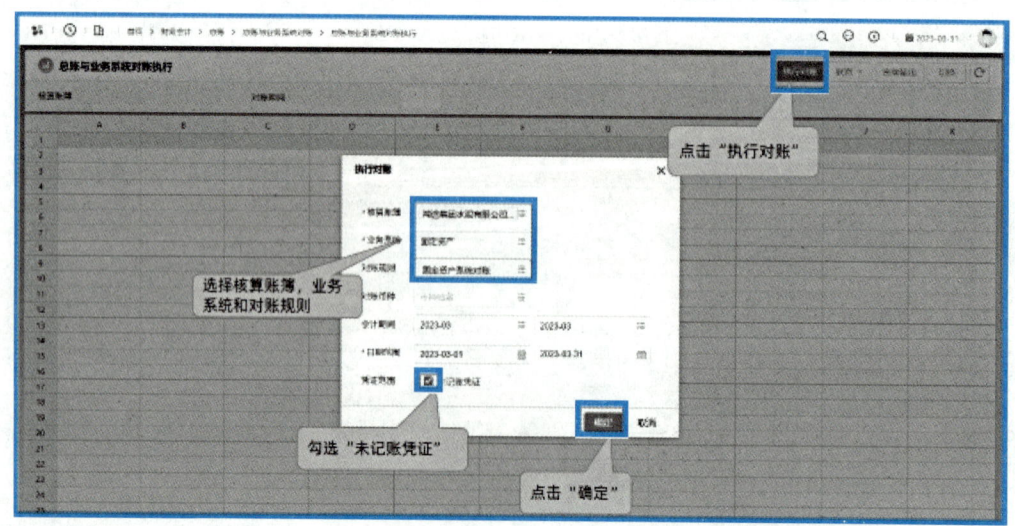

图 8-18 凭证对账

第六步：总账主管岗查询科目余额表。总账主管岗返回主界面后，修改登录日期为"2023-03-31"，选择导航栏中的"月末账务处理"，选中第四个模块"科目余额表"。进入科目余额表后，单击右上角的"查询"，在弹出的窗口中，选择核算账簿为"鸿途集团水泥有限公司-基准账套"，会计期间设定为"2023-03"，勾选"未记账凭证""错误凭证""损益结转凭证"，单击右下角的"查询"即可，如图8-19所示。

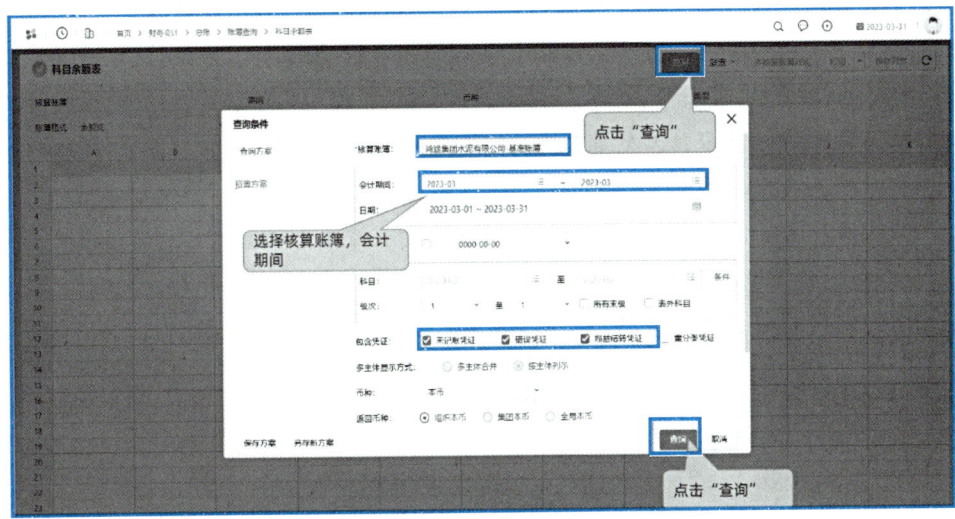

图 8-19 查询科目余额表

第七步：总账主管岗查询三栏式总账。总账主管岗返回主界面后，修改登录日期为"2023-03-31"，选择导航栏中的"月末账务处理"，选中第五个模块"三栏式总账"。后续操作与查询科目余额表一致，在进入三栏式总账后，单击右上角的"查询"，在弹出的窗口中，选择核算账簿为"鸿途集团水泥有限公司-基准账套"，会计期间设定为"2023-03"，勾

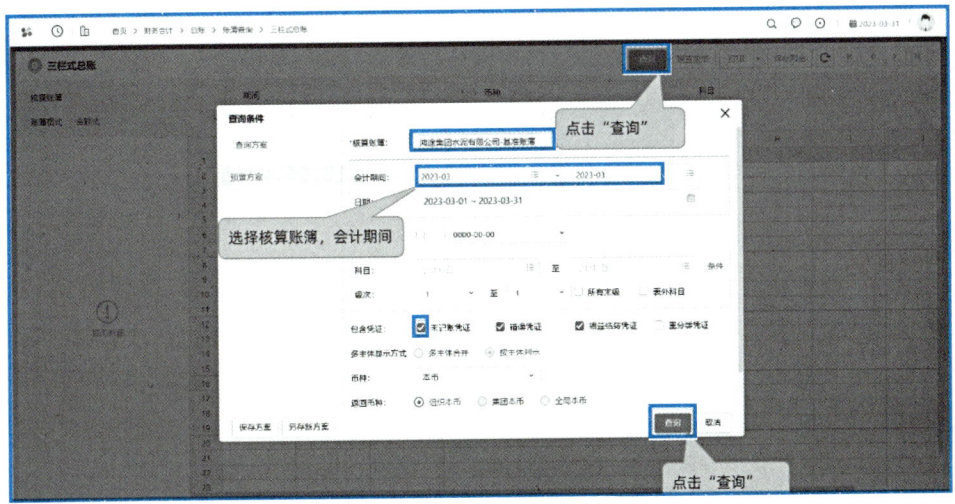

图 8-20 查询三栏式总账

选"未记账凭证""错误凭证""损益结转凭证",单击右下角的"查询"即可,如图 8-20 所示。

项目小结

(1) 本项目内容主要涉及电子档案系统操作与总账月末处理。电子档案系统操作主要包括了档案综合岗对电子会计档案的立卷、影像采集整理、电子会计档案装册、电子会计档案的借阅与归还。总账月末处理主要包括总账主管岗的期末损益结转、财务经理的凭证审核、总账主管岗的记账、对账和相应科目余额表、三栏式总账的查询、访问。针对电子档案系统操作与总账月末处理业务,要明确具体的岗位职责,了解各分项业务流程,理解内部控制的各个核心环节等内容。

(2) 本项目对项目案例、共享业务流程梳理、电子档案系统操作与总账月末处理的系统设置进行了详细的说明和指导,并从具体业务过程出发,详细说明了档案综合岗、总账主管岗和财务经理的具体业务操作步骤,对其中的重点予以说明和针对性的指导。

思维导图

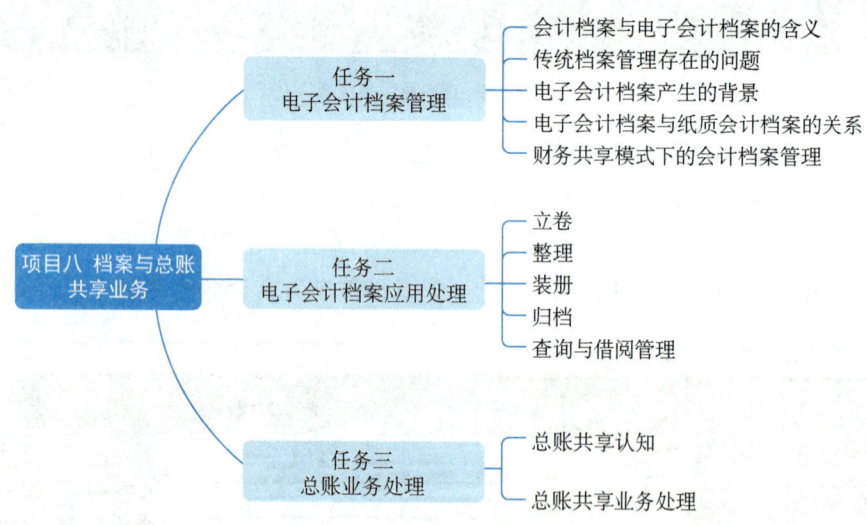

项目九 财务共享服务中心运营管理

学习目标

知识目标

1. 了解财务共享服务中心运营管理的主要内容
2. 了解财务共享服务中心作业稽核的目的与要求
3. 了解财务共享服务中心绩效考评的内容

技能目标

1. 能够完成财务共享服务中心员工信用档案系统的查询
2. 能够在财务共享信息系统中完成绩效数据的提取及绩效看板监控
3. 能够在财务共享信息系统中进行共享数据查询

素质目标

1. 培养学生严肃认真、严谨细致的工作态度
2. 培养学生提高专业技能的自觉性
3. 培养学生熟悉企业资产管理制度,实施会计监督、保全企业资产
4. 培养学生熟悉企业财务共享作业绩效考核制度,树立爱岗敬业的职业精神

任务一 财务共享服务中心运营管理认知

一、财务共享服务中心运营管理定位

财务共享服务中心的运营管理目的是保证共享服务提供的服务水平;财务共享服务中心的运营管理定位是服务于共享业务,并对业务进行有效的监督。

(一)服务业务

在财务共享服务中心的服务定位下,围绕高效、低成本的目标,运营管理向业务团队提供如运营分析、人员管理、培训体系、绩效考核机制、标准化管理、流程管理、精益管理、财务信息化、客户服务、项目管理、创新孵化等服务。运营管理要想尽一切办法让业务团队理解这种办法是在保证业务处理完毕的前提下,效率最高、成本最低的,更有利于团队发展的。

(二)服务管理

在财务共享服务中心的管理定位下,运营管理要站在更宏观的角度去分析,财务共享要如何发展才能更好地为企业创造价值;财务共享需要什么样的组织架构、什么样的团队文化才能更有利于中心负责人的管理、更能实现中心目标,即中心的战略管理、组织管理、文化管理等。

(三)服务监督

在财务共享服务中心的监督定位下,财务共享服务中心围绕质量、时效、满意度的目标,运营管理具有质量管理、六西格玛管理、风险管理、满意度评价、绩效管理、成本管理、成熟度评价等职责。也就是说,站在客户的角度,运营管理要监督业务团队向客户提供的各种服务是否满足客户的要求;站在中心负责人的角度,运营管理要监督业务团队对外的服务是否达到中心对客户的承诺,以及整个中心的运转是否达到年初的绩效目标。

二、财务共享服务中心运营管理职责

1. 运营分析

运营分析通过制定运营监控指标,获取运营数据,用数字量化反映中心的运营情况,对异常情况进行分析,辅助业务的管理。例如,每个员工每天处理的单据量、时效、差错率,横向对比员工之间的差异、寻常差异原因解决低数据情况;又如,计算记账成本、资金支付成本,以持续关注运营成本是否降低,或者与其他财务共享服务中心对比。

2. 人员管理

人员管理除了常规人员编制、职责梳理、薪酬绩效,针对财务共享中心组织,人员管理还需特别关注人员分类、流失率增加的应对措施、员工职业发展等问题。

3. 培训体系

培训体系包括如何快速上岗的新员工培训、持续的专业性培训和综合管理能力培训。培训体系的难点在于培训需求的获取,涉及员工胜任能力评价、关键岗位继任人计划等。

4. 绩效考核

绩效考核包括组织绩效考核和员工绩效考核,涉及每个职能模块是否都能支持整个中心的绩效,组织绩效是否分解到员工绩效等。

5. 标准化管理

标准化管理通过流程、制度的统一、固化来保证重复性工作处理的质量,包括组织编写流程手册、制度汇编、岗位操作手册并验收,并在编写过程中提供工具、方法。

6. 流程管理

流程管理通过流程的变更、减少等措施,减少流程中浪费时间、精力的环节,以提高流程运行的效率。

7. 精益管理

精益管理通过全业务的优化管理,以提高中心整体运行效率。精益管理从流程、制度、人员、客户管理等维度综合考虑提高组织运营绩效。

思政园地

工匠精神是技术技能型人才的不断追求

工匠精神是一种职业精神,它是职业道德、职业能力、职业品质的体现,是从业者的一种职业价值取向和行为表现。工匠精神基本内涵包括敬业、精益、专注、创新等方面的内容。工匠精神要求创作者对自己的产品不断精益求精。具有工匠精神的创作者对细节有很高要求,追求完美和极致,对精品有着执着的坚持和追求。工匠精神是技术技能型人才的核心品质,是追求精益求精的极致精神、用户至上的服务精神。

8. 财务信息化

财务信息化是业务与开发的接入口。财务信息化主要有两个职责,一个是负责业务需求的对接,站在技术角度评估业务的系统需求,并转化成技术能够理解的语言完成开发;另一个是新技术、新系统的引入,以支持业务的信息化建设。

9. 客户服务

客户服务通过建立专业客户服务团队,一方面为客户提供及时、准确的咨询服务,另一方面屏蔽客户与具体业务人员的对接,保证业务能够高效地处理。

10. 项目管理

项目管理通过建立一套项目管理培训和工具,以提高各类人员应对系统建设等非日常工作的工作能力,是一种行之有效的管理方法。

11. 创新孵化

创新孵化通过一套科学的创新管理方法,用跨界的方法、模式、技术解决组织中的疑难杂症,避免为了创新而创新。

思政园地

创新是华为公司发展的内驱力

华为公司的"客户创新中心"和"诺亚方舟实验室"是专门为客户量身打造的创新研究机构,通过对客户个性化需求的解读与研判,创造性地为客户进行量体裁衣式的个性化服务。满足各个国家客户不同的需求成为华为进行创新的动力。抓客户的痛点而不是竞争对手的痛点,抓客户价值而不是抓产品成本,这就是华为创新研发带来的成功经验。

12. 战略管理

战略管理需要根据企业的要求,制定财务共享服务中心长期发展目标,定期检视具体计划执行是否长期发展方向,以保证财务共享价值发挥最大化。例如,财务共享要定位为成本中心还是利润中心,成本中心是偏效率还是偏管理,利润中心是做外包、咨询还是技术输出。

13. 组织管理

组织管理需要根据中心定位、服务范围、运营职责、发展阶段等需求随时调整组织架构、岗位、职责等,以适应中心的持续发展。

14. 文化管理

文化管理需要根据财务共享服务中心的不同发展阶段,确定需要的团队文化,以保证整个团队按照同样的工作习惯、理念、方法等达到统一的目标。

15. 质量管理

质量管理是财务共享服务中心内部的质量监控机制,在业务团队对外提供服务后,作为内部第三方监控服务输出的效率、质量等,如是否满足服务水平协议的要求。

16. 风险管理

风险管理指内控管理机制,承接标准化管理职责,在事中向业务提供风险管理服务,在事后通过内控检查的方法监控业务执行的有效性。风险管理侧重过程管理,以保证资金支付这类能够造成实质性损失的业务不会发生。

17. 满意度评价

满意度评价指设置满意度评价指标,建立定期的满意度评价机制,通过关注客户需求来持续提升中心的服务水平。

18. 成本管理

成本管理指建立成本分析、预算管理指标体系,通过投产比的监控来反映中心运营效率。

19. 成熟度评价

成熟度评价指设置成熟度等级、成熟度评价指标,通过定期的评价来促进财务共享服务中心的平稳运营及价值最大化。

三、财务共享服务中心运营管理实施阶段

财务共享运营管理贯穿于财务共享建设的全过程，一般采用循序渐进的方式，主要包括四个阶段。

阶段一：试运行阶段

建立起财务共享建设的基本模式和基本业务运营形态，为进一步推广打好基础。以鸿途集团为例，2018年7月至2019年7月，通过财务共享服务试点工作，总结财务共享服务建设规律、实施方法和步骤。

阶段二：推广阶段

全面推广财务共享模式，实现业务财务运转方式的转变，财务共享价值的初步体现。以鸿途集团为例，实现从2019年7月至2019年12月把集团具备条件的企业及业务全部平稳迁移到财务共享服务中心。

阶段三：稳定运营阶段

在该阶段支撑企业业务的稳定、高效运营，实现财务价值的全面提升。以鸿途集团为例，通过1~2年优化提升，形成规范高效的业务流程，实现总部集中管控、内部市场化运营、规范化、低成本的财务共享服务运营模式。

阶段四：深化发展阶段

在财务共享模式下，进一步优化企业的业务管理模式，进一步提升业务、财务工作效率并辐射到外围业务。以鸿途集团为例，通过2~3年卓越运营，通过不断统一优化业务流程、深化共享以及财务大数据的分析应用，力争达到能为成员企业提供增值服务的、高效率的、国际一流水平的财务共享服务中心，实现向价值创造中心提升的目标。

四、财务共享服务中心运营管理人员培训

（一）人员轮岗

财务共享服务中心财务工作的标准化、分组化在提高工作效率的同时，财务人员也面临着业务处理单一，对本组之外的业务模式、处理方式不熟的困境。财务共享服务中心在运营管理中可根据共享中心各组的业务特点进行管理人员轮岗安排，提升财务管理

人员全方位的业务能力,为企业培养全面的财务管理人员。企业根据管理的实际需要建立财务共享中心的轮岗制度,在提升财务管理人员全面能力的同时,保证财务共享服务中心的高效运转。

(二) 员工发展

财务共享服务中心的员工发展包括专业序列晋升和管理序列晋升,以实现从财务管理走向业务管理。

1. 入职训练

新入职员工的入职培训。

2. 专业持证上岗培训与考核

依据专业进行持证上岗,分为初、中、高三个层级。

3. 管理理论强化培训

按一定条件选拔优秀员工进入人才库,对人才库中的员工进行管理理论强化培训。

4. 梯队人才培养

在经营管理理论培训后对员工进行考核,组建精英培训班。

5. 领袖人才培养

进一步培养具备高端领导力的领军人物和以技术为主的技术管理型人才,通过轮岗进行工作丰富化培养及导师导入培养。

五、财务共享服务中心的其他运营支撑

结合鸿途集团现行的业务运营平台现状和方法,建立财务共享服务中心专用的运营支撑平台,如图 9-1 所示,结合鸿途集团的规模考虑新开运营支撑平台。

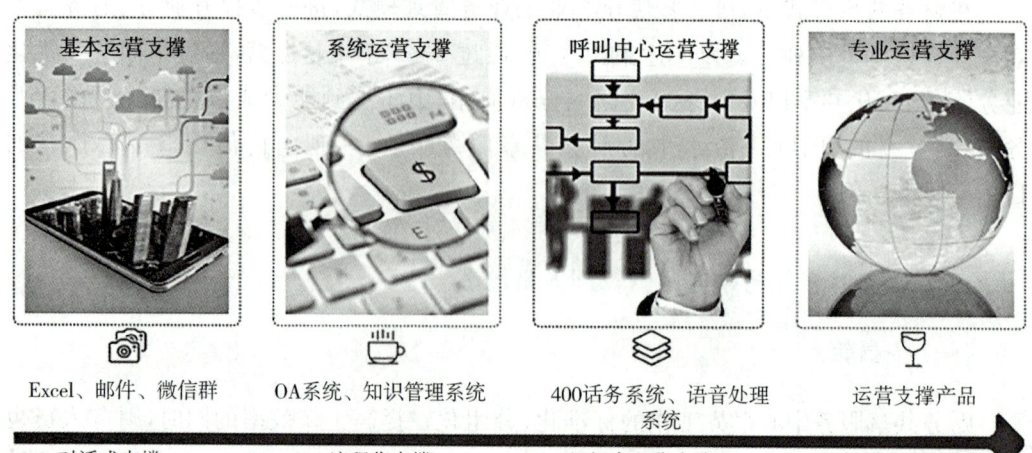

图 9-1 运营支撑平台

任务二 财务共享服务中心稽核管理

一、财务共享服务中心稽核业务认知

共享稽核,是针对流入了财务共享服务中心的单据为目标范围进行的稽核,即以财务共享服务中心的作业任务为对象而进行的。通过检查共享服务各个岗位人员是否按照操作规范及操作要求处理作业,加强中心所有员工的质量意识,产出符合质量保证的作业成果;同时根据检查结果不断总结、归纳发生问题原因,并提出解决办法,从而为不断完善制度和规则提供依据。

二、财务共享服务中心稽核业务处理

【工作任务概述】

(1) 能够描述财务共享服务中心稽核的主要内容。

(2) 阅读案例企业在财务共享建设前一家未实施财务共享的标杆企业财务稽核的流程描述,加以理解并能够使用 Microsoft Visio 工具进行绘制。

(3) 能够根据财务共享服务中心的建设规划,设计财务共享服务中心建成后的财务共享中心稽核业务流程,绘制 Visio 流程图,并上传系统进行研讨交流、方案分享、学生间互评。

(4) 能够通过分岗协同的方式,在 NC Cloud 平台中对本组设置的流程进行测试验证,并将验证结果录屏上传、分享、学生间互评。

【工作指导手册】

【业务内容】

1. 存在问题

鸿途集团财务共享服务中心建成之后,财务共享服务中心会计核算质量管理主要面临以下几个问题。

1) 核算规范

财务共享服务中心服务的各成员单位管理水平及业务复杂程度存在差异化,没有一套标准、规范的核算管理办法。财务共享服务中心随着业务规模的逐步增加,新员工不断增加,各核算岗位不能按照统一的规范操作。

操作视频

2）质量检测

会计核算集中后，如何通过常规检查和随机检查相配合的方式控制核算质量，如何将监督手段与员工日常工作相结合，保证质量检测常态化和持续化。

3）质量评价

如何建立一套切实可行的会计核算管理体系，保证质量评价的客观公正性。面对上述问题与挑战，财务共享服务中心必须实现日常岗位操作规范、财务信息处理检查机制与管理评价的有机衔接，从组织、文化、制度、培训四个方面营造核算质量管理氛围，建立起一套完善的财务信息稽核管理体系。

2. 需求描述

已生效的共享单据，能够支持抽检，结果反映到共享单据上，支持统计结果的查询。抽检时需要根据财务共享服务中心绩效考评方案，结合鸿途集团财务共享服务中心的业务量及资源情况设计稽核方案，并在系统中实现相关内容，出具稽核报告。

稽核方案设计需要考虑：

（1）范围的设定（组织、交易类型、审核人、收支项目、是否抽检等）。

（2）时间的设定。

（3）抽检的比例。

（4）对抽检结果的统计分析等。

3. 角色分工

财务共享服务中心的财务稽核业务包括财务共享服务中心稽核配置、单据稽核处理与稽核报告生成，其中，财务共享服务中心稽核配置涉及的岗位是财务共享服务中心运营管理岗、单据稽核处理与稽核报告生成涉及的岗位为财务共享服务中心作业组长。

整个环节一共涉及两个岗位，建议1~2人为一个小组，完成财务共享服务中心财务稽核业务处理。

【操作指导】

1. 共享后流程图设计

在鸿途集团原有共享前财务稽核业务流程的基础上，结合企业的财务共享服务中心建设需求，根据企业财务职责和部门的调整情况及财务共享服务中心对应岗位的初始配置情况，设计共享后的财务稽核流程，如图9-2所示。

2. 财务稽核处理

第一步：财务共享服务中心运营管理添加稽核内容。由财务共享服务中心运营管理岗登录NC Cloud平台主界面，单击"共享稽核"项下的"稽核内容"模块，进入"稽核内容"模块后，如图9-3所示；在左侧"root稽核"内容下添加"A01单据质量""A02影像质量"两大类，在"A01单据质量"大类下添加"A0101单据完整性"和"A0102单据准确性"两小类，在"A02影像质量"大类下添加"A0201影像完整性"和"A0202影像清晰度"两小类，如图9-4所示。

项目九 财务共享服务中心运营管理 | 265

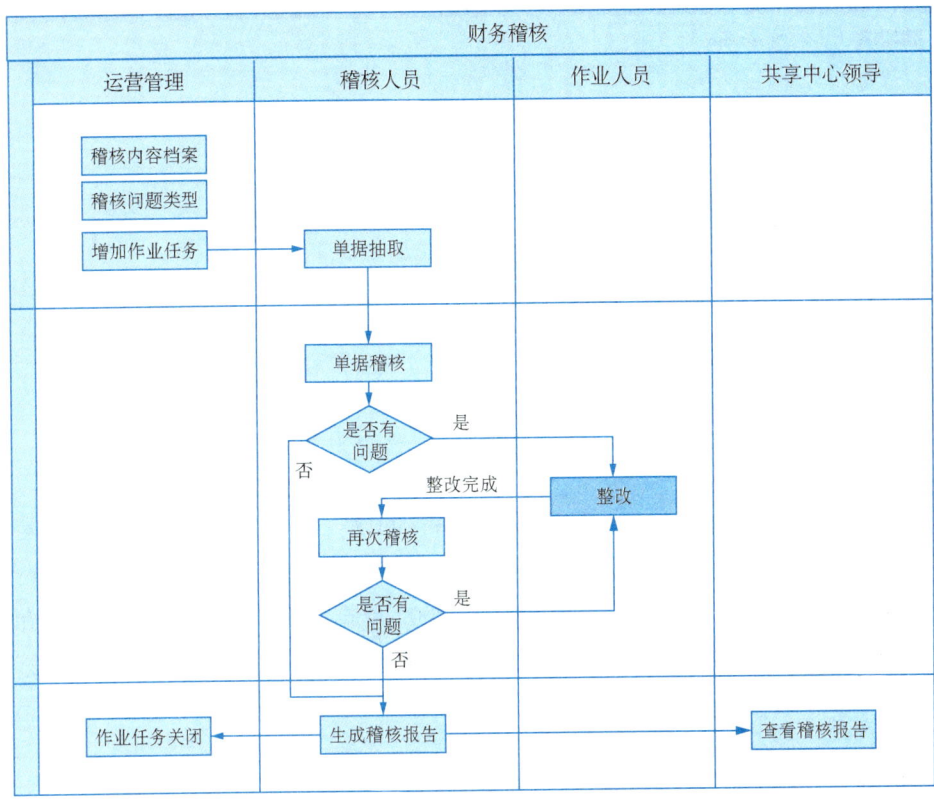

图 9-2 共享后的财务稽核流程

图 9-3 共享中心运营管理登录平台

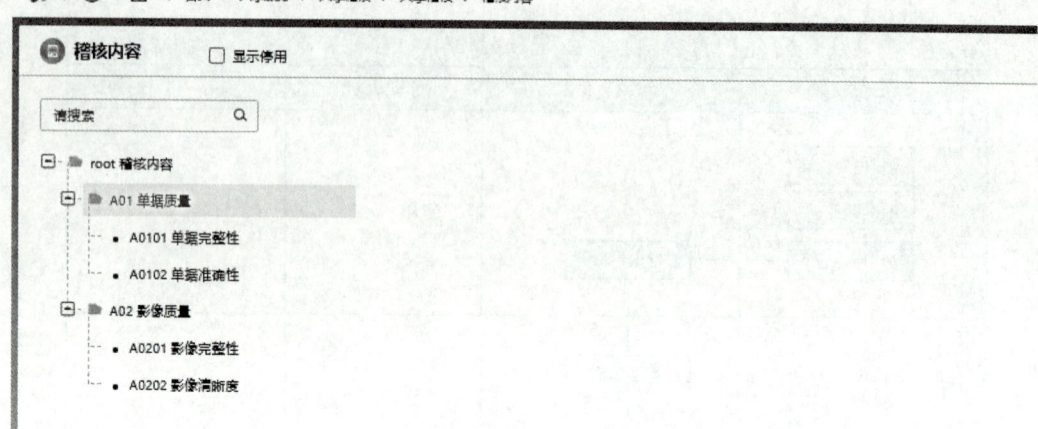

图 9-4　添加稽核内容

第二步：财务共享服务中心运营管理设置稽核问题类型。财务共享服务中心运营管理岗返回 NC Cloud 平台主界面，单击"稽核问题类型"模块，在左侧 root 稽核问题类型下分别设置"AB001 影像扫描不清楚或重叠""AB002 单据影像未上传""AB003 原始单据不符合公司要求""AB004 单据匹配错误""AB005 单据未按照制度正确审核"，如图 9-5 所示。

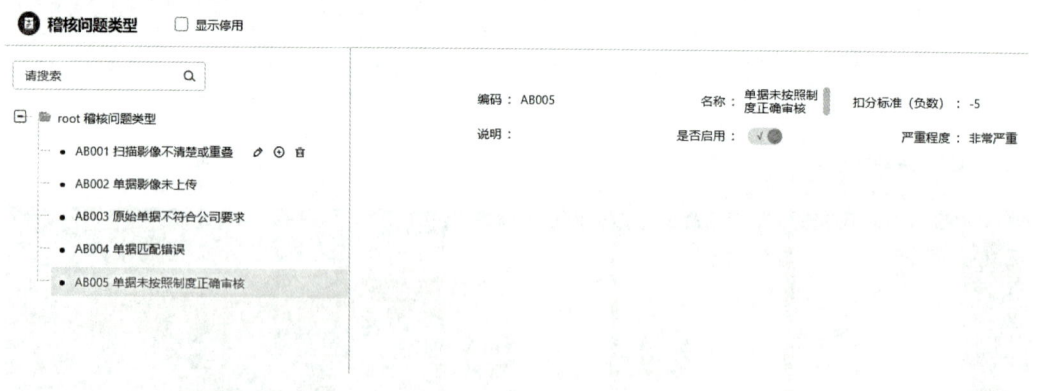

图 9-5　设置稽核问题类型

其中，"AB001 影像扫描不清楚或重叠"扣分标准为"－5 分"，严重程度设为"非常严重"；"AB002 单据影像未上传"扣分标准为"－5 分"，严重程度设为"严重"；"AB003 原始单据不符合公司要求"扣分标准为"－2 分"，严重程度设为"一般"；"AB004 单据匹配错误"扣分标准为"－5 分"，严重程度设为"严重"；"AB005 单据未按照制度正确审核"扣分标准为"－5 分"，严重程度设为"非常严重"。

第三步：财务共享服务中心运营管理添加稽核任务。财务共享服务中心运营管理岗返回 NC Cloud 平台主界面，单击"稽核任务"模块，填写稽核任务，此处"任务名称"设置为"财务共享稽核管理"；"抽样比例（％）"设置为"5"；"任务日期"设为"2019-07-31"；"开始日期"与"结束日期"分别设为"2019-07-01"与"2019-07-31";"最小金额"与"最大金额"分别设置为"15000"与"10000000",如图9-6所示。

图9-6 设置稽核任务

设置完成后,单击右上角的"保存"并进行"分配",分配时,在"分配稽核内容"界面勾选中"A01单据质量"与"A02影像质量",单击右下角的"确定",如图9-7所示;完成操作后退回主界面,单击最右侧的"启用"完成稽核任务的启用,如图9-8所示。

图9-7 分配稽核任务

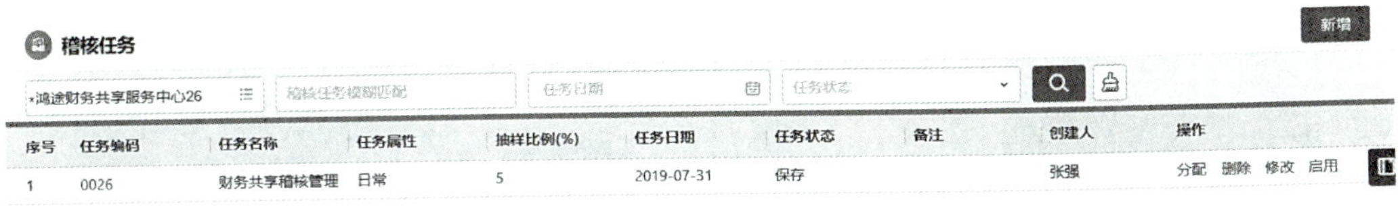

图9-8 启用稽核任务

第四步：财务共享服务中心作业组长稽核单据。岗位角色由财务共享服务中心运营管理切换至财务共享服务中心作业组长，财务共享服务中心作业组长登录 NC Cloud 平台主界面，单击"单据抽取"模块，如图 9-9 所示。

图 9-9　共享中心作业组长登录 NC Cloud 平台主界面

进入"单据抽取"界面后，选择"鸿途财务共享服务中心"和"财务共享稽核管理"进行搜索，如图 9-10 所示。回到 NC Cloud 平台主界面，单击"单据稽核"模块，按搜索到的单据顺序依次单击进去进行稽核，按稽核问题添加严重程度，完成所有单据的稽核工作，如图 9-11 所示。

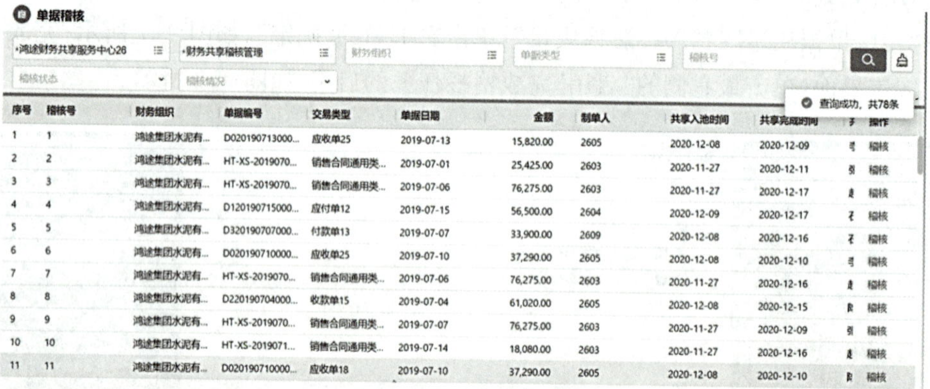

图 9-10　搜索单据

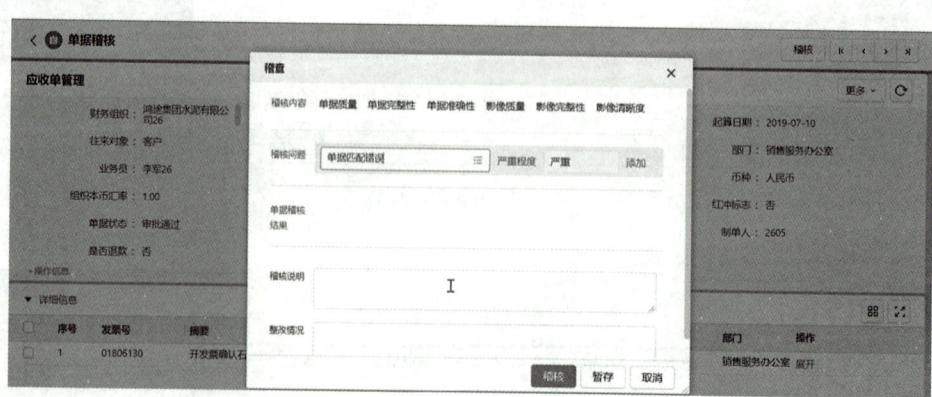

图 9-11　稽核单据

第五步：财务共享服务中心作业组长生成稽核报告。财务共享服务中心作业组长稽核完所有抽取到的单据后，回到 NC Cloud 平台主界面，单击"稽核报告"模块。界面如图 9-12 所示，单击右上角的"生成"，选择"鸿途财务共享服务中心"与"财务共享稽核管理"，单击右下角的"确定"以生成如图 9-13 所示报告。在报告中单击右上角的"保存"及"审核"即可完成该部分的全部工作。

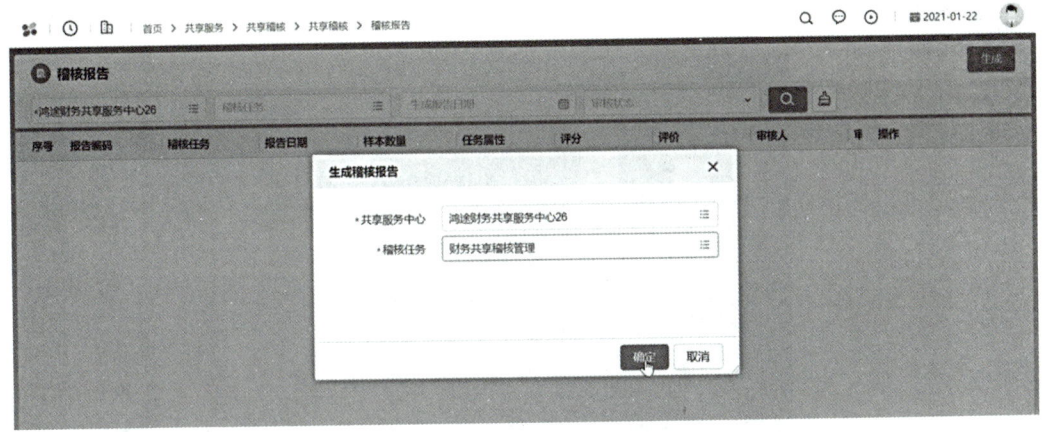

图 9-12　生成稽核报告

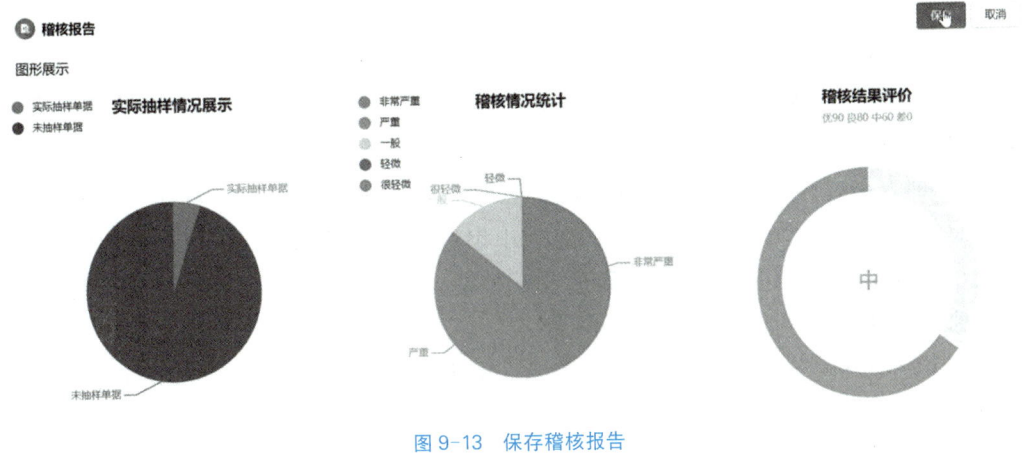

图 9-13　保存稽核报告

任务三　财务共享作业绩效管理

一、财务共享服务中心绩效管理认知

财务共享作业绩效管理，就是利用技术手段自动提取财务共享服务中心作业处理数

据，并将这些数据以可视化的形式展现出来，以便用于日常绩效显示、监控及为员工评价提供参考依据等。以可视化形式集中展示财务共享服务中心作业处理数据的载体，称作财务共享绩效看板，图 9-14 就是一个绩效看板的示例图。

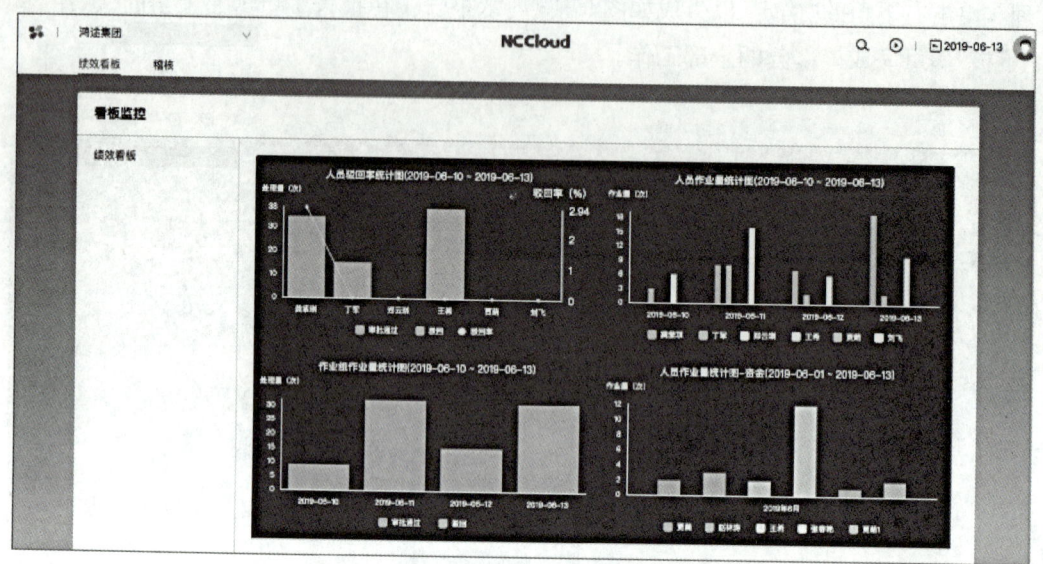

图 9-14　绩效看板示例图

对于财务共享服务中心的绩效看板，主要有下面这些作用：

（1）传递财务共享服务中心作业处理现场的生产信息，统一思想。财务共享服务中心人员众多，而且由于分工的不同导致信息传递不及时的现象时有发生。而实施看板管理后，任何人都可从看板中及时了解现场的生产信息，并从中掌握自己的作业任务，避免了信息传递中的遗漏。此外，针对生产过程中出现的问题，作业人员可提出自己的意见或建议。这些意见和建议大多都可通过看板来展示，供大家讨论，以便统一员工的思想，使大家朝着共同的目标去努力。

（2）杜绝现场管理中的漏洞。通过看板，财务共享服务中心管理层可以对共享整体业务进行管理和监管；可以关注、对比、分析共享流程中每个环节的工作量、工作效率和工作质量，实现对共享业务的数字化跟踪管理，为其进行管控决策提供直接依据。

（3）绩效考核的公平化、透明化。通过看板，作业组和作业人员的工作业绩一目了然，使得对作业组和作业人员的绩效考核公开化、透明化，同时也起到了激励先进、督促后进的作用。

（4）帮助集团了解财务共享服务中心任务执行情况及运行效率，有效提高企业在内部管理决策方面的有效性、可靠性和准确性。

二、财务共享中心绩效考评方案

(一) 评价组织与标准

1. 评价的组织

财务共享服务中心总经理负责共享服务中心工作质量、效率、态度的日常评价,并定期(至少每月)向集团财务部/财务总监提交质量评价报告。

集团财务部负责财务共享服务中心工作质量效率、态度的总体评价,评价频率根据财务部财务稽核工作计划安排。

运营支持处处长负责组织与整体协调质量管理有关工作,组建质量管理团队;对各处室的质量管控工作进行指导;组织质量检查工作;按时发布各类质量报告,提供考核依据;督促有关人员对有关问题进行整改,对整改情况进行通报;负责质量管理体系建立和完善;负责质量环境建设规范工作;协助培训负责人组织质量管理培训工作。

财务共享服务中心各业务处理人员既是质量管理对象,又是一级质量管理员,在保证本岗位工作质量的同时,负责管控上一工序工作质量,并进行本工序的交叉复核,提供质量检测数据。

2. 业务质量评价标准

财务共享服务中心业务质量评价指标,如表9-1所示。

表9-1 财务共享服务中心业务质量评价指标表

业务类型	评价标的	责任人	考核办法
扫描 (100分)	1. 扫描质量	扫描员	扫描影像不清晰或重叠,单据漏扫或夹页,每单扣5分,共50分
	2. 原始单据	扫描员	原始单据不符合公司要求的,每单扣2分,共20分
	3. 单据台账记录	扫描员	台账内容未核对,每发现一次扣5分,共20分
	4. 影像效果	扫描员	单据影像未上传或不能辨认的,每单扣5分,共10分
归档 (100分)	1. 档案装订质量	归档员	档案装订错误,包括倒装、缺页、装错页、卷宗编号错误等。每单扣5分,共2分
	2. 单据匹配	归档员	匹配错误,每单扣5分,共30分
	3. 归档及时性	归档员	未及时归档,每发现一次,扣5分,共15分
	4. 档案调阅	归档员	档案调阅未经审批、登记,每单扣5分,共15分
	5. 档案安全	归档员	档案丢失、毁损,每单扣5分,共20分

(续表)

业务类型	评价标的	责任人	考核办法
审核核算（100分）	1. 审核报账信息准确	审核会计	未依照制度正确审核，每单扣5分，共30分
	2. 会计核算的科目、金额、币种、期间等正确	审核会计	科目核算信息错误，每单扣5分，共20分
	3. 原始凭证审核无误	审核会计	使用不当原始凭证做账，每单扣5分，共20分
	4. 其他信息准确无误，包括摘要规范、调整说明等	审核会计	错误处理，每单业务扣5分，共20分
	5. 内部对账准确、及时	审核会计	未按时对账或对账错误未查明，每检测出一次扣5分，共10分
资金结算（100分）	1. 准确支付：账户信息准确、金额准确、及时处理未成功支付问题	出纳	支付错误，每单扣5分，共50分
	2. 收付款及时准确	出纳	未及时准确进行收付款确认，每单扣5分，共30分
	3. 系统密码及银行支付保密工具管理	出纳	未按照规定保管密钥和其他银行加密工具，每一项扣5分，共20分
报表管理（100分）	1. 及时编制个体报表	报表会计	未按时提交报表，每延迟一天扣10分，共40分
	2. 保证报表的信息准确	报表会计	报表信息错误，每检测出一项扣10分，共60分

3. 工作时效评价标准

时效目标值是每笔业务从发起流程到处理完毕流程关闭期间所用时间的目标值。评价频率：时效评价每月进行一次，在次月的6日前完成上月度的时效评价。财务共享服务中心时效考核指标，如表9-2所示。

表9-2 财务共享服务中心时效考核指标表

考察内容	考察岗位	说明	时效目标	评价人
单据接收	票据档案岗	从员工提交实物单据到会计初审岗在影像系统中完成接收	2个工作日	绩效负责人
扫描上传		从影像系统接收到扫描并影像上传完成	2个工作日	绩效负责人
单据邮寄		从员工提交单据（项目部无扫描点）或单据扫描上传后到整理汇总邮寄至共享服务中心	1周	绩效负责人
单据移交		从单据扫描上传后到分类整理移交至归档岗	2个工作日	绩效负责人

(续表)

考察内容	考察岗位	说明	时效目标	评价人
凭证打印	归档岗	从账务处理完成到打印生成的会计凭证	2个工作日	绩效负责人
匹配顺号		将打印的凭证与原始单据匹配并顺号	2个工作日	绩效负责人
影像复合		从实物单据匹配顺号到影像复核无误确认	2个工作日	绩效负责人
装订归档		从影像复核无误到会计档案装订成册并移送至档案室	2个工作日	绩效负责人
单据初审	结算/费用审核岗	从接收审核任务到初审完成	2个工作日	绩效负责人
单据复审		从接收到复审任务到复审完成生成会计凭证	2个工作日	绩效负责人
出纳付款	资金结算岗	从生成会计凭证到出纳付款成功并确认	2个工作日	绩效负责人

(二) 工作质量评价方法

工作质量评价所覆盖的范围主要是业务处理的全过程，包括账务处理、审批流及相关附件单据的真实性、准确性及完整性。质量检测的主要方法为工序检测及分析性检测，因此评价对象既包括财务共享服务中心工作岗位也包括在机构财务部内设置的财务初审及扫描岗位。

1. 工序性检测规范

1) 会计初审岗(本地财务)

(1) 原始单据粘贴规范性。

(2) 原始凭证完整性、合规性。

(3) 发票真实性、合规性。

2) 票据档案岗

(1) 实物单据提交及时完整，并按索引号顺序排列。

(2) 单据登记与实物单据一致，无缺漏或不符情况。

(3) 原始实物单据与会计凭证匹配无误，装订整洁、及时。

(4) 会计档案借阅经过审批、登记，并及时归还。

3) 费用/结算审核岗(含收入、费用、成本、工程、资产)

(1) 单据影像清晰，符合扫描要求，没有夹单、漏扫现象。

(2) 原始单据提供完整，并符合相关法律法规要求。

(3) 报销内容符合公司财务制度，报销金额无误。

(4) 业务类型、科目、辅助等选择正确。

(5) 前端审批流程完整。

(6) 系统自动生成的凭证中会计分录正确，金额无误。

(7) 税金计提、申报、缴纳是否及时,准确。

4) 资金审核/支付岗

(1) 银行收款信息是否与经办人提交信息一致。

(2) 付款信息、网银制单信息是否完整准确。

(3) 资金收付确认是否及时、准确。

5) 总账主管岗

(1) 账务处理及时准确。

(2) 总账凭证稽核完整。

(3) 对账、结账及时。

(4) 会计档案归档完整,装订规范。

6) 报表分析岗

(1) 报表编制准确、及时。

(2) 报表项目无遗漏,无错误。

(3) 财务分析编制及时。

(4) 响应业务管理需求分析。

2. 分析性检测规范

1) 分析性检测的定义

分析性检测是通过数据的逻辑性判断检查质量、工序问题,即通过抽样、专项检查、专项统计、专项分析、流程梳理等方法,定期或专项对工序、质量等指标进行逻辑性、合理性、实操性、规范性等方面的检测、检查、核对;通过检测、检查、核对纠正偏差,完善质量体系和工序,查找偏差的原因,以保证集中核算工作的质量和时效。

2) 分析性检测的主要内容

分析性检测由财务共享服务中心运营管理处通过对会计核算、资金结算、稽核管理、档案管理、运营支撑管理等数据、工序的逻辑性判断,检查其是否符合质量规范的要求。

💡 项目小结

(1) 本项目内容主要涉及财务共享服务中心运营管理的认知、财务共享稽核管理与财务共享绩效管理。财务共享稽核管理在企业经营管理中涉及财务共享服务中心运营管理与财务共享服务中心作业组长,财务共享服务中心运营管理工作包括财务共享中的稽核内容确定、稽核问题分类、稽核任务设定;财务共享服务中心作业组长工作内容包括稽核工作中的单据抽取、单据稽核与稽核报告的生成。稽核工作均在财务相关部门完成,因此在特定的财务岗位上,要明确具体的岗位职责基础,了解各分项业务流程,理解内部控制的各个核心环节等内容。

(2) 本项目对项目案例、共享业务流程梳理、财务共享稽核管理的系统初始化设置进行了详细的说明和指导,并从具体业务过程出发,详细说明了财务共享服务中心运营管理和共享中心作业组长的具体业务操作步骤,对其中的重点予以了说明和针对性的指导。

 **思维导图**

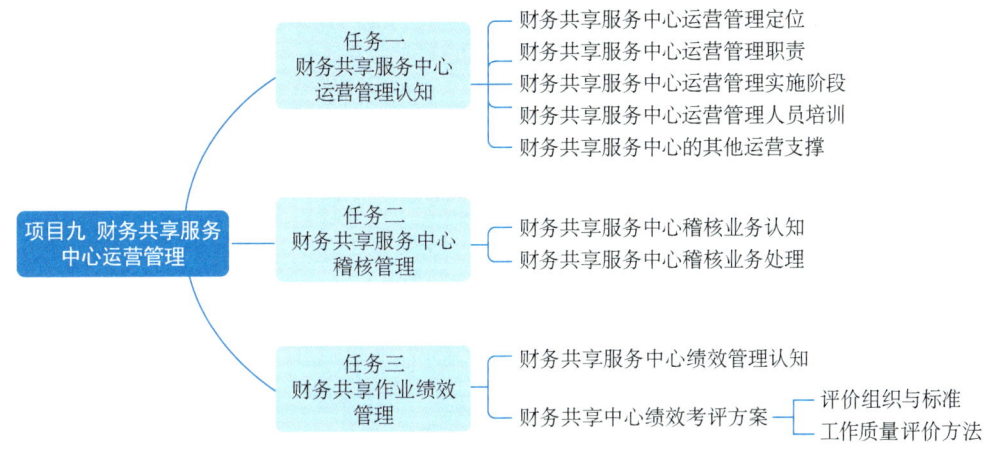